Ad organum faciendum

NEUE STUDIEN ZUR MUSIKWISSENSCHAFT

herausgegeben von der Kommission für Musikwissenschaft der
Akademie der Wissenschaften und der Literatur · Mainz

Band III

Ad organum faciendum

Lehrschriften der Mehrstimmigkeit in nachguidonischer Zeit

Hans Heinrich Eggebrecht
und
Frieder Zaminer

SCHOTT

Bibliografische Information der Deutschen Nationalbibliothek
Die Deutsche Nationalbibliothek verzeichnet diese Publikation in der Deutschen Nationalbibliografie; detaillierte bibliografische Daten sind im Internet über http://dnb.d-nb.de abrufbar.

978-3-95983-035-5 (Paperback)
978-3-95983-036-2 (Hardcover)

unveränderter Nachdruck der Originalausgabe

www.schott-campus.com

Printed in Germany

INHALT

VORWORT

Die hier erstmals zusammenfassend edierten, übersetzten und eingehend besprochenen Quellen überliefern keinen einheitlichen Text, sondern drei auf gemeinsamer Grundlage entwickelte selbständige Lehrschriften sowie spätere Abschriften und Bearbeitungen. Es handelt sich also um ungleiche Zeugen, die zu der bekanntesten dieser Quellen, zum »Mailänder Traktat«, teils in einem Verwandtschafts- und teils in einem Abhängigkeitsverhältnis stehen. Um der Eigenart jedes Zeugen und damit auch den für das sachliche Verständnis oft wichtigen Lesarten, Ergänzungen und Bearbeitungen gerecht werden zu können, behandeln wir nicht nur die selbständigen, sondern auch die abhängigen Schriften einzeln, als eigenwertige Traktate.

Die durch den Mailänder Codex bezeugte Überschrift »Ad organum faciendum« vermag als Titel unserer Studie über den Mailänder Traktat hinaus zugleich die ganze ihn einschließende Traktatgruppe zu kennzeichnen, die hier behandelt wird.

Die im Anhang gebotenen Faksimiles aller wichtigeren Partien unserer Quellen werten wir als einen Teil der Edition. Übersetzungen und Übertragungen bilden einerseits eine Stufe des Verstehens zwischen Edition und Erläuterung, andererseits ein Ergebnis der Interpretationen. Der als Wortkonkordanz angelegte Index verborum orientiert über das Repertoire und die Belegstellen der bemerkenswerten Wörter unserer Traktatgruppe, die damit auch für weitergreifende musikterminologische Arbeiten erschlossen ist. Das Sachregister hat in unserer Arbeit eine besondere Aufgabe insofern, als zufolge der gesonderten Erläuterung der Texte einige Sachverhalte mehrfach und an verschiedenen Stellen behandelt werden.

Bei der im Jahre 1958 begonnenen gemeinsamen Arbeit an der vorliegenden Studie gingen wir so vor, daß wir den Stoff in zwei Arbeitsbereiche aufteilten. Zaminer übernahm den von ihm bereits in seiner Dissertation über den Vatikanischen Organum-Traktat herangezogenen, nunmehr vollständig neu behandelten Prosateil des Mailänder Traktats, dazu die inzwischen entdeckte Version in einer Brügger Handschrift, Eggebrecht den Versteil sowie die den Prosateil eröffnenden Beispiele, die beiden Berliner Versionen des Mailänder Traktats und den Traktat von Montpellier. In ständiger Korrespondenz und in vielen Diskussionen haben wir uns Richtlinien für die Edition und die Übersetzung der Texte erarbeitet und bei den Interpretationen einen gemeinsamen Weg gesucht. Die Art dieser Zusammenarbeit macht eine klare Abgrenzung der Anteile unmöglich. Gleichwohl geben wir im Inhaltsverzeichnis bei den einzelnen Kapiteln jeweils den Namen des Bearbeiters an. Denn wenn es auch nur wenige Punkte sind, in denen wir unterschiedliche Deutungen zur Diskussion stellen, so wird der Leser hier und dort doch Nuancen des Auffassens und Betonens feststellen können. Dies wird ihn nicht verwirren, sondern seinen Blick für die besonderen Schwierigkeiten der Interpretation schärfen. Daß eine klare Entscheidung zwischen verschiedenen Deutungsmöglichkeiten hier oft nicht oder noch nicht möglich ist, weiß jeder Kenner dieser Materie.

Die Arbeit hatten beide Verfasser zunächst unabhängig voneinander geplant und begonnen. Herrn Professor Dr. Thrasybulos G. Georgiades, der die Anregung zur Zusammenarbeit gab und so die Gemeinsamkeit unseres Unternehmens mitbegründete, möchten wir an dieser Stelle danken. Unser Dank gilt weiter Herrn Professor Dr. Joseph Smits van Waesberghe, der uns 1958 auf die Brügger Handschrift aufmerksam gemacht hat und uns seinen Mikrofilm der Mailänder Handschrift für die Faksimile-Reproduktion bereitwillig zur Verfügung stellte, ferner den Bibliotheken in Berlin (Marburg), Brügge, Mailand und Montpellier für ihre Hilfe, Herrn Professor Dr. Bernhard Bischoff für die paläographische Beurteilung der Handschriften, Herrn Dr. Klaus-Jürgen Sachs, der die Beschreibung der Codices Berlin und Montpellier beisteuerte, sowie den Herren Dr. Fritz Reckow und Dr. Ernst Ludwig Waeltner für manchen Rat. Der Akademie der Wissenschaften und der Literatur (Sitz Mainz) danken wir für die Aufnahme dieser Abeit in die Neuen Studien zur Musikwissenschaft und der Deutschen Forschungsgemeinschaft für einen Druckkostenzuschuß.

Hans Heinrich Eggebrecht
Freiburg im Breisgau

Frieder Zaminer
Berlin

ABKÜRZUNGEN UND SIGLEN

Aufgeführt werden nur die speziell in dieser Arbeit verwendeten Abkürzungen, Kurztitel und Siglen; zu den übrigen vgl. Riemann-Musiklexikon, 12. Auflage, Sachteil (Mainz 1967), Verzeichnis der Abkürzungen und Siglen.

A. de Lafage-Traktat	Der nach einer Florentiner Hs. zuerst von A. de Lafage (Essais de diphthérographie musicale I, Paris 1864, Nachdruck Amsterdam 1964, S. 355–363), später nach 3 Hss. (Barcelona, Florenz, Venedig) von J. Handschin (AMl XIV, 1942, S. 23–26) und zuletzt nach 2 Hss. (Florenz, Pisa) von A. Seay (An Anonymous Treatise from St. Martial, Ann. Mus. V, 1957, S. 13-36) edierte anonyme Traktat
B	Ms. Berlin, Staatsbibliothek Preußischer Kulturbesitz, theol. lat. quart. 261
Br	Ms. Brügge, Stadsbibliotheek 528
Londoner Traktat	Der nach einer Londoner Hs. von M. Schneider (Geschichte der Mehrstimmigkeit II, Berlin 1936, S. 106–118) edierte anonyme Traktat
M	Ms. Mailand, Biblioteca Ambrosiana M. 17. sup.
Micr.	Guido von Arezzo, Micrologus de musica, ediert von J. Smits van Waesberghe, = CSM IV, 1955 Stellenangabe z. B. XVIII/2 = Cap. XVIII, Satz 2 in der Edition CSM IV
Migne	J. P. Migne, Patrologiae cursus completus, Series Latina, Paris 1844ff.
Mo	Ms. Montpellier, Bibliothèque de l'Université, Section de Médecine, H 384
Pt	Prosateil des Mailänder Traktats
Rr	Guido von Arezzo, Regulae rhythmicae, GS II, 25–34 Stellenangabe z. B. 28, 22 = GS II, S. 28, Z. 22
T*BA*	Traktat A in *B*, f. 48–48v (Berliner Traktat A)
T*BB*	Traktat B in *B*, f. 50v–51v (Berliner Traktat B)
T*Br*	Traktat in *Br*, f. 54–55v, Randscholien (Brügger Traktat)
T*M*	Traktat in *M*, f. 56–58v (Mailänder Traktat)
T*Mo*	Traktat in *Mo*, f. 122–123 (Montpellier-Traktat)
Vt	Versteil des Mailänder Traktats

LITERATUR

Die hier zum Gegenstand dieser Arbeit aufgeführte Literatur wird stets nur mit Nennung des Verfassers und Erscheinungsjahres zitiert.

E. Apfel, Der Diskant in der Musiktheorie des 12.–15. Jahrhunderts, Diss. Heidelberg 1953 (maschr.)

Fr. Blum, Another Look at the Montpellier Organum Treatise, MD XIII, 1959

E. de Coussemaker, Histoire de l'harmonie au moyen-âge, Paris 1852, Nachdruck Hildesheim 1966

C. Dahlhaus, Zur Theorie des Organums im 12. Jahrhundert, KmJb XLVIII, 1964

R. v. Ficker, Formprobleme der mittelalterlichen Musik, ZfMw VII, 1924/25

ders., Der Organumtraktat der Vatikanischen Bibliothek (Ottob. 3025), KmJb XXVII, 1932

Thr. Georgiades, Musik und Sprache. Das Werden der abendländischen Musik, dargestellt an der Vertonung der Messe (= Verständliche Wissenschaft, Bd. 50), Berlin, Göttingen, Heidelberg 1954

Th. Göllner, Formen früher Mehrstimmigkeit in deutschen Handschriften des späten Mittelalters (= Münchner Veröffentlichungen zur Musikgeschichte, hg. von Thr. G. Georgiades, Bd. 6), Tutzing 1961

J. Handschin, Zur Geschichte der Lehre vom Organum, ZfMw VIII, 1925/26

ders., Der Organum-Traktat von Montpellier, in: Studien zur Musikgeschichte, Festschrift für Guido Adler zum 75. Geburtstag, Wien 1930

ders., Der Toncharakter. Eine Einführung in die Tonpsychologie, Zürich 1948

E. Jammers, Anfänge der abendländischen Musik (= Sammlung musikwissenschaftlicher Abhandlungen XXXI), Strasbourg/Kehl 1955

Fr. Ludwig, Die geistliche nichtliturgische und weltliche einstimmige und die mehrstimmige Musik des Mittelalters bis zum Anfang des 15. Jahrhunderts, in: Handbuch der Musikgeschichte, hg. von G. Adler, Frankfurt/M. 1924, 2. Auflage Berlin 1930, Nachdruck Tutzing 1961

M. Lütolf, Die mehrstimmigen Ordinarium missae-Sätze vom ausgehenden 11. bis zur Wende des 13. zum 14. Jahrhundert (Bd. I: Studien zu ihren Quellen und Darstellung, Bd. II: Übertragungen), Diss. Basel 1967 (Druck in Vorb.)

H. Oesch, Guido von Arezzo. Biographisches und Theoretisches unter besonderer Berücksichtigung der sogenannten odonischen Traktate (= Publikationen der Schweizerischen Musikforschenden Gesellschaft, Serie II, Vol. 4), Bern 1954

H. Riemann, Geschichte der Musiktheorie im IX.–XIX. Jahrhundert, Leipzig 1898, zit. nach der 2. Auflage Berlin 1921, Nachdruck Hildesheim 1961

ders., Handbuch der Musikgeschichte, Bd. I, 2. Teil (Die Musik des Mittelalters), Leipzig [2]1920

G. Schmidt, Strukturprobleme der Mehrstimmigkeit im Repertoire von St. Martial, Mf XV, 1962

L. B. Spiess, Polyphony in Theory and Practice from the Ninth Century to the Close of the Thirteenth Century, Diss. Harvard University 1947 (Mikrofilm)

E. Steinhard, Zur Frühgeschichte der Mehrstimmigkeit, AfMw III, 1921

E. Waeltner, Das Organum bis zur Mitte des 11. Jahrhunderts, Diss. Heidelberg 1955 (maschr.)

Fr. Zaminer, Der Vatikanische Organum-Traktat (Ottob. lat. 3025) (= Münchner Veröffentlichungen zur Musikgeschichte, hg. von Thr. G. Georgiades, Bd. 2), Tutzing 1959

Nachtrag:

J. A. Huff, Ad Organum Faciendum & Item de Organo. Edited, with an Introduction, Translation, and Notes (= Musical Theorists in Translation, Vol. 8), The Institute of Mediaeval Music, Brooklyn N. Y. o. J. (1969). - Diese Arbeit erschien nach dem Umbruch der vorliegenden Abhandlung. Sie ist in den Editionen sehr fehlerhaft und in den Übersetzungen nicht überzeugend; auch die Interpretationen, in denen sich die Unkenntnis der neueren deutschsprachigen Spezialliteratur bemerkbar macht, hätten zu der vorliegenden Studie wenig beitragen können.

EINLEITUNG*

Die vorliegende Arbeit behandelt jene Gruppe von Organum-Traktaten, in deren Mittelpunkt der Prosateil des bekannten sogenannten Mailänder Traktats steht (Mailand, Bibl. Ambros. M. 17. sup., f. 56–58v), der unvollständig auch in den Randscholien zum Garlandia-Text einer Brügger Handschrift (Stadsbibl. 528, f. 54–55v) und in einer Berliner Handschrift (Staatsbibl. Preußischer Kulturbesitz, theol. lat. quart. 261, f. 48–48v = Berliner Traktat A) überliefert ist. Außerdem gehören zu dieser Gruppe der Versteil des Mailänder Traktats, der nur in Verbindung mit dem Prosateil angetroffen wird (in der Mailänder Hs. f. 58v–61; in der Berliner Hs. f. 48v–50v; in der Brügger Hs. f. 54v b nur der Anfang) sowie eine Bearbeitung des Prosateils in der genannten Berliner Handschrift (f. 50v–51v = Berliner Traktat B, der auf die Exempla des Versteils verweist) und der Organum-Traktat von Montpellier (Montpellier, Bibl. de l'Université, Section de Médecine, H 384, f. 122–123), der inhaltlich dieser Gruppe zugehört[1].

Nach Ausweis der Handschriften Mailand (geschrieben »um 1100«, vermutlich in Nordfrankreich) und Montpellier (geschrieben in der Zeit von »vor 1100« bis »erste Hälfte des 12. Jh.« in Frankreich) ist Frankreich der Raum und ist die Zeit »um 1100« der Terminus ante quem der Entstehung der in dieser Traktatgruppe überlieferten Organumlehre, die in der Brügger Handschrift nochmals im 13. Jahrhundert (in Flandern?) und in der Berliner Handschrift letztmalig zu Beginn des 14. Jahrhunderts (in Oberitalien) tradiert ist[2].

* Diese Einleitung in unser Buch entstand aus der Absicht, den in den Stoffkreis noch nicht eingearbeiteten Leser mit dem Gegenstand unserer Arbeit bekannt zu machen. Dabei versuche ich, Ergebnisse unserer Interpretationen nun nachträglich, für den Leser jedoch im voraus zusammenzufassen und – in Auseinandersetzung mit der vorliegenden Literatur – in den geschichtlichen Zusammenhang zu stellen. Alle sich unmittelbar auf unsere Traktatgruppe beziehenden Feststellungen und Urteile erfahren ihre ausführlichere Rechtfertigung in den folgenden Erläuterungen der Texte. (Die in Frage stehenden Partien sind, wo nicht ausdrücklich auf sie verwiesen ist, durch den Index verborum und durch das Sachregister zu erreichen.)

1 Die Bezeichnungen »Prosateil« und »Versteil« des Mailänder Traktats beziehen sich auf den Überlieferungsbefund, der diese beiden Versionen der Organumlehre als zusammengehörig erscheinen läßt. Entstehungsgeschichtlich handelt es sich jedoch wahrscheinlich nicht um Teile eines Traktats, sondern um zwei von verschiedenen Autoren verfaßte Schriften, einen Prosa- und einen Verstraktat, die in ihrer Überlieferung vereint wurden, da sie im Blick auf den Gegenstand der Lehre miteinander verwandt sind und in ihren Verschiedenheiten sich gegenseitig ergänzen (hierzu die Besprechung des Versteils, bes. S. 141 ff.).

2 Zu diesen Angaben vgl. die Beschreibung der Handschriften (S. 29ff.). – Lütolf (1967, S. 21ff.) zieht als Entstehungsort des Mailänder Traktats (auch des Mailänder Codex) Oberitalien in Betracht. Sein Hauptargument ist »das völlige Fehlen der Guidonischen Buchstabenreihe in den normannischen Quellen«. Gegen italienische Provenienz spricht aber nicht nur Lütolfs einschränkende Bemerkung, daß sich aus der Art der

Da aus der Zeit nach dem *Micrologus* des Guido von Arezzo (geschrieben vermutlich 1025/26) bis zu den erhaltenen Niederschriften der primären Traktate unserer Gruppe (Prosa- und Versteil des Mailänder Traktats in der Hs. *M*; Organum-Traktat von Montpellier) und bis zu Johannes Affligemensis keine Organum-Traktate und überhaupt keine Erwähnungen der Mehrstimmigkeit bekannt sind, ist nach dem Überlieferungsbefund – dessen Lückenhaftigkeit freilich nicht abzuschätzen ist – die in jenen Traktaten gebotene Organumlehre als »nachguidonisch« anzusprechen. Dies wird sachlich dadurch bestätigt, daß sowohl der Prosa- als auch der Versteil des Mailänder Traktats in Guido die Autorität sehen, an die sie anknüpfen und mit der sie sich auseinandersetzen. Das nachguidonische Organum, wie es in den primären Traktaten unserer Gruppe und in der Organumlehre des Johannes Affligemensis erstmals greifbar wird, ist identisch mit dem Frühstadium des Neuen Organums.

Gewöhnlich wird der Prosateil des Mailänder Traktats als Ausgangspunkt der Lehre des Neuen Organums und wird die Zeit der Niederschrift dieses Traktats in die Mailänder Handschrift, also die Zeit um 1100, als Entstehungszeit jener Lehre angesehen, während der Versteil als vom Prosateil abhängig und der Traktat von Montpellier als später beurteilt werden. Doch weder der Handschriftenbefund noch der Inhalt der Lehrschriften sichern diese Datierung und Chronologie. Alle Traktate unserer Gruppe sind (besonders nach Ausweis der Schreibfehler) nur in Abschriften überliefert, wobei die Abschrift im Montpellier-Codex nicht mit Sicherheit später zu datieren ist als die in der Mailänder Handschrift. Und im Blick auf den Inhalt der Texte sind einerseits der Prosa- und der Versteil des Mailänder Traktats vermutlich voneinander unabhängig entstanden und erweist es sich andererseits als wahrscheinlich, daß die Art, in der der Traktat von Montpellier das Organum lehrt, gegenüber dem Prosateil des Mailänder Traktats einem ursprünglicheren Stadium der Lehre nähersteht, das die Moduslehre noch nicht kennt. Jene ursprünglichere Lehre, die wir jedoch auch in dem sehr knappen und höchst praktisch eingestellten Traktat von Montpellier gewiß nicht in ihrem Anfangsstadium vor uns haben, scheint gekennzeichnet zu sein durch die Voceslehre, d. h. durch die Lehre vom Zustandekommen des Organums sub specie der Bildung von Anfang (prima vox), Mitte (mediae voces) und Schluß (ultimae voces), im folgenden auch als Grundlehre bezeichnet. Und der Prosateil des Mailänder Traktats scheint diesem ursprünglichen Kern der Lehre als eigene spätere Leistung die Lehre von den Modi organizandi hinzugefügt zu haben (»addimus«, Satz 3), während der Traktat von Montpellier die Grundlehre in eine »handfeste«, ganz für den Praktiker bestimmte Form gebracht hat, hierbei aber womöglich ältere Bestandteile tradiert, z. B. die »Zielton-Konstruktion« des Organums, s. S. 17), die auch in der Lehre des Johannes Affligemensis vorkommt. Der Versteil seinerseits erfaßt den gleichen Gegenstand, das Neue Organum, in einer mit dem Prosateil zwar vergleichbaren, jedoch eigenständigen Art (z. B. fehlt die Voceslehre, so auch die Lehre von den Modi organizandi), die »um 1100« so weit ausgebildet war, daß sie in Merkverse gebracht werden konnte.

Die vermutlichen Verwandtschaftsverhältnisse unserer Traktate (ausgenommen der Versteil) lassen sich demnach wie folgt veranschaulichen (zur Begründung s. auch S. 73, 151, 178, 191 ff.):

Buchstabennotation »wegen der ungenügenden Kenntnis des Quellenmaterials ... kein schlüssiger Beweis« erzielen läßt und nicht nur die Nähe des Mailänder Traktats zur Frühscholastik (s. S. 83 ff.) und die in ihm verwendete Fassung der Choralmelodie des *Alleluia, Iustus ut palma* (vgl. S. 90 ff.), sondern auch die Tatsache, daß die Lehre des Neuen Organums im 11. und 12. Jh. in Italien kaum greifbar und relevant geworden ist.

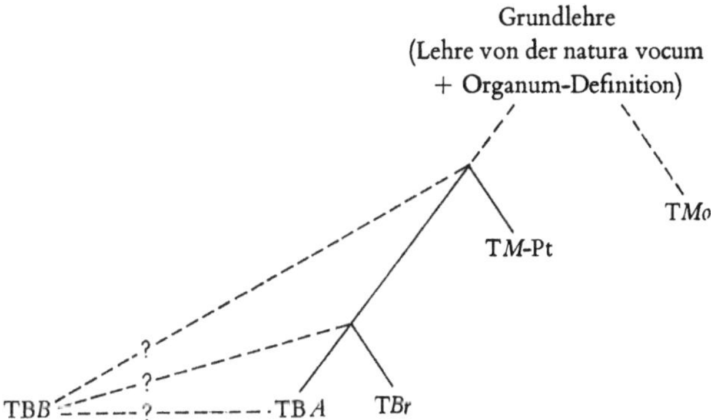

Es bestehen also zur Zeit der Niederschrift der primären Traktate unserer Gruppe (T*M*-Pt, T*M*-Vt und T*Mo*) drei nach Gegenstand und Überlieferung eng miteinander verbundene, gleichwohl verschiedene Lehren, von denen keine in der vorliegenden Form als das ursprüngliche Erfassen des Neuen Organums anzusehen ist[3]. Eine chronologische Reihung der Traktate ist nur insofern gegeben, als der Berliner Traktat B mit Sicherheit eine spätere Bearbeitung des Mailänder Traktats darstellt. Und die Zeit der Niederschrift (»um 1100«) sowie die uns unbekannte Zeit der Abfassung der primären Traktate unserer Gruppe bilden lediglich den spätesten Begrenzungspunkt für die Entstehung der neuen Lehre, für deren Heranbildung die Zeit des späteren 11. Jahrhunderts anzunehmen ist.

Um 1100 schrieb Johannes Affligemensis seine Schrift *De arte musica*[4] mit einer Lehre De diaphonia id est organo, die jedoch außerhalb unserer Traktatgruppe steht und daher von uns nicht eigens behandelt wird[5]. Zwar lehrt auch Johannes die nachguidonische neue Art des Organizierens, und dementsprechend sind seine Organumlehre und die Lehre unserer Traktatgruppe in vielen Einzelheiten miteinander zu vergleichen; sie ergänzen und erhellen sich gegenseitig. Sie haben jedoch in ihrer Darstellungsweise des Gegenstandes und im sprachlichen Ausdruck so wenig Berührungspunkte, daß mit Sicherheit unabhängige Entstehung anzunehmen ist.

Im Blick auf die Entstehungszeit des Neuen Organums bedeutet dies, daß bereits um 1100 neben den Lehren des Prosa- und des Versteils des Mailänder Traktats und des Organum-Traktats von Montpellier, die sachlich und überlieferungsmäßig miteinander verbunden und

3 Hierdurch vor allem wohl erklärt es sich, daß diese Traktate für uns heute so schwer zu verstehen sind: sie setzen offenbar ein Wissen voraus, das uns in Abhandlungen nicht überliefert ist. Hinzu mag kommen, daß – im Unterschied zur Zeit der *Musica Enchiriadis* und Guidos – schon seit dem späteren 12. Jh. zufolge des Vorrückens der Bedeutung und Geltung der praktischen Musikübung die theoretische Erörterung als solche streckenweise an geschichtlicher Relevanz und an darstellerischer Qualität verliert.

4 Zur Frage des Verfassers und der Datierung vgl. neuerdings E. Fr. Flindell, *Joh[ann]is Cottonis*, MD XX, 1966, wonach die Vorrede an Anselm von Canterbury gerichtet ist, während dieser (1093–1109) Erzbischof von Canterbury war. Als Verfassername ist Johannes Cotto wahrscheinlicher als Johannes Affligemensis. Die Identifizierung dieses Namens sowie die Lokalisierung und Datierung dieses Traktats erscheinen aber trotz Findells Arbeit nach wie vor ungewiß.

5 Zur Organumlehre des Johannes Affligemensis vgl. aus jüngerer Zeit vor allem Zaminer, 1959, S. 105–110.

doch je auch selbständig sind, im Traktat des Johannes eine vierte Lehre des Neuen Organums vorliegt, die übrigens in ihrer knappen und referierenden Art einen dem damaligen Leser bereits bekannten Gegenstand vorzutragen scheint[6].

*

Das Neue Organum ist nach Ausweis der Organum-Traktate unserer Gruppe durch folgende Merkmale gekennzeichnet:

Als Cantus kommen die verschiedensten Gattungen vor: Kyrie-Tropus (Pt), Benedicamus domino (Pt), die solistischen Teile des Alleluia mit Versus (Pt), Responsorium (T*BB*), frei erfundene Cantus (Pt; Vt; T*Mo*). Sie zeigen meist Wechsel zwischen syllabischem und mehr oder weniger melismatischem Vortrag der Textsilben; selten sind sie rein syllabisch (Vt, Beisp. 5) oder rein melismatisch (T*Mo*, Beisp. 2–7).

Beim Organizieren können alle als Consonantiae bezeichneten Klänge gebraucht werden. Es wird jedoch scharf unterschieden zwischen konjunkten (Einklang und Oktave) und disjunkten (organalen) Klängen (Quinte und Quarte), weniger deutlich hingegen zwischen den disjunkten Klängen und den übrigen bzw. beliebigen (aliquae) Consonantiae (wozu neben Terz und Sexte wohl auch Sekunde und Septime gehören[7]).

Die hinzugefügte Stimme gebraucht bei einer Folge von disjunkten Klängen Quinte und Quarte im Wechsel (Klangwechsel-Prinzip, was Parallelführung nicht ausschließt), und sie gliedert den Cantus klanglich in Abschnitte durch Copulae (Einklang oder Oktave) bzw. durch Copulationes (das Erreichen der Copula vom vorletzten Klang her, der beliebig ist in Rücksicht auf das passende Erreichen des konjunkten Schlußklanges).

Die Klänge stehen in ihrer qualitativen Verschiedenheit und unter Beachtung des Klangwechsel-Prinzips im Dienste klanglicher Abschnittsbildung (Klangwertungs-Prinzip): der Beginn eines Abschnittes ist konjunkt oder disjunkt (T*BB* nennt als disjunkten Anfangsklang auch die kleine und große Terz, T*Mo* außer der Terz auch die Sexte); die mittleren Klänge sind disjunkt im Wechsel von Quinte und Quarte (als mittlere Klänge nennt der Vt außerdem die kleine Terz, T*BB* die kleine und große Terz, T*Mo* außer der Terz auch die Sexte); der letzte Klang ist immer konjunkt und wird stets in Gegenbewegung durch eine beliebige Consonantia passend erreicht.

Quinte und Quarte sind als disjunkte mittlere Töne gleichberechtigt und nach Ausweis der Beispiele auch als disjunkte Anfangsklänge, mit Ausnahme des Vt, der als Beginn der Exempla die Quinte gegenüber der Quarte zu bevorzugen scheint[8]. Als Anfangsklang eines Stückes wird in den Beispielen dem konjunkten Klang der Vorzug gegeben (vgl. jedoch die drei *Descendit*-Beispiele in T*BB*, die mit Einklang, Quinte und Quarte beginnen).

Die Ausdehnung der Klangabschnitte (bzw. der Ort der Copula-Bildung) richtet sich in der Regel nach der textlich-musikalischen Gliederung des Cantus (Wort oder Wortgruppe:

6 Schon der erste Satz (XXIII/1 = Cap. XXIII, Satz 1, in der Edition von J. Smits van Waesberghe, CSM I, 1950) schlägt diesen Ton an: Breviter nunc et succincte de diaphonia disserere volumus, quatenus lectoris aviditati in hac quoque re satisfaciamus quantum possumus. – Zur Frage der Originalität der diesem Einleitungssatz folgenden Diaphonia-Definition vgl. S. 192ff.).

7 Die Sekunde ist indirekt angesprochen in Satz 28 des T*BB*; die Septime kommt vor als vorletzter Klang im Organum-Exemplum des Johannes Affligemensis (CSM I, XXIII/31).

8 Erläuterung des Vt S. 136.

»Wortbild«, nicht selten aber auch Silbe oder Silbengruppe), so daß die Cantusglieder und die Klangabschnitte kongruieren (Kongruenz-Prinzip). Das Kongruenz-Prinzip wird jedoch häufig und besonders bei melismatisch erklingenden Silben durchbrochen zugunsten einer Copula-Setzung, die nur musikalisch bedingt ist (z. B. wenn bei Änderung der Bewegungsrichtung des Cantus der melodische Spitzenton die Copula erhält).

Bei der Bildung der Klangabschnitte[9] ist zu unterscheiden zwischen einerseits größeren Sinneinheiten, die – meist in Verbindung mit senkrechten Abteilungsstrichen – durch die Wortgrenzen (nicht selten auch Silbengrenzen) und bei melismatischem Cantus oft ebenfalls durch Abteilungsstriche angezeigt sind (diese längeren, übergeordneten Klangabschnitte nennen wir Klangzeilen, z. B. *eleyson* oder *Alleluia*, aber wohl auch *Alle-* und *-luia*, ferner *florebit* oder *Hoc est exemplum* oder *Descendit*), und andererseits kürzeren Abschnitten, die oft die Klangzeilen untergliedern (Kurzglieder, Klangzeilen-Glieder oder Klangglieder, Binnenglieder; siehe die genannten Abschnitte der Exempla im Prosa- und Versteil sowie in T*BB*). Ein Klangabschnitt kann minimal aus nur 2 Klängen (also nur aus einer Copulatio) bestehen. Nach oben hin begrenzt der Montpellier-Traktat die Klangabschnitte auf maximal 8 Klänge, doch kommen in den Exempla des Prosateils auch bis zu 10tönige Abschnitte vor.

Das Organum wird im Prinzip als Faktur Ton gegen Ton gelehrt und so auch in den Exempla (stets in guidonischer Buchstaben-Tonschrift) aufgezeichnet. Für die Führung der Organalstimme Ton gegen Ton gelten außer den genannten noch die folgenden Gesichtspunkte: Sie bewegt sich vorzugsweise in kleinen Tonschritten, so daß sie als »vox sequens« in der Tat den Charakter einer »Stimme«, eines eigenständigen Cantus, gewinnen kann (wie es durch die Diaphonia-Definition des T*Mo*, Satz 1, angesprochen ist). Sie entfernt sich mit Rücksicht auf das passende Erreichen der Copula nicht zu weit vom Cantus und bildet alle Schlüsse in Gegenbewegung. Sie vermeidet innerhalb eines Abschnitts strikt die Tonwiederholung und nach Möglichkeit jegliche unharmonische Relation zum Cantus und zu sich selbst, was nicht selten den Gebrauch von Terz oder Sexte zur Folge hat.

Die Ausführung oder Herstellung des Organums (organum facere, componere) geschieht in der Weise, daß der Organizator jeweils zuerst einen konjunkten Klang (die Copula) als Zielton eines Abschnitts ins Auge faßt und das Erreichen des Zieltons in Gegenbewegung (die Copulatio) fixiert. Dementsprechend wählt er sodann den kon- oder disjunkten Anfangston, um sich von ihm her im Wechsel von Quinte und Quarte (nicht selten unter Einbeziehung auch von Terz und Sexte) oder in Form nur eines Kurzgliedes in Richtung der Copulatio zu bewegen. Die Schlußbildung ist somit der Ausgangspunkt der Gegenbewegung, die von der Copulatio zurückwirken kann bis zur Wahl des Anfangstones, und sie ist – in Verbindung mit der Lage und Bewegungsrichtung des Cantusabschnitts – auch maßgebend für die Lage des Organums ober- oder unterhalb des Cantus sowie für Stimmkreuzungen. (Gegenbewegung, Lage des Organums und Stimmkreuzung gehören zu den »Sekundärerscheinungen«[10].)

9 Die Bezeichnung Klangabschnitt gilt indifferent für alle Fälle der klanglichen Gliederung. Die Bezeichnungen Klangzeile und Klangglied, die als solche nur die Gliederung des Klanggeschehens erfassen, führen wir hier ein, weil die Bildung der Klangabschnitte und die vorgegebene textlich-musikalische Singgliederung des Cantus im Neuen Organum auf zwei verschiedenen Ebenen stehen und kongruieren oder divergieren können. – Näheres hierzu bes. S. 74 und 153ff.

10 Der hier skizzierte Prozeß des »Machens« eines Organums steht im Mittelpunkt der Lehre des T*Mo*; er wird in seiner Geltung bestätigt durch die Organumlehre des Johannes Affligemensis (hierzu Zaminer,

Das Neue Organum auf der frühen Stufe unserer Traktatgruppe ist noch immer als Stegreifausführung entlang des aufgezeichneten Cantus zu verstehen (was jedoch die nach den gleichen Grundsätzen des Organizierens erfolgende Niederschrift nicht ausschließt)[11]. Da es gegenüber dem Alten Organum jetzt stets mehrere Möglichkeiten der Bildung der Organalstimme gibt, kann die Stegreifausführung nur solistisch erfolgen.

Einige der genannten Merkmale des Neuen Organums sind in den Texten der Traktate unserer Gruppe nicht angesprochen, sondern nur aus den Exempla und aus dem Sinn der Organumlehre zu erschließen. Hierher gehören das Kongruenz-Prinzip (die Übereinstimmung zwischen textlich-musikalischem Cantus- und Klangabschnitt, die vermutlich als eine selbstverständliche Norm des Organizierens galt) und die Gründe für seine Durchbrechung, weiterhin das Verhältnis zwischen Quint-Quart-Wechsel und Parallelführung sowie die Wechselbeziehung zwischen Schlußbildung (bzw. Anfangsklang), Gegenbewegung und Stimmlage, auch z. B. das Tonwiederholungs- und Tritonus-Verbot, ferner die Stegreifausführung und der solistische Vortrag.

Gegenüber den bisher hervorgehobenen primären Merkmalen des Neuen Organums gibt es in der Lehre unserer Traktate eine Reihe sekundärer Erscheinungen (akzidentelle Momente). Hier handelt es sich teils um Alternativen (gegenüber primären Gegebenheiten des Organizierens), teils um Konsequenzen (aus übergeordneten Prinzipien), teils um Unterschiede der Lehrmethode, aber auch um verschiedene Auffassungen, die ein unterschiedliches Praktizieren des Neuen Organums erkennen lassen. Die sachlichen Verschiedenheiten und Divergenzen zwischen den Traktaten unserer Gruppe betreffen nicht das Grundsätzliche, das unsere Traktate zur Gruppe zusammenschließt (Klangwechsel-Prinzip, Klangfolgegliederung bzw. Klangwertungs-Prinzip, Auseinandersetzung mit dem Kongruenz-Prinzip), sondern liegen alle mehr oder weniger im Bereich der Sekundärerscheinungen, die, als solche erkannt, nicht ohne weiteres verallgemeinert oder als Datierungsmittel eines Traktats benutzt werden dürfen[12].

Eine Alternative (im Sinne einer möglichen Ausführungsweise des Organums) scheint die Kolorierung darzustellen.

1959, bes. S. 108f.) und durch die Art der Beschreibung der Organum-Exempla im Versteil des *TM* (Erläuterung S. 135). Während die durch den Verfasser der Mailänder Prosalehrschrift aufgekommene Lehre von den Modi organizandi das Organum mehr als etwas fertig Vorliegendes, Zuständliches ansieht, von dem – auf der Grundlage der Voceslehre und beginnend beim »Anfang« – klar unterscheidbare »Fälle« (Möglichkeiten, Alternativen) des Organizierens gleichsam abgelesen werden, beschreibt die Lehre von der Zielton-Konstruktion – ebenfalls auf der Grundlage der Voceslehre – den »Gang der Handlung«, der praktisch bei der ultima vox beginnt. Die Lehre von den Modi organizandi entspricht einem Hang zur Abstraktion, zum Systematisieren der Möglichkeiten, während die Zielton-Lehre das tatsächliche Zustandekommen des Organums zu erfassen sucht und daher der Wirklichkeit des Organizierens und somit womöglich einem früheren Stadium der Lehre nähersteht.

11 Die Bedeutung der Notenschrift für das Neue Organum behandelt grundlegend Zaminer, 1959; zusammenfassend S. 157: Beim Neuen Organum »muß der Organizator das Schriftbild [des Cantus] stets vor Augen haben, weil es als Orientierungsmittel während der Erfindung der zweiten Stimme notwendig ist«.

12 Daß man die Lage des Organums im Verhältnis zum Cantus (einschließlich der Stimmkreuzung), die Gegenbewegung, die »Durchbrechung des Note gegen Note«, die Geltung der Terz und Sexte – also alles Merkmale, die wir als Sekundärerscheinungen beurteilen – nicht voreilig zum »Aufstellen von Entwicklungsreihen« benutzen soll, betonte schon Handschin (1930, S. 52f.): »Ein Denkmal, das ›fortgeschritten‹ in der einen Hinsicht ist, kann in der anderen ›zurückgeblieben‹ sein« (vgl. auch die Erläuterung des *TMo*, S. 191).

Das in unserer Traktatgruppe gemeinte und in der Praxis geltende Verhältnis zwischen der Ton-gegen-Ton-Faktur und der Kolorierung gehört zu den wichtigsten und zugleich schwierigsten Fragen an die Musikübung jener Zeit und konnte auch in der vorliegenden Arbeit nicht eindeutig geklärt werden. Vieles spricht dafür, daß unsere Traktate in der Ton-gegen-Ton-Lehre nur den konstruktiven Bestandteil des Organums erfassen wollen, der in der musikalisch-praktischen Ausführung mit Zwischentönen oder (und) Kolorierung rechnet (diese These vertraten insbesondere R. v. Ficker, 1924/25 und 1932; Georgiades, 1954; Zaminer, 1959; G. Schmidt, 1962). Wir denken dabei an das für jene Zeit geltende Verhältnis zwischen Theorie und Praxis, Notenschrift und Erklingen überhaupt; ferner an einige der Exempla unserer Traktatgruppe, die zur Kolorierung herauszufordern scheinen (vgl. S. 108), und an jene (wie ich vermute: nicht häufigen) Aufzeichnungen im St.-Martial- und Codex Calixtinus-Repertoire, deren »Entkolorierung« eine der Lehre unserer Traktatgruppe ähnliche Ton-gegen-Ton-Faktur ergibt (allerdings ist das Kolorierungsverfahren jenes Repertoires noch nicht systematisch erfaßt). In der vorliegenden Arbeit jedoch handelt es sich – wie bei allen Fragen an unsere Traktate – primär darum, was unsere Texte »aus sich heraus« zu diesen Fragen zu sagen haben. Und hier ergibt sich, daß sie die Kolorierung nun als Möglichkeit der Ton-gegen-Ton-Ausführung gelten zu lassen scheinen und daß einige Stellen unserer Texte nicht selten voreilig als Beweis für die Kolorierungspraxis herangezogen wurden[13].

Die Kolorierung wird innerhalb unserer Traktatgruppe mit Sicherheit nur im Prosateil des T*M* gelehrt, und zwar als »modus«, d. h. als eine zur Wahl gestellte Ausführungsweise des Organums, die hier zudem im Sinne der Paenultima-Verzierung auf die Schlüsse der Klangabschnitte beschränkt zu sein scheint: während der 2. Modus organizandi eine Alternative zum 1. Modus und der 4. vermutlich eine solche zum 3. Modus darstellen, scheint sich der 5. Modus auf eine Alternative zu der Ton-gegen-Ton-Bildung der Copulatio zu beziehen – ähnlich wie Johannes Affligemensis (CSM I, XXIII/32) das »simplex organum« und dessen Kolorierung (»...si voluerit licet«) als Alternative hinstellt. – In T*BB* und in T*Mo* wird die Kolorierung nicht erwähnt. Auch im Versteil des T*M* ist sie wahrscheinlich nicht angesprochen.

Durch Zwischentöne oder durch Kolorierung wird die Ton-gegen-Ton-Setzung zum Konstruktionsgerüst für neumatische oder melismatische Ausführung. Daß dies aber in unserer Traktatgruppe nur zur Wahl gestellt, d. h. als Erklingendes zumindest auch, wenn nicht gar primär der Ton-gegen-Ton-Vortrag des Organums gemeint ist, wird durch mehrere der Primär- und Sekundärerscheinungen nahegelegt. Ich erwähne: die Lehrart in Form der zusammenhängenden Beantwortung von mehreren Cantus-Tönen; die Zielton-Konstruktion der Organalstimme; ihre Führung in meist kleinen Intervallen; die Wahrung ihrer räumlichen Nähe zum Cantus (T*Mo*, Satz 2); das Klangwechsel-Gebot; die Vermeidung von Tonwiederholungen; die Terz als »Durchgangsklang« (Vt, V. 69ff.); Terz und Sexte als »frei« behandelte Klänge (vgl. S. 206); das Erreichen der Copula durch möglichst kleine Tonschritte. Gerade die Copulatio-Lehre, ein Kernstück unserer Traktatgruppe, scheint der Kolorierung der ultimae voces als Norm des Organizierens zu widersprechen.

[13] Vers 72 des Versteils (Nam saliendo vadit [organum] ut ornetur melius), dessen Sinn zumindest zweideutig und der im Blick auf den Zusammenhang wahrscheinlich nicht als Beleg für Kolorierung zu verstehen ist (Erläuterung S. 131), bezieht sich für G. Schmidt (1962, S. 24) »unmißverständlich« auf die Praxis des Auskolorierens und bietet ihm, als einen festen Baustein seiner Ausführungen, den Begriff des »organum ornare« (S. 26 und 33). Den höchst diffizilen Schluß des Vt (V. 137ff., mit dem Ausdruck: »[Organum] frangit voces«; Erläuterung S. 133) hatte R. v. Ficker (1932, S. 73f.) als Beweis dafür angesehen, daß im Mailänder Traktat die Beispiele »nur abstrakt-theoretischen Wert haben«. Er läßt jedoch gelten, daß, während die theoretische Erörterung des T*M* nur den Wechsel der Klangqualität erfaßt, in der künstlerischen Praxis die Organalstimme »entweder einfach oder figuralmelismatisch« geformt werden kann.

Zu den Sekundärerscheinungen, die als Konsequenzen übergeordneter Gesichtspunkte des Organizierens zu verstehen sind und in unseren Traktaten dementsprechend unterschiedlich oder gar nicht angesprochen werden, gehören die stete Gegenbewegung bei der Copulatio (ausgesprochen nur in T*Mo*, Satz 3), die gelegentlich konsequente Gegenbewegung innerhalb eines Abschnitts (nicht oder in unterschiedlicher Weise genannt), die Lage des Organums ober- oder unterhalb des Cantus (nirgends als Regel formuliert; in T*Mo* für den Anfangsklang ausdrücklich freigestellt); die Stimmkreuzung (nicht erwähnt).

Die *konsequente Gegenbewegung* erweist sich in unserer Traktatgruppe als Sekundärerscheinung insofern, als die Gegenbewegung (die bei der Schlußbildung in der Fortschreitung disjunkt-konjunkt implizite enthalten ist) von der Copulatio auf die Wahl des Anfangstons zurückwirkt, von dem aus dann unter bestimmten Umständen die Gegenbewegung in Richtung der Copula ununterbrochen durchgeführt werden kann (vgl. in der Besprechung des Vt S. 140). Schon innerhalb unserer Traktatgruppe wurde die Gegenbewegung zu einem eigenständigen Prinzip der Stimmführung abstrahiert und dementsprechend als Regel formuliert (so allerdings nur im Vt, V. 65–68; als Möglichkeit der Stimmführung wird sie in T*BB* genannt, Satz 24). – R. v. Ficker (1932, S. 68f.) sah die Gegenbewegung auch im Blick auf die spätere Klangschrittlehre des Discantus (Vatikanischer Organum-Traktat) als Sekundärerscheinung an: »Die sogenannte Gegenbewegung ... ist nur eine sekundäre Folgeerscheinung dieses Wechsels der Klangqualität, der eben nach außen hin ein Auseinander- oder Zusammentreten der Stimmen bewirkte.«[14]

Die *Lage der Organalstimme* meist (jedoch keineswegs immer) oberhalb des Cantus erweist sich in unserer Traktatgruppe als Sekundärerscheinung der primären Prinzipien des Quint-Quart-Wechsels und der Gegenbewegungs-Copulatio in Verbindung mit der Lage und Bewegungsrichtung des Cantus. Die bevorzugte Lage der vorgegebenen Melodien in einem (im Tonsystem über Γ) relativ tiefen Raum würde die Entfaltung einer Begleitstimme, der unter dem Gebot des Klangwechsels neben dem Einklang auch Oktave, Quinte und Quarte zur Verfügung stehen, beengen. Daher wird z. B. die häufige Abwärtsbewegung des Cantus am Schluß seiner Sinnglieder meist nicht von unten her in den Einklang, sondern aufwärts in die Oktav-Copula, also oberhalb des Cantus beantwortet, was häufig bis zum Beginn der Klangfolge zurückwirkt. Man kann die Notwendigkeit der neuen Lage des Organums bei den Exempla unserer Traktate leicht ausprobieren, indem man versucht, unter Einhaltung der Regeln unterhalb des Cantus zu organizieren (hierzu die Besprechung des Vt, S. 138). Daß bei der neuen Lage des Organums oberhalb des Cantus auch erste Ansätze der Tendenz zur »Grundtönigkeit« der Klänge, ferner die zunehmende Bedeutung des Hinzufügens einer Stimme zum Gegebenen sowie die Kolorierung eine Rolle spielen, ist sicher. – Über die »Verlegung des Cantus in die Unterstimme« (doch nicht der Cantus, sondern das Organum erhält eine neue Lage) handelte bisher am ausführlichsten Waeltner (1955, S. 276ff.). Seine Hypothese (S. 291f.), daß die »Cantusverlegung« herbeigeführt worden sei »durch das musikalisch-theoretische Erfassen der Kolorierungsschicht« setzt voraus, daß die Kolorierung der Anlaß für das Neue Organum und daß sie dessen Norm war, was sich aus unseren Traktaten nicht erweisen läßt.

Die *Stimmkreuzung* wird durch Johannes Affligemensis (CSM I, XXIII) als Sekundärerscheinung im Sinne der Organumlehre unserer Traktate angesprochen: das »Herumgehen« des Organizators um den Cantus (alter per alienos sonos apte circueat) geschieht nach Maßgabe der die Lage und Bewegungsrichtung des Cantus sowie die Gegenbewegung beachtenden Zielton-Konstruktion der Abschnitte.

[14] Vor allem unter dem Gesichtspunkt der Gegenbewegung (als des vermeintlichen Kriteriums des Discantus im Unterschied zum Organum) hatten Riemann (1898) und – ihn kritisierend – Steinhard (1921) die Frühgeschichte der Mehrstimmigkeit zu verstehen und zu gliedern versucht. Die Frage wurde aufgegriffen u. a. von Handschin (1925/26, S. 331ff.) und M. F. Bukofzer (Artikel *Discantus* in MGG III, 1954, Sp. 561), in jüngster Zeit besonders von Apfel (1953, S. 17ff.) und Göllner (1961, S. 115ff.).

Andere Unterschiede in Details der Lehre können dadurch erklärt werden, daß die Verfassie der Traktate im Blick auf den gleichen Gegenstand verschiedene Dinge für wichtig halten: der Erwähnung der Terz als Durchgangsklang (Vt) oder der Terz (T*BB*) bzw. der Terz oder Sexte (T*Mo*) als Anfangsklang (wohl nur eines Binnenabschnitts) und als mittlere Klänge; die Auseinandersetzung mit dem b rotundum (Vt; T*Mo*); das Verbot von Sekunde und Septime für die Organalstimme außerhalb der Copulatio (T*BB*); das Gebot der Entfernung des Organums nicht zu weit vom Cantus und der maximal 8tönigen Länge der Klangabschnitte (T*Mo*).
Wiederum andere Unterschiede zwischen den Traktaten unserer Gruppe erklären sich einerseits aus der Verschiedenheit der Lehrmethoden, andererseits jedoch auch aus unterschiedlichen Auffassungen, die teils verschiedene Seiten des gleichen Gegenstandes ins Licht der Lehre rükken, teils aber auch bezeugen, daß es innerhalb des Frühstadiums des Neuen Organums unterschiedliche Praktiken des Organizierens gab.
So unterscheidet sich die Verslehre von der Prosalehrschrift der Mailänder Handschrift nicht nur dadurch, daß sie offenbar zum Auswendiglernen für Schüler bestimmt war und demzufolge einer nach Aufbau und Inhalt eigenartigen Lehrschriften-Gattung zugehört (vgl. Guidos *Regulae rhythmicae*), sondern auch durch eine gegenüber dem Prosateil andere Auffassung und abweichende Art des Organizierens, die gekennzeichnet sind durch ein klangräumliches Denken in Oktavstrukturen (Erläuterung S. 134f. und 143), durch eine Lockerung des Kongruenz-Prinzips und eine Vorliebe für kürzere, nur 2- bis 4tönige Klangglieder, so daß die Lehrart des Prosateils, der die längeren, durch Quint-Quart-Wechsel ausgezeichneten Abschnitte als Norm ansieht, hier nur bedingt passend ist.
Der Berliner Traktat B erweist sich als eine spätere Bearbeitung des Prosateils des T*M* unter dem Gesichtspunkt der Kürze, klareren Darstellung und Ergänzung durch Regeln für die Praxis. Er gelangt überdies, ebenso wie der Montpellier-Traktat, zu einer »freien« (d. h. nicht durch andere Rücksichten – wie Vermeidung von Tritonus und Tonwiederholung – bedingten) Behandlung der Terz.
Der Organum-Traktat von Montpellier zeichnet sich aus durch eine ganz auf die Praxis, aufs Machen des Organums gerichtete Lehrweise, die dementsprechend der aus den anderen Traktaten nur zu erschließenden (durch Johannes Affligemensis bestätigten) »Zielton-Konstruktion« (der Bildung der Abschnitte jeweils von der Copula her) Rechnung trägt, während die Lehrmethode (die Moduslehre) des Mailänder Prosatraktats das Organum mehr als ein fertig vorliegendes Gebilde betrachtet.

*

Die hier einleitend und skizzenhaft umrissenen Merkmale der Lehre des nachguidonischen, des frühen Neuen Organums bezeichnen den Bereich, in welchem sich die Fragen und Urteile der neueren über diesen Gegenstand vorliegenden musikwissenschaftlichen Literatur bewegen. Man hat erkannt, daß hier etwas entscheidend Neues erstmals greifbar ist, eine neue Stufe in der Geschichte der mehrstimmigen Musik, die – im Blick auf Inhalt und Entstehungszeit der erhaltenen Traktate – in ihrer Frühzeit sich gliedert in

das Alte Organum (späteres 9. Jh. bis ins 11. Jh., einschließlich Guido),
das frühe Neue Organum (späteres 11. Jh. bis ins 12. Jh.),
das spätere Neue Organum (ab etwa Mitte des 12. Jh.).

Das Alte Organum der *Musica Enchiriadis* und der ihr zugehörenden Lehrschriften ist bis hin zur Organumlehre des Guido von Arezzo gekennzeichnet durch folgende Merkmale[15]:
Die klangliche Grundsubstanz des organalen Geschehens bilden die Symphoniae Quarte, Quinte und Oktave als Bestandteile der aus Quarte und Quinte bestehenden Oktavstruktur. Diese Klänge sind maßgebend für das einfache Parallelorganum und die Verdopplung der »Stimmen« (voces).
Ausgangspunkt des artifiziellen (»beweglichen«) Organums ist die Quarte bzw. das parallele Quartorganum.
Die vox organalis liegt bei ihm im Quartabstand grundsätzlich unterhalb des Cantus, der somit als vox principalis beim Erklingen des Organums das Primat behält.
Tritonus-Verbot *(Musica Enchiriadis)* bzw. Occursus-Lehre (Guido) begründen die Unterbrechung des Quartenparallelismus bzw. das Grenzton- (Halteton-)Gebot für die vox organalis und das Zusammenkommen der voces am Ende und Anfang der Abschnitte.
Das Zusammenkommen der Stimmen bedeutet die Hinzugewinnung des Einklangs zu den klanglichen Grundsubstanzen beim Organizieren, während Terz und Sekunde fast nur bei Haltetönen der Organalstimme und vor allem als Durchgangsklänge vor Einklangsschlüssen und nach Einklangsanfängen vorkommen.
Das Grenzton-Gebot ist gleichbedeutend mit der Entfaltung des klanglichen Geschehens jeweils in einem der drei Hexachordräume.
Kongruenz zwischen größerem syntaktisch-melodischem Abschnitt des Cantus und Klangabschnitt ist die Norm.
Eine klangliche Untergliederung der Abschnitte geschieht als Folge davon, daß der Cantus die Lage, den Hexachordraum, innerhalb eines Abschnitts wechselt, so daß sich für das Organum ein neuer Grenzton ergibt oder der Cantus vorübergehend den Halteton des Organizators unterschreitet (von Guido als organum suspensum gelehrt; vgl. S. 59).
Als Cantus-Gattungen werden in den Lehrbeispielen Sequenz und Antiphon bevorzugt.
Das Organum wird aus dem Stegreif ausgeführt, auch chorisch (gegebenenfalls mit Hinzuziehung von Instrumenten).
Im Alten Organum sind die Grundgegebenheiten des Parallelsingens, der Bordunpraxis und der Verdopplung (Oktavierung) wirksam, und es entsteht als eine Vortragsweise gegebener Melodien, bei der die melodischen Erscheinungen der Kirchentöne, das klangliche Phänomen der Quint-Quart-Oktav-Konsonanz und das klangräumliche Prinzip der Hexachorde miteinander verbunden sind, wobei die klangliche Gestaltung mit der textlich-musikalischen Sinngliederung des Cantus kongruiert und – als geschichtlich greifbarer Ausgangspunkt der abendländischen Mehrstimmigkeit – eine Beurteilung der Klänge im Blick auf Formgestaltung vorgebildet ist: die Gliederung des Klanggeschehens, das Bilden von Anfang, Mitte und Schluß.
Das Neue Organum bedeutet in der Geschichte der mehrstimmigen Musik die Eroberung neuer Einsichten, die die Mehrstimmigkeit als Setzen von Klängen und als Geschehen mehrerer Stimmen erst eigentlich begründen.

[15] Hierzu u. a. Georgiades 1954, S. 15ff.; Waeltner 1955; Zaminer 1959, S. 145ff. Eine Orientierung über die größeren Zusammenhänge bieten auch die Artikel *Organum* (Eggebrecht) und *Discantus* (von demselben) im Sachteil (1967) der 12. Auflage des Riemann Musiklexikons.

Das entscheidend Neue ist in der allen Prosatraktaten unserer Gruppe gemeinsamen Organum-Definition (im Wortlaut des *TM*: Organum est vox sequens praecedentem sub celeritate diapente vel diatessaron, quarum videlicet praecedentis et subsequentis fit copula, aliqua decenti consonantia), die der Beginn des Verstraktats lediglich in anderem Wortlaut bietet, vollkommen ausgesprochen: das Begleiten des Cantus im Wechsel von Quinte und Quarte bis zur Copulatio, d. h. bis zum Bilden des Gliederungspunktes der Klangfolge.
Hier liegen die Anfänge des Gestaltens und Formens von Musik in der Dimension des Klanges, der, als eigenständige formbildende Kraft erkannt, von nun ab gegenüber der melodischen Realität, dem Erklingen des Cantus, in den Vordergrund des artifiziellen Gestaltens der Mehrstimmigkeit zu rücken beginnt. Das Zusammenklingen ereignet sich nun nicht mehr schematisch vor dem Hintergrund der bloßen Verdopplung (Intervallprojektion) einer gegebenen Stimme nach Maßgabe der durch die Lage des Cantus gebotenen Grenztöne und Hexachordräume, sondern der Klang ist als formende Kraft verfügbar geworden. Diese Verfügbarkeit erfordert vom Organizator Entscheidungen über die Wahl der Klänge und macht »die Frage nach ihrer Verbindung bewußt«[16].
Die Antwort auf diese Frage ist in unserer Traktatgruppe jene neue Einsicht in die »natura vocum«, in das Wesen der Töne (als Klänge), die im Mittelpunkt der Lehre des Neuen Organums steht. Die neue Einsicht in die natura vocum ist gleichbedeutend mit der Voceslehre, d. h. der Lehre von der »differentia primae et mediae[17] et ultimae vocis« (Pt; vgl. dort Satz 18 mit Satz 12); sie erkennt, daß die von alters her nach Proportion, Verwandtschaftsgrad und Wirkung verschiedenartigen Klänge im Blick auf die Form (Anfang, Mitte, Schluß) verschiedene Geltung haben, so daß durch Klang eine Form gebildet werden kann bzw. die Formbildung für die Wahl der Klänge maßgebend wird.
Mit dieser neuen Grundeinsicht in die natura vocum, die den Klangwechsel im Blick auf Form erfaßt, hängen mehr oder weniger, unmittelbar oder mittelbar, alle Neuerungen und Erstmaligkeiten zusammen, die in der Lehre unserer Traktatgruppe erkennbar sind und für die weitere Geschichte der Mehrstimmigkeit grundlegende Bedeutung gewinnen.
An die Stelle der Hexachordräume sind die Oktavräume getreten, deren je kirchentonal-melodische Gliederung und klangliche Quint-Quart-Struktur im Neuen Organum ihre Verwandtschaft und Vereinbarkeit bekunden (diesen Gesichtspunkt stellt der Verstraktat in den Vordergrund).
Ausgangspunkt der Lehre ist nicht mehr der Usus des Parallelsingens, den die Lehre artifiziell modifiziert oder sogar ausdrücklich ablehnt (im dialektischen Nachwort des Pt), sondern die der Ars entsprechende Rangordnung der Consonantiae im Blick auf deren Handhabung im musikalischen Zusammenhang der Form (hierzu bes. S. 64ff.).

16 Georgiades, 1954, S. 27, wo auch darauf hingewiesen ist, daß hier die Geschichte der »Komposition« mehrstimmiger Musik, des notenschriftlichen Ausarbeitens dieser Entscheidungen, ihren Ursprung hat. Das Wort »componere« taucht in der Geschichte der Mehrstimmigkeit wohl erstmals auf im Montpellier-Traktat (Satz 3) und mag hier – obgleich es sich primär wohl noch um eine Lehre der Stegreifausführung des Organums handelt – das Treffen von Entscheidungen mit ansprechen. (Hierzu auch die Besprechung des *Benedicamus domino*, S. 96.)

17 Daß hier (Pt, Satz 18) der Singular steht statt des eigentlich erforderlichen Plurals (mediae voces), erklärt sich wohl aus der Konstruktion dieses Satzes.

Die Lehre der Mehrstimmigkeit wurde zu einer »Satzlehre«[18].

Die Lehre des Schließens ist ausgeprägt, und sie formuliert erstmals »die Vorstellung, daß die Kadenzwirkung auf einem Wechsel der Klangqualitäten beruhe«[19].

Ein bestimmtes Regulativ für Klangfortschreitungen (Quarte oder Terz vor Einklang, Quinte oder Sexte vor Oktave) und das Paenultima-Prinzip des »Übergangs vom niedrigeren zum höheren Konsonanzgrad«[20] künden sich an.

Terz und Sexte beginnen – möglicherweise gestützt durch ihre Verwendung als Paenultima-Klänge[21] – als eigenständige, frei verfügbare Klänge zu gelten.

Die Schlußbildung wirkt zurück auf den Anfang und wird mitbestimmend für die Lage des Organums meist oberhalb des Cantus und maßgebend für das Beachten der Gegenbewegung.

Das Abwechseln der Klänge beeinflußt den Gesangscharakter der Stimmen und trägt zur Verselbständigung der einzelnen Klänge bei: der Cantus »zerfällt ... in einzelne Töne«, von denen jeder »Träger eines selbständigen Klangs« sein kann[22].

Das Klangwechsel-Prinzip, der Wille, die Klänge zu verändern, bezieht auch die Copula-Bildung mit ein, so daß die Schlüsse relativ dicht aufeinanderfolgen und der Cantus klanglich in kürzere textlich-melodische Sinnglieder eingeteilt wird (Wörter oder Wortgruppen, daneben auch Silben oder Silbengruppen, statt etwa Sequenz-Verse im Alten Organum).

Gegenüber diesem noch immer abschnittsweisen klanglichen Erfassen des Cantus gibt es die klangliche Untergliederung der Abschnitte zugunsten von Kurzgliedern auch entgegen dem Kongruenz-Prinzip. Im äußersten, nicht selten anzutreffenden Fall besteht eine Klangfolge aus lauter »Schlußbildungen« (Copulationes).

Zwischen dieser (wohl einer jüngeren Stufe angehörigen) Kurzgliedrigkeit der Klangfolgen und dem Organizieren im Wechsel von Quinte und Quarte besteht ein Widerspruch, dem die Verfasser unserer Traktate in unterschiedlicher Weise begegnen. Die zuletzt genannte Art des Organizierens ist in jedem der Traktate geboten durch die Organum-Definition, die den vor der Copula-Bildung stattfindenden Quint-Quart-Wechsel als Norm bestimmt, wie ja auch das Kongruenz-Prinzip (im Sinne der nicht untergliederten Übereinstimmung zwischen Wort und Klangabschnitt) zumeist mehrere mittlere Töne erfordert und somit auch den Quint-Quart-Wechsel ermöglicht. Bei 4tönigen Gliedern gibt es einen Quint-Quart-Wechsel vor der Copulatio jedoch nur, wenn der Anfangsklang disjunkt ist, und bei 3- und 2tönigen Gliedern gibt es keine mittleren Töne, somit auch keinen Klangwechsel außerhalb der Copulatio. Der Prosateil des Mailänder Traktats und dessen Bearbeitung, der Berliner Traktat B, erklären diese Fälle als Ausnahmen gegenüber der Norm (in T*M* als 4. Modus, in T*BB* als 3. Modus, und in der Formulierung dieses Modus scheint die besondere Leistung der Moduslehre zu liegen); der Versteil bevorzugt in den Beispielen die Kurzglie-

[18] Satz allerdings nicht im Sinne von Komposition (Niederschrift, Res facta), sondern hier erst nur im Sinne wahlweisen Setzens, des Wählens von Klängen nach Maßgabe der Bildung von Form. – Göllner (1961, S. 121 f.) betont den »grundsätzlich anderen Sinn« der Klangfolgen-Praxis des Mailänder Traktats gegenüber der ins deutsche Spätmittelalter tradierten Organum-Praxis: hier treten die Klänge »gleichsam als Nebenerscheinungen einer nach klanglicher Ergänzung und Umhüllung strebenden Ausführungsweise der gegebenen Melodie auf«, nach der Lehre des Mailänder Traktats dagegen »arbeitet man mit ihnen wie mit einzelnen Bausteinen«.

[19] Dahlhaus, 1964, S. 27.

[20] Ebenda S. 28.

[21] Handschin, 1930, S. 55.

[22] Georgiades, 1954, S. 26.

der, löst aber den Widerspruch gegenüber der Organum-Definition nicht auf; der Montpellier-Traktat lehrt – entsprechend dem in der Organum-Definition angesprochenen Quint-Quart-Wechsel – zunächst (Satz 3–6, vgl. auch Satz 9–12) die Bildung von längeren Klangabschnitten (die je Anfang, mittlere Töne und Schluß haben), nennt dann aber die 2- bis 8tönigen Glieder in systematischer Folge, beginnend mit den Kurzgliedern, deren Ausnahmecharakter hier jedoch, wie auch in T*M* und T*BB*, durch das Wort »nur« (tantum) angedeutet ist.

Die Kolorierung beginnt als eine eigene Art der Ausführung von Musik erwähnt zu werden, der gegenüber das Setzen der Klänge nur mehr als tektonisches »Gerüst« gilt.

In der Möglichkeit der unmittelbaren Aufeinanderfolge zweitöniger Kurzglieder, in der Eigenwertigkeit der Organalstimme als Cantus (Gegenbewegung, Vermeidung von Tonwiederholungen und großen Intervallen) und in der – gegenüber der Kolorierung – auch selbständigen Geltung der Ton-gegen-Ton-Bildung ist im frühen Neuen Organum das Prinzip des Discantus vorgebildet.

Das Neue Organum, das in der Zeit um oder schon vor 1100 die Lehre des Alten Organums fragwürdig erscheinen läßt (Prologus des T*M*), tritt als ein neues System des musikalisch Geltenden in den primären Traktaten unserer Gruppe unvermittelt in Erscheinung. Und es ist auch von daher anzunehmen, daß zwischen Guido und unserer Traktatgruppe Zwischenstufen der theoretischen Auseinandersetzung liegen, die wir nicht kennen.

Dennoch, trotz seiner Andersartigkeit, ist das neue System des Geltenden mit dem alten System in wichtigen Punkten in unmittelbarer Folgerichtigkeit verbunden. Auf der neuen Basis des Quint-Quart-Wechsels und der Einbeziehung der Oktave als Anfangs- und Schlußklang entfalten sich Grundsätze der Mehrstimmigkeit, die schon im Alten Organum wirksam waren: Theoretische Grundlage bleibt die durch die Lehre von der Verwandtschaft der Töne (affinitas vocum) erklärte Quint-Quart-Struktur der Oktave, in der alle strukturellen Klänge des Organums enthalten sind (in dieser theoretischen Grundlegung knüpfen der Prosa- und der Versteil an Guido an[23]). Im Keim vorgebildet sind im Alten Organum das Kongruenz-Prinzip (die Entsprechung von Cantus- und Klangfolgeabschnitt), die Gestaltung der Abschnitte im Sinne von Beginnen, mittlerem Geschehen und Schließen, die Durchbrechung des Kongruenz-Prinzips aus musikalischen Rücksichten und das Erfassen des Klanggeschehens vom Schluß her, der im Entgegenlauf der Stimmen vor dem Ruhepunkt nichtstrukturelle (freie, »dissonierende«) Töne erklingen läßt. Aus dieser Tradition heraus mag es sich erklären, daß manche wichtigen Erscheinungen des Neuen Organums (Kongruenz-Prinzip, Gegenbewegung bei der Schlußbildung) als Selbstverständlichkeiten in der Lehre nicht erwähnt werden. Indem unsere Traktatgruppe in der Organum-Definition den Quint-Quart-Wechsel (Klangwechsel-Prinzip) und in der Lehre die natura vocum (Klangwertungs-Prinzip) in den Vordergrund stellt, erfaßt sie selbst das Neue gegenüber dem Alten, den Fortschritt gegenüber der Tradition, sowie die Primär- gegenüber den Sekundärerscheinungen unübertrefflich.

*

23 Der Mailänder Traktat lehrt in den aus Guidos *Micrologus* entlehnten Sätzen nicht das Parallelorganum (etwa als eine noch damals geübte Praxis, wie u. a. Waeltner, 1955, S. 288, meinte), sondern benutzte eine usuelle Art des Organizierens, um an Hand der Quart-Quint-Struktur der Oktave die affinitas vocum zu demonstrieren, d. h. die »Verwandtschaft der Töne«, die auch beim Neuen Organum als konstitutive Klänge gebraucht werden können. Eine andere Bedeutung scheint mir auch schon bei Guido die seine Organumlehre einleitende Erwähnung des oktavverdoppelten Quartenorganums nicht zu haben.

Die Organumlehre unserer Traktatgruppe wird abgelöst durch die Lehre einer jüngeren Traktatgruppe, die zuletzt Zaminer zusammenhängend besprochen hat (1959, S. 130ff.). Neben dem Londoner Traktat (der sich in einigen Partien seiner Organumlehre an Johannes Affligemensis anschließt[24]) und dem A. de Lafage-Traktat (der in mancher Hinsicht noch an unsere Traktatgruppe erinnert[25]) handelt es sich hier um den Löwener Traktat, den Organum-Traktat des Pseudo-Guido Caroli Loci, den Vatikanischen Traktat und einen erstmals von Zaminer veröffentlichten kurzen Venezianischen Organum-Traktat[26].

Die wichtigsten Merkmale der Lehre des jüngeren Neuen Organums sind nach Ausweis dieser Lehrschriften und im Vergleich mit der von uns behandelten Traktatgruppe die folgenden: An die Stelle der zusammenhängenden Beantwortung mehrerer Cantustöne (Klangabschnitts-Lehre) tritt die Beantwortung einzelner Cantusschritte (Klangschritt-Lehre). Dies bedeutet zwangsläufig eine Änderung des Blickpunkts, so daß nun die Lehre von der natura vocum (der Beurteilung der Klänge im Blick auf Anfang, Mitte und Schluß, so auch die Lehre von den Modi organizandi), damit verbunden die Copulatio-Lehre (das Schließen aller Glieder in Einklang oder Oktave) und die Lehre von der Zielton-Konstruktion aus dem Gesichtskreis der jüngeren Traktate verschwinden; die Quarte beginnt ihre Rechte an die Quinte abzutreten, und Terz und Sexte werden als selbständige Bestandteile einer Klangfolge nicht mehr angesprochen. Die Klangschritt-Lehre erhebt den Grenzfall der nur 2tönigen Klangfolgen zur absoluten Norm, doch so, daß diese Klangschritte nun als Möglichkeiten einer Klangfortschreitung, nicht aber als mit Einklang oder Oktave schließende Glieder verstanden werden[27].

Die Klangschritt-Lehre jener jüngeren Traktatgruppe reduziert die konstruktiven Klänge im allgemeinen auf Oktave/Einklang und Quinte und macht die Gegenbewegung zur Norm der Schrittführung. Sie ist die gemeinsame Grundlage für zwei in Lehre und Praxis nun streng geschiedene Ausführungsarten der Mehrstimmigkeit: die Führung der Gegenstimme im wesentlichen Ton gegen Ton (auch mit Zwischentönen und Abschnitts-Schlußmelismen) und die Kolorierung der Gegenstimme über gedehntem Cantuston.

Diese beiden verschiedenen Ausführungsarten des Organums benötigen nun je eine eigene Benennung. Oberbegriff bleibt die Bezeichnung »organum«. Die Ton-gegen-Ton-Ausführung

24 Eine Neuedition und monographische Interpretation des Londoner Traktats ist wünschenswert.

25 Zum Beispiel in den die Organumlehre (die hier der Discantuslehre folgt) eröffnenden Worten »Ad organum itaque faciendum ...« (Edition Seay, XV/2; vgl. T*M*, Satz 1) und in der anschließend ausgesprochenen Forderung, daß das Anfangen, Fortschreiten und Schließen zu beachten sei: »... tria sunt necessaria, ut sciatur scilicet quomodo incipiatur, quo ordine progrediatur, qua ratione terminetur«. Für den A. de Lafage-Traktat ist, nachdem ihn zuletzt A. Seay 1957 ediert hat, nochmals eine vollständige Handschrift gefunden worden (Parma, Bibl. Palatina, parm. 1158, f. 65–73). Eine ausführliche Interpretation der (wahrscheinlich als ein Verbindungsglied zwischen unseren älteren und der jüngeren Traktatgruppe wichtigen) Discantus- und Organumlehre dieses Traktats ist eine spätere Aufgabe.

26 Nähere Angaben in der Bibliographie dieser Traktate bei Zaminer, 1959, S. 130. Diese Schriften gehören zu jener Gruppe von Traktaten des 12. und 13. Jh., die Apfel (1953) als »Traktatgruppe A« zusammenfassend interpretiert hat.

27 Einige Kennzeichen der Lehre des älteren Neuen Organums erscheinen sehr fortschrittlich, so die Lehre von Anfang, Mitte und Schluß, ferner die an die spätere Klausel-Lehre erinnernde Copulatio-Lehre, die Auseinandersetzung mit der textlich-musikalischen Sinngliederung des Cantus und die Berücksichtigung von Terz und Sexte. Sie sind aber nur eine Folge davon, daß hier – im Anschluß an das Alte Organum – größere musikalische Sinnglieder betrachtet wurden. Diese Betrachtungsweise ging in der Klangschritt-Lehre verloren.

erhielt die schon in der Lehre des frühen Neuen Organums (Montpellier-Traktat und Johannes Affligemensis[28]) vorgebildete Bezeichnung »discantus« – vermutlich deswegen, weil dieses als lateinische Übersetzung und zugleich in Umdeutung des seiner Herkunft nach griechischen Begriffswortes »diaphonia« gebildete Wort »discantus« einerseits weiterhin der Ton-gegen-Ton-Geltung der Klangfolge und dem Cantuscharakter der Organalstimme, andererseits als Wort der Wissenschaftssprache der rationalen Durchschaubarkeit der Ton-gegen-Ton-Bildungen Rechnung trägt. Dagegen wurde die kolorierte Ausführung der Gegenstimme (Melisma gegen Einzelton) »organum« genannt im besonderen Sinne der Melismenbildung über Haltetönen, – vielleicht weil dieses Wort in seiner vokabularen Bedeutung weniger eingeengt und fähig war, speziell jenen durch Theorie nicht zu erfassenden Usus des Melismen-Singens mit zu benennen, der in Praxis und Lehre nun Geltung errungen hatte[29].

Der Mailänder Traktat und die ihm zugehörenden Schriften werden in der neueren musikwissenschaftlichen Literatur oft bereits den Discantus-Traktaten zugeordnet. Dies ist insofern falsch, als das Begriffswort »discantus« erst dort Geltung gewann, wo jene zwei Arten der Mehrstimmigkeit (des »organum« im übergeordneten Sinne) sich als »discantus« und »organum« (im speziellen Sinne) gegenüberstehen, wobei die Klangschritt-Lehre die gemeinsame Grundlage bildet. Andererseits jedoch haben die Traktate des frühen Neuen Organums insofern bereits etwas mit den Discantus-Traktaten gemeinsam, als in ihnen der Begriff des »discantus« vorgebildet ist und die Ton-gegen-Ton-Ausführung des Organums (mit zur Wahl gestellter Kolorierung, besonders an Schlüssen der Klangabschnitte) die Norm darzustellen scheint, der jedoch hier noch keine grundsätzlich andersartige Ausführung der Mehrstimmigkeit gegenübergestellt ist.

*

Inhalt, geschichtliche Stellung und Bedeutung der Lehre unserer Traktatgruppe, wie sie diese Einleitung – teils im Vorgriff auf Ergebnisse unserer Arbeit, teils über deren engeren Bereich hinausgehend – zu beschreiben versuchte, sind in der neueren musikwissenschaftlichen Literatur in ihren wesentlichen Zügen erkannt. Doch gibt es in der bisherigen Forschung selbst in Grundfragen und erst recht bei den Einzelheiten noch zahlreiche Unsicherheiten, Fehlurteile und Irrtümer. Dies betrifft nicht nur die Datierung, das gegenseitige Abhängigkeitsverhältnis und die Chronologie der Handschriften und Traktate und nicht nur das Verständnis schwieriger Partien des Prosateils, die Interpretation des Versteils und die genauere Kenntnis des Berliner Traktats B, sondern auch Fragen wie die nach dem Grund der nun bevorzugten Lage der Organalstimme oberhalb des Cantus, nach dem Entstehen der Gegenbewegung und Gegenbewegungsregel, nach dem Eindringen und der Geltung von Terz und Sexte, nach dem Verhältnis zwischen Kolorierung und Organizieren Ton gegen Ton.

Die Unsicherheiten und Fehlurteile erklären sich zu einem großen Teil aus der Tatsache, daß bisher noch nicht alle Quellen berücksichtigt und die Traktate noch nicht sorgfältig genug ediert und in ihrem Zusammenhang als Gruppe vorgelegt und interpretiert sind. Hier möchte unsere Arbeit weiterhelfen und für die künftige Benutzung dieser Quellen eine sichere Basis schaffen. Wie schon im Vorwort betont, ist die Interpretation dieser Texte ungewöhnlich

[28] Hierzu die Erläuterung des T*Mo*, S. 192ff.

[29] Die Frage nach dem Grund dieser Benennungen ist hier nur hypothetisch beantwortet (vgl. auch S. 194).

schwierig, und weniger als bei anderen mittelalterlichen Musikschriften können unsere Erläuterungen der Traktate endgültige Lösungen bieten.
Naheliegend ist es und wünschenswert wäre es, daß unsere Behandlung der Traktatgruppe auch deren Bezug zu den überlieferten praktischen Quellen jener Zeit erörtert[30]. Dies ist schon des öfteren versucht worden[31] und liegt besonders nahe im Falle der den Prosateil des Mailänder Traktats eröffnenden Organum-Stücke *Cunctipotens genitor* und *Benedicamus domino*.
Wir haben in unserer Arbeit jedoch von der Bezugnahme auf die praktischen Quellen Abstand genommen (mit einer Ausnahme, S. 104ff.) und versucht, die Texte zunächst aus sich selbst heraus und im Zusammenhang der Traktatgruppe zu verstehen. Denn so notwendig es ist, daß man bei der Interpretation unserer Traktate von jenen praktischen Quellen eine Vorstellung hat und so unabdingbar für die Beschäftigung mit den praktischen Quellen die Kenntnis der in unseren Traktaten überlieferten Lehre ist, so fehlen für eine wissenschaftliche Darstellung der Beziehungen zwischen den Quellen der Lehre und denen der Praxis noch entscheidende Voraussetzungen, nämlich die geschlossene Edition und Interpretation jener Quellen jenseits von »St.-Martial« und die Gesamtedition und Interpretation des St.-Martial- und Codex Calixtinus-Repertoires sowie die zusammenhängende Edition und Interpretation der Traktate des jüngeren Neuen Organums. Solange diese Voraussetzungen nicht erfüllt sind, bleibt jede Bezugnahme der Gefahr der Zufälligkeit und Willkürlichkeit ausgesetzt.

30 – etwa zu den zweistimmigen Aufzeichnungen in den vermutlich aus Fleury-sur-Loire stammenden Handschriften Rom, Vat. Reg. 586 und 592, zu den Stücken in den Nachträgen Chartres 109 und 130, zum Nachtrag in der Hs. Lucca 603 (f. 243) und zu dem in Buchstabenschrift notierten Responsoriums-Versus im Codex Oxford, Bodl. Libr. 572, sowie zum Repertoire der »Saint-Martial-Quellen« und des Codex Calixtinus.

31 Zuletzt von G. Schmidt (1962), der den Mailänder Traktat als eine Lehre ansieht, die »uns über die Struktur der Mehrstimmigkeit im St. Martial-Repertoire zu orientieren« vermag (S. 13).

DIE HANDSCHRIFTEN

B Berlin, Staatsbibliothek Preußischer Kulturbesitz, Ms. theol. lat. quart. 261

Pergament (Einband: Holz mit Leder überzogen); 20,5 × 14 cm; 56 Blätter; Foliierung modern, arabisch; vorgeheftet 4 arabisch foliierte Blätter von Papier.

Datierung der Niederschrift:
Katalogzettel (auf dem Innendeckel der Hs.): 13. Jh.; Catalogo (Hoepli, Nr. 30), handschriftlicher Katalog der Deutschen Staatsbibliothek Berlin (Ost) sowie Korrektur am Rand des Katalogzettels: 15. Jh.; Novati (S. 155): 14. Jh.; Steinhard (S. 223): um 1400; Ludwig (S. 176): 15. Jh.; Handschin (S. 50): um 1300; R. Stephan (dankenswerte Auskunft 1958): erste Hälfte 14. Jh.; Lütolf (S. 21): spätes 13. Jh.; B. Bischoff (dankenswerte Auskunft 1967): um oder nach 1300; Knaus: 1292.

Ort der Niederschrift:
Carlo Trivulzio (auf vorgeheftetem f. 2): Stadt oder Diözese Lucca (aufgrund verschiedener im Kalender f. 5–10 genannter Heiligenfeste); Handschin (S. 50): Italien; B. Bischoff (dankenswerte Auskunft 1967): Oberitalien; Knaus: Lucca.

Zur Geschichte der Handschrift:
Frühester Besitznachweis: Bibliothek des Don Carlo Trivulzio (1715–1789) in Mailand, von dessen Hand das Inhaltsresümee auf den vorgehefteten Blättern 2–2′ stammt. Die Handschrift gehörte zu jenem Teil der Biblioteca Trivulziana, der als Erbe dem Bruder Gerolamo Trivulzio, sodann dessen Tochter Cristina di Belgioioso und schließlich deren Tochter, der Marchesa Trotti, zufiel. Im März 1886 befand sich der Codex unter den 120 Manuskripten der Sammlung Trivulzio-Trotti, die U. Hoepli in Mailand zum Verkauf anbot und die Fr. Novati im Auftrag der italienischen Behörden (denen vergeblich zum Ankauf geraten wurde) durchsah sowie teilweise beschrieb. 1888 war die Handschrift im Besitz des Antiquars Rosenthal in München (Eitner III, S. 369, Stichwort »Fabe, Guidi«), von dem die Königliche Bibliothek Berlin sie im Dezember 1890 erwarb (dankenswerte Auskunft der Deutschen Staatsbibliothek Berlin). Während des zweiten Weltkrieges ausgelagert, danach aufbewahrt in der Westdeutschen Bibliothek Marburg (Sammlungen der ehem. Preußischen Staatsbibliothek), gegenwärtig in der Staatsbibliothek Preußischer Kulturbesitz in Berlin (West).

Inhalt:

Vorgeheftete Blätter

f. 1	Ms. theol. lat. quart. 261 … [teilweise ausradierte Bleistifteintragungen] … acc. 1890: 374 (Trivulzio).
f. 1′	leer

f. 2–2′ + Questo Codice contiene le littanie, l'assoluzione sacramentale, il necessario da sapersi da un Cristiano, uarie tauole Lunarj, il Calendario, il Computo dell'anno solare e lunare d'un certo Maestro Buono, ed alcuni ristretti d'Opere sopra la Musica Ecclesiastica. Questo raunamento di cose, che si può chiamare giustamente un Manuale ... sia un autore ancora incognito, e che pel mezzo del presente codice se ne abbia notizia.

f. 3–4′ leer

Hauptkorpus

f. 1–1′ Kyrieleyson. Christeleyson. Christe audi nos ... Christeleyson. Kyrieleyson. Pater noster. (Allerheiligen-Litanei)

f. 2 Ad sciendum pascha domini. Accipe aurum numerum ... in sequenti die domenico erit pascha nostrum. (Anweisung und Figur)

f. 2′–3 De penitentia. Quomodo penitens debet mitti ad superiorem ... Qualiter sacerdos debeat facere absolutionem post confessionem ... Septem sacramenta ecclesie ... Decem praecepta legis ... Articuli fidei ... Duodecim articuli fidei ... Quando sacerdos potest dicere duas missas ... propter necessitatem nuptiarum. ubi tempus labitur. (Geistliche Texte und Anweisungen)

f. 3′ I Inuocetur nomen christi. Vt sit actor huius scripti ... Toto cursu sue uite. Firmus ultra lapidem. (Sechsstrophiger Hymnus)

Uniuersi et singuli uolentes ecclesiasticum cantum ... exercere si eo fuerint ignari hunc libellum scriptum atque ex diuersis libris siue aliorum ornatibus reseratum a presbytero Inghilberto condam magistri Guidonis pistoriensi diligenter legant ... laudabile operantibus musice facultatem. (Prolog zu einem bisher nicht ermittelten Musiktraktat)

A. proslambanomenos. B. ypateypaton ... A nete yperboleon. (Aufzählung der griechischen Tonnamen, versehen mit darübergeschriebener lateinischer Übersetzung: acquisitus, principes principalium ... ultima excellentium.)

f. 4 Tabula ostendens quota sit luna in kalendis mensium. Accipe aurum numerum ... (Anweisung und Figur)

alfa/ uita/ gama ... ommegha (Namen und Zeichen des griechischen Alphabets)

f. 4′ Tabula ostendens in quo signo sit luna in quollibet die. Accipe etatem lune ... (Anweisung und Figur)

f. 5–10 (unt.) Januarius habet dies XXXI. luna. XXX ... Sancti Siluestri pape. (Kalender mit Bezeichnung der Heiligenfeste)

f. 10 (oben) Ad pascha hebreorum inueniendum. Quando currit epacta nulla terminum pasce habebis ... terminum pasce habebis. XV. kalendas. maij.

Nulla. XI. XXII ... Julius. XIII. Augustus. XIIII. (Aufzählung der Epactae und Accessores)

f. 10′ (Astronomische Figur)

Die domenico prima hora diei intrat sol ... Xª Mars. XI. Sol. XIIª. venus.

f. 11–20 Incipit compotus anni solaris et lunaris. super kalendario exponendo. Compotus est scientia certificandi tempus secundum solis et lune progressum ... Hec ad presens de computo causa rudium nos dixisse sufficiat. Explicit compotus lunaris magistri. Bonj. Deo gratias amen. (Bonus de Lucca, *Computus lunaris*; vgl. Thorndike-Kibre, 242)

f. 20′ Avroram. uirgo. moribus. consurgens. quasi. humilis ... pasce. perennis. tribuat. per. infinita. secula. amen. (Zwölfstrophiger Hymnus; Edition in: B. Bischoff, *Ostertagtexte und Intervalltafeln*, Historisches Jahrbuch 1940, S. 574)

	Per istum ymnum. siue per partes eiusdem seu dictiones ... poteris inuenire optime pasca nostrum ... yaspice. ydor [danach Rasur] debent scribi per y. grecum. (Anweisung, wie der vorausgehende Hymnus zur Berechnung des Osterdatums zu verwenden ist[1]; dabei Exemplifizierung an den Jahreszahlen 1292 und 1293)
f. 21	(Wohl unvollständige Figur zur Darstellung der Töne und Intervalle mit den Vermerken »armonia melodia« und »musyca Syphonia«)
f. 21′	Pictagoras grecus sum musice radix ipsius inuentor. Ens semel in maris equore audiens ... ter tres tonos resummere discordantes omnimode sanatos ipsius. denique nona pulso. (Fragment einer Pythagoras-Legende)
	(Figur der Guidonischen Hand)
f. 22–23	videndum est de clauibus siue licteris in uocibus ponendis in unaquaque claue siue lictera. Et primo in grauibus. Nota quod Gmaut habet unam clauem et unam uocem ... Et si uolueris descendendo usque ad dlasol. superacutum usque ad gmaut.
f. 23–24	Incipit ars magistri boethij. Si uis scire artem musice. oportet te scire quod XV. sunt uoces tonitruales ... Regula boetij. solis lictteris notare optime probauimus. Quibus addiscendum nichil est facilius. si assidue utantur saltem tribus mensibus.
f. 23 (auf unterem Rand)	Quid est tonus. Tonus plenus est in uoce et cum plena uoce debet sonare ... sed quasi media uoce terminare.
f. 24	Nota. quod II^{us} tonus. V^{us}. et octauus habent unum modum intonandi in diebus ferialibus ... habent quilibet horum suum modum singularem.
	Primi toni. Alleluia posuisti domine ... Octaui toni Alleluia. Nimis honorati sunt amici tui deus. nimis con.
f. 24′–29	Incipit ars musice bernardi humilis abbatis clareuallis Bernardus. premunitos autem esse uolumus eos maxime qui libros notaturi sunt ... debet pausare quillibet tonus. in quibus frequentius habet incipere. (Bernhard von Clairvaux, *Praefatio seu tractatus de cantu et correctione antiphonarii ordine Cisterciensum*; vgl. Edition in Migne, CLXXXII, 1123, Mitte, –1132)
f. 29	Demonstratio litterarum subgrauium grauium acutarum et superacutarum subgraues littere dicuntur ... unde processit modus introductionis.
f. 29′	Demonstratio initiarum differentiarum. Omnes differentie primi toni quarti et VI^{ti}. incipiunt in ... Septimus et octauus. in G. graue tantum.
	Demonstratio toni et semitonij. dittoni. et semidittoni ... C. ad. d. tonum.
f. 29′–31	Tonus habet compunctos. IIII^{or}. scilicet vt. re. re. mi ... et est in antiphona Obiectum pontificem. in eo loco ubi dicit. O sanctissima anima.
f. 31–31′	Ter terni sunt modi quibus omnis cantilena contexitur ... facillime. queat comprehendere notitiam. (Mit Noten; vgl. GS II, 152–153)
f. 31′	Semitonio tono semiditono ditono diatessaron diapente omnis cantus regularis constat. (Mit Noten).
f. 32	Armonia est dulcis compilatio uocum. Vel armonia est cum fistule organi per ordinem copulate ... Symphonia est apta uel suauis uocum compilatio. id est. diatessaron. uel diapente. uel diapason.

[1] Aus den Wörtern der Strophen 1–11 lassen sich der Reihe nach die Osterdaten der Jahre 1241–1374 erschließen: die numerische Stellung der Anfangsbuchstaben im Alphabet (a = 1, ... y = 22, zo = 23, za = 24) entspricht bei Wörtern, die nicht auf »m« auslauten, den Ostersonntagsdaten im April, ergibt dagegen bei den mit »m« schließenden Wörtern jene Anzahl von Tagen, die vom 1. April an zur Gewinnung der Osterdaten des März zurückzuzählen ist. Das Wort »ymnum« in Strophe 11 erweist sich als Schreibfehler von »hymnum«, wodurch sich möglicherweise die Rasur im Explicit erklärt.

	F. ut. G reut. A mire ... F. solfamiut [Fortsetzung am Rand:] G. lasolfareut ... Dlasol. Ela (Aufzählung der Claves in einem System von Hexachorden auf F, G, B, C und D)
f. 32–35′	Dicto de singulis uocibus quibus tota armonia conficitur sufficienter et consequenter dicendum est de tonis quibus intonantur et discernuntur antiphone ... facias ascendere per tonum et semitonium a finali descendere. in. G. tandem ipsum facias terminari.
f. 36–38	Incipit ars musice magistri Guidi fabe. Sciendum in primis est Quot sint toni quibus omnis cantus cantari debeat. Octo igitur sunt toni ... Primus tonus sic flectitur et sic mediatur et sic finitur.
f. 38′	Incipit ars musice excellentissimi magistri boetij Tractatum hunc musice ex multis libris domino inspirante collegi ... Primo itaque uidendum est quid sit musica ... Confusa qui scribi nullo modo potest. nec sub figuris (bricht ab)
f. 39–40′	leer
f. 41–47′	Quid est musica. m[agister]. ueraciter canendi scientia et facilis uia ad perfectionem canendi ... subditus creatori qui est benedictus in secula seculorum. amen. (*Oddonis Dialogus de Musica*; vgl. Edition GS I, 252a–264b)
f. 48–50′	Vocum copulationes dicuntur. omni symphonia et de omni cantu dicatur ... Ergo organum excedit maiori potentia. Explicit organi tractatus. (= *TBA*, Pt und Vt; Teiledition Steinhard, 228–231; Edition des Pt im vorliegenden Band, 149f.)
f. 50′–51′	Item de organo Cum multi ueterum ac modernorum de diaphonia ... fit de .V. uocibus continet tres tonos et semitonium. (= *TBB*; ed. im vorliegenden Band, 159f.)
f. 51′	Si uis scire artem musice oportet te scire quod XV. sunt uoces tonitruales ... scilicet tetracordum grauium et finalium. [folgt von anderer Hand:] MCCCC XXXXV
f. 52–54′	[Q]uinque sunt uoces In quibus secundus modus regularis incipere inuenitur ... gradatim siue saltim sicut Media uita et Rubum quem Homo erat in IX. habent unum seculorum quod finitur in E. graui.
f. 55	leer
f. 55′–56′	Patrem omnipotentem. Factorem celi ... Et uitam uenturi seculi. Aaa[men] (mit Noten; Credo IV des Graduale Romanum; vgl. Editio Vaticana, Rom 1908, 62*–64*)

Literatur:

U. Hoepli, Catalogo di una ricca raccolta di libri e manoscritti riguardanti Milano e la Lombardia, Nr. 32, 1886; Fr. Novati, I codici Trivulzio-Trotti, Giornale storico della letteratura italiana IX, 1887, S. 137–185; R. Eitner, Biographisch-Bibliographisches Quellen-Lexikon III, Leipzig 1900, S. 369, Stichwort »Fabe, Guidi«; Steinhard, 1921, 223–224; Ludwig, 1924, 2. Aufl. 1930, I, S. 176; Handschin, 1930, S. 50; L. Thorndike and P. Kibre, A Catalogue of Incipits of Mediaeval Scientific Writings in Latin, 2London 1963; Lütolf (1967), S. 21; G. Vecchi, Musica e Scuola delle Artes a Bologna nell'opera di Boncompagno da Signa (Sec. XIII), in: Festschrift Br. Stäblein, Kassel 1967, S. 267, Anm. 11; H. Knaus, Neudatierung einer Berliner Musikhandschrift, Mf XXI, 1968, S. 312–314; M. Huglo, Le théoricien bolognais Guido Fabe, Revue de Musicologie LV, 1969, S. 78–82 (erschienen nach Umbruch des vorliegenden Bandes).

Br Bruges (Brügge), Stadsbibliotheek, Ms. 528

Pergament (Einband: Holzdeckel mit Leder überzogen); 11,5 × 16,5 cm; 59 Blätter; Foliierung modern, arabisch.

Datierung der Niederschrift:
de Poorter und Alliaume (S. 43): 13.–14. Jh.; de Poorter (S. 625): 13. Jh.; Smits van Waesberghe (S. 50): 13. Jh.; Bischoff (dankenswerte Auskunft 1967): erste Hälfte des 14. Jh. (gilt für f. 54′–59′).

Ort der Niederschrift:
Unbekannt (Flandern ?).

Zur Geschichte der Handschrift:
Nach de Poorter und Alliaume (S. 14f.) stammt die Handschrift aus der flämischen Abtei Ter Doest (bei Brügge) und ging 1624 in den Besitz der Zisterzienser-Abtei Dunes über. Zusammen mit den anderen Handschriften dieser Abtei gelangte sie im 19. Jh. nach Brügge.

Inhalt:

f. 1–6′	Incipit conpotus magistri Conradi. Conpotus est scientia distinguendi tempus certa ratione ... uel in signis oblique occidentibus. Explicit conpotus magistri Conradi d. Strasburg (vgl. L. Thorndike and P. Kibre, *A Catalogue of Incipits of Mediaeval Scientific Writings in Latin*, Cambridge/Mass. 1937, 2London 1963, Sp. 112)
f. 6′–7	Hec est tabula Dionisii quam tenet ecclesia romana. (Poorter: »Table de Denis-le-Petit«)
f. 7′–15′	Gloria que ex preclare gestis rebus nascitur ... Nunc dicendum est de priuilegiis ecclesiarum ... (Poorter: »Formulaire de style épistolaire et diplomatique«)
f. 16	leer
f. 17–23′	Ad habendum ciclum solarem secundum Garlandum siue litteram dominicalem ... et hec de utilioribus que considerat compotista dicta sufficiant. (Iohannes de Pulcro Rivo, Compilatio elucidans compotum manualem, Paris 1289; vgl. Thorndike–Kibre, Sp. 16)
f. 23′–24′	(24 Verse auf die 12 Monate des Jahres)
f. 25–32′	Incipit quadrans. Geometrie due sunt partes ... et productum dabit capacitatem. (Robert Grosseteste oder Iohannes von Montpellier, Tractatus quadrantis veteris; vgl. Thorndike-Kibre, Sp. 278)
f. 33	Tabula declinationis solis.
f. 33′–34	Tabula continens uerum locum solis.
f. 34′	Tabula continens medium motum lune in annis, mensibus, diebus et horis.
f. 35–40′	Carmen de algorismo. (Pseudo-Alexander von Villedieu)
f. 41–46′	Ad habendum in principio huius libelli sicut in principio aliorum librorum ... argentum post hec eduxit ad aurum. (Gerlandus, Compotus; vgl. Thorndike–Kibre, Sp. 17)
f. 47	Incipit arithmetica Boecii et de armonia et eius speciebus. (Überschrift von späterer Hand)
f. 47–47′	Restat ergo de maxima perfectaque armonia disserere ... Huius autem descriptionis superius exempla adiecimus. Explicit de arithmetica Boecii. (*De inst. arithm.* II, 54 [= Schlußkapitel]; vgl. *Anicii Manlii Torquati Severini Boetii De institutione arithmetica libri duo, De institutione musica libri quinque*, ed. G. Friedlein, Leipzig 1867, 169ff.)
f. 47′–48	De speciebus inequalitatis V. Que uero sunt inequalia quinque inter se modis ... ac breuiter explicamus. (Boethius, De inst. mus. I, 4; ed. Friedlein, 191f.)
f. 48	Que inequalitatis species consonantiis aptentur. Ex hiis igitur inequalitatis generibus ... Ptolomeum uidetur. (Boethius, De inst. mus. I, 5; ed. Friedlein, 192f.)
	Que proportiones quibus consonantiis musicis aptentur. Illud tamen esse cognitum debet ... quadrupla autem bis diapason. (Boethius, De inst. mus. I, 7; ed. Friedlein, 194)

De superparticulari numero. His illud addendum est, duos primos superparticulares ... in infinitum multiplices procreantur. (Boethius, De inst. mus. II, 11; ed. Friedlein, 240f.)

f. 48–48′ De arithmetica, geometrica, armonica medietate. Quoniam uero de proportionibus et de medietatibus dicendum est. Proportio enim est duorum terminorum ... quarum hec subiciamus exempla. (Boethius, De inst. mus. II, 12; ed. Friedlein, 241f.)

f. 48′–49 Item de proportionalitate. Nunc res admonet quedam de proportionibus disputantes ... tanto binarium transgreditur quaternarius. (Boethius, De inst. arithm. II, 40; ed. Friedlein, 137f.)

f. 49 De minoribus semitonio interuallis. Philolaus igitur hec atque his minora spatia ... Sed duo scismata unum perficiunt comma. (Boethius, De inst. mus. III, 8; ed. Friedlein, 278 f.)

Totus tonus ex apotome constat ac semitonio. semitonium uero ab apotome differt commate. nihil aliud apotome nisi semitonium minus et comma. (Boethius, De inst. mus. III, 6; ed. Friedlein, 277, 21ff.). maius uero semitonium quidem esse quam .IIII. commata, maius uero quam tria (ebenda, III, 15; ed. Friedlein, 295, 5f.). Inter maius igitur semitonium ac minus comma differentiam facit (ebenda, III, 16; ed. Friedlein, 299, 2f.)

f. 49–50 De toni partibus per consonantias sumendis. Sed de his quidem hactenus ... quod facillime diligens lector intelliget. (Boethius, De inst. mus. III, 9–10; ed. Friedlein, 279–284, 19)

f. 50′ Apotomen maiorem esse .4. commata minorem esse quinque tonum maiorem quam .8. minorem .9. Eadem hac ratione et semitonium maius ... .VIII. commatibus minor uero .IX. (Boethius, De inst. mus. III, 15; ed. Friedlein, 295f.)

f. 50′–51 Est autem proprium huius medietatis ... in eundem rursus quinarium surgunt. (Boethius, De inst. arithm. II, 43; ed. Friedlein, 142, 16–27)

f. 51 Si tetragonus tetragonum multiplicet ... semper parte altera longior crescit. (Boethius, De inst. arithm. II, 46; ed. Friedlein, 151, 10–14; daneben die Tabelle aus II, 44; ed. Friedlein, 148f.)

De tono et eius speciebus. Quod numquam tonus in gemina equa diuiditur facillime exprobetur ... semitonium nuncupatur, aliud minus. (Boethius, De inst. mus. I, 16; ed. Friedlein, 202f.)

f. 51–51′ De proportione cimbalorum. Quicumque uult cimbala facere recte sonantia ... hoc emendare procuret cum cote et lima. (Text ohne Berücksichtigung der Brügger Handschrift ediert von J. Smits van Waesberghe, *Cymbala*, Musicological Studies and Documents I, Rom 1951, 54f.)

f. 51′–52 Dicto partim de musica Boetii que habet fieri sub arithmetica proportione, modo dicendum est de ipsa plana musica que immensurabilis dicitur et de eius speciebus. Dicturi sumus de musica que dicitur immensurabilis ... In fine dicit et non in principio uel medio, iuxta illud Guidonis. ...

f. 52 Item de eodem. Cum uero quilibet cantus de omnibus uocibus ... principatum. (Guido, *Micrologus* XI; ed. J. Smits van Waesberghe: Micr. XI/2). Sicut rerum actio ad finem respicit, sic cantuum modulatio ...

f. 52–52′ De nominibus octo modorum ... Tonus, tropus, modus ... octo modi possunt octo differentie nominari. De informationibus differentiisque uideamus ... Differentia autem idcirco dicitur ... (Guido, Micr. VIII/28) ... /

f. 53 ... tam de autentico quam de plagali et in quacumque uoce finietur.

Sequitur de monocordo. Note autem in monocordo hec sunt ... quia in uocibus super-
f. 53′ habundare / potius quam deficere maluimus. (Guido, Micr. II/2–10). Sed quia in trinitate omnis perfectio consistit ... Consonantia est dissimilium inter se uocum in unum redacta concordia. (Boethius, De inst. mus. I, 3; ed. Friedlein, 191, 3f.). Item Gregorius. Con-

sonantia est acuti soni grauisque mixtura uniuersaliter uniformiterque auribus accidens. (ebenda, I, 8, 195, 6ff.) ... Dissonantia uero est duorum sonorum sibimet permixtorum ad aurem ueniens aspera atque iniucunda percussio (ebenda, 195, 8ff.)

f. 53'–54 Erant antiquitus instrumenta incerta et canentium multitudo ... cum numerorum proportione concordiam demonstrauit. (Guido, Micr. XX/2–19)

f. 54 Ut autem de diuisione monocordi in paucis multa ... alias uero diuisiones preter has .4. inuenire non poteris.

Dyaphonia uocum disiunctio sonat quam nos organum uocamus. (Guido, Micr. XVIII/2). Tropus modus tonus idem sunt. (vgl. Boethius, De inst. mus. IV, 15; ed. Friedlein 341, 20). Interuallum est soni acuti grauisque distantia (ebenda, I, 8; ed. Friedlein, 195, 6). Ad efficiendam musicam sunt hii modi apponendi .6. Epitritus, hemiolus ... Hec subscripta figura ualet ad compositionem monocordi quod dicitur per tonos et semitonia nec non et per omnes alias species musice artis per ipsam existentes et hec est figura.

f. 54'–59' Dicto de musica immensurabili nunc tractandum est de ipsa mensurabili que organum nuncupatur. Habito de ipsa plana musica que immensurabilis dicitur, nunc est presens intentio ... Item omnis figura simplex id est non composita et due ligate sequentes reducuntur ad .3. ligatas [bricht ab] (vgl. *De musica mensurabili* von Johannes de Garlandia, CS I, S. 175–181a, 7. Zeile von unten).

f. 54'–58' (Randscholien; a = links, b = rechts)

f. 54'a Dicturi de organo prout organum est generale ... Organum est sonus armoniacus diuersis troporum consonantiis suaui concordia modisque prolatus...
Dyaphonia est diuersorum sonorum apta coniunctio ...
Est autem discantus aliquorum cantuum diuersorum consonantia ...
Maneries est quicquid per longas et breues sonorum notulas ...
Copula siue ligatura quod idem est ...
Pronuntiatio siue prolatio est apta uocum copulatio ...

f. 54'b Duplex est modus ipsius musice scilicet mensurabilis et immensurabilis ...
Significatum organi aliud naturale ... uidelicet pictura et cadauer (s. Edition des T*Br* im vorliegenden Band, 175)
Cum autem diatessaron et diapente organizemus ... beniuolentia sua etc. (s. Edition des T*Br* im vorliegenden Band, 175)
Voces et cantum cum organo et organa quantum libuerit duplicare per diapason poterit (vgl. Guido, Micr. XVIII/12)
Dyaphonia est diuersorum sonorum apta prolatio sub debita dispositione figurarum metrice prolata et est idem quod discantus.

f. 55a Item dyaphonia uocum disiunctio sonat quam nos organum uocamus ... similitudines uocum fecisse monstrate sunt (s. Edition des T*Br* im vorliegenden Band, 175; vgl. Guido, Micr. XVIII/2–8)
Dicit Guido quod aliquando una sillaba ... diuidatur in sillabas (Guido, Micr. XV/30), et hoc est de semibreui neuma, quia recta breuis non potest diuidi in pluribus neumis.
Prima uox organi aut manet coniuncta ... cum qualibet consonantia (s. Edition des T*Br* im vorliegenden Band, 176)
Regula est cum plus symphonia seiungi non liceat opus est cum se cantor intenderit subsecutor ascendat et e conuerso.

f. 55b Sciendum autem est quod organales uoces affinitatem habent ... cum symphonia de omni cantu dicatur (s. Edition des T*Br* im vorliegenden Band, 176; vgl. Guido, Micr. XVIII/7–9)

Nota quod sicut dicit Guido Quemadmodum in metris sunt littere, sillabe ... aptantur in sillabis (Guido, Micr. XV/2–3).
Generaliter opus est ut quasi metricis pedibus cantilena ... aut tremulam habeant (Guido, Micr. XV/9–10), id est per amissam uocem.
Simpliciter loquendo de proprietate unica est ... Improprietas quando deficit tractus debitus.

f. 55'a In organo tonus et ditonus et semiditonus ... / ... tono et dytono et diatessaron obsequntur. (Guido, Micr. XVIII/16–22). Notandum quod quidam soni a suis quintis omnino discordant ... perfecte concordat. (Guido, Micr. V/22–24). et hoc patet per Guidonem, qui dicit quod omnis uox sub specie diapason idem et eadem uox est. sed dicitur propter quandam speciem imperfectam sicut est semidi‹a›pen‹te›. et dicitur a semus, -ma, -mum, quasi imperfecta diapente, ut est E et b uel ♮ et F etc.
Item de organo. Organum est uox sequens precedentem ... ultimarum uocum augendo uel auferendo etc. (s. Edition des *TBr* im vorliegenden Band, 176)
Nota quod sicut dicit Guido quod non parua similitudo est metris et cantibus ... et multa alia ad hunc modum. (Guido, Micr. XV/44–47)

f. 55'b Tractatus [...] modi organizandi (am oberen Rand). Primus modus organizandi est quando prima copulatur cum precedenti ... id est ultimam copulam destruendo (s. Edition des *TBr* im vorliegenden Band, 176)
Notandum est quod motellus cuiuscumque modi sit debet iudicari de eodem de quo tenor est ... Si ergo motello est de primo modo sicut O maria maris stella, et multi alii ... quia quelibet longa in tenore ualet longam et brevem (Anonymus 7, CS I, 379b), scilicet longa ante longam sicut habetur in quinto modo.

f. 56a leer

f. 56b Sicut signa et mensiones ita se habent autenti et plagales ... sicut mensiones in medio signorum. amen. (Überliefert auch in Leiden 194 f. 44 und München Clm 14965 f. 72r)
Si uero unisono alter unisonus addatur dyapason uocatur, et dicitur dyapason quasi duum passuum, scilicet uno tramito canentium.

f. 56'a Notarum longarum triplex est differentia ... cuius longitudo excedit latitudinem. (Rechts und unterhalb folgen Notenzeichen)
Quotienscumque tres notule ponuntur pro una longa ... prima ita longa sicut secunda. (Anonymus 7, CS I, 378b; folgen Notenzeichen)

f. 56'b In primo modo tres dantur regule ... habet suum ordinem. (Anonymus 7, CS I, 378b). Et est sciendum quod omnis ligata ... tempus quam tres ligate. (Anonymus 7, CS I, 381a)

f. 57a/b (Notenzeichen)

f. 57'a/b (Notenzeichen)
(unten:) Notandum quod omnis figura bineumis ... tam ascendendo quam descendendo.
Item omnis figura perfecta ... quanta est penultima etc.

f. 58a (Notenzeichen)
Notandum quod sicut in primo modo ... aliquando pro una longa ponitur breuis et longa que ualent unam longam. (Anonymus 7, CS I, 378b/379a)

f. 58b	(Notenzeichen)
f. 58'a	Item in tertio modo est quedam regula quod quando nos habemus ... pausa est tanta quanta est penultima. (Anonymus 7, CS I, 379a). penultima est longa, ergo pausa est longa. Quintus modus precedit ex omnibus longis ... omnes longe sunt trium temporum sicut in tercio.
f. 58'b	leer

Literatur:

A. de Poorter und M. Alliaume, Catalogue des Manuscrits mathématiques et astrononiiques de la Bibliothèque de Bruges, Bruges 1922, S. 43–45; A. de Poorter, Catalogue des Manuscrits de la Bibliothèque publique de la ville de Bruges, Gembloux-Paris 1934 (in: Catalogue Général des Manuscrits de Bibliothèques de Belgique, Vol. II), S. 625–27; Répertoire International des Sources Musicales. The Theory of Music from the Carolingian Era up to 1400. Vol. I, ed. by J. Smits van Waesberghe (P. Fischer, Chr. Maas), München-Duisburg 1961, S. 50–52.

M Milano, Biblioteca Ambrosiana M. 17. sup.

Pergament (Einband: Holzdeckel mit Pergament überzogen, ledcrverstärkter Rücken); 11 × 16,7 cm; 63 Blätter; Foliierung modern, arabisch.

Datierung der Niederschrift:
Coussemaker (S. 225): Ende des 11. oder Anfang des 12. Jh.; Riemann (S. 86): spätestens um 1100 (Abfassung des T*M*); Ludwig (S. 175): Wende des 11. und 12. Jh.; Handschin (S. 50): 12. Jh.; Smits van Waesberghe (S. 40): 12. Jh.; Reaney (S. 792f.): 12. Jh. (über den T*M*: »This treatise probably dates from the beginning of the 12th century, but the music may be considered to represent 11th century organum«); Lütolf (S. 17ff.): 12. Jh. (Abfassung des T*M* im 11. Jh., vielleicht in Oberitalien); Bischoff (dankenswerte Auskunft 1967): um 1100 (gilt für f. 56–61).

Ort der Niederschrift:
Unbekannt; doch wird aus der Notiz f. 1 »Pro collegio Laudunensi« gewöhnlich auf nordfranzösische Herkunft geschlossen (Ludwig, S. 175 u. a.), wofür auch die auf f. 19'–22', 24–24' und 28'–30' zum Text sowie f. 6–9' und 48' am Rand hinzugefügten, besonders aber die wohl erst im 13./14. Jh. auf f. 43' und 44 auf den Rand geschriebenen Neumen sprechen (Reaney, S. 792, Lütolf, S. 21).

Zur Geschichte der Handschrift:
Nach der wohl in das 15./16. Jahrhundert zu datierenden Notiz auf f. 1 »Pro collegio Laudunensi«, auf die Handschin (S. 50, Anm. 2) als erster hinwies, hatte der Codex einst dem Domkapitel von Laon gehört. Eine jüngere Eintragung auf der Innenseite des Vorderdeckels von der Hand Antonio Olgiatos, des ersten Bibliothekars der Ambrosiana, der den Codex Anfang des 17. Jahrhunderts angekauft hatte, lautet: »Guidonis Aretini Musica / Hunc codicem, qui fuit Antonij Contij / Jurisconsulti, Avenione vehendum una / cum multis alijs curauimus«. Als späterer Besitzer des Codex ist demnach Antonio Conti in Avignon verbürgt. Von Avignon gelangte die Handschrift in die Ambrosiana.

Inhalt:
Ausführliche Inhaltsangabe in *Guidonis Aretini Micrologus*, ed. J. Smits van Waesberghe, CSM IV, Rom 1955, S. 40ff.

Literatur:
Coussemaker, 1852, S. 225; A. Ratti, Manoscritti di provenienza francese nella biblioteca Ambrosiana, in: Mélanges offerts à M. E. Châtelain, Paris 1910; Riemann, 1921, S. 86; Ludwig, 1930, I, S. 175; Handschin, 1930, S. 50 Anm. 2; Guido Aretini Micrologus, ed. J. Smits van Waesberghe, CSM 4, Rom 1955, S. 40ff.; Répertoire International des Sources Musicales, IV, 1. Manuscripts of Polyphonic Music, 11th – early 14th century, ed. by G. Reaney, München-Duisburg 1966; Lütolf 1967.

Mo Montpellier, Bibliothèque de l'Université, Section de Médecine, Ms. H 384

Pergament (Einband: Sackleinwand); 8,2 × 17 cm; 127 Blätter; Foliierung modern, arabisch (letztes Blatt verkehrt eingeheftet: f. 127 und 127′ vertauscht).

Datierung der Niederschrift:
Catalogue général (S. 438f.): f. 1–112: 9.–10. Jh.; f. 112–112′: Ende 10. oder Anfang 11. Jh.; f. 113–126: 10. und 12. Jh.; f. 127: 13. Jh.;
Handschin (S. 50): f. 122–123 (= T*Mo*): wohl erst 12. Jh.; f. 125′–126: etwa Anfang 13. Jh.;
Thorndike–Kibre (in Sp. 1431, 140, 383, 444, 134, 133, 653, 652, 1557, 393, 806, 199 und 1242 Nennung der Hs. mit folgenden Angaben): f. 42′–43 und 57–: 13. Jh.; f. 64′–74: 12. Jh.; f. 74–78: 9.–10. Jh.; f. 78, 79, 79′, 82′, 100–102, 106′–, 109–112, 113–: 10.–11. Jh.;
Bischoff (dankenswerte Auskünfte 1960 und 1967): f. 122–123 (= T*Mo*): wohl spätes 11. Jh. bzw. erste Hälfte 12. Jh.

Ort der Niederschrift:
Handschin (S. 50): vermutlich Südfrankreich (aquitanische Neumen f. 125′–126); Bischoff (dankenswerte Auskunft 1967): f. 122–123 (= T*Mo*): Frankreich.

Zur Geschichte der Handschrift:
R. P. Masson, Conservateur der Universitätsbibliothek in Montpellier (dankenswerte Auskunft 1967): »Bien qu'il n'y ait aucune indication de provenance sur le manuscrit, il est à penser qu'il a la même origine que l'ensemble de nos manuscrits venant (après la Révolution Française) des dépots de Bourgogne: Abbaye de Citeaux, Oratoire de Troyes ou Bibliothèque du président Bouhier.«

Inhalt:

f. 1–28 Incipiunt Gesta Alexandri Regis Macedoniorum Egipti sapientes sati genere diuino primi feruntur ... uino et ueneno superatus atque extinctus occubuit. (Auszug aus dem Alexanderroman des Julius Valerius; ed. in: A. Hilka, *Studien zur Alexandersage*, Romanische Forschungen XXIX, 1911, 34–69)

f. 28–42′ Semper memor tui etiam inter dubia bellorumque ... animo et industria optime aristotiles ponderaris. (Angeblich Brief Alexanders von Mazedonien an Aristoteles; ed. in: *Iuli Valeri Alexandri Polemi res gestae Alexandri Macedonis translatae ex Aesopo Graeco ... Recensuit* Bernardus Kuebler, Leipzig 1888, 190–221)

f. 42′–64′ Sepius [?] ad aures meas fando peruenit rationem uite ... aut inuidiae quod a meliori praestantur. (Angeblich Briefwechsel Alexanders mit dem Bragmanenkönig Dindimus; ed. ebenda, 169–189)

f. 55–56′ leer

f. 57–64′ Incipiunt differentie hisidori de tribus artibus arismetica geometria et astronomia (von jüngerer Hand)
[A]rithmetica una est ex se[...]ptem liberales artes ... Stadium. VIII. pars miliarii est; Constans passibus. CXX. V. (Auszüge und Kapitel aus Isidorus von Sevilla, *Etymologiarum sive originum libri XX*; vgl. Edition von W. M. Lindsay, Oxford 1911; III 1, 8, 2–5; XVI 25, 27; XV 15; XVI 26, 27; IX 3; XV 15)

f. 64′–74 In nomine domini nostri ihesu christi incipit computatio grecorum siue latinorum edita a sancto Dionisio greco episcopo et meturio [?] equitano. inuitato ab hylario urbis romae episcopo. De numero igitur fratres dilectissimi ... Noctes. et dies. Annique semper in motu sunt. Quibus elementis. nulla requies est. (Komputistischer Traktat; zum ersten Teil vgl. Edition in: Ch. W. Jones, *Bedae Opera de temporibus*, Cambridge/Mass. 1943, 393, für weitere Quellen Thorndike–Kibre, 383)

f. 74–78 De diuisionibus temporum. D[iscipulus] Divisiones Temporum quot sunt? ... Lux autem uel aurora pertingens. usque ad solum ortum. (Komputistische Kompilation mit Partien aus Pseudo-Beda, *De divisionibus temporum* und *De ratione computi*; vgl. Edition in Migne, XC, bes. 653–657 und 582)

f. 78–79 Arietem inter signa ideo primum gentiles posuerunt. propter amorem iouis ... Capricornis typpus pii. et impii. eo quod baccauerunt in utero matris.

f. 79 Item de sideribus. Aries ingreditur. XV. kal. aprilis ... aquarius ingreditur. VI. kal. februarii.

f. 79–80 Incipit compotus grecorum de ordine XII mensium Januarius mensis. habet dies. XXX. I ... omnes mensi. UIII. idus habent.

f. 80–100 Quomodo annos ab origine mundi invenies. Anni ab origine mundi usque ad natiuitatem saluatoris ... unde et bissextum uocant. Inter calare consueuerunt. (Komputistische Kompilation, deren zahlreiche Abschnitte zumeist eingeleitet werden von der Formel Si uis scire [bzw. inuenire, nosse, agnoscere] ...; vgl. Pseudo-Beda, *De ratione computi*, *De divisionibus temporum*, *De argumentis lunae* und *De embolismo*, ed. in: Migne, XC, bes. 598–600, 659–662, 701–728, 799)

f. 100 Isidori de bissexto. Bissextus est per annos. IIII^{or}. Unus dies adiectus .... In luna cursu bissextus apponitur. (Isidorus von Sevilla, vgl. *Etymologiae* VI, 17)

f. 100–100′ Incipit orologium. Januarius. et december. hora prima. et. XI. pedes ... hora VI. pedem vnvm.

f. 100′–106′ De temporibus anni. Tempora anni quot sunt? Quatuor ... qua christum crucifixum sancti euangelii sacra testatur istoria. (Vgl. Isidorus von Sevilla, *Etymologiae* V, 35 und 29)

f. 106′–109 Incipit de loquela digitorum De temporum ratione domino iuuante ... hisdem prefigere sciant. Uerum hec actenus. (Aus: Beda, *De temporum ratione*; Edition in: Ch. W. Jones, *Bedae Opera de temporibus*, Cambridge/Mass. 1943, 179–181)

f. 109–110 Incipit temporalis. Kalende ianuarii si fuerint Die domenico id est prima feria. Hiems bonus erit ... Apes moriuntur et domi cremabuntur. Explicit temporalis.

f. 110–112 Locutio Ambrosii de celu. Caelum greco uocabulo. Uranus dicitur ... quod alimentum sibi aquarum a temperiem sui sumpserit.

f. 112–112′ XX Quinque ... Q[uindecies]. $\overline{\text{M}}$. $\overline{\text{XV}}$. (Kolonnen römischer Zahlen mit Multiplikationsbeispielen der Faktoren 25, 2, 60 und 15)

f. 113–116 Quid est tonus. Regula que de omni cantu in fine diiudicat ... Conserua me. per epitritum intensum in trite diezeumenon. (Traktat über die acht Kirchentöne; erweiterte Fassung gegenüber der Edition in: A. Machabey, *»Tonale« inédit du Graduel manuscrit de Nevers (XIIe siècle)*, Revue de Musicologie X, 1926, 120–125)

f. 116–121 De coniunctionibus uocum. Sex sunt coniunctiones uocum tam in eleuatione quam in depositione ... iam subditus creatori. qui est benedictus in secula seculorum amen. (Teile aus *Oddonis Dialogus de Musica*; abweichende Fassung gegenüber GS I, 255b–264b)

f. 121 Antea omnia ergo et super omnia canendum est in praescriptis modorum formulis. ut omnis cantilena aut cum sua differencia incipiat. aut tono vel duobus tonis seu diatessaron vel diapente ab ea differat.

f. 121–121′ Ma[gister?]. Igitur octo sunt modi ut octo partes orationis ... Est autem tropus species cantionis. qui et modus dictus est. (Guido von Arezzo, *Micrologus*, XIII; CSM IV, 150–157)

f. 121′–122 De multiplicibus vocibus. Dispositis itaque uocibus inter uocem et uocem ... canendi possis periciam sagaciter. ideoque facilius possidere. (Ebenda, IV; CSM IV, 103–106)

f. 122 Que est prima consonancia. prima quidem consonancia est. diapason ... Sexquialtera in aritmetica. in musica est. diapente.

f. 122–123 Diaphonia duplex cantus est Cuius talis est diffinicio ... vltimum exemplum. vt
DFEDCa/CD dcGaFEFD
A MEN A MEN. (= T*Mo*; Edition Handschin, 50–51, sowie im vorliegenden Band, 187f.)

f. 123–123′ De tonis. toni igitur uniuersaliter efficiuntur .IIII ... eo quod monocordi posicio eis locum mediorem inpendere uoluit.

f. 123′–124 De ressurrectione. Versus. Salue festa dies toto uenerabilis euo ... Belliger ad celos ampla trophea refers. (Prozessionshymnus; ed. Analecta Hymnica L, 79–80; Verse 4 und 7 fehlen in der Hs.)

f. 124 Ecce quod usus habet (bricht ab; offenbar Fragment eines Lehrgedichtes über die Orthographie, vgl. H. Walter, *Initia carminum ac versum medii aevi posterioris latinorum*, Göttingen 1959, Nr. 5138)

f. 124′–125′ Plus uigila semper ne sompno deditus esto ... Ne uideare malos imitari uelle tacendo. Mira. Explicyt. (Moralisches Lehrgedicht, vgl. ebenda, Nr. 14211)

f. 125′ Ad nutum domini nostrum ditantis honorem ... Vt uicium uirtus operiret gracia culpam Sicut. (Marienantiphon mit aquitanischen Neumen; Antiphonale Romanum, Edition Desclée Nr. 820, Paris 1949, 130*)

f. 125′–126 Stirps iesse uirgam produxit ... Virgo dei genitrix uirga est flos filius eius. (Marienantiphon mit aquitanischen Neumen; ebenda, 129*)

f. 126 Virginis marie laudes intonant cristiani. Eua luctum intulit ... Angelus est testis ad me missus celestis. natus est ex me (bricht ab; Nachbildung der Sequenz *Victimae paschali laudes*, aus der die Zeile »Mors et vita ... mirando« übernommen ist; Variante zu Analecta Hymnica LIV, Nr. 18, Verse 1–5)

f. 126′ leer

f. 127′–127 [P]resbiter Johannes potencia dei et domini nostri yhesu christi rex regum terrenorum ... Ita enim numerus eius est sicut arena maris quibus certe nulla gens nullum regnum resistere poterit. (Anfang des angeblichen Briefes des Priesters Johannes an den byzantinischen Kaiser Emanuel; ed. in: Fr. Zarncke, *Der Priester Johannes*, Abhandlungen der Kgl. Sächs. Gesellschaft der Wiss., Phil.-Hist. Classe, VII, 1879, 909–911)

Literatur:

Catalogue général des manuscrits des bibliothèques publiques des départements, Tome I, Paris 1849, S. 437–439; Handschin, 1930, S. 50; L. Thorndike and P. Kibre, A Catalogue of Incipits of Mediaeval Scientific Writings in Latin, [2]London 1963.

ALLGEMEINE VORBEMERKUNG ZU DEN EDITIONEN

Die Texte und Musikbeispiele sind nach den Handschriften abgedruckt, unter weitgehender Beibehaltung der originalen Schreibung und Interpunktion. Zu beachten ist dabei, daß u und v lediglich verschiedene Schreibungen des gleichen Buchstabens sind: am Anfang eines Haupt- oder Nebensatzes steht v, sonst u (bei Zitaten in der Studie wird dieser Buchstabe jedoch seinem Lautwert entsprechend bald als u, z. B. ultima, und bald als v, z. B. vox, wiedergegeben). In den Editionen ist an der originalen Schreibung e statt ae festgehalten, z. B. hec statt haec (doch wird bei Zitaten in der Studie der Deutlichkeit wegen die klassische Schreibung mit ae verwendet). Über speziellere Eigenheiten der Schreibung und der Interpunktion geben die Vorbemerkungen zu den einzelnen Editionen Auskunft. Im Falle der beiden ältesten Traktate (T*M* und T*Mo*), die von Fehlern nicht frei sind, schien es zweckmäßig, Konjekturen zu eindeutig verderbten Stellen in die Editionen mit aufzunehmen und entsprechend zu kennzeichnen. Dabei sind folgende Klammern im Sinne der modernen Textkritik verwendet:

⟨ ⟩ = konjekturale Zusätze, wobei die Ansetzung einer Lücke auf Vermutung beruht;
[ ] = Kennzeichnung bzw. Ergänzung einer bezeugten Lücke;
{ } = konjekturale Streichung.

In die Haupttexte neu aufgenommen sind Satz- bzw. Verszählungen, auf die von der Studie aus verwiesen wird.
Vom Variantenapparat aus ist auf die gesonderte Zeilenzählung des Haupttextes Bezug genommen (dabei zählt die typographische Zeile). Der Variantenapparat ist der leichteren Verständlichkeit wegen so eingerichtet, daß *vor* der eckigen Klammer die Textstelle des Haupttextes, *nach* ihr die Variante oder ein für sich verständlicher Vermerk steht, z. B. »12 tractatum] tractum« in der Rubrik *BA* der Edition des Prosateils von T*M* bedeutet, daß es zu »tractatum« in der Handschrift *M* eine Variante »tractum« in der Handschrift *B* (Berliner Traktat A) gibt.

MAILÄNDER TRAKTAT

PROSATEIL

Die Edition bietet einen Abdruck des Textes der Mailänder Handschrift, aus der auch Eigentümlichkeiten der Schreibung und der Zeichensetzung übernommen sind; ę ist jedoch als ae wiedergegeben, das Interpunktionszeichen ⌣̣ durch einfachen Punkt (S. 46/19 nach duplices, S. 47/4 nach sit, S. 47/12 nach preponitur, S. 47/13 nach perueniremus). Die Satzzählung beginnt mit »Hoc sit uobis iter ...« (hierzu s. S. 93 f.). Im übrigen sind in die Edition nur an zwei Stellen Konjekturen aufgenommen (Schluß der Exempla zu Satz 28 und 31; zur Begründung s. S. 152 und 80).

Unterhalb des Textes folgt zunächst ein Hinweis auf die Überlieferung der einzelnen Sätze innerhalb der in *B*, *Br* und *Mo* enthaltenen verwandten Traktate. Dabei macht die Unterscheidung zweier Fassungen in *B* (Berliner Traktat A und Berliner Traktat B) die Unterscheidung der entsprechenden Handschriftenteile notwendig (durch *BA* und *BB* gekennzeichnet). Ähnlich muß in *Br* stellenweise zwischen zwei Versionen unterschieden werden (als Version I und II bezeichnet; vgl. Vorbemerkung zur Edition T*Br*). Die Aufzählung geschieht in der Reihenfolge von den näher zu den entfernter verwandten Fassungen *(BA, Br, BB, Mo)*. – Die Stelle des kritischen Apparats nimmt ein ausführlicher Variantenapparat ein, der – nach Handschriften aufgegliedert – eine Übersicht über die kleineren, d. h. innerhalb der numerierten Sätze vorkommenden Textabweichungen bietet. Nicht vermerkt sind Einfügungen oder Auslassungen von ganzen Sätzen oder Abschnitten. Auch sind Abweichungen in der Schreibung (ausgenommen Dyaphonia/Diaphonia in Satz 8) oder in der Interpunktion nicht vermerkt. Der Variantenapparat soll also keine der gesonderten Editionen der anderen Traktatfassungen und -bearbeitungen ersetzen. Hinweise auf Coussemakers Edition erübrigen sich, weil sie nicht unmittelbar auf *M*, sondern auf die offenbar ziemlich fehlerhaften Angaben von Morelot und Danjou zurückgeht (vgl. Coussemaker, 1852, S. 225).

EDITION

a ege cedca | a df / ge | ecad | ♮Gce | c d | f. 56v
a aGa c♮aGa | a GF / DE | EGaD | EGFE | F D |
Cunctipotens genitor deus omnicre- / -ator e- -leyson

adca | c f | Gc ac G | a ♮d | ♮Gce | c d |
aaGa | G F | GG aF G | a ED | EGFE | F D |
Christe dei splendor uirtus patris-que sophia e- -leyson

d ac da | ce g | ♮ d e g $^{a}_{a}$ | e♮edce | c a |
D aG aa | c♮ G | ♮ a c c a | a♮aGFE | G a |
Amborum sacrum spiramen nexus amorque e- -leyson

| Da Gc | dca FD | cdG ac acd |
DEFD | da Gc | aFa FD | cGd aG acd | FDCD | CEGa | Fa
DaFD | aG ac | acd | fd | FCD | AC | ACD | cacd | FaGa | GD
DACD | DD DC | DFD | CD | FGD | EC | DFD | FaGD | FECA | CD
Be- ne- -dicamus do-

Gc aFaFD
ac aFaFD
DC DFECD
-mi- -no

M: 4 a (*über Silbe* Chri-)] $^{a}_{a}$?

D E C A C Γ C D | a c a F G a F D
D a G a F G F D | D C D F C A C D
[1]Hoc sit uo- -bis | i- -ter

AD ORGANVM FACIENDVM.

[2]prologus

[3] Cvm obscuritas diaphonie multis et perplurimum tardis in ingenio difficultatem prestet. et ea f. 57r que dicta sunt a pytagora / et subsequente Boetio. maxime sunt plicata. unde plus inuisa. tum quia que dicta sunt a Guidone exemplis diiudicantur uilia. quapropter parum sunt diligenda. et ideo difficilius memoriae tradenda. nos intuentes ipsam naturam .V. addimus modos organizandi. [4]Et ita duos statuimus in prima uoce. tercium a mediis. Quartum non tantum a prima uel a media. sed ab utraque. Quintum discretione ultimarum uocum. uidelicet augendo uel auferendo. [5]Cum autem plura sint organa in uno cantu qui sex habebit uoces. non quinque sunt superflua.

[6]Quid sit organum. uel qualiter debeat fieri.

[7] Organum est uox sequens precedentem sub celeritate diapente uel diatessaron. quarum uidelicet precedentis et subsequentis fit copula. aliqua decenti consonantia. [8]Dyaphonia uocum disiunctio sonat. quam nos organum uocamus. cum disiuncte ab inuicem uoces concorditer dissonant. et dissonanter concordant. [9]Qua organizatores ita utuntur. quatinus diapente uel diatessaron discurrant. ut .A. ad .D. Vbi si organum per acutum .a. duplices. resonabit .A. ad .D. diatessaron. ad acutum .a. diapason. D. ad utrumque .A. et .a. diatessaron et diapente .a. ad grauiores diapente et diapason. [10]Sciendum est autem organales uoces affinitatem habere

---

[4]Br *[7]Br BB Mo* *[8–9]Br BB* *[10]Br (Version I, II)*

M: 21 autem] enim / autem (*vgl. P. Lehmann, Erforsch. d. Mittelalters IV*, Stuttgart 1961, 22ff.)

Br: 10 Et . . . tercium] et continet quinque modos. primi duo a prima uoce. tercius quartus 11 quintus a discretione uidelicet] *fehlt* 12 auferendo] auferendo et cetera 15 celeritate] sceleritate, *darübergeschrieben* id est cursu 16 subsequentis] subsequentis uocis Dyaphonia] Item dyaphonia 17 uoces concorditer] et concorditer 18 Qua] qua quidam 18–19 quatinus . . . discurrant] ut canenti semper quarta corda succedat (= *Guido, Micr. XVIII/4*) 19 si] si sic 21 .a. ad . . . autem] Item sciendum quod *(Version I)* Sciendum . . . autem] Sciendum autem est quod *(Version II)* habere] habent *(Version I, II)*

BB: 15 diatessaron] diatessaron uel dittoni uel semidittoni 16 uidelicet] id est et] uel Dyaphonia] Diaphonia 17 sonat] dicitur cum . . . concorditer] Disiuncte enim uoces ab inuicem concorditer 18 et] uel diapente] per diapente 19 diatessaron] diatessaron uel dittonum uel semidittonum 19–21 ut .A. . . . diapason] *fehlt*

Mo: 15 diapente uel diatessaron] diatessaron uel diapente 16 subsequentis] sequentis uocis

cum precedentibus. [11]Et quia hae tres species affinitatem habentes tanta se ad organi societatem suauitate permiscent. quemadmodum superius uocum similitudines fecisse monstratae / sunt. f. 57v
simphoniae aptae uocum copulationes dicuntur. cum simphonia et de omni cantu dicatur. [12]Cum autem affinitas uocum iam satis patefacta sit. per diatessaron et per diapente et per diapason. natura eorum persequenda est. [13]Prima uox organi aut manebit coniuncta cum precedenti per diapason. uel in eadem. aut disiuncta diapente uel diatessaron. [14]Medie uero uoces diapente et diatessaron discurrunt. [15]Cum autem cantus prestolatur organum. copulatio fit quolibet modo. [16]Et ita cum .IIII.[or]uoces tantum subsequentes sint. una organalis dicitur. Nam prima quandoque iungitur. Secunda semper disiungitur. Tercia intuens prestolantem. ut habilem copulam tribuat quartae uoci. cum qualibet consonantia. [17]Cum tres uero uoces perspiciuntur. ibi est tantum inceptio et copulatio. Duabus autem sola coniunctio. [18]Nam differentia primae et mediae et ultimae uocis ideo preponitur. ut cum ad tractatum organi perueniremus. ad dandas consonantias earum. non conturbet nos ignorantia earum. [19]Sed ut cuncta facilius colliquescant. paulo altius ordiendum est. videlicet a primo modo et a secundo et a caeteris. [20]Primus modus organizandi est. quando prima uox copulatur cum precedenti. [21]Secundus fit per disiunctionem ipsius uocis. Nam differentia est coniunctio respectu disiunctionis. [22]Tercius modus sumitur a mediis uocibus. que mutantur per diatessaron. si sunt in diapente. uel e conuerso. [23]Quartus fit a diuerso principio. uel a diuerso medio. non tantum ab uno / sed etiam ab utroque. [24]Quintus per multiplicationem oppositarum uocum. augendo f. 58r

---

[11]*BA Br (Version I, II)* [12]*BA BB* [13–16]*BA Br BB* [17]*BA BB* [18–19] *BA* [20–22]*BA Br BB* [23–24]*BA Br*

BA: 1-3 Et ... simphonia] omni symphonia 4–5 per diatessaron ... diapason] et per diatessaron. et diapente et diapason 5 eorum] earum 6 disiuncta] disiuncta per (= *Br*) 7 et] uel (= *Br*) 9 prestolantem] prestolationem 12 tractatum] tractum 13 earum. non conturbet nos] illarum uocum ne nos turbet 14 facilius colliquescant] facillius quescant 15 uox] *fehlt* (= *Br*) 19 multiplicationem] multiplicitatem (= *Br*)

Br: *(Version I):* 1 hae ... affinitatem] hec tres uoces siue species affinitates 2 suauitate] *fehlt* superius ... similitudines] uoces siue similitudines uocum *(Version II):* 1 hae ... affinitatem] diapason. diapente. diatessaron affinitatem 2 suauitate] suauitati similitudines] similitudinem 3 simphoniae] recte symphonie copulationes] copulantes et] *fehlt*
5 manebit] manet 6 precedenti] precedente eadem] eodem disiuncta] disiuncta per (= *BA*) 7 et] uel (= *BA*) 8 uoces ... sint] uoces sint tantum subsequentes 9 Secunda ... disiungitur] *fehlt* 15 uox] *fehlt* (= *BA*) 16 fit per disiunctionem] modus est per distinctionem 17 sumitur] fit 19 Quintus] Quintus fit multiplicationem] multiplicitatem (= *BA*)

BB: 4-5 Cum autem ... persequenda est] Facta igitur hac diffinitione natura uocum perspicienda est 6 aut] aut manebit diapente uel diatessaron] pars aliquarum supradictarum .IIII.[or] consonantiarum 7 diapente et diatessaron] per easdem supradictas 8 fit] uero fit Et ita] Itaque uoces ... sint] sint uoces 9 Tercia] tercia est 10 Cum tres uero] Vbi uero tres 11 ibi est tantum] tantum est autem] uero 17 modus] *fehlt* 17–18 per diatessaron ... conuerso] *fehlt*

uel auferendo. [25]Quod autem dictum est uerbis ostendamus exemplis.

C DFDF EFGFEF G
[26]Alle- -lu- -ia

[27].I. Quando prima uox copulatur cum precedenti

c abGF ecdcab G
Alle- -lu- -ia

[28].II. Per disiunctionem ipsius uocis vt

F ac GF | aF|CDEC Γ
Alle- -lu- -ia

[29].III. Mediis uocibus que mutantur per diatessaron si sunt in diapente.

F dcGb acdcab G
Alle- -lu- -ia

[30].IIII. Quartus ab utroque principio et medio.

c GFGD ECDFab G
Alle- -lu- -ia

[31].V. Quintus per multiplicationem oppositarum.

c acdb acdcGF DCDF ‹G›
Alle- -lu- -ia

---

[25]*BA BB* [27–29]*BA BB (in BB mit anderen Beispielen)* [30–31]*BA*

M: *Numerierung* .I.–.V. *in der Hs. am rechten Rand* 8 CΓ] *Konj. für* CC *(vgl. BA)*

BA: 1 auferendo] auferendo id est ultimam copulam destruendo (= *Br*) 2 G *(am Zeilenschluß)*] G. G a. G. F. *(= Cantus um 4 Töne verlängert)* 7 vt] *fehlt* 8 E C Γ] C Γ 10 per] *fehlt* diapente] diapente uidelicet 13 Quartus] Qualiter medio] medio ut istud organum superius 16 Quintus ... oppositarum] *fehlt*

Br: 1 auferendo] auferendo id est ultirnam copulam destruendo (= *BA*)

BB: 7 vt] *fehlt* 10 Mediis ... diapente] Que mutantur mediis uocibus

a c d a c d f c G a c | c G E C D E C A | c a G a c G E G F a c d | a c G a c a
[32]Ius- -tus ut pal- ma flo- -re- -bit et sicut

b a c d e | ♭ c a G D E | G a F a c ♭ a c d | d e c d a c G E | G a c a c d
ce- -drus

[ ]
Iustus ut pal- ma flo- re- -bit et sicut

[ ]
ce- -drus

/ [33]S ignificatum organi aliud naturale aliud remotum a natura. [34]Naturale est illud cui uicissim duo immediata contingit eidem esse et non esse sub organo. videlicet diapente et diatessaron. veluti homini cui uicissim contingit eidem esse et non esse duo immediata sub animali. uidelicet sanum et egrum. [35]Remotum a natura est. cui nullum alterum contingit esse. utpote instar ueri animalis et mortuus homo. quibus non contingit esse sanum neque egrum sub animali. [36]Quapropter tale organum non est organum. [37]Oppositio autem est in adiecto. [38]Nam quotienscumque aliquid non supponitur alicui duorum immediatorum. nec illi supponitur cui sunt immediata. [39]Sed tale organum nulli supponitur. ergo non est organum nisi per simile. Quemadmodum instar ueri animalis est homo. pictura et cadauer. f. 58v

---

[32]*BA* [33–39]*BA Br*

BA: 1 CA (*über Silbe* -ma)] c a d (*über Silbe* -bit)] *fehlt* 5–8 Iustus … cedrus *durch folgende Cantus-Töne ergänzt:*
a G G E F G F G D D C C D E F G | G E G a | F E D | D C D E D C D E D D E D E C E
Iu stus ut pal ma flo re bit et sicut
| G a c G a E F E D F E G E F E C E D F D G E F G E F D E. C D E F E D.
ce drus
10 contingit] contingunt (= *Br*) 11 contingit] contingunt (= *Br*)
17 pictura] uidelicet pictura (= *Br*) et cadauer] cadauer

Br: 10 contingit] contingunt (= *BA*) 11 contingit] contingunt (= *BA*)
13 mortuus homo] mortui hominis sanum … egrum] neque sanum et egrum
16 organum] *fehlt* 17 est] non est pictura] uidelicet pictura (= *BA*)

ÜBERSETZUNG

Cunc-ti-po-tens ge-ni-tor, de-us om-ni-cre-a-tor, e - - - - ley-son.
Chri-ste, de-i splen-dor, vir-tus pa-tris-que so-phi-a, e - - ley-son.
Am-bo-rum sa-crum spi-ra-men, ne-xus a-mor-que, e - - - ley-son.
Version c
Version b
Version a
Be - ne - di-ca-mus do - - - - - - -
c
b
a
- - - - - - - - - mi - no

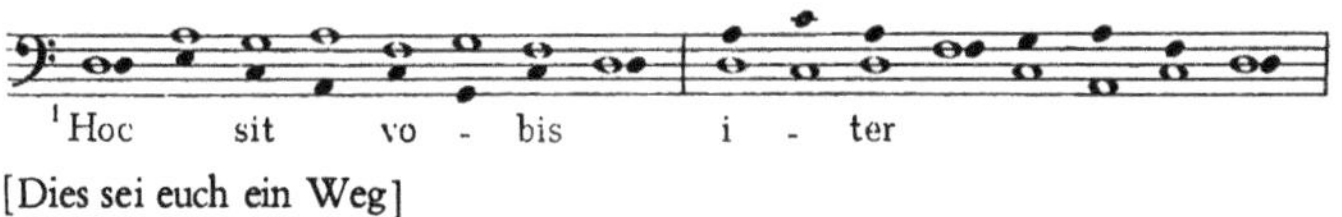

[Dies sei euch ein Weg]

ZUR HERSTELLUNG DES ORGANUMS

[2]Prologus

[3]Da die Dunkelheit der Diaphonia vielen und am meisten den im Geiste Trägen Schwierigkeit bereitet, und da das, was Pythagoras und, ihm nachfolgend, Boethius gesagt haben, äußerst verwickelt und somit noch mehr verhaßt ist, sodann da das, was Guido gesagt hat, im Blick auf die Beispiele für wertlos beurteilt wird, weshalb es wenig zu schätzen und deshalb dem Gedächtnis schwerer einzuprägen ist, so haben wir, die wir die natura (der Töne) vor Augen haben, fünf Modi organizandi hinzugefügt. [4]Und so haben wir zwei Modi für den ersten Ton (der Organalstimme) festgesetzt, einen dritten von den mittleren Tönen aus, einen vierten nicht nur von dem ersten und den mittleren, sondern von jedem der beiden aus, einen fünften durch Trennung der letzten (Organum-)Töne, indem man (ihre Zahl) vermehrt oder (von den durch die natura gegebenen Konkordanzen) abweicht. [5]Da es aber mehr Organumversionen zu einem Cantus gibt, der auf sechs Tonstufen beruht, sind fünf (Organumversionen) nicht zuviel.

[6]Was ein Organum ist und auf welche Weise es gemacht werden soll

[7]Organum ist die die vorgegebene Stimme (den Cantus) unter Schnelligkeit in der Quinte und Quarte begleitende Stimme; aus diesen, das heißt aus der vorgegebenen und der begleitenden Stimme, wird die Copula gebildet mittels irgendeiner passenden Consonantia.
[8]Diaphonia heißt disiunctio der Töne, die wir Organum nennen. Denn die disjunkten Töne klingen übereinstimmend auseinander bzw. stimmen auseinanderklingend überein. [9]Von ihr machen die Organizatoren einen solchen Gebrauch, daß sie die Quinte und Quarte durcheilen, wie A zu D. Wenn du dort das Organum durch das hohe a verdoppelst, erklingt A zu D als Quarte, zum hohen a als Oktave, D zu beiden A und a als Quarte und Quinte, a zu den tieferen (Tönen) als Quinte und Oktave. [10]Man muß nämlich wissen, daß die organalen Töne eine Verwandtschaft mit den vorgegebenen (Tönen des Cantus) haben. [11]Und weil diese drei Arten (von Zusammenklängen), die eine Verwandtschaft haben, sich der Gesellschaft des Organums durch eine solche Süßigkeit anverwandeln, wie sie oben – als Ähnlichkeiten der Töne bewirkend – aufgezeigt wurde, deshalb werden die symphoniae passende Copulationes von Tönen genannt, da symphonia auch jeder Cantus genannt wird.

(Die natura der Töne)

[12]Nachdem nun die Verwandtschaft der Töne schon genügend nachgewiesen ist anhand der Quarte und der Quinte und der Oktave, ist die natura der Töne zu betrachten. [13]Der erste Ton

der Organalstimme ist entweder konjunkt mit dem vorgegebenen Ton mittels Oktave oder im Einklang, oder er ist disjunkt in der Quinte oder Quarte. [14]Die mittleren Töne aber durcheilen die Quinte und Quarte. [15]Wenn aber der Cantus (am Schluß eines Abschnitts, Klangglieds) auf das Organum wartet, geschieht die Copulatio auf beliebige Weise (mittels einer beliebigen Consonantia).

(Vier- bis zweitönige Klangglieder)

[16]Und so wird, wenn nur vier Töne die Organalstimme bilden, einer organalis genannt. Denn der erste (Ton) wird zuweilen konjunkt gebraucht, der zweite immer disjunkt, der dritte (Ton), der hinschaut auf den wartenden, um dem vierten (Organal-)Ton eine passende Copula zu verleihen, (erklingt) in einer beliebigen Consonantia. [17]Wenn aber drei Töne betrachtet werden, gibt es nur die Inceptio (Anfangsklang) und die Copulatio; bei zwei (Tönen) aber nur die Coniunctio (= Copulatio). [18]Denn die Unterscheidung zwischen dem ersten und dem mittleren und dem letzten Ton ist (hier) deshalb vorangestellt, damit uns, wenn wir zur Behandlung des Organums gelangt sind, (nämlich) zu den Consonantiae, die (dem ersten, dem mittleren und dem letzten Cantuston) zu geben sind, ihre Unkenntnis nicht verwirrt.

(Die fünf Modi organizandi)

[19]Aber damit alles leichter klar wird, müssen wir etwas weiter oben beginnen, nämlich beim ersten Modus und beim zweiten und bei den übrigen. [20]Der erste Modus organizandi liegt vor, wenn der erste Ton (der Organalstimme) »verbunden« wird (konjunkt ist) mit dem vorgegebenen (ersten Cantuston). [21]Der zweite (Modus) geschieht durch die Disiunctio desselben (ersten) Tons. Denn ein spezifischer Unterschied besteht zwischen der Coniunctio in Relation zur Disiunctio. [22]Der dritte Modus wird von den mittleren Tönen genommen, welche in die Quarte verändert werden, wenn sie in der Quinte sind, und umgekehrt. [23]Der vierte geschieht vom »diversum principium« oder vom »diversum medium« aus, nicht nur von einem allein, sondern auch von jedem der beiden aus. [24]Der fünfte (geschieht) durch Vervielfachung der gegenübergestellten Töne (der Organalstimme), indem man (ihre Zahl) vermehrt oder (von den Konkordanzen) abweicht. [25]Was aber mit Worten gesagt ist, wollen wir durch Beispiele vor Augen führen.

[26]Al - le - - - lu - - - - - ia

[27]I. Wenn der erste Ton (der Organalstimme) »verbunden« wird (konjunkt ist) mit dem vorgegebenen (ersten Cantuston):

[28]II. Durch Disiunctio desselben (ersten) Tons, wie:

Al - le - - - lu - - - - - - ia

[29]III. Von den mittleren Tönen, welche in die Quarte verändert werden, wenn sie in der Quinte sind:

[30]IV. Der vierte (Modus) von jedem der beiden aus, Anfang und Mitte:

[31]V. Der fünfte (Modus) durch Vervielfachung der gegenübergestellten (Töne):

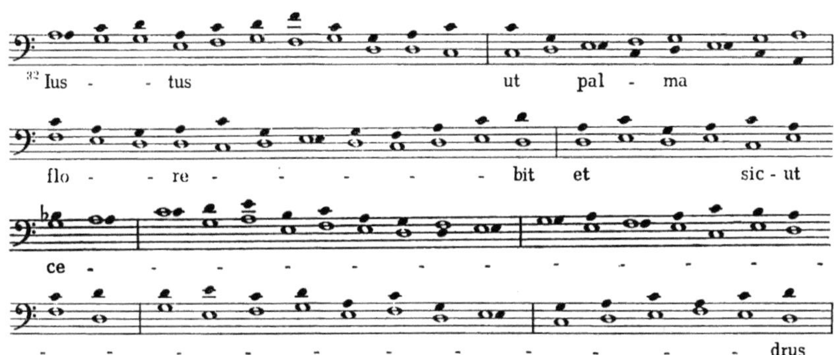

(Dialektische Rechtfertigung)

[33]Der eine Begriff des Organums ist »naturale« (der natura entsprechend), der andere »remotum a natura« (von der natura entfernt). [34]»Naturale« ist dasjenige, dem als einem und demselben abwechselnd zukommt, zwei »immediata« (unvermittelte Gegensätze) unter dem (Begriff) Organum zu sein und nicht zu sein, nämlich Quinte und Quarte; wie beim Menschen, dem als einem und demselben abwechselnd zukommt, unter dem (Begriff) Lebewesen zwei »immediata« zu sein und nicht zu sein, nämlich gesund und krank. [35]»Remotum a natura« ist, wem keines von beiden (»immediata«) zu sein zukommt, wie etwa das Bild eines wirklichen Lebewesens und der tote Mensch, denen weder zukommt gesund, noch krank zu sein unter dem (Begriff) Lebewesen. [36]Deshalb ist ein solches Organum kein Organum. [37]Ein Widerspruch in sich selbst ist das. [38]Denn jedesmal wenn etwas einem der zwei »immediata« nicht untergeordnet wird, dann wird es auch dem nicht untergeordnet, dem die »immediata« zugehören. [39]Aber ein solches Organum wird keinem untergeordnet, folglich ist es kein Organum, es sei denn durch Ähnlichkeit: in der Weise wie das Bild eines wirklichen Lebewesens der Mensch als Gemälde und als Leichnam ist.

ERLÄUTERUNGEN

Der Prologus

Mit einer Rechtfertigung der den Kern des Prosatraktats bildenden Lehre von den 5 Modi organizandi beginnt der Prologus (Satz 3). Es folgt eine knappe Aufzählung dieser 5 Modi (Satz 4) und ein Hinweis darauf, daß in Anbetracht der zahlreichen Möglichkeiten 5 Organumversionen (= Beispiele) nicht zuviel sind (Satz 5). Als spezifisches Thema des Prologus hebt sich die Rechtfertigung ab.

Drei Gründe haben den Verfasser bewogen, eine eigene Lehre zu entwickeln:

a) die obscuritas diaphoniae, die vielen und am meisten den geistig Trägen Schwierigkeit bereitet;

b) was Pythagoras und Boethius gelehrt haben, sei »maxime plicata, unde plus invisa«;

c) was Guido gelehrt hat, werde im Blick auf die Exempla als wertlos beurteilt, weshalb die Lehrsätze »parum sunt diligenda et ideo difficilius memoriae tradenda«.

Wie die nachguidonische Organumlehre überhaupt, müssen auch diese Rechtfertigungsgründe zunächst auf dem Hintergrund der Auseinandersetzung mit Guido gesehen und gedeutet werden. Weiterhin hat sich der Verfasser mit der für unsere Traktatgruppe grundlegenden Lehre von der natura vocum auseinandergesetzt (s. unten S. 67ff).

Zu a): Die obscuritas diaphoniae bezieht sich offenbar vor allem auf die Diaphonialehre im *Micrologus* (XVIII: De Diaphonia, id est organi praecepto; XIX: Dictae diaphoniae per exempla probatio), deren Verständnis demnach bei vielen auf Schwierigkeiten stieß. Daß dabei auch die geistig Trägen genannt werden, mag zunächst überraschen, weil der Rechtfertigungsgrund der obscuritas dadurch eher abgeschwächt erscheint (in dem Sinne, daß die Diaphonialehre nicht an sich dunkel, sondern lediglich für einen bestimmten Personenkreis schwer verständlich ist). Indessen erweckt diese an den Anfang gestellte Berufung auf die vielen und zumal die geistig Trägen den Eindruck, daß der Verfasser bei der Ausführung des Organums gerade auch mit ihnen rechnete und sich deshalb bewußt auf sie einstellte (vielleicht darf in einer solchen Einstellung eine gewisse Parallele zu der Guidos gesehen werden, der beim Choralsingen mit Chorknaben gerechnet und sein Notierungsprinzip entsprechend einfach gewählt hatte; vgl. Micr., Prologus, und *Regulae de ignoto cantu*, GS II, 34ff.; auch die Tatsache einer versifizierten Fassung der Lehre des nachguidonischen Organums wird von hier aus erhellt).

In einer aus dem 14. Jahrhundert stammenden Londoner Handschrift, Brit. Mus. Harl. 281[1], kommen unter den Zusätzen zu Guidos Diaphoniakapitel auffallend ähnliche Formulierungen mit denen unseres Traktats vor. Hier sei nur ein allerdings weniger charakteristischer Satz über die Dunkelheit der Diaphonialehre zitiert (Anmerkung zu *Micrologus*, Kapitel XVIII, Satz 2): »Non est autem dubitandum antiquis temporibus huius artis veritatem aliquanta obscuritate fuisse perplexam«,

[1] In der *Micrologus*-Ausgabe von Waesberghe, S. 28, als »Lo 4«.

»Es ist aber nicht daran zu zweifeln, daß in früheren Zeiten die Wahrheit dieser Ars durch eine ziemlich große Dunkelheit verworren war«[2]. An anderer Stelle wird auf die Londoner Handschrift noch zurückzukommen sein.

Zu b): Pythagoras war im Mittelalter vor allem als Entdecker der arithmetischen Berechenbarkeit der Konsonanzen (Oktave, Quinte, Quarte) bekannt. Als Hauptquelle diente die Darstellung des Boethius (*De institutione musica* I, 10: Quemadmodum Pythagoras proportiones consonantiarum investigaverit). Der Verfasser des Prosateils hat sich aber anscheinend nicht an diese Hauptquelle gehalten, sondern an die knappe Darstellung im letzten Kapitel des *Micrologus* (XX: Quomodo musica ex malleorum sonitu sit inventa). Dafür sprechen innere und äußere Gründe. Guido berichtet zunächst über die Entdeckung des Pythagoras und schreibt dann (Micr. XX/19): »Hinc enim incipiens Boethius panditor huius artis, multam miramque et difficillimam huius artis cum numerorum proportione concordiam demonstravit«, »Von hier ging Boethius aus, der Erweiterer dieser Ars, und zeigte die große, wunderbare und sehr schwierige Eintracht dieser Ars mit Hilfe der Zahlenproportionen«. Zwei Gedanken aus diesem Zitat kehren in unserem Text wieder: Boethius in der Nachfolge des Pythagoras und die Schwierigkeit der Konsonanzenlehre. Zu diesen inneren Gründen kommt noch ein äußerer. Aus einem Brief Guidos wissen wir, daß Boethius' Schrift *De institutione musica* im 11. Jahrhundert weniger von Cantoren als von philosophisch Geschulten gelesen wurde (»... Boethium ..., cuius liber non cantoribus, sed solis philosophis utilis est«, GS II, 50b). Zu einer solchen Einstellung der Cantoren paßt die wenig theoriefreundliche Haltung unseres Autors (»... maxime sunt plicata, unde plus invisa«). Erwähnt sei, daß der Name Boethius auch auf die *Musica Enchiriadis* bezogen sein kann, unter dem sie mehrfach in mittelalterlichen Handschriften überliefert wurde.

Zu c): Die Geringschätzung von Guidos Diaphonialehre kann verschiedene Gründe haben. Am wahrscheinlichsten ist wohl, daß der Verfasser (worauf Punkt a bereits schließen läßt) Guidos Diaphonialehre vor allem wegen der für das Verständnis maßgebenden Beispiele nicht verstanden[3] und jedenfalls nicht auf dem Boden der von Guido beschriebenen organalen Praxis gestanden hat, wie sich aus mehreren Einzelbeobachtungen ergibt. Auf die Punkte a) und c) wird im Verlauf der Untersuchungen noch zurückzukommen sein.

Im Anschluß an die Rechtfertigung[4] heißt es im Text (Satz 3) »nos intuentes ipsam naturam, quinque addimus modos organizandi«. Der Autor hat sich also selbst mit der natura vocum auseinandergesetzt (über den Begriff natura vocum s. Einleitung S. 23 und hier S. 67ff.). Die 5 Modi organizandi hat er von sich aus zum erstenmal aufgestellt. Das Wort addimus zeigt, daß er die neue Lehre als Ergänzung zur Lehre von der natura vocum verstand (s. auch S. 200). Der zweite Satz des Prologus (Satz 4) wird später bei der Behandlung der Lehre von den 5 Modi organizandi besprochen (S. 73ff.). Der folgende letzte Satz (Satz 5) ist mehrdeutig. Es liegt nahe, den Text zunächst so zu verstehen: Da es mehrere Organaltöne zu einem Cantus von sechs Tönen gibt, sind die 5 Modi organizandi nicht überflüssig[5]. Aber diese Deutung ist

2 Vgl. auch *Micrologus*, Kapitel II, Satz 12 (im folgenden stets in Kurzform angegeben: Micr. II/12), wo in anderem Zusammenhang bereits von der obscuritas die Rede war.

3 Vgl. hierzu die seltsame Umdeutung des Guidonischen Textes, S. 61f.

4 Eine dialektische Rechtfertigung folgt als Nachwort der Prosalehrschrift (s. S. 83ff.).

5 E. de Coussemaker übersetzte (1852, S. 230): »Comme il y a plusieurs organum dans un seul chant de six notes, ces cinq modes ne sont pas superflus«.

schon aus rein grammatischen Gründen anfechtbar; denn superflua bezieht sich nicht auf die Modi (sonst müßte es superflui heißen), sondern auf organa. H. Riemann faßte organa hier ebenfalls als Organaltöne auf[6]. Plausibler erscheinen indessen zwei andere Deutungen, von denen die zweite die größere Wahrscheinlichkeit für sich hat. Die erste Deutung geht davon aus, daß vox mehr im Sinne von Ton zu verstehen ist (s. S. 58) und daß zu dem als vox sequens gekennzeichneten organum (Satz 7) die Pluralform organa im Sinne von voces sequentes (vgl. subsequentes in Satz 16) und voces organales (Satz 10) gebildet wird. Dann besagt der Schlußsatz des Prologus: Da aber zu jedem Ton eines Cantus verschiedene Organaltöne hinzutreten können, ist es nicht zuviel, 5 typische Fälle (Möglichkeiten) des Hinzufügens von Organaltönen (= Modi) zu unterscheiden. Die zweite Deutung faßt organum mehr im Sinne von Stimme auf, so daß unter organa sinngemäß Organumversionen zu verstehen sind: Da es aber mehr Organumversionen (als nur eine einzige) zu einem Cantusabschnitt gibt, sind 5 Organumversionen (= Beispiele) nicht zuviel. Dann würde der Autor sagen, daß er zur Demonstration seiner 5 Modi nicht nur ein einziges, sondern 5 Beispiele benötigt. Beide Deutungen stimmen darin überein, daß sie den Schlußsatz des Prologus als Rechtfertigung für die Anzahl (5) der aufgestellten Modi organizandi verstehen.

Was ist nun aber ein »cantus, qui sex habebit voces«? Die einfachste, bisher jedoch noch nicht in Erwägung gezogene Erklärung wäre die, daß 6 die Anzahl der qualitativ unterschiedenen Töne erfaßt, d. h. die Tonstufen des Hexachords von ut bis la, wie sie dem Cantus *Alleluia. Iustus ut palma* zugrunde liegen (zu dieser Choralmelodie s. S. 91). Damit hätte die Stelle eine prägnante Bedeutung: sie schließt indirekt Choralmelodien aus, die die oberhalb oder unterhalb des Hexachords liegende 7. Stufe enthalten, weil mit dieser besondere, über den Rahmen der dargestellten Lehre hinausgehende Schwierigkeiten verknüpft sind. Denn die durch die Organum-Definition (s. S. 60), durch die Lehre von der natura vocum (s. S. 69) und die Lehre von den Modi organizandi (s. S. 76f.) bezeugte gleichwertige Behandlung von Quinte und Quarte gilt nur für die 6 Stufen des Hexachords von ut bis la ohne Einschränkung, nicht jedoch für die 7. Stufe, wie die folgende systematische Übersicht über die jeweils zur Verfügung stehenden disjunkten Klänge zeigt:

Wenn nämlich die 7. Stufe wie die anderen 6 Stufen behandelt werden soll, müßte für die Realisierung der Quinte anstelle des f ein fis eingeführt werden, was damals noch nicht möglich oder zumindest nicht legitim war (Ansätze zu einem geregelten Gebrauch des fis sind erst später bezeugt[7]).

[6] Riemanns Deutung des Schlußsatzes lautet (1921, S. 86): »Wir sehen, der Autor ist ein gründlicher Schematiker. Er hält es auch für nötig, noch besonders anzumerken, daß wenn ein (Glied eines) Organum sechs Töne (Intervalle) aufweist, von diesen fünf nicht überflüssig (sondern zum Nachweis der Notwendigkeit seiner Aufstellung von fünf Elementen nötig!) sind.« — Nachträglich hat Riemann (1921, S. 537) auf die merkwürdigen '7 organa' bei Odo (GS I, 249f.) und in einer Casinatenser Hs. des 11. Jh. (Gerbert, *De cantu* I, 320; O. Fleischer, *Neumenstudien* I, 36) hingewiesen; deren Namen (anoton, ysaton, chamilon...) scheinen allerdings eher auf melodische Wendungen als auf Tonstufen zu deuten.

[7] So z. B. im Vatikanischen Organum-Traktat (Zaminer, 1959, S. 51). Dagegen wurde die Ambivalenz der 7. Tonstufe selbst (b/h) schon früher (z. B. Odo, GS I, S. 254a, und Guido, Micr. VIII/10ff.) erörtert. Zur Frage der Transformation und Transposition innerhalb unserer Traktatgruppe s. S. 202ff.

Nimmt man jedoch an, daß ein 6töniger Cantusabschnitt gemeint ist, dann bleibt zu erklären, weshalb 6 Töne hier genannt sind. Eggebrecht sieht folgende Deutungsmöglichkeit: Zur Anwendung (oder Demonstration) des 1. bis 3. und des 5. Modus genügen 5 Töne: 1. Ton konjunkt (oder disjunkt), 2. und 3. Ton Quint-Quart-Wechsel, 4. und 5. Ton Schlußbildung. Zur Anwendung des 4. Modus, der den Quint-Quart-Wechsel nicht erfordert, werden jedoch 6 Töne benötigt: 1. bis 3. Ton Kurzglied mit (konjunktem) Anfangston und 2töniger Schlußbildung, 4. bis 6. Ton Kurzglied mit (disjunktem) Anfangston und Schlußbildung. Zur Demonstration aller 5 Modi sind also 6 Töne nötig bzw. nur bei einem Cantusabschnitt ab 6 Tönen können mehrere Modi (Organumversionen) vorkommen, und zwar insgesamt 5.

Die Lehre des Organizierens

Die Überschrift Quid sit organum vel qualiter debeat fieri (Satz 6) zeigt an, daß die Lehrschrift aus zwei Teilen besteht, aus einer Bestimmung des Organum-Begriffs und einer Anweisung, wie das Organum hergestellt wird. Der erste Teil läßt sich aufgliedern in die Organum-Definition (Satz 7–8) und die Erörterung der affinitas vocum (Satz 9–11), der zweite Teil in die der Moduslehre zugrunde liegende Lehre von der natura vocum (Satz 12–18) und die Darstellung der fünf Modi organizandi (Satz 19–31). Die Gliederung in eine durch Worte vermittelte Lehre (Satz 19–24) und einen Exempla-Teil (Satz 25: Quod autem dictum est verbis, ostendamus exemplis; es folgen Satz 26–31 mit Exempla) erinnert an die Gliederung im *Micrologus* (Kapitel XVIII und XIX).

Die Überschrift läßt, wie es scheint, einen bezeichnenden Unterschied zur älteren Organumlehre hervortreten. Die im Rahmen des *Micrologus* dargestellte Organumlehre hatte den Charakter einer auf theoretisch begründbare Regeln gebrachten Beschreibung einer bestimmten Organum-Praxis (vgl. Micr. XVIII/4: Qua quidam ita utuntur ..., XVIII/14: ... more quo nos utimur ...). In unserem Traktat hingegen wird der Intention nach nicht so sehr eine Praxis beschrieben, sondern eine Lehre unter dem Gesichtspunkt entwickelt, wie ein Organum *gemacht* werden soll (... ad organum *faciendum*, Satz 1; ... qualiter debeat *fieri*, Satz 6). Im Unterschied zu Guidos beschreibender Lehre vom Organum kann die Prosalehre daher als praktisch orientierte Lehre des Organizierens gekennzeichnet werden. Auf die Tätigkeit des Organizierens weist auch die verbale Form hin in der Bezeichnung modi *organizandi* (Ende von Satz 3 und Satz 20; vgl. Erläuterungen zu *TMo*, S. 201).

Die Organum-Definition

Die weitgehende Eigenständigkeit des in der vorliegenden Traktatgruppe gelehrten Organizierens gegenüber dem von Guido beschriebenen Organum kündigt sich in der neuen Organum-Definition an (Satz 7). Ob diese Definition vom Verfasser der Prosalehrschrift stammt oder aus einer anderen Quelle übernommen ist[8], läßt sich nicht mit Sicherheit feststellen. Sachlich und sprachlich ist sie der Prosalehrschrift völlig angemessen.

Die meisten der hier verwendeten Termini und Ausdrücke sind mehrdeutig und bedürfen daher einer Erläuterung. Doch gelingt es nicht in jedem Fall, die Mehrdeutigkeit zu überwinden.

[8] Diese Frage stellt sich namentlich vom Montpellier-Traktat her (s. S. 192).

Die erste Bestimmung, organum est vox, geht von einem Begriff der vox aus, der sich weder mit dem neuzeitlichen Begriff der Stimme, noch mit dem des Tons ganz deckt. Vielmehr ist das lateinische Wort hier in einem ursprünglicheren Sinne gebraucht, in dem es noch keine scharfe Trennung zwischen Stimme und Ton gibt. Daher bedeutet es keinen inneren Widerspruch, wenn der Verfasser vox in der Regel im Sinne von Einzelton verwendet und so auch von der prima vox organi (dem ersten Ton der Organalstimme) spricht (Satz 13), aber organum dann nicht als eine Mehrheit von Tönen (voces), sondern nun ebenfalls als vox bestimmt. Der Organum-Begriff läßt sich hier weder auf den Begriff der Stimme, noch auf den des Tons eindeutig festlegen. Dem Wortgebrauch nach ist vox mehr als Ton zu verstehen[9]; die auf die Bildung von Klangabschnitten gerichtete Lehre rechnet jedoch mit einem Begriff der vox, der die Vorstellung der Fortschreitung und der Bildung von Abschnitten in sich schließt und somit über den Begriff des Tons hinausgeht. Wenn in der Übersetzung vox als Stimme wiedergegeben ist (s. Übersetzung S. 51), so deshalb, um diese Tendenz der Lehre zu verdeutlichen (s. auch Einleitung S. 17).
Die weitere Ausführung, organum est vox sequens praecedentem sub celeritate diapente vel diatessaron, enthält mehrere, teilweise aus dem *Micrologus* übernommene Bestimmungsstücke. So ist der für das organale »Begleiten« verwendete Ausdruck sequens (in Satz 7; in 16 als subsequens) an Guidos Ausdruck subsequi orientiert. Der Oganum-Sänger heißt bei Guido geradezu subsecutor (Micr. XVIII/24, 27, 40).

Im Unterschied zu Guido, der am Terminus cantus festhält (Micr. XVIII/12, 18, 38, 43 u. ö.), erscheint im Mailänder Traktat als Gegenbegriff zur vox sequens der Begriff der vox praecedens. Die durch diese Gegenüberstellung bewirkte Verstärkung der eigentlichen Wortbedeutungen gibt zu der Frage Anlaß, ob hier sequens in einem allgemeinen Sinne von »begleiten« oder in einem engeren Sinne zugleich als »jeweils nach dem vorausgehenden Cantuston einsetzen« zu verstehen ist, ähnlich wie in jüngeren Organumtraktaten[10]. Es scheint nicht ausgeschlossen, daß sich die dort beschriebene Art des Nacheinander-Einsetzens schon auf der Stufe des Mailänder Traktats anbahnt, etwa in der Weise, daß der Cantor langsam von Ton zu Ton fortschreitet und der Organizator passende Töne (oder Melismen) jeweils etwas später hinzusingt, im Prinzip etwa folgendermaßen:

[9] An den übrigen Belegstellen im Prosateil bedeutet vox stets Ton (vom *Micrologus*-Zitat sei hier abgesehen): ... in prima voce ... discretione ultimarum vocum (Satz 4); ... in uno cantu qui sex habebit voces (Satz 5); Mediae vero voces ... (Satz 14); Et ita cum .IIII.or voces tantum subsequentes sint ..., ut habilem copulam tribuat quartae voci (Satz 16); Cum tres vero voces perspiciuntur ... (Satz 17); Nam differentia primae et mediae et ultimae vocis ... (Satz 18); ... quando prima vox copulatur ... (Satz 20 und 27); ... per disiunctionem ipsius vocis ... (Satz 21 und 28); ... a mediis vocibus ... (Satz 22 und 29); ... per multiplicationem oppositarum vocum (Satz 24).

[10] Im Vatikanischen Organumtraktat heißt es (Zaminer, 1959, S. 42, dazu die Bemerkungen S. 44): »Organum est cantus subsequens precedentem, quia cantor debet precedere organizator vero sequi, et cantor debet primitus finire« (»Organum ist ein Cantus, der dem vorausgehenden nachfolgt, weil der Cantor vorausgehen, der Organizator aber folgen und der Cantor als erster schließen soll«). Im A. de Lafage-Traktat (ed. Handschin, AMl XIV, S. 26; in der Edition Seay lautet der Text anders): »Illud ad ultimum non est oblivioni tradendum, quod cantor primus debet incipere cantum et semper finire, posterior vero discantor debet incipere ac finire; similiter autem et organizator« (»Schließlich darf dies nicht in Vergessenheit geraten, daß der Cantor den Cantus als erster anfangen und immer beenden soll, hinterher aber soll der Discantor anfangen und enden; ebenso aber auch der Organizator«). – Schon in Guidos *Regulae de ignoto cantu* kommen übrigens die Ausdrücke vox praecedens und vox sequens zur Bezeichnung des vorausgehenden und des nachfolgenden Tons innerhalb einer melodischen Tonfolge vor (an vox sequens ad praecedentem gravior, vel acutior, vel aequisona sit, GS II, 37a), ähnlich Micr. XI/14; vgl. auch praemissae voces (Micr. XI/4).

Organizator

Cantor

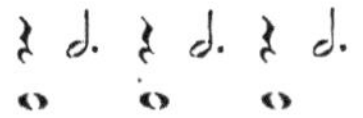

Das Nacheinander könnte dabei durch das mit häufigem Wechsel der Zusammenklänge und mit der Copula-Bildung verbundene Stegreifverfahren des Organizierens bedingt sein.

Zwei Guido-Handschriften aus dem 12. Jahrhundert (Leiden, Univ. Bibl. B. P. L 194, und München Clm 14663) enthalten einen Einschub in Guidos Diaphonia-Kapitel, in welchem im Anschluß an Guidos Diaphonia-Beispiel »Miserere mei Deus« (Micr. XVIII/11) mehrfach von praecedentes voces die Rede ist (in der Micr.-Edition von Waesberghe S. 200, Anm.). Dort heißt es z. B. »Haec autem figura ... continet praecedentes voces huius antiphonae Miserere mei Deus subsequentes (-tis) organizando per diatessaron ...«

Für die Bestimmung sub celeritate kommen zwei Deutungen in Frage. Entweder soll die vox sequens unter Schnelligkeit der vox praecedens nachfolgen (im Sinne des oben gekennzeichneten Nacheinander in der Fortschreitung); in diesem Falle würde sich die Bemerkung auf die bloße Ausführung beziehen. Oder aber die vox sequens soll nicht im gleichen Abstand, in »Parallelbewegung«, zur vox praecedens fortschreiten (sei es in Quint- oder in Quartabstand), wie es im Alten Organum die Regel war, sondern unter Schnelligkeit zwischen Quint- und Quartabstand wechseln; in diesem Fall bezieht sich die Bemerkung auf die Struktur der Satzbildung. Die zweite Deutung scheint dem Sinn der Lehre mehr zu entsprechen[11] und wird außerdem durch folgende Überlegungen gestützt.

Im Zusammenhang mit dem organum suspensum hatte Guido bereits von discurrentes sub celeritate voces gesprochen (Micr. XVIII/33f.): »tunc vero opus est, ut cantor in inferioribus distinctionem non faciat, sed discurrentibus sub celeritate vocibus praestolanti trito redeundo subveniat ...«, »dann aber ist es nötig, daß der Cantor bei den tieferen Tönen (die unter das auf F liegenbleibende Organum hinabtauchen) keine Zäsur macht, sondern von unten her mittels rasch durchlaufender Töne zum wartenden Tritus (= F) zurückkehrt ...« Das dazugehörige Beispiel lautet (Micr. XIX/18):

F F G G F F D D C F G a G F G F F E D C F G a G F
Sexta ho- ra se- dit superpute-um
F F F F F F F F F F F F F F F F F F F F F F F F F

Die unterhalb des F liegenden Töne des Cantus sollen also ohne Unterbrechung und rasch fortschreiten.

Auf die zitierte *Micrologus*-Stelle gehen wahrscheinlich die in unserem Traktat verwendeten Ausdrücke sub celeritate, discurrere (Satz 9 und 14) und praestolari zurück (Satz 15 und 16). Es fällt auf, daß discurrere sowohl in Satz 9 (Qua organizatores ita utuntur, quatinus diapente vel diatessaron discurrant) als in Satz 14 (Mediae vero voces diapente et diatessaron discurrunt) für die Kennzeichnung des auch in der Definition angesprochenen Wechsels von Quinte und Quarte (sub celeritate diapente vel diatessaron) verwendet wird. Für die Kennzeichnung des gleichen Sachverhalts dient also einerseits discurrere (Satz 9 und 14) und andererseits sub celeritate (Definition). Daher ist es nicht unwahrscheinlich, daß die an der zitierten Guido-Stelle miteinander verbundenen Ausdrücke discurrere und sub celeritate (... discurrentibus sub celeritate vocibus ...) in unserem Prosatraktat, trotz ihrer Trennung, als sinngemäß zu-

[11] Vgl. auch Einleitung S. 17 und Erläuterung des Vt S. 123.

sammengehörig zu verstehen sind. Ist diese Annahme richtig[12], dann läßt sich die Organum-Definition folgendermaßen erklären. Eine gewisse Schwierigkeit hätte sich daraus ergeben, daß der Begriff organum als vox sequens (und nicht als eine Mehrheit von voces sequentes) bestimmt wurde, während der Ausdruck discurrere eine Mehrheit von voces sequentes (und nicht bloß eine vox sequens) voraussetzt. Deshalb waren die beiden der Definition zugrunde liegenden Bestimmungsstücke vox sequens und discurrere nicht miteinander vereinbar, wie die folgende Gegenüberstellung zeigt:

a) organum est vox sequens praecedentem,

b) [voces sequentes] sub celeritate diapente et (oder vel) diatessaron [discurrunt].

Die etwas gewaltsame Angleichung des zweiten (b) an den ersten Satz (a) scheint in der Streichung der eingeklammerten Wörter bestanden zu haben, wodurch sub celeritate nicht mehr als adverbiale Bestimmung zu discurrere, sondern fälschlich zu sequens verstanden werden konnte. – Die Glosse id est cursu über sub sceleritate in der Brügger Fassung scheint ebenfalls in die Richtung des raschen Fortschreitens zu deuten.

In dem von Marius Schneider veröffentlichten Londoner Traktat aus dem 12. Jahrhundert kommt ein in Anlehnung an die zitierte *Micrologus*-Stelle formulierter Passus vor, bei dem u. a. discurrentibus durch discantantibus ersetzt ist (S. 117, Z. 29ff.; Guido-Wortlaut ist durch Kursivdruck hervorgehoben): »Si vero cantus ad acutas ascenderit, *tunc opus est*, ut organum minime in gravibus *distinctionem faciat, sed* discantantibus *sub celeritate vocibus* cantui competenter *redeundo subveniat* et congruum respirationis locum faciat«. Auch hier bezieht sich sub celeritate auf die Sukzession einer Tonfolge und nicht auf das Verhältnis von Organum- zu Cantustönen.

Wurde organum im Hauptsatz der Definition zunächst bestimmt als wechselweise im Quint- und Quartabstand zur vox praecedens erklingende vox subsequens – in diesem Sinne ist organum auch im dialektischen Nachwort gemeint (s. S. 86), und entsprechend bezieht sich die Bezeichnung vox organalis (Satz 10 und 16) auf den zum Cantus disjunkt erklingenden Ton –, so umfaßt nun die durch einen Relativsatz erweiterte Organum-Definition die für das Neue Organum ebenso grundlegende Schlußbildung von Klanggliedern. Dem enger gefaßten, auf Quinte und Quarte eingeschränkten Terminus organum des Hauptsatzes wird im Relativsatz der Terminus copula als Bezeichnung der Schlußbildung gegenübergestellt.

Die Copula wird, laut Text, aus der vox praecedens und der vox (sub)sequens mittels irgendeiner passenden Consonantia gebildet. Den Exempla zufolge bedeutet dies zunächst, daß jeder Klangabschnitt entweder im Einklang oder in der Oktave schließt. Die Formulierung aliqua decenti consonantia weist darauf hin, daß hier offenbar das Bilden oder Erreichen der Copula mittels irgendeiner Consonantia als Paenultima-Klang gemeint ist (vgl. S. 69).

Woher stammt copula in dieser Bedeutung? Der Wortbildung gemäß (bestehend aus con- und apere/apisci mit dem Suffix -ula) bezeichnet das Wort in erster Linie ein Mittel oder Werkzeug zum Verknüpfen (Seil, Band; dann auch in übertragener Bedeutung Verbindung), im Unterschied zum Wort copulatio, das die Tätigkeit des Verknüpfens erfaßt. Aus antiken Texten ist copula in musikalischem Sinne nicht zu belegen. Selbst die folgende Quintilian-Stelle bietet nicht mehr als

12 Die Annahme bedeutet jedoch nicht, daß die Organum-Definition vom Verfasser der Prosalehrschrift stammt.

bloße Ansätze für den neuen Wortgebrauch (*De institutione oratoria* VII, 10, 17): »Ita res non diversae ... collidentur, sed aliqua societate cum prioribus ac sequentibus se copulaque tenebunt«, »So geraten die Dinge [in der Rede] nicht als verschiedene ... in Widerspruch, sondern sie halten sich gegenseitig kraft einer zwischen dem Früheren und dem Folgenden bestehenden Gemeinsamkeit und Verbindung«. In der Musiklehre nun scheint copula vor unserer Traktatgruppe selten belegt zu sein, z. B. in Guidos *Regulae rhythmicae* (GS II, 31) bei der Behandlung der constitutiones vocum. Ähnlich wie im Falle von significatum (s. Nachwort S. 84) könnte aber auch hier ein Zusammenhang mit der Sprache der Frühscholastik bestehen, in welcher neben den älteren Termini subiectum und praedicatum »zum ersten Male das Wort ›copula‹ begegnet« (C. Prantl, *Geschichte der Logik im Abendlande* II, Leipzig ²1885, S. 197). Dann wäre die Rolle des Schlußklangs innerhalb eines Klangglieds auf Grund der Benennung als copula so gedeutet wie die Rolle des Verbs als Copula innerhalb eines Satzes oder Urteils. Einer der frühesten Belege für die sprachliche Copula findet sich bei Abaelard, *Dialectica*, ed. L. M. de Rijk, Assen 1956, S. 161, Zeile 10ff.: »Sunt autem membra ex quibus coniunctae sunt, praedicatum ac subiectum atque ipsorum copula, secundum hoc scilicet quod verbum a praedicato seorsum per se accipimus ..., verbum vero interpositum praedicatum subiecto copulat«, »Es gibt aber Glieder, aus denen sie [die kategorischen Urteile] verbunden werden, Prädikat und Subjekt sowie ihre Copula, in dem Sinne nämlich, daß wir das vom Prädikat abgesonderte Verb für sich nehmen, ... daß das dazwischengestellte Verb aber das Prädikat mit dem Subjekt verbindet«.

In diesem Zusammenhang sei auch auf das verwandte Wort copulatio hingewiesen. An zwei Stellen hatte Guido von copulatio gesprochen: »Has tres species symphonias, id est suaves vocum copulationes memineris esse vocatas« (Micr. VI/12); und »Et quia hae tres species tanta se ad organum societate ac ideo suavitate permiscent ... symphoniae, id est aptae vocum copulationes dicuntur ...« (Micr. XVIII/7–9). An beiden Stellen sind mit den symphoniae genannten tres species Oktave, Quinte und Quarte gemeint. Die Kennzeichnung dieser symphoniae als suaves (bzw. aptae) vocum copulationes stimmt mit dem für die Bezeichnung des Abschlusses der Klangglieder (Einklang oder Oktave) verwendeten Wort copulatio in unserem Traktat nicht überein (obwohl die zuletzt zitierte Guido-Stelle fast wörtlich übernommen wurde, Satz 11). Der spezielle Gebrauch des Wortes copulatio mag sich in den Anfängen des Neuen Organums neben copula und clausula (oder unter dem Einfluß von copula?) herausgebildet haben (s. im übrigen auch Bespr. zu T*Mo* S. 196f.).

Auf die Organum-Definition folgt ein überarbeiteter Abschnitt aus dem Anfang des Organum-(Diaphonia-)Kapitels des *Micrologus* (XVIII/2–9), der die berühmte Diaphonia-Definition und Bemerkungen über die affinitas vocum enthält. Der ganze Abschnitt wird zunächst im Zusammenhang behandelt.

Die Sätze 8–11 werden dem in unserem Mailänder Codex überlieferten *Micrologus*-Text (f. 11r) gegenübergestellt, um so einerseits die charakteristischen Änderungen, die unser Autor an Guidos Text vornahm, leichter überblicken und andererseits die Frage der benutzten *Micrologus*-Vorlage besser beurteilen zu können.

Guido (Hs. *M*)	Mailänder Traktat
Diaphonia uocum disiunctio sonat. quam nos organum uocamus. cum disiuncte ab inuicem uoces *et* concorditer dissonant. et dissonanter concordant.	Dyaphonia uocum disiunctio sonat. quam nos organum uocamus. cum disiuncte ab inuicem uoces concorditer dissonant. et dissonanter concordant.
Qua *quidam* ita utuntur. *ut canenti semper quarta corda succedat.* ut .A. ad .D.	Qua *organizatores* ita utuntur. *quatinus diapente uel diatessaron discurrant.* ut .A. ad .D.

Vbi si organum per acutum .a. duplices *ut sit .A.D.a.* resonabit .A. ad .D. diatessaron. ad .a. diapason. D. *uero* ad utrumque .A. a. diatessaron et diapente. a. *acutum* ad grauiores. diapente et diat/////[13]	Vbi si organum per acutum .a. duplices. resonabit .A. ad .D. diatessaron. ad *acutum* .a. diapason. D. ad utrumque .A. *et* .a. diatessaron et diapente. a. ad grauiores diapente et diapason. *Sciendum est autem organales uoces affinitatem habere cum precedentibus.*
Et quia hae tres species tantam se ad organi societatem *ac* suauitatem permiscent. *ut* superius uocum similitudines fecisse monstratae sunt. symphoniae *id est apertae* uocum copulationes dicuntur. cum symphonia et de omni cantu dicatur.	Et quia hae tres species *affinitatem habentes tanta* se ad organi societatem suauitate permiscent. *quemadmodum* superius uocum similitudines fecisse monstratae sunt. simphoniae *aptae* uocum copulationes dicuntur. cum simphonia et de omni cantu dicatur.

Die im Guido-Text kursiv gedruckten Stellen fehlen im Mailänder Traktat oder wurden geändert. Dieser hingegen enthält folgende ebenfalls durch Kursivdruck hervorgehobene Änderungen und Zusätze:

1) Nach Guido waren es quidam (einige), die vom Organum einen solchen Gebrauch machen, daß dem Cantus-Sänger »immer die (Unter-)Quarte folgt«, wie dem D das tiefere A. In der Bearbeitung werden aus den quidam die organizatores, die vom Organum einen solchen Gebrauch machen, daß sie sich im Quint- und Quartabstand vom Cantus bewegen; das nach der Änderung stehengebliebene Beispiel (ut .A. ad .D.) trifft jetzt allerdings nicht mehr zu.
2) Der Passus über die Verdopplungen erfährt eine Modifizierung, indem das (auf die organale Ausführung des *Miserere mei deus* in Quart-Oktavklängen, Micr. XVIII/11, vorbereitende) Beispiel »ut sit .A.D.a.« weggelassen wird und nur noch von den Zusammenklängen Oktave, Quinte und Quarte die Rede ist.
3) Der eingeschobene Satz 10 »Sciendum est autem organales voces affinitatem habere cum praecedentibus« greift den von Guido (s. S. 66) speziell für das Verhältnis der Töne im Quint- und Quartabstand geprägten Begriff der affinitas auf, subsumiert ihm aber, wie der folgende Satz 11 deutlich macht (hae tres species), ohne Begründung nun auch die Oktave (s. auch Besprechung des Versteils, S. 124).
4) Die Abweichungen in Satz 11 (Et quia hae tres species ...) geben Anlaß zu der Frage, welche Textfassung des *Micrologus* unserem Autor als Vorlage diente. Von den verschiedenen, für die Überlieferung des Guido-Textes typischen Versionen seien im folgenden die für die genannte Frage relevanten herausgegriffen.

Version A: tantam se ad organi societatem ac suavitatem permiscent. Sie kommt außer im *Micrologus*-Text von *M* in folgenden Handschriften aus dem 12. Jahrhundert vor: Leiden Univ. Bibl. B. P. L. 194, München (Clm) 14523, Paris B. N. lat. 10508 aus St. Evreux, Paris B. N. lat. 7461, Rom Bibl. Vat. Regin. lat. 1616.

Version B: tanta se ad organi societatem suavitate permiscent. quemadmodum ... Diese Version scheint allein im Mailänder Traktat überliefert zu sein. Doch haben tanta se ad organi societatem folgende alte Handschriften: Florenz Bibl. Naz. Conv. sopp. F. III. 565 (um 1100), London

13 Das Wortende ist ausradiert; der Schreiber hatte versehentlich diatessaron geschrieben (statt diapason).

B. M. Add. 17808 (11. Jh.), Pistoia Bibl. Cap. 100 (12. Jh.), Wolfenbüttel 4. 11. Aug. 4° (12. Jh.). Dieselben Handschriften (außer Pistoia) überliefern auch den Ablativ suavitate. Hingegen ist quemadmodum sonst nicht bezeugt.

Die Version A bezieht tantam auf societatem ac suavitatem (»die Konkordanzen vermischen sich zu einer solchen Gemeinschaft und Lieblichkeit des Organums«), die Version B hingegen verbindet tanta mit societate (»die Konkordanzen vermischen sich durch eine solche Gemeinschaft zur Lieblichkeit des Organums«), was sachlich kein großer Unterschied ist. Der *Micrologus*-Text in *M* mit der Version A kann deshalb schwerlich als Vorlage für die in unserem Traktat enthaltene Version B gedient haben.

5) Der *Micrologus*-Text in *M* enthält als einziger die verderbte Lesart apertae, während der Mailänder Traktat in Übereinstimmung mit allen anderen Guido-Handschriften die richtige Lesart aptae bietet; allerdings ist der Unterschied in der Schreibweise minimal[14].

6) Erwähnt sei schließlich noch die abweichende Orthographie, die für sich genommen nichts besagt, aber in Verbindung mit den unter Punkt 4) und 5) genannten Beobachtungen vielleicht doch nicht auf bloßem Zufall beruht: Dyaphonia (gegenüber Diaphonia bei Guido) und umgekehrt simphonia (gegenüber symphonia bei Guido).

Aus den unter Punkt 4–6 angeführten Abweichungen läßt sich vorläufig nur der Schluß ziehen, daß unser Anonymus den *Micrologus*-Text in einer noch nicht identifizierten Version benutzt haben dürfte, die von der in *M* überlieferten deutlich abweicht.

Wie wenig sorgfältig unser Verfasser den Guido-Text an seine schriftliche Darstellung angepaßt hat, zeigt sich (außer in den obengenannten Fällen mehr oder weniger gewaltsamer Umdeutung) auch an dem übernommenen Hinweis »quemadmodum superius uocum similitudines fecisse monstratae sunt«[15], der bei Guido auf Micr. VI/12 zurückweist und daher nicht in den neuen Zusammenhang paßt (im Mailänder Traktat war vorher jedenfalls nirgends von den similitudines uocum die Rede[16]).

Die auf Grund gewisser sachlich-begrifflicher Übereinstimmungen von Guido unverändert übernommene Diaphonia-Definition fügt sich in den neuen Zusammenhang insofern zwanglos ein, als sie so allgemein gehalten ist, daß sie sich ohne weiteres als Ergänzung des engeren Organum-Begriffs (s. S. 58ff.) verstehen läßt[17]. Charakterisiert wird die (auf die dem Schluß vorangehende Klangbildung bezogene) Diaphonia als disiunctio vocum, deren Eigentümlichkeit darin besteht, daß die den Quint- bzw. Quartklang konstituierenden beiden Töne eine trotz der Einheit ihres Erklingens unverdeckt gebliebene Zweiheit bilden. Hatte Guido disiunctio/disiunctus mehr charakterisierend verwendet[18], so erscheinen diese Ausdrücke im Mailänder Text nunmehr terminologisch fixiert und bezeichnen stets das »diaphonale« Zu-

14 Paläographisch unterscheidet sich apertae von aptae nur durch einen Querstrich durch die Unterlänge von p.

15 Durch mechanisches Abschreiben kann dieser Nebensatz aber schwerlich in unseren Text gekommen sein, weil das in allen Guido-Handschriften überlieferte ut hier durch quemadmodum ersetzt ist. Es wäre denkbar, daß der Hinweis vom mündlichen Lehrvortrag her zu verstehen ist.

16 Schon H. Riemann hatte auf die Unstimmigkeit hingewiesen (1921, S. 86).

17 Hier wie im folgenden scheint die Umdeutung dem mehr vom Wort (vox) als von der Sache (res) ausgehenden nominalistischen Denken der Frühscholastik nahezustehen (vgl. auch Nachwort S. 83 ff.).

18 Vgl. auch die Kennzeichnung der vier Modi vel tropi als »verschieden« (ab invicem naturali diversitate disiuncti, Micr. X/3).

sammentönen, so in den Sätzen 13 (disiuncta), 16 (disiungitur), 21 (disiunctionem, disiunctionis) und 28 (disiunctionem).
Als korrespondierender Terminus dient hingegen coniunctio (coniunctus, iungere), der jetzt nicht mehr in allgemeinerem Sinne wie bei Guido (z. B. Micr. IV/13, V/2, VI/17, VII/21, XVI/11 ff.) verwendet wird, sondern Einklang und Oktave bezeichnet, belegt in den Sätzen 13 (coniuncta), 16 (iungitur) und 21 (coniunctio).
Daß es bei dem auf die Diaphonia-Definition folgenden überarbeiteten *Micrologus*-Text um die affinitas vocum geht, ergibt sich aus den Textänderungen und wird im eingeschobenen Satz 10 ausdrücklich gesagt (»Sciendum est autem organales voces affinitatem habere cum praecedentibus«). Bemerkenswert ist, daß Guido nicht erst in den Organum-Kapiteln XVIII und XIX, sondern bereits bei der Erörterung der Quint- und Quartstruktur des Tonsystems in den Kapiteln VII (De affinitate vocum per quattuor modos) und VIII (De aliis affinitatibus et .b. et .♮.) von der affinitas vocum handelt (s. S. 66 und Besprechung des Versteils S. 124). Die Diaphonia-Definition und die Bemerkungen zur affinitas vocum verstehen sich im Mailänder Traktat vom musikalisch neu gedeuteten Zusammenklangbegriff her (s. Einleitung S. 23 und hier S. 68f.). In ihnen sind die Grundvoraussetzungen des Neuen Organums begrifflich-abstrakt erfaßt; aus ihnen geht klar hervor, welche Zusammenklänge »es gibt«.

Exkurs über die Rangordnung der Zusammenklänge

Keiner anderen musikalischen Frage kommt im Traktat ein ähnliches Gewicht zu wie der der wechselseitigen Beziehung der Zusammenklänge. Es liegt deshalb nahe, den Zugang zur Lehre von dieser Seite her zu suchen.
Eine erste Schwierigkeit für das Verständnis der Lehre besteht darin, daß dasselbe Phänomen unter verschiedenen Gesichtspunkten angesprochen und somit in mehrere Aspekte auseinandergelegt wird (z. B. prima vox, principium, inceptio). Weiterhin setzt der Autor voraus, daß sowohl die Einteilung der Zusammenklänge (consonantiae) in rangmäßig unterschiedene Klassen als auch die Einteilung der Klangabschnitte in Anfang, Mitte und Schluß bekannt sind[19]. Beide Einteilungen aber bedingen und erklären einander wechselseitig, wie wir weiter sehen werden.
Aus Text und Beispielen ergibt sich, daß als Zusammenklänge nur Oktave, Quinte, Quarte und Einklang selbständige Bedeutung haben. Darüber hinaus ist im Text anläßlich der Schlußbildung von aliqua decenti consonantia (Satz 7) und cum qualibet consonantia (Satz 16) die Rede; damit sind offenbar auch die in den Beispielen vereinzelt vorkommenden Terzen und Sexten mit eingeschlossen.
Die genannten Zusammenklänge werden im Traktat als consonantiae bezeichnet (u. a. Satz 18), doch ist der hier gemeinte Begriff der consonantia mit unserem Konsonanzbegriff nicht identisch. Beispielsweise waren Terzen und Sexten damals als selbständige Zusammenklänge noch nicht allgemein anerkannt[20]. Umgekehrt betrachten wir heute die Quarte nicht mehr als vollgültige Konsonanz. Zudem hängt unser Begriff der Konsonanz aufs engste mit dem der Dissonanz zusammen, weil die Konsonanzen für uns im Prinzip in Wechselbeziehung zu den

19 Vgl. auch S. 68ff.
20 Über das Vorkommen von Terzen und Sexten in unseren Quellen s. Erläuterungen zu T*Mo* S. 197ff.

Dissonanzen stehen. Die Struktur jener Organum-Musik hingegen war von Grund auf durch die genannten primären Zusammenklänge bestimmt.
Die Zusammenklänge nun werden nicht wahllos aneinandergereiht. Ihre Aufeinanderfolge richtet sich vielmehr nach einem bestimmten Ordnungsprinzip, dessen Grundlage die unter den Zusammenklängen herrschende feste Rangordnung ist. An dem auch für unseren Traktat mittelbar maßgebenden Kanon der Rangordnung wurde seit dem Altertum im Prinzip unverändert festgehalten: abgesehen vom Sonderfall des Einklangs, nimmt die Oktave die oberste Stelle ein, an zweiter Stelle folgt die Quinte und an dritter die Quarte. In der Antike wurde, von arithmetischen Gesichtspunkten ausgehend, immer wieder versucht, auch andere Zusammenklänge (vor allem Doppeloktave und Duodezime) in den Kanon aufzunehmen (besonders umstritten war die Undezime). Doch hat sich keine der vorgeschlagenen Erweiterungen behaupten können. Allein der genannte Kanon blieb daher in Geltung. Was ihm seine unumstrittene Geltung verschaffte, war aber nicht nur die eindeutige arithmetische Ordnung, sondern deren Übereinstimmung mit dem Gehörseindruck.

Die beiden verwandten Termini consonantia und symphonia bezeichnen bei Boethius die durch ihre einfachen arithmetischen Proportionen ausgezeichneten Intervalle der Oktave, Quinte und Quarte sowie Duodezime und Doppeloktave (*De institutione musica* I, 7). Die consonantia wird (I, 3) charakterisiert als dissimilium inter se vocum in unum redacta concordia (Eintracht von untereinander verschiedenen, zur Einheit sich fügenden Tönen). Im wesentlichen schließt sich die Musiktheorie der karolingischen Zeit diesem Wortgebrauch an. So wird die symphonia (consonantia) in der *Musica Enchiriadis* (GS I, 160a) gekennzeichnet als vocum disparium inter se iunctarum dulcis concentus (süßer Zusammenklang von ungleichen, untereinander verbundenen Tönen). Oktave, Quinte und Quarte werden symphoniae simplices ac primae genannt (GS I, 160a), aus denen zusammengesetzte symphoniae gebildet werden können, so Undezime, Duodezime und Doppeloktave (GS I, 162f.). Die Oktave gilt als der natürlichste und zu allen Zeiten in Gebrauch gewesene Zusammenklang, so daß er seitens der Ars keiner besonderen Begründung bedarf (quae ita naturaliter omni aetati in canendo occurrunt, ut arte tradi non egeant, GS I, 169a). Die Oktave wird an einer Stelle als perfecta consonantia bezeichnet (GS I, 161b), an einer anderen als symphonia, deren Töne mit größerer Vollkommenheit zusammenklingen, als die der anderen symphoniae (maiore prae caeteris perfectione, GS I, 169a). Der Oktave werden Quarte und Quinte mit Entschiedenheit gegenübergestellt. Die symphoniae erscheinen dadurch geradezu in zwei verschiedene Klassen aufgespalten. Alle drei heißen symphoniae oder consonantiae, weil sie darin übereinstimmen, daß zwei verschiedene Töne einen einheitlichen Zusammenklang bilden (concentu concorditer dissono, GS I, 165b), aber über diese Gemeinsamkeit hinaus werden die Unterschiede stärker als jemals zuvor betont. An der Oktave fällt jetzt die Ähnlichkeit der beiden Töne, an der Quarte und Quinte die Verschiedenheit besonders auf. Eigens benannt ist diese Verschiedenheit mit dem Terminus diaphonia (GS I, 165b), der dann auch die durch concentus concorditer dissonus (ebenda) charakterisierte Art des Organums bezeichnet.
Guido versteht, darin vielleicht einer anderen Tradition folgend, unter consonantia nicht den Zusammenklang, sondern jedes im Choral vorkommende Intervall (kleine und große Sekunde, kleine und große Terz, Quarte und Quinte; Micr. IV/12f.). Dagegen kommt symphonia bei Guido in zweifachem Sinne vor: erstens als Oberbegriff der Zusammenklänge Oktave, Quinte und Quarte (Micr. VI/12ff., zitiert oben S. 61) und zweitens in gleicher Bedeutung wie cantus (Micr. XVIII/9, zitiert S. 61; vgl. auch Guidos *Epistola de ignoto cantu*, GS II, 45 ff.). Die vollkommene Ähnlichkeit (perfectissima similitudo, Micr. V/6), ja Gleichheit der Töne im Oktavabstand (vgl. GS II, 47a: Haec diapason in tantum concordes facit voces, ut non eas dicamus similes, sed easdem), wird nun

auch in der Tonschrift auf einfache Weise dargestellt, indem beide Töne durch denselben Buchstaben wiedergegeben werden, unterschieden lediglich durch Groß- und Kleinschreibung (A–a, B–b usw.). Die Töne der Quarte und der Quinte dagegen stehen zueinander im Verhältnis der affinitas (Verschwägerung, Freundschaft). In den Kapiteln VII und VIII setzt Guido auseinander, worin die affinitas besteht. Im Unterschied zur Gleichheit der Töne im Oktavabstand kann man die affinitas auf Grund der Tonumgebung als partielle Gleichheit der Tonverhältnisse im Quint- oder im Quartabstand kennzeichnen (hierzu Handschin, 1948, S. 323ff.). Daher entsprechen bestimmte Ausschnitte der Tonleiter einander im Quartabstand und andere Ausschnitte einander im Quintabstand (Micr. VII/12):

Quinte und Quarte sind es nun, die Anspruch auf die Diaphonia, d. h. auf das Organum haben (Micr. VI/12: Diapente vero et diatessaron diaphoniae id est organi iura possident). Im Diaphonia-Kapitel werden die beiden Arten des Organums (das Organum durum und das Organum molle) allerdings dann von der Quarte abgeleitet[21].

Der Terminus concordia (auch concordare) dient bei Guido gewöhnlich zur Bezeichnung des Zusammenpassens der Töne der symphoniae, z. B. b vero rotundum ... cum F habet concordiam (Micr. VIII/10) oder nulla enim vox cum altera praeter octavam perfecte concordat (Micr. V/24). Man könnte deshalb meinen, daß concordia (oder concordare) ein Merkmal der symphonia wäre; doch widerspricht dieser Annahme eine Stelle im Diaphonia-Kapitel (Micr. XVIII/15): »... noster (modus diaphoniae) vero mollis, ad quem semitonium et diapente non admittimus, tonum vero et ditonum et semiditionum cum diatessaron recipimus ... His itaque quattuor concordiis diaphonia cantum subsequitur«, »... unsere Art der Diaphonia aber ist beweglich (weich), für welche wir (als Zusammenklänge) Halbton und Quinte nicht zulassen, den Ganzton aber und die große und kleine Terz mit der Quarte zusammen gestatten ... Mittels dieser vier concordiae begleitet die Diaphonia den Cantus«. Hier werden also außer der Quarte auch der Ganzton, die große und kleine Terz concordiae genannt, doch ist das wohl so zu verstehen, daß die letzteren Zusammenklänge nur in Verbindung mit der Quarte als concordiae aufgefaßt wurden. Die Verbindung mit der Quarte ist deshalb wichtig, weil alle vier Zusammenklänge auf einem gemeinsamen liegenbleibenden Organalton (dem tiefsten Ton eines Hexachords) und nicht isoliert als einzelne Klänge in Erscheinung treten.

Johannes Affligemensis versteht unter consonantiae nicht nur sukzessive Intervalle im Sinne Guidos (s. S. 65), sondern auch Zusammenklänge (VIII/2): »Ex his sex consonantiae dicuntur, vel quia in cantu saepius consonant id est simul sonant, vel certe quod consonant id est quibusdam proportionibus natae invicem se continent ...« (»Von diesen Intervallen heißen sechs consonantiae, sei es weil sie im Gesang häufiger zusammenklingen, d. h. zugleich erklingen, oder sicher weil sie zusammenklingen, d. h. durch gewisse Proportionen hervorgebracht, einander gegenseitig enthalten ...«). Die Oktave, die einige zu den consonantiae rechnen (IX/12), ergibt eine vortreffliche und liebliche concordia (IX/10). Quinte und Quarte hingegen werden nicht eigens hervorgehoben (vgl. etwa VIII/12–13), ja sie werden im Organum-Kapitel (XXIII) nicht einmal namentlich genannt. Abgesehen von Einklang und Oktave bei der Schlußbildung (XXIII/2, 26–29), spricht Johannes nur allgemein von congrua vocum dissonantia und alieni soni (XXIII/2), von apte dissonans (XXIII/3) und

21 Darüber ausführlich Waeltner, 1955, im Kapitel »Das starre Parallelorganum.«

dualis vox siue dissonantia (XXIII/4); wohl als Zusammenklang (und nicht als sukzessives Intervall) ist consonantia in dem Satz zu verstehen (XXIII/6): »cum enim organum per consonantias fiat, ipsarum autem constitutiones per motus vocum varientur ...« (»da nämlich das Organum durch Zusammenklänge hervorgebracht wird, deren Feststellung aber durch die Bewegungen der Töne modifiziert wird, so ...«).

War bei Boethius die Bestimmung des »in unum« Merkmal aller consonantiae bzw. symphoniae (Oktave, Quinte, Quarte, Duodezime, Doppeloktave), so wurden auf der Stufe des Alten Organums zwei Klassen unterschieden. Das Merkmal des »unum« blieb der Oktave vorbehalten (vgl. Guido, Micr. VI/13: in diapason diversae voces unum sonant), die als reines Verdopplungsintervall galt, während Quinte und Quarte die typischen Diaphonia-Intervalle bildeten (vgl. Micr. VI/14: diaphoniae id est organi iura possident et voces utcumque similes reddunt). Als unselbständige Zusammenklänge (auf liegenbleibendem Hexachordgrundton) kamen im beweglichen Quartorganum auch Ganzton, kleine und große Terz vor (Micr. XVIII/16–18).
Auf der Stufe des nachguidonischen Organums nun werden folgende Zusammenklänge genannt:

	Pt	T*Mo*	Joh. Affligemensis
Einklang	eadem vox	eadem vox	eadem vox
Oktave	diapason	diapason	diapason
Quinte	diapente	quinta	(congrua vocum dissonantia)
Quarte	diatessaron	quarta	(alieni soni)
sonstige	(quaelibit consonantia)	tertia sexta	(enthalten auch in consonantia)

Alle Zusammenklänge gelten hier als consonantiae. Einklang und Oktave werden in den Traktaten gleichlautend benannt. Gemeinsam ist auch deren scharfe Abgrenzung gegen die anderen Zusammenklänge. In der Benennung (z. B. diapente gegenüber quinta) und Beurteilung dieser anderen Zusammenklänge aber divergieren die drei Traktate (s. auch Erläuterungen zu T*Mo* S. 197ff.).

Zur Lehre von der natura vocum

Grundlage der im Prosateil des Mailänder Traktats behandelten Lehre von den 5 Modi organizandi bildet eine ältere, für sich nicht mehr in vollem Umfang faßbare Lehre von der natura vocum. Knappheit der Formulierung und Mehrdeutigkeit sowie Uneinheitlichkeit im Gebrauch der Termini machen es schwer, den Inhalt dieser Lehre eindeutig zu ermitteln.

In anderem Sinne hatte Guido bereits von der vis et natura vocum gesprochen (Micr. I/4). Er meinte damit die im ganzen *Micrologus* unter verschiedenen Gesichtspunkten behandelten Tonordnungen (Anzahl der notae und ihre Lage auf dem Monochord, Tonschritte, affinitas vocum, similitudo vocum, Vorrang der Finaltöne u. a.).

Im Prinzip beruht die Lehre von der natura vocum auf der Unterscheidung von Anfang, Mitte und Schluß als den drei für die Bildung eines Klangabschnitts maßgebenden Bauteilen. Jedem dieser Teile sind bestimmte Zusammenklänge zugeordnet. Die Beschreibung in unserem Traktat lautet folgendermaßen:

»[12]Cum autem affinitas vocum iam satis patefacta sit, per diatessaron et per diapente et per diapason, natura eorum persequenda est. [13]*Prima vox* organi aut manebit coniuncta cum praecedenti per diapason, vel in eadem, aut disiuncta diapente vel diatessaron. [14]*Mediae* vero *voces* diapente et diatessaron discurrunt. [15]Cum autem cantus *praestolatur* organum, copulatio fit quolibet modo. [16]Et ita cum quatuor voces tantum subsequentes sint, una organalis dicitur. Nam prima quandoque iungitur. Secunda semper disiungitur. Tercia intuens praestolantem, ut habilem copulam tribuat quartae voci, cum qualibet consonantia. [17]Cum tres vero voces perspiciuntur, ibi est tantum inceptio et copulatio. Duabus autem sola coniunctio. [18]Nam differentia *primae* et *mediae* et *ultimae* vocis ideo praeponitur, ut cum ad tractatum organi perveniremus, ad dandas consonantias earum, non conturbet nos ignorantia earum.«

»[12]Nachdem nun die Verwandtschaft der Töne schon genügend nachgewiesen ist anhand der Quarte und der Quinte und der Oktave, ist die natura dieser Töne zu betrachten. [13] Der *erste Ton* der Organalstimme ist entweder konjunkt mit dem vorgegebenen Ton mittels Oktave oder im Einklang, oder er ist disjunkt in der Quinte oder Quarte. [14]Die *mittleren Töne* aber durcheilen die Quinte und Quarte. [15]Wenn aber der Cantus (am Schluß) auf das Organum *wartet*, geschieht die Copulatio auf beliebige Weise. [16]Und so wird, wenn nur vier Töne die Organalstimme bilden, einer organalis genannt. Denn der erste (Ton) wird zuweilen konjunkt gebraucht, der zweite immer disjunkt, der dritte (Ton), der hinschaut auf den wartenden, um dem vierten Ton eine passende Copula zu verleihen, (erklingt) in einer beliebigen Consonantia. [17]Wenn aber drei Töne betrachtet werden, gibt es nur die Inceptio und die Copulatio; bei zwei (Tönen) aber nur Coniunctio. [18]Denn die Unterscheidung zwischen dem *ersten* und dem *mittleren* und dem *letzten* Ton ist (hier) deshalb vorangestellt, damit uns, wenn wir zur Behandlung des Organums gelangt sind, (nämlich) zu den Consonantiae, die (dem ersten, dem mittleren und dem letzten Cantuston) zu geben sind, ihre Unkenntnis nicht verwirrt.«

Aus dem zitierten Passus ergibt sich zunächst folgendes. In der Lehre von der natura vocum im Mailänder Traktat gewinnt die Dreiteilung der Klangabschnitte ihre spezifische Bedeutung in Verbindung mit der oben genannten Zweiteilung (bzw. Dreiteilung) der Zusammenklänge (S. 67). Hier sind die zum Cantus hinzutretenden Töne hinsichtlich ihrer unterschiedlichen Bedeutung für die Bildung von Klangabschnitten erfaßt (s. auch Einleitung S. 23). Für den Anfang stehen Einklang, Oktave, Quinte und Quarte, für die Mitte nur Quinte und Quarte zur Verfügung. Eine Sonderbehandlung erfährt der Schlußteil, der immer in Einklang oder Oktave mündet. Von den Zusammenklängen her gesehen, stellt sich der gleiche Sachverhalt folgendermaßen dar. Einklang und Oktave gelten als »Verbindung« der Töne und bilden als solche stets den Schlußklang, oft aber auch den Anfangsklang. In der wechselnden Sprache des Traktats kommen verschiedene auf diese Verbindung bezogene Ausdrücke vor: coniuncta (Satz 13), iungitur (Satz 16), copulatur (Satz 20 und 27), coniunctio (Satz 17 und 21). Quinte und Quarte hingegen gelten als »Trennung« und haben ihren regulären Ort vor der Schlußbildung, vor allem in der Mitte, aber auch am Anfang. Auf die hier gemeinte Trennung sind die Ausdrücke disiuncta (Satz 13), disiungitur (Satz 16), disiunctio (Satz 21 und 28) zu beziehen.

Die »verbundenen« Töne, die wir der Deutlichkeit wegen die konjunkten Töne nennen, befinden sich so sehr in Übereinstimmung, daß sie als Ruhepunkte erscheinen. Deshalb sind sie obligatorisch für den Schluß (s. auch unten). Die »getrennt-verbundenen« oder, wie wir sagen wollen, disjunkten Töne bilden vergleichsweise eine Zweiheit, die ein Moment der Unruhe und Bewegung mit sich bringt. In der freien Gestaltung des Schlusses (vor allem durch Kolorierung der Paenultima) kann sich diese zunächst klanglich gebundene Bewegung dann auch ausdrücklich, d. h. als Melisma entfalten.

Die Sätze 13–15 beschreiben das Modell eines in sich geschlossenen Klangabschnitts. Wurde der Organum-Begriff in der Definition (Satz 7; s. S. 57ff.) klanglich durch zwei Bestandteile bestimmt, erstens durch die Zusammenklänge diapente vel diatessaron (und deren Wechsel) und zweitens durch die Schlußbildung copula aliqua decenti consonantia, so wird diese Bestimmung nun ergänzt, wobei an die Stelle der zwei Bestandteile ein dreiteiliges Schema tritt.

Organum-Definition:

diapente vel diatessaron	fit copula aliqua decenti consonantia

Lehre von der natura vocum:

prima vox	mediae voces	(Schlußbildung)
in eadem voce diapason diapente diatessaron	diapente et diatessaron discurrunt	copulatio fit quolibet modo

Die Erweiterung zum dreiteiligen Schema erscheint dadurch gerechtfertigt, daß ein Klangabschnitt nicht immer mit Quinte oder Quarte beginnen muß, wie man auf Grund der Organum-Definition annehmen könnte, sondern daß er auch mit Oktave oder Einklang beginnen kann. Außerdem wird für die mediae voces ausdrücklich Begleitung in Quinte *und* Quarte (d. h. Wechsel von Quinte und Quarte) gefordert.

Über die Schlußbildung hingegen geben die allgemeiner gehaltenen Formulierungen (»... fit copula aliqua decenti consonantia«, und »... copulatio fit quolibet modo«) keine präzise Auskunft. Auch fragt sich in diesem Zusammenhang, ob copula und copulatio hier gleichbedeutend verwendet sind und ob mit aliqua decenti consonantia der gleiche Sachverhalt beschrieben ist wie mit quolibet modo. Die Frage läßt sich wohl nicht sicher entscheiden. Vom Sprachgebrauch her ist man versucht anzunehmen, daß copula in Übereinstimmung mit den meisten Belegstellen unserer Traktatgruppe den Schlußklang meint, copulatio hingegen die beiden letzten Schlußklänge. Dann würde sich aliqua decenti consonantia nicht auf den Schlußklang beziehen (der zudem ja nur Einklang oder Oktave sein kann), sondern auf den vorletzten, hinsichtlich der Klangqualität oft freier behandelten Zusammenklang (z. B. als Terz).

Daß consonantia an dieser Stelle nicht im Sinne Guidos als melodisches Intervall aufzufassen (s. S. 65) und somit nicht auf den letzten Schritt der Organalstimme (vom vorletzten zum letzten Ton) zu beziehen ist, wird durch das Pronomen indefinitum (aliqua) nahegelegt, das nur in Relation zu einem gewöhnlich enger gefaßten Begriff von (decens) consonantia plausibel erscheint (nämlich in Relation zu Quinte und Quarte, die im Text zuvor genannt sind). Unmotiviert wäre aliqua hingegen, wenn consonantia soviel wie melodisches Intervall bedeutete; denn der den klanglichen Abschluß herbeiführende Schritt war am wenigsten freigestellt (in Relation zu den vorausgegangenen Schritten der Organalstimme also gerade nicht »irgendeiner«).

Auf die gleiche Art der Schlußbildung könnte auch die Formulierung copulatio fit quolibet modo hinweisen, lediglich mit dem Unterschied, daß quolibet modo mit anderen, noch allgemeineren Worten als aliqua decenti consonantia die freie Behandlung der Paenultima anzudeuten scheint.

Die Sätze 16 und 17 beziehen sich offenbar auf die Bildung von 1- bis 4tönigen Kurzgliedern. Innerhalb der Lehre von der natura vocum nehmen die Kurzglieder insofern eine Sonderstellung ein, als sie nicht mehr in das 5 oder mehr Töne umfassende dreiteilige Schema passen.

prima vox	mediae voces	(Schlußbildung)
1 Ton	2 oder mehr Töne	2 Töne

Wenn ein Kurzglied nur (»tantum«) vier Töne enthält, wird das Grundschema im Bereich der mediae voces verkürzt (die nur noch durch die secunda vox vertreten sind):

		copulatio	
prima vox	secunda vox	tercia vox	quarta vox
quandoque iungitur	semper disiungitur (vox organalis)	intuens praestolantem, cum qualibet consonantia	copula

Beim 4tönigen Kurzglied ist die wohl als Norm aufzufassende Regel »mediae voces diapente et diatessaron discurrunt« nicht mehr anwendbar; denn da nur noch eine vox organalis (hier wohl soviel wie media vox) vorhanden ist, kann der durch die Regel geforderte Qualitätswechsel der mediae voces nicht mehr stattfinden. Aus dem Text ergibt sich weiterhin, daß die prima vox »manchmal« (quandoque) konjunkt gebraucht wird, jedoch – so möchte man folgern – in den meisten Fällen disjunkt. Dies mag daher kommen, daß nach konjunktem Schluß ein disjunkter Neuanfang gewöhnlich näher liegt (vgl. Besprechung des Vt, S. 137) als ein konjunkter Neubeginn, z. B. (vgl. die Exempla zum 1. und 2. Modus):

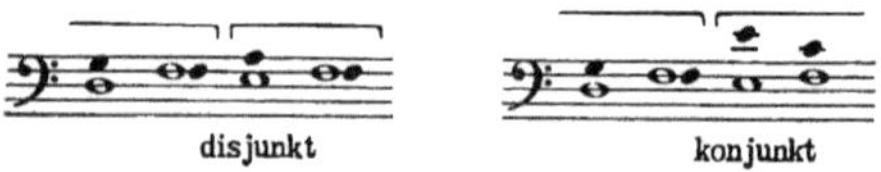

Die Schlußbildung umfaßt die tercia *und* quarta vox, d. h. den vorletzten und letzten Ton der Organalstimme. Dabei wird die tercia vox gekennzeichnet als »intuens praestolantem, ut habilem copulam tribuat quartae voci« und somit das in anderen Traktaten in den Vordergrund der gesamten musikalischen Satzbildung gerückte Prinzip der Zieltonkonstruktion[22] zumindest für die Schlußbildung herangezogen, z. B. (vgl. das Exemplum zum 5. Modus):

Hier wird (spätestens) vom drittletzten Ton an (a) der Zielton ins Auge gefaßt (d) und danach der vorletzte Ton gewählt (c):

Der Text besagt nun, daß die tercia vox zur quarta vox als dem maßgebenden Zielton hinführen soll und dabei hinsichtlich der Qualität des Zusammenklangs weniger gebunden ist (cum qualibet consonantia). Dies erinnert insofern an die oben erörterten Textstellen über die reguläre Schlußbildung (Satz 7 und 15; s. S. 69), als dort in allgemeinen Ausdrücken von einer ähnlichen Freizügigkeit die Rede war (vgl. auch Satz 12 und 19 im Montpellier-Traktat, dazu die Erläuterungen S. 195 mit Anm. 13).
Wenn ein Kurzglied nur 3 Zusammenklänge umfaßt, entfällt der Bereich der mediae voces, und es bleiben Anfang (inceptio) und Schlußbildung (copulatio), wobei letztere aus zwei Klängen (bzw. zwei Tönen der Organalstimme) besteht.

Bemerkenswert ist, daß statt prima vox hier inceptio gesagt wird – ein Ausdruck, der im Montpellier-Traktat mehrfach vorkommt und sogar ausdrücklich erklärt wird (Satz 4): »... primam vocem organi, id est inceptionem ...«

Kurzglieder aus zwei Klängen enthalten lediglich den Schlußbildungsteil. Daß dieser nicht copulatio (oder copula, vgl. T*Mo*, Satz 17) genannt wird, sondern coniunctio, mag zunächst verwirren – coniunctio bezeichnet im Traktat sonst die vollkommene »Verbindung« zweier Töne, d. h. Oktave und Einklang (s. S. 64) –, läßt sich aber aus der Sprachhaltung jener Traktate erklären, die noch keine streng durchgeführte Terminologie kannten. Immer wieder kommt diese Haltung in der wechselnden Benennung gleicher Erscheinungen zum Ausdruck, besonders klar etwa im Montpellier-Traktat (z. B. in den Sätzen 13 bis 19: copulatio = clausula = copula = duae quae copulantur = duae ultimae; vgl. auch S. 64 und in den Erläuterungen zum T*Mo* S. 197 mit Anm. 19).

Ein anderes Bild von der Lehre ergibt sich, wenn die Sätze 16 und 17 nicht auf Kurzglieder, sondern auf die melismatische Ausgestaltung des Schlusses bezogen werden. Dann würden sich die beiden Sätze als nähere Ausführung zu »copulatio fit quolibet modo« (Satz 15) verstehen. Die Lehre von der natura vocum enthielte an Stelle der Erklärung von Kurzgliedern eine Erörterung der freien Ausgestaltung der Organalstimme am Schluß, verdeutlicht anhand von 4-, 3- und 2tönigen Bildungen über liegendem Paenultima-Cantuston. Als Argument für eine solche Auffassung könnte u. a. der wohl aus dem *Micrologus* (XVIII/34) übernommene Ausdruck praestolari ins Feld geführt werden (vgl. das Zitat S. 59), der sich bei Guido auf den tatsächlich erklingenden (»wartenden«) und nicht auf einen künftigen (»zu erwartenden«) Ton bezieht. Entsprechend wären die Sätze 15ff. zu übersetzen: »Wenn aber der Cantus (auf der Paenultima) auf das Organum wartet, geschieht die Copulatio auf beliebige Weise. Und so wird, wenn nur vier Töne die (melismatische) Organalstimme bilden, einer organalis genannt ...« An Argumenten gegen diese Deutung wären vor allem

22 Außer im Montpellier-Traktat (s. Erläuterungen S. 202) auch im Diaphonia-Kapitel des Johannes Affligemensis (hierzu Zaminer 1959, S. 108f).

zu nennen: im Montpellier-Traktat ist die melismatische Paenultima-Auszierung nicht erwähnt, dafür werden mit ähnlichen Ausdrücken Klangglieder beschrieben; ein rationales Erfassen der Melismen von ihrer tektonischen Seite her wäre singulär für jene Epoche (vgl. demgegenüber die umständliche Beschreibung von melodischen Bewegungen etwa im *Micrologus*, XVI, und im Organum-Kapitel des Johannes Affligemensis, XXIII/7–15); da der Wechsel von Quinte und Quarte als Regel aufgestellt wurde, erwartet man eine Behandlung von Kurzgliedern, bei denen ein solcher Wechsel nicht mehr möglich ist. – Die hier eingeschobenen Überlegungen über eine abweichende Auffassung der Sätze 16 und 17 sollen indessen nicht weiter verfolgt werden, da es in diesem Fall mehr darauf ankam zu zeigen, daß sich die Möglichkeit zu abweichenden Interpretationen immer wieder ergibt und daß eine Entscheidung zwischen ihnen nicht leicht zu treffen ist.
Nun liegt die Lehre von der natura vocum auch dem Montpellier-Traktat[23] zugrunde, sei es in der Form, die der Mailänder Traktat überliefert, oder in einer nicht mehr erreichbaren anderen Form. Im folgenden seien die entsprechenden Textstellen einander gegenübergestellt:

T*M*	T*Mo*
[13]Prima vox organi aut manebit coniuncta cum praecedenti per diapason vel in eadem, aut disiuncta diapente vel diatessaron.	[4]... primam vocem organi id est inceptionem ponat cum cantu vel inferius in diapason vel in eadem vel in quinta vel in quarta, aliquando et in tertia vel sexta. [5]In secunda autem vel septima voce a cantu numquam erit organum, quia male sonat.
[14]Mediae vero voces diapente et diatessaron discurrunt.	[6]Medias autem voces, inter primam et ultimas duas praeelectas, ponat in quinta vel quarta vel tertia vel sexta, sed frequentius in quarta vel in quinta, quia pulcrius sonat.
[16]Et ita cum quatuor voces tantum subsequentes sint, una organalis dicitur. Nam prima quandoque iungitur. Secunda semper disiungitur.	[15]Si quatuor, est ibi inceptio et una vox organalis et clausula.
Tercia intuens praestolantem, ut habilem copulam tribuat quartae voci, cum qualibet consonantia.	[19]... et duae ultimae, quarum paenultima respicit cantum, ut ultima convenienter cum cantu iungatur.
[17]Cum tres vero voces perspiciuntur, ibi est tantum inceptio et copulatio.	[14]Si tres voces, inceptio et copulatio.
Duabus autem sola coniunctio.	[13]Si duae tantum sint voces in clausula, non nisi copulatio est ibi.

Die Gegenüberstellung zeigt, daß die im Mailänder Traktat überlieferte Fassung der Lehre von der natura vocum sachlich nichts enthält, was nicht auch im Montpellier-Traktat vorkäme. Da aber der Montpellier-Traktat über diesen gemeinsamen Grundbestand der Lehre sachlich und sprachlich

[23] Die folgenden Ausführungen greifen den Erläuterungen zum T*Mo* teilweise vor, weil sich aus dem vorliegenden Zusammenhang ein etwas anderes Bild der beiden Traktate ergibt. Insbesondere sei auf Eggebrechts abweichende Beurteilung ihres Altersverhältnisses (s. S. 14 und 18, Anm. 10) und seine kritische Stellungnahme zur Modus-Lehre hingewiesen (s. S. 200.).

deutlich hinausgeht, besteht kein Zweifel, daß er im Prinzip aus jener einfacheren Grundlehre entwickelt wurde (mag sie nun in der durch den Mailänder Traktat überlieferten Fassung oder in einer etwas abweichenden vorgelegen haben). Der Montpellier-Traktat erscheint daher als eine mit sekundären Änderungen (s. Einleitung S. 18) verbundene innere Erweiterung und zugleich verdeutlichende Straffung der Grundlehre. So hat die Ausrichtung der gesamten Lehre nach dem Zieltonprinzip nicht so sehr den Charakter einer Neugestaltung als den einer Verdeutlichung und Weiterentwicklung der Grundlehre. Die gleiche Tendenz ist auch in den Begriffserklärungen wirksam (z. B. prima vox organi als inceptio), in der differenzierenden Aufzählung der Zusammenklänge (z. B. Unterscheidung zwischen inferius und superius; Terz und Sexte als seltenere Klänge; Verbot von Sekunde und Septime) und in der nun systematisch durchgeführten Beschreibung 2- bis 8töniger Klangabschnitte nach dem Modell der 4- bis 2tönigen Kurzglieder der Grundlehre.
Das Verhältnis des Montpellier-Traktats zum Mailänder Traktat läßt sich demnach nur indirekt, in Relation zur gemeinsamen Grundlehre bestimmen. Die Frage, welcher der beiden Traktate älter ist, verliert somit an unmittelbarer Bedeutung. Denn nur soviel scheint sicher, daß der Mailänder Traktat durch »Hinzufügung« der Moduslehre, der Montpellier-Traktat hingegen durch Ausarbeitung der zugrundeliegenden Lehre von der natura vocum entstanden ist. Was den Mailänder Traktat »altertümlicher« erscheinen läßt, ist die unverändert (oder wenig verändert) übernommene Lehre von der natura vocum, die durch die Moduslehre äußerlich erweitert wird; was dem Montpellier-Traktat dagegen »fortschrittlichere« Züge verleiht, ist die selbständige Weiterentwicklung der überlieferten Grundlehre. Über die Chronologie ist damit aber noch nichts ausgesagt. Das Verhältnis kann etwa auf folgende Weise veranschaulicht werden:

Lehre von der natura vocum mit der Organum-Definition

↙ ↘

Mailänder Traktat Montpellier-Traktat

Ein Schema, das das vermutliche Verwandtschaftsverhältnis unserer Traktatgruppe veranschaulicht, findet sich S. 15.

Die Lehre von den 5 Modi organizandi

Auf der Basis der soeben besprochenen Lehre entwickelt der Verfasser eine in 5 Regeln gefaßte musikalische »Handwerkslehre«. Durch die knappe Formulierung der »modi« genannten Regeln und ihre Numerierung nach Ordnungszahlen wird jene Grundlehre allererst auf eine für den praktischen Gebrauch erforderliche einfache Form gebracht, auf Grund deren sie dann auch geistig Trägen (vgl. Satz 3) zu Gebote steht. Man wird also in der Modus-Lehre keine eigentliche Umarbeitung oder Weiterentwicklung der Grundlehre, sondern lediglich eine auf »Faustregeln« zugeschnittene, vereinfachte Fassung sehen dürfen. Daß solche Regeln (vielleicht auch zum Auswendiglernen) nicht immer klar oder korrekt formuliert sind, machte ursprünglich nicht viel aus, weil vom mündlichen Unterricht her bekannt war, worum es sachlich geht. Sollte nicht gerade dieser »laxe« Zug der Prosalehre ein Anzeichen dafür sein, daß sie unmittelbar für den praktischen Gebrauch bestimmt war, ohne höhere Ambitionen[24]?

24 Eine etwas andere Auffassung vertritt Eggebrecht, s. Bespr. T*Mo* S. 201.

Nicht ausdrücklich behandelt und auch nicht mit Zuverlässigkeit zu beantworten ist die Frage der Kongruenz zwischen textlicher und musikalischer Gliederung. Aus den Exempla und Stükken unserer Traktatgruppe ergibt sich zunächst, daß offenbar zwischen zwei Gliederungsarten unterschieden wurde (s. auch Einleitung S. 17).

Die erste Art steht auf Grund der textlich-melodischen Gegebenheiten von vornherein fest und ist daher der Willkür entzogen, »objektiv«: Jedes selbständige Wort (maßgebend für die Einheit ist das »Wortbild« wie in der antiken Metrik) wird musikalisch für sich (als Klangzeile) vertont, z. B. *Benedicamus* | *domino* | oder *Alleluia.* | *Iustus* | *ut palma* | *florebit,* | *et sicut cedrus* | (Kongruenz-Prinzip).

Eine zweite, vergleichsweise bewegliche Art besteht, wie die Exempla und Stücke zeigen, in der Bildung von Klanggliedern, die primär musikalisch zu verstehen sind (in der Abgrenzung oft durch die Änderung der Bewegungsrichtung des Cantus bestimmt), aber auch im Sinne des lockerer gehandhabten Kongruenz-Prinzips von den Silbengrenzen abhängig sein können. Die Klangzeile (Kongruenz-Prinzip) kann durch solche Klangglieder (Kurzglieder, Binnenglieder) untergliedert werden. Ebenso kann bei melismatischem Cantus ein (nicht selten durch senkrechte Trennungsstriche angezeigter, den Klangzeilen entsprechender) größerer Klangabschnitt durch Binnenglieder unterteilt werden. So sind die Klangzeilen etwa bei *et sicut cedrus* im *Iustus ut palma* jeweils durch Trennungsstriche angezeigt, und innerhalb dieser Klangzeilen gibt es Binnenglieder.

Bei der Wahl der Zusammenklänge ist der Organizator gewöhnlich also von drei Faktoren abhängig: 1) Kongruenz-Prinzip (Wortgrenzen, oft auch Silbengrenzen[25]), 2) Lage und Bewegungsrichtung der Cantustöne, 3) Möglichkeit der Binnengliederung (ohne den größeren Zusammenhang zu stören).

Die 5 Modi organizandi beziehen sich auf die vox sequens (voces sequentes), nicht auf den Cantus. Für die prima vox der Grundlehre sind 2 Modi, für die mediae voces ebenfalls 2 Modi festgesetzt:

prima vox	mediae voces	(Schlußbildung)
1. Modus	3. Modus	(normal = kein Modus)
2. Modus	4. Modus	5. Modus

Dabei schließen der 1. und 2. Modus einander aus, ebenso der 3. und 4. Modus. Man darf hinzufügen, daß auch die normale Schlußbildung (Copulatio) und der 5. Modus einander ausschließen.

Die genaue Bedeutung von modus in unserem Traktat ist noch nicht sicher ermittelt. Wahrscheinlich ist das Wort in etwas anderem Sinne zu verstehen als im *Micrologus*, wo innerhalb der Diaphonia ein modus durus und ein modus mollis unterschieden werden (XVIII/15). Guido meint zwei verschiedene »Arten« der Diaphonia (nämlich das starre und das bewegliche Organum); hier jedoch handelt es sich nicht im selben Sinn um fünf verschiedene Arten, sondern eher um fünf verschiedene Fälle oder Regeln innerhalb einer einzigen Art des Organizierens[26].

[25] Zum Prinzip der Wortvertonung vgl. auch Zaminer, 1959, S. 84. Die dort (S. 116f.) für den Mailänder Traktat angenommene »Silbenvertonung« ist kein Prinzip, sondern eine Regel, die auch Ausnahmen zuläßt (z. B. im Exemplum zum 4. Modus).

[26] Über die Wendung copulatio fit quolibet modo (Satz 15) hingegen s. S. 71 und 168, Anm. 9.

Jede Deutung der 5 Modi organizandi steht vor der doppelten Aufgabe, die einzelnen Modi sowohl für sich als auch im Zusammenhang der Lehre verständlich zu machen. Da die Auslegung der Modi notwendig von der Auffassung der ganzen Lehre bestimmt wird, wäre es nicht zweckmäßig, zu den in der Literatur bereits vorliegenden Deutungen unseres Traktats jeweils bei der Besprechung der einzelnen Modi, d. h. nur unter einem speziellen Gesichtswinkel kritisch Stellung zu nehmen. Aus diesem Grund folgt der kritische Teil erst nach der Besprechung der Modi organizandi (S. 81 f.).

Die beiden ersten Modi sind von der Regel über die prima vox abgeleitet (Satz 13). Wurden dort konjunkte und disjunkte Klänge gemeinsam genannt, so trennt sie der Verfasser der Modus-Lehre und begründet dies damit, daß die coniunctio (im Sinne der Dialektik) eine »differentia« (Artverschiedenheit) gegenüber der disiunctio ist (Satz 21).

Der erste Modus besagt, daß der erste Ton der Organalstimme, die prima vox organi, konjunkt, der zweite Modus, daß der erste Ton disjunkt erklingt.

Erster Modus. Die für ihn maßgebenden Textstellen lauten:

a) »Et ita duo statuimus in prima voce«, »Und so haben wir zwei Modi für den ersten Ton festgesetzt« (Satz 4).

b) »Primus modus organizandi est quando prima vox copulatur cum praecedenti«, »Der erste Modus organizandi liegt vor, wenn der erste Ton ›verbunden‹ wird (konjunkt ist) mit dem vorgegebenen (Cantuston)« (Satz 20).

c) »Quando prima vox copulatur cum praecedenti«, »Wenn der erste Ton ›verbunden‹ wird (konjunkt ist) mit dem vorgegebenen (Cantuston)« (Satz 27).

Ferner wird der erste Modus durch folgende, aus dem Passus über die natura vocum stammende Stelle beleuchtet:

d) »Prima vox organi aut manebit coniuncta cum praecedenti per diapason. vel in eadem aut . . .«, »Der erste Ton der Organalstimme ist entweder konjunkt mit dem vorgegebenen Ton mittels Oktave oder im Einklang, oder . . .« (Satz 13).

Der erste Modus wird an folgendem Beispiel veranschaulicht:

Das Beispiel besteht musikalisch aus zwei Klanggliedern. Das erste umfaßt die ersten fünf, das zweite die folgenden sieben Zusammenklänge. Jedes Glied besteht aus Anfang, Mitte und Schluß. Der 1. Modus wird somit zweimal veranschaulicht.

Der erste Ton der Organalstimme setzt in der Oktave über dem Cantus ein, entspricht also dem 1. Modus. Es folgen 3 Töne im Quint- und Quartabstand (d. h. nach der Voceslehre 2 mediae voces und 1 zur Copulatio gehörige vox) und der Schlußton im Einklang. Das zweite Glied ist vom ersten deutlich abgesetzt, indem es nach konjunktem Schlußton mit konjunktem Anfangston beginnt. Die Wahl des ersten Tons der Organalstimme zu Beginn des zweiten Gliedes beruht (wie auch schon beim ersten Glied) auf dem Prinzip der Gegenbewegung, nahegelegt durch die Bewegungsrichtung des Cantus. Darauf folgen 5 Töne im Quint- und Quartabstand (d. h. nach der Voces-Lehre 4 mediae voces und 1 Copulatio-Ton) und der Schlußton des zweiten Gliedes (und zugleich des ganzen Beispiels) im Einklang.

Vom 1. Modus kann offenbar nur in dem Fall gesprochen werden, wenn der konjunkte Ton eindeutig als Anfangston eines Klangglieds auftritt, also am Anfang eines Stückes oder *nach* dem konjunkten Schluß eines vorhergehenden Klangglieds. Konjunkter Schluß und konjunkter Anfang sind demnach scharf getrennt und treffen in den Lehrbeispielen niemals in einem einzigen Ton zusammen (der etwa Schluß und Anfang zugleich wäre).

Zweiter Modus. Die für ihn maßgebenden Textstellen lauten:

a) »Et ita duo statuimus in prima voce«, »Und so haben wir zwei Modi für den ersten Ton festgesetzt« (Satz 4).

b) »Secundus fit per disiunctionem ipsius vocis«, »Der zweite geschieht durch die Disjunktio desselben Tons« (Satz 21).

c) »Per disiunctionem ipsius vocis«, »Durch Disjunktio desselben Tons« (Satz 28).

Ferner wird der 2. Modus durch folgende, aus dem Passus über die natura vocum stammende Stelle beleuchtet:

d) »Prima vox organi ... manebit ... disiuncta diapente vel diatessaron«, »Der erste Ton der Organalstimme ist ... disjunkt in der Quinte oder Quarte« (Satz 13).

Das zweite Beispiel lautet (zum korrupt überlieferten Schluß s. Edition S. 48):

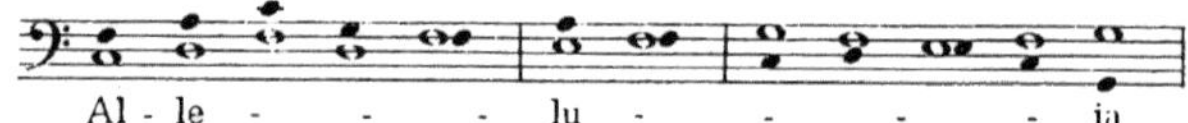

Der 2. Modus lehrt, daß ein Klangglied auch disjunkt (im Quint- oder Quartklang) beginnen kann.

Der Schreiber der Mailänder Handschrift hatte zwei senkrechte Gliederungsstriche in die Organalstimme eingezeichnet, um an zwei Stellen möglichen Mißverständnissen oder Unklarheiten zuvorzukommen. Es besteht mithin kein Zweifel, daß das erste Klangglied fünf, das zweite die darauffolgenden beiden Klänge umfaßt. Die weitere Gliederung blieb jedoch unbezeichnet. Wegen der singulären Quinte am Ende des zweiten Beispiels läßt sich die Frage, wie der Schluß gemeint ist, nicht eindeutig beantworten. Wahrscheinlich ist dem Schreiber beim letzten Ton ein Fehler unterlaufen, da ein »Quintschluß« mit dem Prinzip der natura vocum und der Organum-Definition nicht vereinbar ist, ja beide geradezu aufhebt. Der Berliner Traktat A bietet statt des letzten C ein Γ, also die Unteroktave zum letzten Cantuston. Diese Version hat, ob sie authentisch ist oder nicht, zumindest den Vorzug, daß sie dem Prinzip der Schlußbildung entspricht. Die tiefe Lage kommt auch in anderen Beispielen unseres Traktats vor, z. B. A im Mittelteil der Version a des *Benedicamus domino* (s. S. 45 und 50) und Γ im *Hoc sit vobis iter* (s. S. 46 und 51).

Das zweite Beispiel beginnt mit der prima vox in der Quarte, danach folgen drei Töne im Quint- und Quartabstand (d. h. 2 mediae voces und 1 Copulatio-Ton) und der Schluß im Einklang. Das zweite Klangglied enthält nur zwei Klänge, bestehend aus Quarte und Einklang (im Sinne der natura vocum-Lehre also eine Copulatio). Auf derartige Kurzglieder kommen wir später bei der Besprechung des 4. Modus zurück (S. 79). Das dritte Klangglied umfaßt drei Klänge: Quinte, Terz und Einklang. Auch dieses Kurzglied entspricht der Regel des 4. Modus (s. S. 77f.). Die beiden letzten Klänge des Beispiels bilden so, wie sie überliefert sind, kein geschlossenes Klangglied. Wird der letzte Ton C in Γ korrigiert, entsteht ein Kurzglied aus zwei Klängen.

Dritter Modus. Die Belegstellen heißen:

a) »Tercium a mediis«, »Einen dritten (Modus haben wir) von den mittleren (Tönen aus festgesetzt)« (Satz 4).

b) »Tercius modus sumitur a mediis vocibus, quae mutantur per diatessaron si sunt in diapente vel e converso«, »Der dritte Modus wird von den mittleren Tönen genommen, welche in die Quarte verändert werden, wenn sie in der Quinte sind, und umgekehrt« (Satz 22).

c) »Mediis vocibus que mutantur per diatessaron si sunt in diapente«, »Von den mittleren Tönen, welche in die Quarte verändert werden, wenn sie in der Quinte sind« (Satz 29).

Aus der Lehre von der natura vocum liegen dem 3. Modus die Organum-Definition (Satz 7) und der folgende Passus zugrunde:

d) »Mediae vero voces diapente et diatessaron discurrunt«, »Die mittleren Töne aber durcheilen die Quinte und Quarte« (Satz 14).

Der 3. Modus besagt nicht, daß in der Mitte Quinten und Quarten zu verwenden sind – denn diese Bestimmung ist ja bereits im Begriff der media vox implizite enthalten – sondern daß zwischen Quarte und Quinte *gewechselt* werden soll (mutantur). Wie wichtig dieser Wechsel genommen wurde, zeigt außer der Organum-Definition vor allem das dialektische Nachwort, das dem Wortlaut nach eine Rechtfertigung dieses Wechsels gegenüber dem starren Parallelorganum ist (s. S. 83ff.).

Die ersten beiden Klänge des Beispiels scheinen, falls sie richtig überliefert sind (s. S. 168), eine Art Kurzglied zu bilden. Ungewöhnlich ist der Sextsprung aufwärts (Quintsprünge kommen in den vorangestellten Stücken öfter vor). Vom 3. bis zum 11. Ton sehen wir die Organalstimme mehrfach zwischen Quinte und Quarte hin und her wechseln (1 Quinte + 3 Quarten + 3 Quinten + 2 Quarten). Hier ergibt sich also ein Klangglied aus 10 Klängen, von denen 9 disjunkt sind.

Für die Anwendbarkeit des 3. Modus war eine stillschweigende Voraussetzung, daß ein Klangglied wenigstens *zwei* mediae voces enthält.

Vierter Modus. Er betrifft die Bildung von Kurzgliedern. Seine Deutung ist von allen Modi am meisten umstritten, zumal die Textstellen im Wortlaut stärker divergieren. Als Vorbild innerhalb der Lehre von der natura vocum kommt nur die Stelle über die Bildung von 4- bis 2tönigen Kurzgliedern in Betracht (Satz 16–17). Ähnlich wie jene Stelle mit ihrer begrifflichen Differenzierung von der einfacheren Beschreibung der prima vox und der mediae voces abweicht, so auch die Beschreibung des 4. Modus gegenüber den drei ersten Modi. Die Textstellen lauten:

a) »Quartum non tantum a prima vel a media sed ab utraque«, »Einen vierten (Modus haben wir) nicht nur von dem ersten und dem mittleren (Ton), sondern von jedem der beiden aus (festgesetzt)« (Satz 4).

b) »Quartus fit a diverso principio vel a diverso medio, non tantum ab uno sed etiam ab utroque«, »Der vierte (Modus) geschieht vom ›diversum principium‹ oder vom ›diversum medium‹ aus, nicht nur von einem allein, sondern auch von jedem der beiden« (Satz 23).

c) »Quartus ab utroque principio et medio«, »Der vierte (Modus) von jedem der beiden, Anfang und Mitte« (Satz 30).

Diesen Formulierungen liegt folgende Textstelle aus der Lehre von der natura vocum zugrunde:

d) »Et ita cum quatuor voces tantum subsequentes sint, una organalis dicitur. Nam prima quandoque iungitur. Secunda semper disiungitur. Tercia intuens praestolantem, ut habilem copulam tribuat quartae voci, cum qualibet consonantia. Cum tres vero voces perspiciuntur, ibi est tantum inceptio et copulatio. Duabus autem sola coniunctio«, »Und so wird, wenn nur vier Töne die Organalstimme bilden, einer organalis genannt. Denn der erste (Ton) wird zuweilen konjunkt gebraucht, der zweite immer disjunkt, der dritte (Ton), der hinschaut auf den wartenden, um dem vierten Ton eine passende Copula zu verleihen, (erklingt) in einer beliebigen Consonantia. Wenn aber drei Töne betrachtet werden, gibt es nur die Inceptio (Anfangsklang) und die Copulatio; bei zwei (Tönen) aber nur die Coniunctio (= Copulatio)« (Satz 16–17).

Das Beispiel lautet:

Der 4. Modus bezieht sich nach der Textstelle a) auf prima und media vox, nach der Textstelle b) auf diversum principium oder diversum medium, aber nicht nur auf eines der beiden, sondern auch auf beide zusammen, nach der Textstelle c) auf principium und medium.

Aus der Textstelle a) ergibt sich zunächst, daß der 4. Modus (ähnlich wie der 3. Modus) mehr umfaßt als eine einzige vox. Im Unterschied zum 3. Modus werden die hier gemeinten voces aber nicht ausschließlich mit den mediae voces identifiziert. In welchem Sinne von prima und media vox die Rede ist, geht aus dem Text nicht klar hervor. Enthält jedes der vier Kurzglieder des zugehörigen Beispiels eine prima und eine media vox? Sollte mit media vox etwa soviel wie mediae voces oder wie medium gemeint (aber aus Gründen der Satzkonstruktion, in Angleichung an prima vox, nicht genannt) sein? Wie dem auch sei, jedenfalls erweckt die Kombination von prima und media vox den Eindruck, daß es beim 4. Modus um eine Kurzform des im 1. bis 3. Modus behandelten Normalfalles geht.

Hauptzeugnis für den 4. Modus ist die Textstelle b). Dort wird nun von einem diversum principium und einem diversum medium gesprochen (also nicht mehr von prima und media vox). Es wurde öfter darüber gestritten, was mit diesen Ausdrücken gemeint ist. Wie mir scheint, besagen sie primär, daß – aus der Sicht der vereinfachenden Moduslehre – die Einteilung bei der Bildung von Kurzgliedern anders aufzufassen ist als gewöhnlich. Die abweichende Auffassung bekundet sich zunächst darin, daß die sonst geltenden Bezeichnungen prima vox und mediae voces durch andere ersetzt sind, nämlich durch principium und medium. Um aber auf die Abweichung von den sonst geltenden Bezeichnungen ausdrücklich aufmerksam zu machen, werden sie vorsorglich diversum genannt. Demnach zielt diversum hier vor allem auf die Abhebung der Bezeichnung (und erst sekundär auf die der Sachen) – ein Zug, der wiederum an den frühen Nominalismus erinnert (vgl. auch S. 61 und 82 ff.). Es wäre also verfehlt, das diversum principium (rein formal) einem principium und das diversum medium einem medium gegenüberstellen zu wollen; denn die Bezeichnungen principium und medium selbst sind es ja, die durch den Zusatz diversum von den Bezeichnungen prima vox und mediae voces getrennt werden sollen. Aus diesem Grund stellt sich die Textstelle c) nicht in Widerspruch zur Textstelle b), wenn sie lediglich von principium und medium spricht.

Sollte es zutreffen, daß die Moduslehre eine einfache, leicht verständliche Darstellung der Lehre von der natura vocum bieten will, kann der 4. Modus richtig wohl nur interpretiert werden, wenn er als einfachere Formulierung des in der Grundlehre über die Bildung von Kurzgliedern Gesagten (hierzu Textstelle d) aufgefaßt wird.

Der Grundlehre entsprechend (s. Besprechung S. 70ff.), gehört die Bildung von 4- bis 2tönigen Kurzgliedern in die Zuständigkeit des 4. Modus. Wie die Moduslehre vorschreibt, werden Kurzglieder vom principium und vom medium gebildet. Im Sinne der auf die begrifflichen Differenzierungen der Grundlehre (inceptio, vox organalis, copulatio) verzichtenden Moduslehre darf man unter principium den ersten Ton der Organalstimme (vgl. auch T*Mo*, Satz 17 und 18), unter medium den disjunkten Mittelteil zwischen principium und konjunktem Schlußklang verstehen. Beim 4tönigen Kurzglied bildet demnach der erste Ton das principium, der zweite und dritte Ton das medium (und der vierte Ton den Schluß); beim 3tönigen Kurzglied besteht das medium nur aus einem einzigen Ton. Nicht berücksichtigt ist in der knapp formulierten Regel der Fall des 2tönigen Kurzgliedes. Der einfachen Art der Moduslehre würde es wohl am besten entsprechen, wenn ein solches Kurzglied als Verbindung von principium und Schlußklang aufgefaßt wird.

Das den 4. Modus veranschaulichende Beispiel besteht aus vier Kurzgliedern, deren jedes drei Klänge umfaßt. Wie die einzelnen Töne der Organalstimme nach der Grundlehre und nach der Moduslehre wahrscheinlich aufzufassen sind, zeigt die folgende Übersicht (inc. = inceptio; cop. = copulatio; pr. = principium; med. = medium):

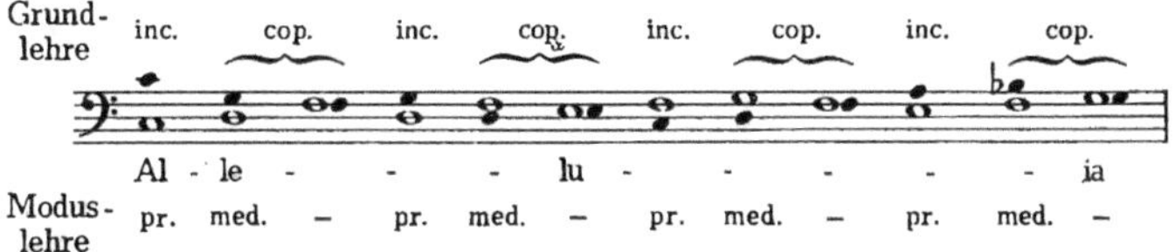

Eine andere Deutung, die den 4. Modus als Ausnahme gegenüber der Norm des Kongruenz-Prinzips zu verstehen sucht, schlägt Eggebrecht vor (S. 153ff.).

Fünfter Modus. Er betrifft die melismatische Auszierung der Paenultima eines Klangabschnitts, und zwar, wie sich aus anderen Quellen schließen läßt (s. S. 80f.), des letzten Klangglieds eines größeren textlich-musikalischen Abschnitts. Im Unterschied zu den vier übrigen Modi scheint der 5. Modus nicht auf die Lehre von der natura vocum zurückzugehen – offenbar fehlen in den einschlägigen Texten eindeutige Anhaltspunkte dafür, es sei denn man interpretierte den Passus über die Bildung von Kurzgliedern in diesem Sinne (s. S. 71 f.) –, sondern vom Verfasser der Moduslehre selbständig hinzugefügt zu sein. Die Textstellen lauten:

a) »Quintum discretione ultimarum vocum, videlicet augendo vel auferendo«, »Einen fünften (Modus) haben wir durch Trennung der letzten Organaltöne festgesetzt, indem man (ihre Zahl) vermehrt oder (von den durch die natura gegebenen Konkordanzen) abweicht« (Satz 4).

b) »Quintus per multiplicationem oppositarum vocum, augendo vel auferendo«, »Der fünfte (Modus geschieht) durch Vervielfachung der gegenübergestellten Töne, indem man (ihre Zahl) vermehrt oder (von den Konkordanzen) abweicht« (Satz 24).

c) »Quintus per multiplicationem oppositarum« ,»Der fünfte (Modus) durch Vervielfachung der gegenübergestellten (Töne)« (Satz 31).

Nach der Mailänder Handschrift lautet das Beispiel (ähnlich in *TBA*, allerdings mit Querstrichen, s. S. 150):

Der Schluß des Beispiels ist, wie längst erkannt wurde, fehlerhaft überliefert. Die Fehlerhaftigkeit läßt sich folgendermaßen erklären und damit das Beispiel rekonstruieren (Zaminer, 1959, S. 120f.).

In der Handschrift fehlt nicht nur der Schlußton, sondern außerdem liegt auch ein Schreibfehler vor: die Silbe *-ia*, die unter den (aus Platzmangel nicht mehr eingetragenen) Schlußton gehört hätte (s. Faksimile im Anhang Nr. 5), ist versehentlich an falscher Stelle stehengeblieben (der Text wurde ja, wie das Beispiel *Iustus ut palma* zeigt, vor den Tonbuchstaben niedergeschrieben). Dann besagt der 5. Modus, daß der Organumsänger zum vorletzten Cantuston ein Melisma ausführen soll:

Das Melisma beginnt hier im Einklang und mündet wieder in den Einklang. Für diese Deutung sprechen zwei Gründe: a) die Entstehung des Fehlers ist verständlich, seine Behebung einfach, b) der Fall der Paenultima-Verzierung war in der mehrstimmigen Musik des 12. und 13. Jahrhunderts allgemein verbreitet.

Dennoch kann die Möglichkeit nicht ganz ausgeschlossen werden, daß die Fehlerhaftigkeit des Schlusses lediglich in seiner Unvollständigkeit besteht. Es wäre denkbar, daß discretio ultimarum vocum die musikalische Trennung des vorletzten vom letzten Klang meint derart, daß mit dem vorletzten Klang (Einklang auf F) ein Klangglied abgeschlossen und mit dem Eintritt der Silbe -ia in der Quarte die melismatische Auszierung des letzten Cantustons beginnt:

Der Ausdruck discretio ultimarum vocum (Satz 4) wird durch den mehrdeutigen Ausdruck augendo vel auferendo erläutert. Vielleicht beschreiben discretio ultimarum vocum und multiplicatio oppositarum vocum (Satz 24) die gleiche Sache (da beide durch augendo vel auferendo verdeutlicht werden), jedoch unter verschiedenen Gesichtspunkten. Wenn discretio die Trennung der beiden letzten Gerüsttöne der Organalstimme meint, könnte augendo auf eine bloße Dehnung (Verlangsamung), auferendo jedoch auf melismatisches »Abweichen« vom Gerüstton hindeuten und multiplicatio oppositarum vocum wäre dann eine Umschreibung dieses Melismas.

Im A. de Lafage-Traktat kommt auferre in ähnlichem Zusammenhang vor (Edition Seay XIV/8): »Sed si forte in fine clausulae in ultima aut in penultima dictionis sillaba, ut discantus pulchrior et facetior habeatur et ab auscultantibus libentius audiatur, aliquos organi modulos volueris admiscere, licet facere, quamvis natura hoc non velit auferre« (»Aber wenn du etwa am Schluß der Clausula bei der letzten oder vorletzten Textsilbe einige Organum-Melismen beimischen willst, damit der

Discantus vortrefflicher und feiner werde und von den Zuhörern mit größerem Vergnügen gehört werde, kannst du es machen, obwohl die natura [des Discantus] hier nicht abweichen will«). Und daran schließt sich die Mahnung, mit ähnlichen organalen Ausschmückungen des Discantus zurückzuhalten, damit nicht statt des Discantus ein Organum »errichtet« und so der Discantus »zerstört« wird (»... ne, cum discantum facere putaveris, organum aedifices et discantum destruas«). Stark an die zuletzt genannte Beschreibung erinnert nun aber die Glosse in T*BA* und T*Br* (Satz 24): »augendo vel auferendo id est ultimam copulam destruendo«, womit offenbar gesagt ist, daß der 5. Modus an die Stelle der letzten Copula (= Copulatio) eines mehrere Klangglieder umfassenden größeren Abschnitts oder Stückes tritt (zum Ausdruck destruere vgl. auch Vt, V. 57).

Das fünfte Beispiel besteht aus zwei Klanggliedern. Das erste, vier Klänge umfassende Glied entspricht dem 4. Modus (auf konjunkten Anfang folgen zwei nicht wechselnde disjunkte Töne und konjunkter Schlußton). Nach dem 3. Modus hingegen ist das zweite, aus sieben Klängen bestehende Glied gestaltet (2 Quarten + 3 Quinten + Terz + Einklang, wobei die beiden letzteren nach der Grundlehre eine Copulatio bilden).

*

E. de *Coussemaker* (1852), der erste Herausgeber des Mailänder Traktats, kam nicht zuletzt auf Grund seiner unvollständigen und fehlerhaften Textwiedergabe zu einem schiefen Bild von den Modi organizandi. Als Anfang faßt er jeweils lediglich den ersten, als Schluß den letzten Ton (der Exempla) auf, alle Töne dazwischen (disjunkte und konjunkte) rechnet er zur Mitte (S. 230, Anm. 1). Den 4. Modus versteht er als Zusammenfassung der drei ersten Modi (ebenda, S. 33).

Von der fehlerhaften Ausgabe Coussemakers ausgehend, bezieht H. *Riemann* (1921) die als »fünf Elemente des Organum« bezeichneten 5 Modi der Reihe nach auf »das Anfangsintervall, das Übergangsintervall zu den mittleren, die eigentlichen mittleren (zwischen Anfang und Ende), das Übergangsintervall zum Schluß und das Schlußintervall« (S. 86). Entsprechend deutet er besonders den 2. und 4. Modus gewaltsam als 2. und 4. Element eines starren Schemas. Vom ersten Exemplum gibt er beispielsweise folgende Analyse (wobei außerdem der 6. Klang und die Textunterlegung nicht stimmen):

1 2 3 4 5 1 2 3 ——— ? 4 5

Al - le - lu - ia

Riemann hat aber richtig erkannt, daß es die Moduslehre mit der Bildung von Klanggliedern zu tun hat, deren Schluß jeweils Einklang oder Oktave bilden.

E. *Steinhard* (1921) glaubte die von Riemann an den Schluß der Exemplums zum 5. Modus geknüpfte Annahme, daß auch mehrere Töne der Organalstimme auf einen Ton des Cantus treffen können, auf Grund der Version des Berliner Traktats A korrigieren zu müssen (s. Besprechung zu T*BA*, S. 152f.). Schon J. *Handschin* (1925/26, S. 338, Anm. 1) hat diesen Einwand mit Recht zurückgewiesen.

Meinem eigenen Deutungsversuch (1959) legte ich eine neue Edition des Traktats nach der Mailänder Handschrift zugrunde. Es ergab sich u. a., daß Textgliederung und musikalische Gliederung in bestimmter Weise kongruieren, daß der 1. und der 2. Modus jeweils auf die prima vox, der 3. Modus auf die mediae voces der Klangabschnitte zu beziehen sind. Die Deutung des 4. Modus ist inzwischen überholt. Über den 5. Modus s. S. 80.

G. *Schmidt* (1962) faßt die ersten drei Modi als »Grundregeln« (S. 19) auf, läßt aber die Tatsache unbeachtet, daß der 3. Modus nicht nur die Klangqualitäten (Quinte und Quarte), sondern deren Wechsel betrifft. Daher ist seine Folgerung, der 4. Modus gründe sich auf prima und media vox, »also« auf den 1. bis 3. Modus (S. 20), nicht haltbar. Der 4. Modus soll nach Schmidt den »generell qualitativen Wechsel« (S. 20) betreffen, und er sei »das eigentliche Kernstück« der Lehre des Mailänder Traktats (S. 22). Dabei sind jedoch die Lehre von der natura vocum und die Moduslehre nicht auseinandergehalten, so daß die Modi organizandi in ihrer Stellung zur Grundlehre nicht erfaßt werden.

C. *Dahlhaus* (1964) zieht aus der Belegstelle b) des 4. Modus weitreichende Schlüsse. Wenn der 4. Modus sich auf ein diversum principium und ein diversum medium bezieht, aber nicht nur auf eines von beiden, sondern auch auf beide zusammen, dann müsse es außerdem ein diversum principium allein geben. Als solches sieht er den (vom 1. Modus »verschiedenen«) 2. Modus an. Da aber der 2. Modus als diversum principium gekennzeichnet wird, sei der 1. Modus die Norm. Ähnlich versteht er diversum medium als Abweichung gegenüber der Norm des 3. Modus. Der 4. Modus verbinde »das diversum principium – die disiunctio als prima vox – mit einem diversum medium – der coniunctio als media vox« (S. 29). Gegen diese Interpretation sprechen folgende Gründe: 1) Konjunkter und disjunkter Anfang werden im Text gleichwertig behandelt, ohne daß der 1. Modus als Norm gekennzeichnet wäre (in den Exempla und Stücken kommt disjunkter Anfang sogar häufiger vor als konjunkter). 2) Der 3. Modus besteht nicht nur in der disiunctio, sondern, wie bereits die Grundlehre zeigt, im Wechsel von Quinte und Quarte. 3) Die Begriffe der media vox und des medium bezeichnen nicht nur einen Ort, sondern auch eine bestimmte Klangqualität, nämlich Quinte und Quarte (denn sonst wäre zu fragen, durch welche Kriterien sich Anfang und Mitte eigentlich unterscheiden, wenn die Klangqualität als Kriterium entfällt).

Lütolfs mit bemerkenswerter Vorsicht durchgeführte Studie (1967) ist mir erst nach Fertigstellung des vorliegenden Kapitels zu Gesicht gekommen. An dieser Stelle soll nur auf einige Divergenzen hingewiesen werden, um die unterschiedlichen Standpunkte zu kennzeichnen. – Zu Lütolfs Hypothese, daß der Mailänder Traktat in Oberitalien verfaßt sein könnte, ist bereits auf S. 13, Anm. 2 Stellung genommen. Gegen die Hypothese spricht weiterhin die zumal im dialektischen Nachwort nachweisbare Nähe zur Frühscholastik (s. S. 83ff.). Den Ausdruck »sub celeritate« in der Organum-Definition möchte Lütolf (S. 27) im Sinne von »sub eadem celeritate« verstehen, womit gesagt sein soll, daß die Organalstimme »im gleichen Tempo« mit dem Cantus fortschreitet. Abgesehen davon, daß kein plausibler Grund erkennbar ist, um eine solche Bestimmung in die Organum-Definition selbst aufzunehmen, hat Lütolf die parallelen Belegstellen des Ausdrucks zur Klärung nicht herangezogen (s. S. 59ff.). Bei der Anwendung der Modi organizandi läßt er die These nicht gelten, daß die Rücksicht auf den Text der Choralmelodie eine wichtige Rolle spielt (S. 40: »Die Einteilung der Melodievorlage in längere und kürzere Abschnitte ... war eine Entscheidung auf musikalischer Ebene ...«); hier scheint er die unterschiedlichen Möglichkeiten in der Handhabung des Kongruenz-Prinzips zu verkennen (s. S. 16ff., 141 und 154). Wodurch sich die Großabschnitte und die Kleinabschnitte im konkreten Fall unterscheiden, geht aus seiner Darstellung nicht klar hervor (S. 43); daher bleibt auch der Anwendungsbereich des 4. Modus noch im unklaren. Bei der Deutung des 5. Modus setzt sich Lütolf für die alte (von mir S. 80 als eine nicht ganz auszuschließende Möglichkeit genannte) Auffassung ein, derzufolge sich die Kolorierung an den letzten (statt an den vorletzten) Gerüstton der Organalstimme anschließt. Allerdings findet diese Deutung in den musikalischen Quellen des 11. und 12. Jahrhunderts keine Bestätigung. Der Schwierigkeit, die durch den Berliner Traktat A und die Brügger Fassung überlieferte Glosse »id est ultimam copulam destruendo« zu erklären, versucht Lütolf dadurch zu entgehen, daß er copula auf den letzten Zusammenklang bezieht, d. h. wohl auf die Quarte (»Zerstörung der letzten copula«, S. 37). Das Wort copula kommt nach seiner Meinung bei der Beschreibung der Modi organizandi auch sonst in diesem Sinne vor, doch hat er Stellen nicht angegeben; demgegenüber bleibt festzuhalten, daß copula stets auf Einklang und Oktave bezogen ist. Für die Stützung seiner These ist mit dem Hinweis auf Guidos occursus-Lehre wohl kaum etwas gewonnen, weil diese Lehre einer ganz anderen Art der Organum-Praxis zugehört. Aus den genannten Gründen bleibt seine Deutung des 5. Modus problematisch.

Bisher wurde ein Satz übergangen, der nicht unmittelbar zum sachlichen Verständnis der Modi organizandi beiträgt (Satz 19): »Sed ut cuncta facilius colliquescant, paulo altius ordiendum est, videlicet a primo modo et a secundo et a caeteris« (»Aber damit alles leichter klar wird, müssen wir etwas weiter oben beginnen, nämlich beim ersten Modus und beim zweiten und bei den übrigen«). Die übliche Bedeutung von colliquescere, »in Fluß geraten, flüssig werden, zerfließen, schmelzen«, paßt hier nicht. Als zweite Bedeutung verzeichnen die großen lateinischen Lexika (Georges, Klotz) »deutlich und sichtbar werden«, belegt aus Boethius' *De syllogismo hypothetico* I, p. 623 (Migne LXIV, 855 B): »exempla subiecimus, quibus *facilius* id, quod superius docuimus, *colliquescat*«. Und eben dies ist die Bedeutung, die zu unserer Stelle paßt.

Im *Thesaurus Linguae Latinae* sind drei weitere Belege aus Boethius angeführt: 1) *De institutione musica* IV, 13 (ed. Friedlein, S. 336, 28f.): »Sed ut harum non plena mutabilitas clarius conliquescat, ad hyperboleon tetrachordon redeamus«; 2) *De differentiis topicis* (Migne LXIV, 1212C): »Sed ut rerum ordo clarius colliquescat, de circumstantiis arbitror esse dicendum«; 3) *In topica Ciceronis* (Migne LXIV, 1119 B): »Quare uti rerum ordo clarius colliquescat, pauca mihi ex Aristotele sumenda sunt ... «. Außerhalb der Schriften des Boethius ist das Wort in dieser Bedeutung nicht belegt.

Daß der Ausdruck facilius colliquescant direkt oder indirekt auf Boethius zurückgeht, dürfte somit ziemlich sicher sein (das dialektische Nachwort weist im übrigen zahlreiche weitere Übereinstimmungen mit logischen Schriften des Boethius auf, s. unten).

Die dialektische Rechtfertigung
(Nachwort)

Der letzte, auf das *Iustus ut palma* folgende Textabschnitt bildet einen durch Initiale abgehobenen selbständigen Teil der Prosalehrschrift, der als eine Art Nachwort aufgefaßt werden kann. Dem Inhalt nach handelt es sich um eine dialektische Rechtfertigung des auf dem Wechsel von Quinte und Quarte beruhenden Neuen Organums gegenüber dem älteren Organum Guidos, das einen solchen Wechsel nicht kennt.

Das dialektische Rüstzeug dieses Abschnitts stammt teils aus der sogenannten Vetus logica, d. h. aus den bis zum 12. Jahrhundert bekannt gewesenen logischen Schriften des Aristoteles (hauptsächlich in der Bearbeitung des Boethius)[27] und teils aus der Frühscholastik. Im folgenden wird der auf die Vetus logica und die Frühscholastik zurückgehende Wortbestand nachzuweisen versucht, um so den Zusammenhang sichtbar zu machen, in dem das Nachwort zu verstehen ist. Vor allem folgende Schriften des Boethius kommen in Betracht:

1) die Übersetzung der *Isagoge* des Porphyrius (d. h. einer Einführung in die Kategorienlehre des Aristoteles) mit einem kürzeren[28] und einem längeren Kommentar[29];
2) der Kommentar zur Kategorienlehre des Aristoteles[30];

27 Unter dem Namen Nova logica hingegen wurden die erst um die Mitte des 12. Jh. bekanntgewordenen übrigen logischen Schriften des Aristoteles zusammengefaßt (die beiden Analytiken, die Topik und die *Elenchi sophistici*).

28 *Porphyrii introductio in Aristotelis Categoriae a Boethio translata*, hg. v. Ad. Busse, in: *Commentaria in Aristotelem Graeca* IV, Berlin 1887.

29 *Boethii in Isagogen Porphyrii commenta*, hg. v. S. Brandt, in: *Corpus Scriptorum Ecclesiasticorum Latinorum* (= CSEL), XLVIII, Wien–Leipzig 1906.

30 *In Categorias Aristotelis libri quatuor*, in: Migne, LXIV, Sp. 159ff.

3) die beiden Kommentare zum *Liber Aristotelis de interpretatione* (im Mittelalter *Perihermenias* genannt)[31].

Welchen frühscholastischen Schriften das Nachwort am nächsten kommt, ist noch nicht geklärt.

Folgende Ausdrücke unseres Nachwortes lassen sich nachweisen:

significatum
(naturale – remotum a natura)
uicissim
immediata
contingit eidem esses et non esse
homo sub animali
sanum et egrum
mortuus homo
oppositio in adiecto
pictura
cadauer
supponere

Der Text unseres Nachworts wird in drei Abschnitten besprochen (durch Kursivdruck sind jeweils die auch in logischen Schriften vorkommenden Wörter hervorgehoben).

»*Significatum* organi aliud *naturale* aliud *remotum* a natura«.

Die gesamte dialektische Rechtfertigung scheint auf einer frühscholastischen These nominalistischer Prägung zu beruhen. Bezeichnend für die nominalistische Einstellung des Verfassers ist, daß er nicht von organum, sondern von significatum organi (dem durch organum Bezeichneten) spricht[32]. Als Substantiv ist *significatum* (abgesehen von einer vereinzelten Stelle bei Arnobius d. Ä., die im lateinischen Lexikon von Forcellini zitiert ist) erst seit den Nominalisten belegt (z. B. bei Abaelard). Unterschieden wird zwischen einem als organum Bezeichneten, das als *naturale*, und einem solchen, das als *remotum a natura* gekennzeichnet ist. Die Art dieser Unterscheidung läßt auf eine feste These schließen, deren Sinn jedoch nicht ohne weiteres aus unserem Text zu erkennen ist. Eine für die These unmittelbar aufschlußreiche Textstelle konnte ich nicht finden. In den aus dem 13. Jahrhundert stammenden *Summulae logicales* des Petrus Hispanus wird der Stoff der Urteile dreifach unterschieden: als materia naturalis, contingens und remota. Es erscheint nicht ausgeschlossen, daß ein Zusammenhang zwischen den dort gegebenen Begriffsbestimmungen und jener nicht näher bekannten These besteht. Bei Prantl (s. Anm. 32, Bd. III, Kap. XVII, Anm. 155) ist folgender Passus aus den *Summulae* zitiert: *Naturalis* est, in qua praedicatum est de esse subiecti vel proprium eius, ut homo est animal, homo est risibilis ... *Remota* est, in qua praedicatum nullo modo potest convenire cum subiecto, ut homo est asinus, leo est vacca«, »*Naturalis* (der natura entsprechend) ist ein Stoff, bei welchem das Prädikat im Sein des Subjekts oder dessen Eigentümlichkeit enthalten ist, wie z. B. der Mensch ist ein Lebewesen, der Mensch ist lachend ... *Remota* (abweichend, ver-

[31] *Commentarii in librum Aristotelis de interpretatione*, hg. C. Meiser, 2 Bde, Leipzig 1877 und 1880 (Teubner-Ausgabe).

[32] C. Prantl, *Geschichte der Logik im Abendlande* II, Leipzig ²1885, S. 123: »... indem sie (d. h. die Nominalisten) den Realismus bekämpfen, substituiren sie zur Kundgebung ihrer Auffassung für die in der Isagoge üblichen Worte überall das durch dieselben ›Bezeichnete‹ (significatum), indem sie z. B. significatum generis statt genus sagen und in solcher Weise alle Lehr-Sätze figürlich (figura locutionis) interpretiren, da ihnen ja überhaupt nur die Individuen als seiend gelten, diese aber durch die Worte, sei es durch spezielle oder durch allgemeine, ihre Bezeichnung finden.«

schieden) ist ein Stoff, bei welchem das Prädikat auf keine Weise mit dem Subjekt übereinkommt, wie z. B. der Mensch ist ein Esel, der Löwe ist eine Kuh«. Im Unterschied zu unserer dialektischen Rechtfertigung sind die Begriffe naturalis und remota hier in rein logischem Sinne, zur Kennzeichnung der Modalität von Urteilen, verwendet. Der Verfasser des Nachworts hingegen übernimmt die beiden Begriffe als fertige Begriffe einem Argumentationszusammenhang, ohne sie abzuleiten oder aus sich heraus zur Evidenz zu bringen. Die Kenntnis dieses Zusammenhangs ist hier vorausgesetzt, da die Schlüssigkeit des dialektischen Nachworts wesentlich von der Einsicht in die Schlüssigkeit der Grundthese abhängig ist.

Die obengenannte Londoner Guido-Handschrift aus dem 14. Jahrhundert (s. S. 54) enthält im Organum-Kapitel des *Micrologus* einen Einschub mit der Formulierung *a natura remotam, ... naturalem* (XVIII/4, Anm.). Dies ist die einzige Parallelstelle für den Ausdruck remotum a natura, die ich finden konnte.

»Naturale est illud, cui *vicissim* duo *immediata contingit eidem esse et non esse sub* organo, videlicet diapente et diatessaron, veluti *homini*, cui *vicissim contingit eidem esse et non esse* duo *immediata sub animali*, videlicet *sanum et aegrum*«.

Die sprachlichen Schwierigkeiten dieses Satzes sind so groß, daß mit Fehlern im Text gerechnet werden muß. *Perihermenias* enthält eine für vicissim aufschlußreiche Stelle (kürzere Bearbeitung II, cap. 10, S. 142): »Hoc quoque supra iam dictum est, quoniam hae quae contrariae sunt simul verae esse non possunt neque in eodem; et possunt quidem *vicissim* et cum temporis diversitate esse verae, simul autem esse non possunt«, »Auch dies ist oben schon gesagt worden, daß dasjenige, was gegensätzlich ist, gleichzeitig und in einem und demselben (Subjekt) nicht wahr sein kann, und daß es wohl abwechselnd und mit zeitlicher Verschiedenheit, nicht aber gleichzeitig wahr sein kann«. Hier bedeutet vicissim das Gegenteil von simul, nämlich abwechselnd.

Das durch Boethius geprägte *immediatus*[33] erscheint im Kategorien-Kommentar öfter. Dort nennt Boethius Gegensätze, die unvermittelt bleiben, die also kein Mittleres haben, immediata contraria, so z. B. »contraria... quae mediis carent... aegritudo et sanitas *immediata* contraria sunt« (Migne, LXIV, 279B). Immediata ist hier Adjektiv. Boethius hat das Wort aber auch substantivisch verwendet; belegen kann ich es nur aus der zweiten Analytik (ebenda, 725A): »Uno quidem modo si non per *immediata* fiat syllogismus, non enim accipitur prima causa ... Alio modo si per *immediata* quidem, sed non per causam ...«

Das durch *sub* ausgedrückte Verhältnis der Unterordnung von Begriffen sei durch folgende Stelle aus Boethius' Übersetzung der *Isagoge* des Porphyrius veranschaulicht (ed. Busse, S. 29): »Si autem in uno praedicamento manifestum quod dicitur, substantia est quidem et ipsa genus, *sub* hac autem est corpus, *sub* corpore vero animatum corpus, *sub* quo *animal*, *sub* animali rationale animal, *sub* quo *homo*, *sub* homine Socrates et Plato et qui sunt particulares homines«. Aus dieser Stelle ergibt sich übrigens auch das Verhältnis von homo zu animal, das im Nachwort ebenfalls erwähnt wird.

33 Das Wort ist vor Boethius nur einmal belegt in den durch Rufinus übersetzten *Recognitiones* des Clemens Romanus (I, 20).

In der zweiten Bearbeitung der *Isagoge* findet sich folgende an eine Stelle in der Topik des Aristoteles[34] erinnernde Definition von accidens (CSEL, LXVIII, 281): »Accidens est quod *contingit eidem esse et non esse*, vel quod neque genus neque differentia neque species neque proprium, semper autem est in subiecto subsistens«.
Dieselbe Formulierung, contingit eidem esse et non esse, die wir in der Definition von accidens gefunden hatten, kehrt im Mailänder Traktat in der Definition von naturale wieder, allerdings in einer anderen Satzkonstruktion. Bei Aristoteles war Akzidens das, »was einem und demselben, sei es was immer, zukommen und nicht zukommen kann«. Porphyrius hatte den Aristoteles-Text ohne wesentliche Änderungen übernommen (die bloßen Umstellungen von Satzteilen und die Auslassungen fallen nicht ins Gewicht). In der lateinischen Übersetzung des Boethius ist die Definition des Aristoteles noch wiederzuerkennen (»Akzidenz ist das, was einem und demselben zukommen und nicht zukommen kann, und was weder Gattung, noch Unterschied, noch Art, noch Proprium, immer aber im Subjekt vorhanden ist«). Wie im Griechischen ἐνδέχεται ὑπάρχειν τινὶ τῷ αὐτῷ καὶ μὴ ὑπάρχειν, so ist auch im Lateinischen contingit eidem esse et non esse ein feststehender Ausdruck.

Aus »*quod* contingit eidem esse et non esse« bei Boethius wird im Mailänder Traktat »*cui* contingit eidem esse et non esse duo immediata«. Naturale ist also nicht (wie Akzidenz) das, *was* einem zukommt, sondern das, *dem* als einem und demselben zweierlei abwechselnd zukommt. In beiden Fällen ist contingit intransitiv gebraucht, im ersten Fall aber persönlich konstruiert (quod contingit), im zweiten hingegen unpersönlich, absolut (contingit). Die Variante contingunt (statt contingit) in T*BA* und T*Br* bedeutet sachlich keine Verbesserung (s. Besprechung des T*Br*, S. 179).

Das als Organum Bezeichnete ist demnach naturale, wenn Quinte und Quarte abwechselnd nebeneinandergestellt werden; denn zur Spezies des Organums (sub organo bedeutet soviel wie sub specie organi) gehören Quinte *und* Quarte. Auch hier wird also an dem durch Quinte und Quarte bestimmten Begriff des Organums festgehalten (vgl. S. 60).
Den zur Verdeutlichung herangezogenen Vergleich hat der Verfasser ebenfalls aus den logischen Schriften des Boethius entnommen. Schon bei Aristoteles kam das Beispiel vom Gesund- und Kranksein oft und in verschiedenen Zusammenhängen vor. Als Beispiel sei eine Stelle aus der Kategorienlehre angeführt. Unter den vier Arten der Gegensätze nennt Aristoteles an zweiter Stelle τὰ ἐναντία (das konträr Entgegengesetzte). »Sind die Gegensätze so beschaffen, daß das eine der beiden Glieder des Gegensatzes in den Subjekten, in denen sie naturgemäß entstehen oder von denen sie ausgesagt werden, vorhanden sein muß, so gibt es zwischen ihnen kein Mittleres ... So muß im Tierkörper naturgemäß Krankheit und Gesundheit auftreten und eines von beiden, Krankheit oder Gesundheit, ihm zukommen«[35]. Unserem Ver-

34 Aristoteles, *Topica* 102b 4ff.:
Συμβεβηκὸς δέ ἐστιν ὃ μηδὲν μὲν τούτων ἐστί, μήτε ὅρος μήτε ἴδιον μήτε γένος, ὑπάρχει δὲ τῷ πράγματι, καὶ ὃ ἐνδέχεται ὑπάρχειν ὁτῳοῦν ἑνὶ καὶ τῷ αὐτῷ καὶ μὴ ὑπάρχειν· οἷον τὸ καθῆσθαι ἐνδέχεται ὑπάρχειν τινὶ τῷ αὐτῷ καὶ μὴ ὑπάρχειν.
»Akzidenz ist was keines von diesen ist, nicht Definition, nicht Proprium, nicht Gattung, aber dem Dinge zukommt, und was einem und demselben, sei es was immer, zukommen und nicht zukommen kann, wie es z. B. einem und demselben zukommen und nicht zukommen kann, daß es sitzt.«

35 Aristoteles, *Categoriae* 12a 1ff.:
ὅσα δὲ τῶν ἐναντίων τοιαῦτά ἐστιν ὥστε ἐν οἷς πέφυκε γίγνεσθαι ἢ ὧν κατηγορεῖται ἀναγκαῖον αὐτῶν θάτερον ὑπάρχειν, τούτων οὐδέν ἐστιν ἀνὰ μέσον. . . οἷον νόσος καὶ ὑγίεια ἐν σώματι ζῴου πέφυκε γίγνεσθαι, καὶ ἀναγκαῖόν γε θάτερον ὑπάρχειν τῷ τοῦ ζῴου σώματι ἢ νόσον ἢ ὑγίειαν. . .

fasser kam es aber wohl nicht so sehr auf den Gegensatz zwischen Quinte und Quarte als vielmehr darauf an, daß immer eines von beiden vorhanden sein muß, entweder Quinte oder Quarte[36].
Von dem Vergleich (mit dem Menschen und den Lebewesen) her ist auch die Unterscheidung zwischen naturale und remotum a natura zu verstehen.

> »Remotum a natura est, cui nullum alterum *contingit esse*, utpote instar veri animalis et *mortuus homo*, quibus non *contingit* esse *sanum* neque *aegrum* sub animali. Quapropter tale organum non est organum. *Oppositio* autem est in *adiecto*. Nam quotienscumque aliquid non *supponitur* alicui duorum *immediatorum*, nec illi *supponitur* cui sunt *immediata*. Sed tale organum nulli *supponitur*, ergo non est organum nisi per simile. Quemadmodum instar veri animalis est homo, *pictura et cadaver*.«

Die erste Hälfte des Zitats läßt sich mit einer Stelle aus *Perihermenias* konfrontieren (kürzere Bearbeitung, II, cap. 11, S. 163): »*mortuus* autem et *homo* opposita quodammodo sunt. nam si eorum definitiones sumamus facile hoc perspici potest. homo namque est animatus, mortuus vero praeter animam. Atque ideo quaedam est *oppositio* secundum privationem atque habitum hominis et mortui et utraque simul vere praedicantur, unum ipsorum, quod est homo, simpliciter et praeter mortuum de *cadavere* non potest praedicari. atque hoc est quod ait: ›Sed quando in *adiecto* quidem aliquid oppositorum inest quae consequitur contradictio, [non verum sed falsum est, ut mortuum hominem hominem dicere, quando autem non inest, verum[37]] ‹«.
»(Die Begriffe) Toter und Mensch aber sind gewissermaßen entgegengesetzt; denn wenn wir ihre Definitionen heranziehen, kann dies leicht erkannt werden. Der Mensch nämlich ist beseelt, der Tote aber ohne Seele. Und deshalb besteht eine Art von Entgegensetzung gemäß (dem kategorialen Prinzip) der Beraubung (στέρησις) und des Habitus (ἕξις) beim Menschen und Toten, und beides wird zugleich wahr ausgesagt; das eine von ihnen, Mensch, kann einfach und ohne (den Begriff des) Toten vom Leichnam nicht ausgesagt werden. Und dies ist es, was (Aristoteles) meint: ›Aber wenn in dem in die Aussage Aufgenommenen ein Gegensatz liegt, dem ein Widerspruch folgt, [so ist es nicht wahr, sondern falsch, z. B. wenn ein toter Mensch Mensch genannt wird; wenn aber ein solcher Widerspruch nicht enthalten ist, so ist es wahr] ‹.«
Die Gegenüberstellung von naturale und remotum a natura erinnert an die Gegenüberstellung der Begriffe ἕξις (habitus) und στέρησις (privatio, Beraubung) bei Aristoteles (*Categoriae* 12a, 26 ff.). Naturale könnte demnach auf dasjenige bezogen werden, das in seinem Sein dem Sollen

Boethius übersetzt (Migne, LXIV, 266 C/D): »Quaecunque vero contrariorum talia sunt, ut in quibus nata sunt fieri, vel de quibus praedicantur, necessarium sit alterum ipsorum inesse, nihil horum est medium ... ut languor et sanitas in corpore animalis natura habent fieri, et necessarium est alterum esse animalis in corpore, vel languorem vel sanitatem ...«

36 Handschin gibt den Inhalt des Nachworts nicht richtig wieder, wenn er schreibt (1949, S. 266), »daß der sogenannte Mailänder Organum-Traktat ..., welcher ein Organum mit Wechsel von Quarten- und Quintenklängen als natürlich bezeichnet, die Quinte mit der Existenz und der Gesundheit vergleicht, die Quarte dagegen mit dem Nichts und der Krankheit«.

37 Das Aristoteles-Zitat wurde nach der Parallelstelle (V, cap. 11, S. 270) der längeren Bearbeitung ergänzt. Im Original lautet es (De interpr. 21 a 21 ff.):
... ἀλλ᾽ ὅταν μὲν ἐν τῷ προσκειμένῳ τῶν ἀντικειμένων τι ἐνυπάρχῃ οἷς ἕπεται ἀντίφασις, οὐκ ἀληθὲς ἀλλὰ ψεῦδος, οἷον τὸν τεθνεῶτα ἄνθρωπον ἄνθρωπον εἰπεῖν, ὅταν δὲ μὴ ἐνυπάρχῃ, ἀληθές.

(dem Begriff) vollkommen entspricht, remotum a natura hingegen auf dasjenige, das dem Sollen (dem Begriff) nicht ganz entspricht oder mit ihm in einem gewissen Widerspruch steht. In diesem Sinne ist ein bestimmter Mensch der natura gemäß ein Mensch, indem er dem Begriff des Lebewesens entspricht (zu dem auch das Krank- und Gesundsein gehört). Wird aber ein Leichnam als toter Mensch (mortuus homo) bezeichnet, so enthält dieser Begriff einen Widerspruch in sich, da Totsein dem Begriff des Lebewesens widerspricht[38]. Ebenso ist auch der Begriff des instar veri animalis in sich widersprüchlich, da das Bild eines Lebewesens nicht unter den Begriff des wirklichen Lebewesens fällt. Insofern ist ein derartig Bezeichnetes remotum a natura. Ähnlich gilt unserem Verfasser das Alte Organum als remotum a natura, da es entweder als Quint- oder als Quartorganum verstanden wurde und somit nicht dem übergeordneten Organumbegriff entspricht.

Das entscheidende Wort, auf das es in der zweiten Hälfte des Zitats ankommt, ist *supponitur*. Dazu eine Stelle aus der *Isagoge* (erste Bearbeitung, CSEL, XLVIII, S. 34): »tertium vero genus dicit illud cui species *supponitur*«, »als dritte (Bedeutung von) Gattung nennt er (Porphyrius) jene, der die Art untergeordnet ist«. In diesem Sinne mag auch in unserem Text supponitur zu verstehen sein: Wenn etwas einem der beiden unvermittelten Gegenstücke nicht untergeordnet ist, dann ist es auch dem nicht untergeordnet, dem die unvermittelten Gegenstücke zukommen. Auf das Alte Organum angewendet heißt das: da es keinem unvermittelten Gegensatz, also auch keinem der unvermittelten Gegenstücke (nämlich Quinte und Quarte) untergeordnet wird, ist es kein wirkliches Organum, sondern nur etwas Ähnliches. Demnach verhält es sich mit dem Alten Organum so wie mit dem »Bild eines wirklichen Lebewesens« und mit dem »Menschen als Gemälde und als Leichnam«. Die Unterscheidung zwischen einem wirklichen und einem gemalten Menschen kommt übrigens auch in den *Categoriae* zur Sprache (Migne, LXIV, 164A): »Alia vero quae nomine quidem congruunt, diffinitionibus discrepant: ut est homo vivens et homo pictus, nam utrumque vel animalia vel homines nuncupantur. Si vero quis velit *picturam* hominemque diffinire, diversas utrisque diffinitionibus aptabit, et haec vocantur aequivoca«, »Anders aber sind (die Bezeichnungen), die dem Namen nach übereinstimmen, der Definition nach aber differieren: wie lebender Mensch und gemalter Mensch; denn beide werden Lebewesen oder Menschen genannt. Wenn aber jemand (die Begriffe) Gemälde und Mensch bestimmen will, wird er für jedes verschiedene Bestimmungen anwenden. Und diese (Bezeichnungen) werden äquivok genannt«.

Aus dem ganzen Nachwort sind jetzt folgende Ausdrücke noch nicht aus logischen Schriften belegt: remotum a natura[39] und instar veri animalis[40].

Es ist auffällig und muß als ganz ungewöhnlich bezeichnet werden, daß eine so knappe praktisch-musikalische Lehrschrift mit zwei Rechtfertigungen ausgestattet ist, zuerst im Prologus und dann im Nachwort. Verständlich erscheint dieses Rechtfertigungsbedürfnis allein aus der

38 Vgl. dazu Abaelardus, *Dialectica*, hg. v. L. M. de Rijk, Assen 1956, S. 63, 29ff.: »Neque tempus quod fuit et non est, magis tempus dicendum esset quam humanum *cadaver homo*. Utque in eo quod est ›homo mortuus‹ *oppositio est in adiecto*«, »Auch die Zeit, die war und nicht ist, wäre nicht eher Zeit zu nennen als der menschliche Leichnam Mensch. So wie auch in dem, was ›toter Mensch‹ ist, ein Widerspruch in der Beifügung besteht«.

39 Vgl. den Beleg aus der Londoner Guido-Hs., oben S. 85.

40 Vgl. aber εἰκὼν ἀνθρώπου bei Porphyrius, *In Aristotelis Categorias expositio per interrogationes et responsiones*, hg. v. Ad. Busse, *Commentaria in Aristotelem Graeca*, IV, Berlin 1887, S. 65, Zeile 27ff.

besonderen Situation heraus, wie sie auf dem Gebiet der Organumlehre seit der *Musica Enchiriadis* und dann besonders seit Guido herrschte. Wurde die Rechtfertigung im Prologus primär aus der Sicht des mit der Lehre, Einübung und Ausführung des Organums befaßten Cantors formuliert, so im Nachwort mehr vom Standpunkt des dialektisch geschulten Musicus aus[41]. Entsprechend bezieht sich die erstere speziell auf die neu aufgestellte Lehre von den Modi organizandi, die letztere hingegen allgemein auf den für das Neue Organum charakteristischen Wechsel von Quinte und Quarte.

Historisch ist das dialektische Nachwort auch dadurch bedeutsam, daß es erstmalig eine Verbindung von musikalischer Praxis und analytisch-rationalem Denken scholastischer Prägung erkennen läßt, wie sie für das Werden der Mehrstimmigkeit in der Folgezeit entscheidend werden sollte.

Alleluia. Iustus ut palma

Auf die Exemplifizierung der 5 Modi organizandi (Satz 26–31) folgt ein abschließendes größeres Beispiel (Satz 32). Die 5 Exempla der Moduslehre beruhen alle auf der gleichen Alleluia-Intonation, das abschließende Stück auf dem dazugehörigen Alleluia-Versus *Iustus ut palma*. Ein Zusammenhang dieses größeren Stücks mit der Prosalehrschrift ist nicht eigentlich durch den Traktattext selbst gegeben, sondern durch die gemeinsame Choralmelodie und eine den Modi organizandi entsprechende Behandlung der Organalstimme. Man darf das *Iustus ut palma* daher als abschließendes Beispiel für die Prosalehre auffassen.

Notiert ist in der Mailänder Handschrift in den oberen Zeilen die mit dem Text der Choralmelodie versehene Organalstimme, in den unteren Zeilen nochmals der Text der Choralmelodie, wobei aber der Platz für die Tonbuchstaben der Choralmelodie freigeblieben ist[42]. Trotzdem läßt sich dieses abschließende Stück im ganzen zuverlässig rekonstruieren, weil die der Organalstimme zugrundeliegende Choralmelodie bekannt und zudem durch den Berliner Traktat A in einer passenden Version überliefert ist (s. S. 150, dazu die Bemerkungen S. 91 ff.).

Der Text *Iustus ut palma* geht auf den 91. Psalm zurück, dessen Vers 13 in der Vulgata lautet:

Iustus ut palma florebit;
sicut cedrus Libani multiplicabitur.

(Im Schott-Meßbuch übersetzt: Wie die Palme steht der Gerechte in Blüte, in der Fülle der Kraft wie die Libanonzeder[43].)

[41] Über Cantor und Musicus s. Erläuterungen zum Versteil S. 129, Anm. 13. Guido hatte in seinen berühmten Anfangsversen der *Regulae rhythmicae* (GS II, 25: »Musicorum et cantorum magna est distantia ...«) übrigens die dialectica als zum Rüstzeug des musicus gehörig genannt. Auch im Versteil (V. 143) wird auf die dialectica des Boethius ausdrücklich zurückgegriffen (s. Besprechung des Vt, S. 133f.).

[42] Siehe das Faksimile im Anhang Nr. 5. – Es ist denkbar, daß die oberen Zeilen für die Choralmelodie vorgesehen waren (wie im Falle des *Alleluia*, Satz 26) und die unteren für die Organalstimme. Vielleicht wurde die Choralmelodie deshalb nicht eingetragen, weil die Organalstimme versehentlich an den Platz der Choralmelodie gerückt war.

[43] Vgl. Luther-Bibel, Psalm 92, 13: Der Gerechte wird grünen wie ein Palmbaum, er wird wachsen wie eine Zeder auf dem Libanon.

Dieser Text (auch in leicht modifizierter Form) fand in der Liturgie mehrfach Verwendung, so als Introitus[44], Graduale[45], Alleluia-Versus[46] und Offertorium[47].
Die dem ersten Kirchenton angehörende Choralmelodie des *Alleluia. Iustus ut palma* war im frühen Mittelalter in verschiedenen Fassungen verbreitet (der Versus-Text *Dilexit Andream* scheint nachträglich unterlegt worden zu sein). Folgende Quellen wurden zur näheren Bestimmung der vom Verfasser des Mailänder Traktats verwendeten Version der Choralmelodie herangezogen:

Graduale von Laon (9.–10. Jh.)[48],
Graduale von St. Yrieix (11. Jh.)[49],
Graduale von Benevent (11./12. Jh.)[50],
Graduale von Arles (12. Jh.)[51],
Graduale von Rouen (13. Jh.)[52],
Graduale von Salisbury (13. Jh.)[53],
Notre-Dame-Handschrift F (13. Jh.)[54].

Folgende Varianten der Choralmelodie seien genannt:

a) Anstelle der auf die Silbe *-le-* gesungenen Töne DFDF enthält das dem südlicheren Kreis von Tours und Limoges zugehörige Graduale von St. Yrieix die Tonfolge DEDE (so auch im Graduale von Benevent), im südfranzösischen Graduale von Arles hingegen lautet die Stelle DFEF.

44 In der zweiten Missa de Confessore non Pontifice.

45 In der ersten Missa de Confessore non Pontifice.

46 In der Missa pro Abbatibus; nach O. Ursprung, *Die katholische Kirchenmusik*, Potsdam 1931 (in Bückens *Handbuch der Musikwissenschaft*), S. 130, wurde dieses Alleluia an Notre-Dame in Paris in der Missa de uno martyre gesungen.

47 In der Missa de Doctoribus. Ein Offertorium *Iustus ut palma florebit* erwähnt schon im 9. Jahrhundert Aurelianus Reomensis (GS I, 46b).

48 Bibliothèque de Laon, Cod. 239 (ursprünglich im Besitz der Notre-Dame-Kathedrale von Laon), Paléographie musicale X, hg. von Dom A. Mocquereau, Paris–Leipzig 1909–1912, S. 171.

49 Paris, Bibl. Nat. lat. 903, Paléogr. mus. XIII, hg. von Dom A. Mocquereau, Tournai–Paris 1930, S. 198.

50 Benevento VI. 34, Paléogr. mus. XV, hg. von Dom J. Gajard, Tournai 1937.

51 Marseille, Bibl. de l'Abbaye de Sainte-Madeleine, daraus Faksimile in: Paléogr. mus. II, hg. von Dom A. Mocquereau, Solesmes 1891, Tafel 91.

52 Paris, Bibl. Nat. lat. 904, Faksimile-Ausgabe von H. Loriquet, Dom J. Pothier, Amand Collette, Rouen 1907, f. 244v.

53 Graduale Sarisburiense, hg. von W. H. Frere, London 1894, Tafel 207.

54 Florenz, Bibl. Laurenz. pluteus 29, codex 1, f. 140. Faksimile-Ausgabe von L. A. Dittmer, = Publications of Mediaeval Music Manuscripts X, Brooklyn/N. Y. 1966.

b) Der Übergang von der Alleluia-Intonation zum Jubilus liegt in mehreren Varianten vor:

E F G | -ia	T*M*
E F G. G a. G. F. -ia	T*BA*
E F G G a G F -ia	Laon, Rouen, (Editio Vaticana)
E F G a G F -a	St. Yrieix, Arles, Benevent
E F G G a G F -a	Salisbury

c) Am Anfang des Versus differieren die Fassungen folgendermaßen (am meisten die nicht eindeutig lesbare und daher nicht zitierte Fassung von Laon):

a G G Iu- stus	T*BA* (T*M*), Salisbury, Arles
a a G G Iu- stus	Rouen
F a G G Iu- stus	St. Yrieix, (Editio Vaticana)
E F G a G Iu- stus	Benevent

d) Zur Silbe *pal-* überliefert T*M* nur zwei Organaltöne, was eine entsprechende Cantusfassung voraussetzt, wie sie im Graduale von Arles bezeugt ist:

E F G
pal- ma

Die anderen Handschriften, darunter auch T*BA*, bringen drei Töne auf die erste Silbe:

E F G G
pal- ma

e) Besonders aufschlußreich für die Choraltradition ist der obere Grenzton der ganzen Choralmelodie. Die normannisch-englische Tradition, zu der in diesem Fall auch der Mailänder Traktat und das Notre-Dame-Stück hinzugerechnet werden dürfen, vermeidet das b und gestattet dafür den Sprung zum c hinauf (vgl. hierzu Satz 5 des Pt und Erläuterungen S. 56):

G a c G a E
ce-

Alle südlicheren Handschriften (vielleicht auch Laon) überliefern hingegen die Wendung mit b:

G a b G a E
ce-

f) Die im Melisma über *cedrus* vorkommenden melodischen Wiederholungen sind im Mailänder Traktat weggelassen.

Zusammenfassend kann festgestellt werden, daß die für den Mailänder Traktat vorauszusetzende Choralmelodie des *Alleluia. Iustus ut palma* im ganzen mehr die typischen Züge der normannisch-englischen Choraltradition aufweist (bezeichnend sind vor allem die unter a und e genannten Stellen) als die der Handschriften südlicher oder östlicher Provenienz[55].
Beim Versuch, die Choralmelodie in der Fassung zu rekonstruieren, wie sie dem Autor des Mailänder Traktats vorgelegen hat, kann die zusammen mit anderen Handschriften auch im Berliner Traktat A überlieferte Lesart der Stelle d nicht ohne weiteres verworfen werden. Es wäre denkbar, daß bereits in der Vorlage von T*M* und T*BA* ein Organalton versehentlich ausgelassen wurde. Demnach könnte die fragliche Stelle außer der vorgeschlagenen Lesart (s. S. 150)

E C   D E
E F {G} G E
pal-   ma

auch anders gelautet haben, z. B.

E [D] C D E
E F   G G E
pal-   ma

Wie das entsprechende zweistimmige Notre-Dame-Organum der Handschrift *F*, ist auch das *Alleluia. Iustus ut palma* des Mailänder Traktats nur in den solistischen Partien der Choralmelodie zweistimmig gesetzt. Der Alleluia-Jubilus und der Schluß des Versus wurden vom Chor einstimmig vorgetragen. Über die Vertonungen der Alleluia-Intonation s. S. 75ff.).
Der zweistimmige Teil des Alleluia-Versus *Iustus ut palma* gliedert sich vom Text her (nach dem Kongruenz-Prinzip) in die vier Abschnitte *Iustus* | *ut palma* | *florebit* | *et sicut cedrus* | mit 11, 8, 12 und 40 Zusammenklängen. Der weitaus umfangreichste vierte Abschnitt ist, wie aus der Setzung der Querstriche geschlossen werden darf – man beachte, daß die Querstriche vorher jeweils nur am Schluß eines Wortabschnitts gesetzt sind –, in fünf nunmehr musikalisch motivierte Unterabschnitte gegliedert mit 11, 6, 9, 8 und 6 Zusammenklängen. Da die Querstriche stets nach Oktave oder Einklang zu stehen pflegen, darf vom ersten auf die Bildung von Unterabschnitten zu beziehenden Querstrich (hinter e, also nach dem Klang $\substack{c\\a}$; s. S. 49, Z. 3, nach 5. Ton) angenommen werden, daß er versehentlich an falscher Stelle eingetragen wurde. Der vermutliche Fehler läßt sich beseitigen, wenn man den Querstrich drei Töne früher setzt (hinter a, also nach dem Einklang $\substack{a\\a}$). Dann würden die fünf Unterabschnitte 8, 9, 9, 8 und 6 Zusammenklänge enthalten. Diese durch Querstriche gekennzeichneten Klangabschnitte nennen wir Klangzeilen (s. S. 17). Für die Orte der vom Text unabhängigen Copulabildung läßt sich anscheinend keine feste Regel aufstellen; denn außer der Finalis D (3. und 5. Klangzeile innerhalb des Textabschnitts *et sicut cedrus*) kommt zweimal E (2. und 4. Klangzeile) und einmal a vor (1. Klangzeile).
Die meisten der insgesamt acht Klangzeilen bestehen aus zwei oder mehr Klanggliedern, deren jedes entweder mit Einklang oder mit Oktave schließt. Dabei ergeben sich Klangglieder

55 Dieser Befund spricht einmal mehr gegen die Annahme Lütolfs (1967), der Mailänder Traktat könnte in Norditalien geschaffen worden sein (s. auch S. 13, Anm. 2. und 82).

mit folgender Anzahl von Zusammenklängen (|| bedeutet Wort- und zugleich Klangzeilengliederung, | Klangzeilengliederung allein):

7 + 4 || 3 + 3 + 2 || 5 + 2 + 5 || 5 + 3 | 9 | 3 + 2 + 4 | 2 + 6 | 6 ||.

Eine Kongruenz von textlicher und musikalischer Gliederung nach einzelnen Silben (vgl. S. 17 und 154) liegt hier in keinem Falle vor.

Die folgende Analyse stellt außer der Einteilung nach der Lehre von der natura vocum die beiden in der vorliegenden Studie erarbeiteten, teilweise divergierenden Deutungen der Moduslehre einander gegenüber (zu den Terzen und Sexten s. S. 198).

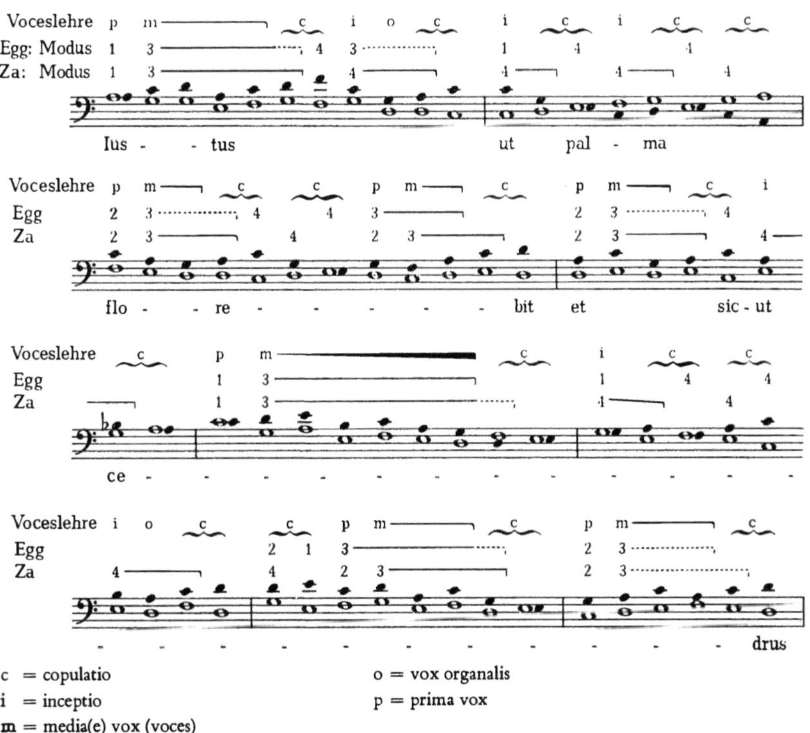

Die den Prosateil eröffnenden Beispiele

Dem Prosateil des Mailänder Traktats sind in der Fassung der Handschrift *M* drei in guidonischen (bzw. odonischen) Tonbuchstaben aufgezeichnete Organa über drei verschiedene Cantus-Gattungen vorangestellt: ein Kyrie-Tropus, ein Benedicamus domino und ein Organum mit einem frei erfundenen Cantus und dem Text *Hoc sit vobis iter*, der fortgesetzt wird durch die in Majuskeln geschriebene Überschrift des Traktats: AD ORGANUM FACIENDUM.

Unsere Interpretation dieser Organa wird die Vermutung bestätigen, daß sich der Text *Hoc sit vobis iter* nicht nur auf seine eigene zweistimmige Aufzeichnung, sondern auch auf die beiden vorhergehenden Organa bezieht. Alle drei Organa sind somit als die Eröffnung des Traktats zu beurteilen; sie erhalten den Rang von Exempla, die im voraus demonstrieren sollen, was dann der Lehrtext behandelt[1]. Hauptsächlich unter diesem Gesichtspunkt der Veranschaulichung der Lehre des Mailänder Traktats sowie im Blick auf unsere Interpretation dieser Lehre seien die drei Organa im folgenden befragt und untersucht. Dabei stellen wir die Reihenfolge um und beginnen mit dem letzten, dem kürzesten und einfachsten der drei Stücke.

Hoc sit vobis iter

Das Beispiel entspricht der Lehre des Prosateils und unserer Interpretation dieser Lehre wie folgt[2]:

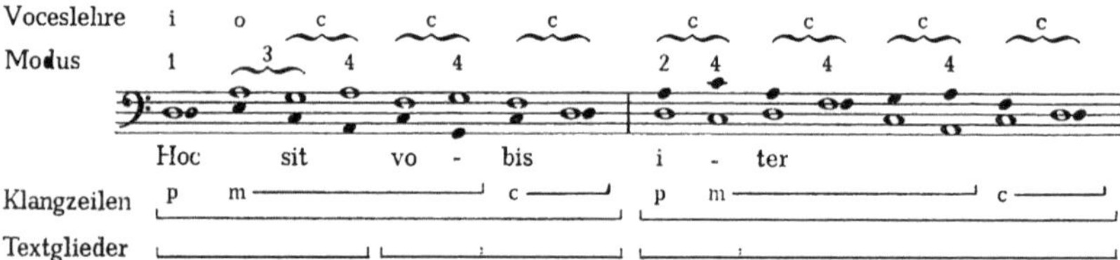

Der Cantus prägt einen dorischen und einen hypodorischen Abschnitt aus, jeweils auf der Finalis beginnend und schließend. Die beiden je 8tönigen Klangzeilen kongruieren mit diesen Abschnitten des Cantus und zugleich mit den Textgliedern *Hoc sit* | *vobis* || *iter*. In der originalen Aufzeichnung wird die textlich-musikalische Abschnittsgliederung (Kongruenz-Prinzip) durch Gliederungsstrich verdeutlicht.

Maßgebend für die Bildung der Zusatzstimme sind ferner der Verlauf und der in Gegenbewegung zu erreichende Schlußton des Cantusabschnitts (= Zielton der Organalstimme). Im 1. Abschnitt bewegt sich der Cantus über der Finalis, die er von oben her erreicht: dementsprechend wählte der Organizator die Lage unterhalb des Cantus; umgekehrt im 2. Abschnitt. Das Beispiel scheint dies vorsätzlich demonstrieren zu wollen; denn im 1. Abschnitt könnte die Organalstimme auch oberhalb des Cantus geführt werden (vgl. Cantuslage und Zusatzstimme im *Cunctipotens* und *Iustus ut palma*), etwa:

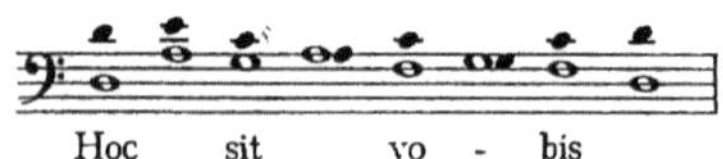

1 Daß diese Beispiele nur in der Mailänder Niederschrift des Traktats anzutreffen sind, ist durch die Überlieferung zu begründen: T*Br* bietet als Randscholien nur eine repräsentative Auswahl wichtigerer Textstellen (hierzu S. 177), T*BA* setzt erst innerhalb von Satz 11 ein, und T*BB* ist eine kürzende Bearbeitung des T*M*.

2 Abkürzungen: c = copulatio, i = inceptio, m = media(e) vox (voces), o = vox organalis, p = prima vox.

Die Klangzeilen werden durch Copulae untergliedert. Das 1. Klangzeilenglied (Klangglied, Kurzglied) besteht aus 4 Zusammenklängen, wobei der Quart-Quint-Wechsel hier insofern gleichsam erzwungen ist, als beim 2. Klang nicht die Quinte D gewählt werden kann (Vermeidung von Tonwiederholung) und der nächste Klang als Quinte vor der Oktave eine Norm erfüllt. Vor der Oktave wird in unserem Beispiel stets die Quinte gebildet (Ausnahme über der Silbe *vo-*: Vermeidung von B = heutiges H) und vor dem Einklang die Quarte (Ausnahme über *-ter*). Das 1. Klangzeilenglied bildet einen Grenzfall zwischen dem durch die Organum-Definition und den 3. Modus erfaßten Quint-Quart-Wechsel einerseits und der Lehre von den Kurzgliedern andererseits. Nach der Voceslehre hat dieses 4tönige Kurzglied keine mediae voces (»die die Quinte und Quarte durcheilen«), sondern zwischen Anfangston und Schlußbildung nur eine vox organalis, da ja grundsätzlich der Anfangsklang nicht disjunkt zu sein braucht und zum Ansteuern des Schlußklanges »eine beliebige Consonantia« gewählt werden kann. Hier jedoch findet zwischen dem mittleren und dem Paenultimaklang de facto ein Quart-Quint-Wechsel im Sinne des 3. Modus statt.

Es folgen in der 1. Klangzeile zwei 2tönige Kurzglieder, während die 2. Klangzeile ausschließlich 2tönig gegliedert ist. Nach Zaminers Deutung handelt es sich bei diesen Kurzgliedern um den 4. Modus, den er unabhängig von der Klangzeilengliederung versteht (s. S. 79). Nach meinem Deutungsversuch können diese Kurzglieder insofern im Sinne des 4. Modus angesprochen werden, als sie die mediae voces der Klangzeile zu einem durch Klangglieder unterteilten »medium« machen und die Anfänge dieser Kurzglieder »principia« bilden, die keine primae voces von Klangzeilen sind (vgl. S. 153ff.).

Bei unserem Beispiel besteht aber auch bei der Binnengliederung der Klangzeilen eine Korrespondenz zwischen den Klanggliedern und den Wörtern und Silben des Textes: *Hoc sit* | *vo-* | *-bis* || *i-* |, während das Melisma (auf *-ter*) grundsätzlich frei von Textrücksichten untergliedert werden kann.

Von einem rein musikalischen Gesichtspunkt her zeigt sich, daß die Binnencopulae stets an den Wendepunkten der Bewegungsrichtung des Cantus gebildet sind. Möglicherweise war für die Erfindung des Beispiels zunächst dieses Prinzip maßgebend und ist dann der Text in Kongruenz auch mit den Kurzgliedern unterlegt worden.

Das Beispiel *Hoc sit vobis iter* entspricht in der Tat recht genau und vielseitig der Lehre unseres Traktats:

Führung der Organalis unter- und oberhalb des Cantus;

Ausschöpfen des Tonraumes bis Γ; Vermeidung der Tonwiederholung und des Tones B; konsequente Gegenbewegung;

Anfänge und Schlüsse der Abschnitte des Cantus prius factus auf der Finalis;

Kongruenz zwischen der musikalisch-textlichen Gliederung des Cantus und der Klangzeilenbildung;

Beginn der Klangzeilen mit 1. und 2. Modus;

3. Modus im 2. Klangglied;

beim 4. Modus zusätzliche Kongruenz mit den Textgliedern;

Bildung der Copulae bei den Spitzentönen des Cantus;

Wechsel von syllabischer und melismatischer Partie.

Benedicamus domino

Das zweite der dem Prosateil des Mailänder Traktats vorangestellten Beispiele notiert über dem Cantus *Benedicamus domino* drei verschiedene Zusatzstimmen, die wir – von unten nach oben – als Version a, b und c bezeichnen. Es handelt sich demnach um ein ausgesprochenes Lehrbeispiel: es soll demonstrieren, daß es zu ein und demselben Cantus mehrere Möglichkeiten der Bildung einer Organalstimme gibt, und besagt somit aufs deutlichste, daß vom Organizator Entscheidungen getroffen werden müssen im Blick auf die Wahl der Töne, die Führung der Zusatzstimme, die klangliche Gliederung: die Bildung der Form[3]. Damit weist sich auch dieses Beispiel in der Tat als »Weg« zum Verständnis des folgenden Lehrtextes aus, der die Freiheit und Notwendigkeit des Wählens (das »kompositorische« Setzen) von Klängen und Klangfolgen auf der Basis der Lehre von der natura vocum (der formbildenden Kraft der verschiedenen Klangqualitäten) begründet, in der »Modus«-Lehre reflektiert und in der 5maligen Verwendung des gleichen *Alleluia*-Initiums zur Veranschaulichung der 5 Modi organizandi eindringlich exemplifiziert[4].
Heute wird dieses *Benedicamus domino* im Römischen und im Monastischen Offizium gesungen zur 1. Vesper der Festa Solemnia; vgl. Antiphonale Romanum, Editio Vaticana 1912, S. 48* (Abweichung gegenüber T*M*: 12. Ton des *do*-Melismas E statt F), und Antiphonale Monasticum, Tournai 1934, S. 1244 (Abweichungen gegenüber T*M*: 2. und 12. Ton des *do*-Melismas E statt F)[5].

Folgende organale Aufzeichnungen des gleichen Cantus seien genannt[6]:

Simultantropus *Benedicamus / Stirps Jesse florigeram* in *SM 1* (Paris, Bibl. Nat., f. lat. 1139, f. 60′; Abweichungen wie im Antiph. Monast., zahlreiche Töne sind zu ergänzen) und in wohl späterer Version in *SM* 2 (ebenda, f. lat. 3549, f. 166′; Abweichungen ebenso); hierzu Handschin, *Über den Ursprung der Motette* (s. Anm. 5).
Simultantropus (?) *Benedicamus / Organa letitie* in *SM 1* (f. 59′–60′; hierzu B. Stäblein, Artikel *Saint-Martial* in MGG XI, 1963, Sp. 1266f. mit Beisp. 11); die Zuordnung des *Benedicamus* zum Tropus ist hier noch äußerst ungewiß.
Simultantropus (in den 2st. Satz interpoliert) *Benedicamus / Humane prolis contio* in *SM 3* (Paris, Bibl. Nat., f. lat. 3719, f. 70–70′; Abweichungen wie im Antiph. Monast.; Handschin, *Über den Ursprung der Motette*, S. 192). G. Schmidt behauptet (1962, S. 38), dieser »ganze Satz ist aus der 1. Fassung des Beispiels in *TMai* gewonnen« (gemeint ist die Version b des *Benedicamus domino*). Dem widersprechen schon die beiden Abweichungen im *Benedicamus*-Cantus. Bei den ersten 5 Tönen des *do*-Melismas, die Schmidt als Muster nennt, lautet der Gerüstsatz in *SM 3* (in Klammern die Abweichungen in T*M*, Version b): $\genfrac{}{}{0pt}{}{a}{D}\genfrac{}{}{0pt}{}{a}{E}[\genfrac{}{}{0pt}{}{f}{F}]\genfrac{}{}{0pt}{}{a}{D}\genfrac{}{}{0pt}{}{g}{C}[\genfrac{}{}{0pt}{}{f}{C}]\genfrac{}{}{0pt}{}{D}{D}$. Im übrigen stehen hier wie im gesamten 2st. St.-Martial-Repertoire die Zuordnung der Cantustöne zu den Melismen und die Ermittlung der Ge-

[3] Vgl. die Einleitung, S. 23.

[4] Vgl. auch die dreimalige Verwendung des gleichen Cantus zur Veranschaulichung der Modi in T*BB*.

[5] Zur vermutlichen Herkunft dieser *Benedicamus*-Melodie aus dem Responsorium *Stirps Jesse* (melodische Übereinstimmung mit »flos filius eius«) vgl. J. Handschin, *Über den Ursprung der Motette*, Kongr.-Bericht Basel 1924 (Leipzig 1925), S. 195, Anm. 1.

[6] Vgl. außerdem für das Notre-Dame-Repertoire Fr. Ludwig, *Repertorium* . . ., S. 67 (Benedicamus domino Nr. 2), ferner in *Hu* (Burgos, Monasterio de Las Huelgas), f. 25′: *Benedicamus benigno voto*, und hierzu im Kommentarband der Edition von H. Anglès S. 146.

rüstklänge auf ganz unsicherem Boden und bedürfen noch gründlicher systematischer Studien. Daß sich der Cantus zur 2. Textstrophe »ohne weiteres« ergänzen läßt, trifft nicht zu.

Benedicamus domino im Codex Calixtinus (f. 190; Abweichung gegenüber T*M*: drittletzter Ton D statt E; in P. Wagners Edition, Freiburg/Schweiz 1931, S. 124, muß der viertletzte Ton des *do*-Melismas C statt H heißen). G. Schmidt (1962, S. 39) glaubt konstatieren zu können, daß die Organalstimme im Calixtinus auf der Version a des T*M* »fußt«. Prüfen wir nur die 11 einigermaßen sicher zu ermittelnden Initialklänge der im Calixtinus durch senkrechte Striche markierten Abschnitte: 4 Initialklänge des Calixtinus kommen in keiner Version des T*M* vor, 3 nur in a, 2 in a und b, 2 in b und c. – Bemerkenswert ist allerdings, daß im Codex Calixtinus dieses *Benedicamus* unmittelbar hinter dem *Cunctipotens* plaziert und mit dem gleichen Namen *Gauterius* versehen ist (hierzu S. 108, Anm. 24)

Centoartiger Simultantropus *Benedicamus / Amborum sacrum spiramen* in *Cb 17* (Cambridge, Univ. Libr., Ff. 1. 17, f. 4' und 3; Cantus wie in T*M*; hierzu Ludwig, *Repertorium*, S. 329; Handschin, *Über den Ursprung der Motette*, S. 190). Die centoartige Stimme enthält u. a. aus dem Kyrie-Tropus *Cunctipotens* als 1. Abschnitt: *Amborum sacrum spiramen nexus amorque*, und als 12. Abschnitt: *Christe dei splendor*.

In unserer Wiedergabe des Beispiels haben wir die drei Versionen je mit dem *Benedicamus*-Cantus untereinandergeschrieben.

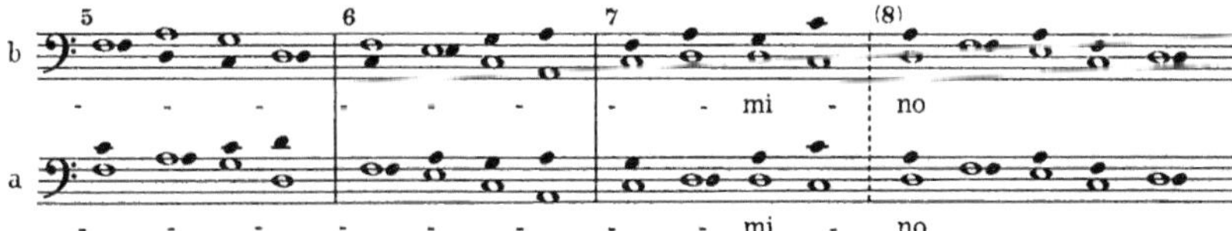

Alle drei Versionen weisen die gleiche Klangzeilen-Gliederung auf, die in der Handschrift mittels durchgezogener Gliederungsstriche gekennzeichnet ist. Diese primäre Gliederung in Großabschnitte (Klangzeilen) ist demnach »feststehend« und muß einen objektiven Grund haben, der sie der Willkür des Organizators entzieht und den es zu ermitteln gilt. Die Klangzeilen können durch Copulae klanglich untergliedert werden, und dies in verschiedener, nicht feststehender Weise. Die Einzeichnung der Binnengliederungsstriche ist in der Handschrift nicht gleichmäßig durchgeführt: so wie in der 3. und 4. Klangzeile von Version a könnte auch überall sonst nach jeder Copula ein Gliederungsstrich stehen, besser jedoch: man hält die

Binnengliederungsstriche in Version a für akzidentell, fügt jedoch vor der Schlußsilbe *-no* einen durchgehenden Gliederungsstrich ein, so daß noch eine 8. Klangzeile markiert ist[7].
Wir beobachten ferner, daß die Möglichkeiten der Klangbildung dadurch eingeschränkt sind, daß Terz und Sexte hier konsequent nicht gebraucht werden; der Ton ♮ wird vermieden und der Ton A nicht unterschritten.

1. Klangzeile:
Silbengruppe *Bene-* mit Finalis D als Zielton; Lage des Cantus hat Führung der Organalstimme oberhalb des Cantus zur Folge; vorletzter Klang regulär: Quarte vor Einklang; erster Klang als Beginn des Stückes konjunkt (1. Modus), und zwar Einklang, weil Cantus absteigt. Dies alles ist hier der Entscheidung des Organizators entzogen. Auch der 2. Klang muß nach dem Regelsystem des Traktats die Quinte sein (Version b: die Quarte ergäbe eine Tonwiederholung). Somit sind durch die Version b alle Möglichkeiten für die Bildung der 1. Klangzeile ausgeschöpft. Version a zeigt – singulär in unserer Traktatgruppe – eine Folge zweier konjunkter Klänge, die nicht durch die Voceslehre zu erfassen ist. Möglicherweise erklärt sich dies aus der Absicht, für die Version a eine gegenüber b abweichende 1. Klangzeile zu bilden, denn dies ist nur in Form der Version a möglich.

2. Klangzeile:
Feststehend sind: die Wortgrenze *-dicamus* (Zielton hier also der Ton unterhalb der Finalis), die Lage oberhalb des Cantus (Zielklang also Oktave) und der Klangwechsel bei der Tonwiederholung im Cantus. Die drei Versionen schöpfen alle wesentlichen Möglichkeiten aus: konjunkter und disjunkter Beginn (1. und 2. Modus) und Quart-Quint- bzw. Quint-Quart-Wechsel (3. Modus). In einer 4. Version könnte lediglich der disjunkte Beginn in der Quarte erfolgen (G a G c). Version a kann mit dem Inceptionsklang der Version c kombiniert werden.

3. Klangzeile:
Beginn des *do*-Melismas, bei dem die textlichen Rücksichten bei der Klangfolge-Gliederung entfallen. Zielton ist die Finalis D; die Lage oberhalb des Cantus ist nahegelegt, und sie ist notwendig, wenn – wie in Version c – keine Binnencopula gebildet werden soll. Diese Version zeigt eine nicht unterbrochene Klangzeile mit Klangwechsel (entsprechend der Organum-Definition; 3. Modus); der 2. Klang muß dann Quintklang sein; der 3. Klang könnte wohl auch $\substack{G \\ D}$ heißen. – Version b zeigt die Möglichkeit, auf dem Wendepunkt F des Cantus eine Copula zu bilden; dementsprechend beginnt die Klangzeile im 2. Modus (auch Quart-Beginn wäre möglich). Der Quintklang nach der Binnencopula berücksichtigt den folgenden Klangwechsel. – Version a bildet eine Binnencopula bereits beim erstmaligen Erklingen der Finalis D. Der Beginn mit disjunktem Quintklang und die Schlußwendung von der Undezime zur Oktavcopula verleihen der Organalstimme die hier kleinstmöglichen Schritte. – Auch in

7 Es ist übrigens auffallend, daß die Gliederungsstriche vor der 4. und 5. Klangzeile den in heutigen Choralausgaben an diesen Stellen eingefügten Distinktionsstrichen entsprechen (das mag hier mit dem Erreichen der Finalis D zusammenhängen) und daß die Klangzeilen- und Binnengliederung im übrigen zumeist mit der Neumengruppierung der Töne korrespondiert (was wohl durch die Bevorzugung der Spitzentöne des Cantus zur Bildung der Copula zu begründen ist).

dieser Klangzeile sind die günstigen Möglichkeiten zur Bildung der Zusatzstimme oberhalb des Cantus fast gänzlich ausgeschöpft. Eine 4. Version könnte lauten: D C D F D. – In Version a und b sowie in zahlreichen folgenden Abschnitten sind die für alle Versionen geltenden (also »festen«) und durch senkrechte Striche markierten Klangzeilen untergliedert im Sinne des 4. Modus (vgl. S. 153ff.).

4. Klangzeile:
Zielton ist wiederum die Finalis D. Version c zeigt zu Beginn den 1. Modus, dann den 3. Modus (bis zum 4. Klang ist unter diesen Bedingungen keine andere Version möglich), dann eine Copula beim Wendepunkt C des Cantus, die auch durch eine Quinte ersetzt werden könnte (s. Version b), wodurch eine nicht unterbrochene Klangzeile entstünde. Die Copulatio ist wiederum nur in dieser Form (Quinte, Oktave) möglich (vgl. zu den 4 letzten Klängen den Beginn des *do*-Melismas in Version a mit vorhergehendem Schlußklang). – Version b bildet einen konjunkten Klang bereits beim erstmaligen Erscheinen der Finalis D. Dies hat die beiden vorhergehenden Klänge zwangsläufig zur Folge (Vermeidung des Tones ♮ und der Tonwiederholung), so daß die Oktave $\substack{d\\D}$ hier als prima vox gilt. Die folgenden Klänge (3. Modus) verleihen der Organalstimme die kleinstmöglichen Tonschritte (sie sind in den 3 letzten Klängen identisch mit Version c). – Version a zeigt die Führung der Organalstimme unterhalb des Cantus. Unter Berücksichtigung der Gebote (Vermeidung der Töne B und Γ sowie der Tonwiederholung) bietet die Organalstimme die hier einzige Möglichkeit. – Denkbar wäre am Schluß der Version c oder b auch die Tonfolge F D C D. – Merkwürdig ist der Septimsprung beim Übergang von der 3. zur 4. Klangzeile in Version b und c. Derartige Sprünge kommen nur beim Wechsel der Klangzeilen vor (vgl. auch Version a). Hier möchte man zunächst wohl an melismatische Ausführung denken. Doch gerade Schluß- und Initialklang werden bei melismatischer Aufzeichnung in der Regel nicht überbrückt (man vgl. im Codex Calixtinus das genannte Benedicamus an der gleichen Stelle). Dennoch sprechen besonders derartige Stellen in unserem Beispiel für die Einkalkulierung melismatischer Ausführung: möglicherweise sang der Sänger des Cantus zu Beginn von b/4 und c/4 den Ton F zunächst allein und wartete, bis der Organizator mit seinem von der Quinte ausgehenden Melisma einsetzte (wofür jedoch der 5. Modus des T*M* keine Bestätigung bietet).

5. Klangzeile:
Zielton ist wiederum die Finalis D. Version b führt die Organalstimme unterhalb des Cantus; dabei könnte als 2. Ton wohl auch E statt D gewählt werden; als disjunkter Anfang wäre $\substack{F\\C}$ möglich. – Version a bildet die Zusatzstimme oberhalb des Cantus und eine Copula auf dem Spitzenton a (hier könnte wohl auch der Klang $\substack{d\\a}$ stehen). Für die Schlußbildung schöpfen die beiden Versionen alle Möglichkeiten aus.

6. Klangzeile:
Zielton ist der Spitzenton A des Cantus. Version a könnte wohl auch disjunkt (mit Quinte) beginnen, verwirklicht jedoch im übrigen die beste Möglichkeit zur Führung der Organalstimme oberhalb des Cantus. – Version b schöpft alle weiteren Möglichkeiten für die Zusatzstimme aus.

7. Klangzeile:
Sie kann durch Gliederungsstrich vor der Silbe *-no* in zwei Klangzeilen gegliedert werden. Die so entstehende 7. Klangzeile zeigt in Version b die nicht durch Copula unterbrochene Gestaltung, mit der Schlußbildung von b/2 (der Abschnitt könnte auch mit dem Quintklang beginnen, bzw. die beiden folgenden Klänge könnten vertauscht werden; vgl. a/2). – Version a fügt eine Copula auf der Finalis ein. Auch hier sind, beide Versionen zusammengenommen, alle bei dieser Tonfolge wählbaren Klänge vertreten.

(8.) Klangzeile:
Hier bieten a und b die gleichen Versionen, und zwar analog zu b/3. Auch eine analoge Bildung zu c/3 wäre wohl möglich gewesen. Vielleicht hat der Verfasser dieses Beispiels auf die Wiedergabe mehrerer Versionen hier deshalb verzichtet, weil die fast gleiche Wendung schon zu Beginn des *do*-Melismas in mehreren Versionen geboten war.
Unsere Untersuchung ergibt, daß das *Benedicamus*-Exemplum offenbar nicht nur den Sinn hat, zu demonstrieren, daß zu einem Cantus mehrere Zusatzstimmen gebildet werden können, sondern daß es zugleich alle wesentlichen Möglichkeiten der Bildung einer Zusatzstimme vorführt und somit aufs beste die Regeln exemplifiziert, welche die Freiheit beim Wählen der Töne einschränken[8]. Dabei können in unserem Beispiel sowohl Klangzeilen als auch einzelne Klänge der einen Version mit denen einer anderen kombiniert werden. So erklärt sich auch die »unvollständige« Aufzeichnung der Version c. Und so ergibt es sich auch, daß die auf Kolorierung eines Gerüstsatzes basierenden organalen Aufzeichnungen dieses *Benedicamus* im St.-Martial-Repertoire und im Codex Calixtinus unserem *Benedicamus*-Exemplum als Ganzem verwandt erscheinen müssen. Die Versionen in T*M* weisen durch mehrere Merkmale darauf hin, daß hier mit melismatischer Ausführung, wie sie in allen überlieferten 2stimmigen Aufzeichnungen dieses Cantus vorliegt, gerechnet wird: völliges Fehlen von Terz und Sexte; Septim- und Sextsprünge bei Klangzeilenwechsel; Folge von Terzschritten (c/3), unsangliche Schritte (z. B. b/4 und a/7).

Cunctipotens genitor

Margareta Melnickis thematischer Katalog der einstimmigen Kyrie-Melodien verzeichnet das Initium des Kyrie-Cantus als Nr. 18 und weist für die Kyrie-Melodie viele Quellen ab dem 10. Jahrhundert nach[9]. Den Text des Kyrie-Tropus bieten – nach zahlreichen Quellen, ebenfalls seit dem 10. Jahrhundert – Cl. Blume und H. M. Bannister in den *Analecta hymnica* XLVII (1905, S. 50), wo auch (S. 52) über die sehr verschiedenartige Verwendung dieses Tropus berichtet ist. – Je drei der 9 Anrufungen werden auf die gleiche Melodie gesungen (Verse 1a–c, 2a–c, 3a–c), und die Mailänder Handschrift bietet, ebenso wie der Codex Calixtinus und

[8] G. Schmidt (1961, S. 22f.) sieht in den Versionen a und b »verschiedene Satztypen«: in Version a einen »nahezu systematisch durchgeführten Wechsel von *coniuncten* und *disiuncten* Klängen«, in Version b »längere Klangfolgen« im Sinne des 3. Modus. Das trifft aber nur auf die von ihm als Beispiele ausgewählten Stellen zu. Insgesamt zeigt Version b nur 3 Copulae weniger als Version a. – Auch Lütolf irrt (1967, S. 41), wenn er im Blick auf das *Benedicamus*-Exemplum von der »Freiheit in der Einteilung der Abschnitte« spricht und von den dadurch »unbegrenzten Bearbeitungsmöglichkeiten«.

[9] M. Melnicki, *Das einstimmige Kyrie des lateinischen Mittelalters*, Diss. Erlangen 1954, S. 89ff.

alle anderen in Anm. 20 genannten 2st. Sätze, nur die ersten der jeweils drei tropierten Anrufungen in organaler Aufzeichnung.

Schon oft ist dieses Organum des Mailänder Traktats besprochen worden[10]. Dabei sind die Fragestellungen recht verschiedener Art und die Ergebnisse divergierend, im Grundsätzlichen oder in Einzelheiten. Die folgende Interpretation versucht, auch diese organale Aufzeichnung in erster Linie im Blick auf die Lehre des Prosateils unseres Traktats zu verstehen, und sie wird dabei die Ergebnisse der bisherigen Forschung kritisch einbeziehen[11].

Jede der drei Anrufungen besteht aus einem syllabisch textierten Teil (einem Vers von 2mal 14 und 1mal 13 Silben in daktylischem Metrum), einem Melisma auf *e-* (8, 4 und 6 Töne) und einem Schluß: *-leyson.* Die syllabisch textierten Teile des Cantus sind identisch mit den ursprünglichen Kyrie- bzw. Christe-Melismen. Bei der Tropierung, der Umwandlung der Melismen in syllabische Melodik, scheint bei der ersten Anrufung (auch bei den zur gleichen Melodie zu singenden Versen 1b und c) eine Kongruenz zwischen der Sinngliederung des Melismas und den Gliedern des Verses beachtet worden zu sein: der Gliederungsstrich zwischen *deus* und *omnicreator* trifft sowohl für die Melodie an sich zu[12] als auch für den Text (und somit auch für die Klangzeilen-Bildung). Der Gliederungsstrich nach *omnicreator* bezeichnet zugleich das Ende des ursprünglichen Kyrie-Melismas (entsprechend bei den folgenden Anrufungen); der Gliederungsstrich innerhalb des *e*-Melismas entspricht den Sinneinheiten dieser Melodiebildung, und die beiden Schluß-Silben *-leyson* werden jedesmal durch einen Gliederungsstrich abgetrennt und als Copulatio gestaltet[13].

Eine derartige Kongruenz zwischen der ursprünglichen Sinngliederung des Melismas und den Textgliedern der Verse (also auch der Gliederungsstriche in unserer organalen Aufzeichnung) ist bei den folgenden Anrufungen nicht eindeutig gegeben. Es kommt hinzu, daß vor allem in der 2. Anrufung bei den hier nicht verzeichneten Versen (2b und c) die Gliederungsstriche nicht mehr zutreffen; für die 5. Anrufung (2 b) z. B. würde sich ergeben: *Plasmatis hu-* | *-mani* | *factor, lapsi re-* | *-parator.* Dies erweist, daß bei der Erfindung des Textes ein melodischer Sinn der Melismen nicht gleichmäßig relevant war, und bestätigt zugleich P. Wagners Auffassung, daß die in unserem Organum nicht verzeichneten Anrufungen einstimmig (chorisch) aufgeführt wurden[14].

Die Gliederungsstriche, die demnach in der Tat nur für die organale Aufzeichnung der drei Anrufungen 1, 4 und 7 Geltung haben, markieren die Grenzen von 2- bis 9silbigen Wörtern oder Wortgruppen (und in der 1. Anrufung auch die Glieder des Melismas), die jeweils als ein Klangabschnitt behandelt sind[15]. Die Abschnitte benennen wir im folgenden von 1 bis 16.

10 P. Wagner, 1913 (s. Anm. 14), S. 28ff.; Riemann, 1921, S. 90; R. v. Ficker, 1924/25, S. 201f.; Georgiades, 1954, S. 25ff.; Jammers, 1955, S. 28f., 50ff.; Zaminer, 1959, S. 124ff.; Göllner, 1961, S. 121, 129ff.; Lütolf, 1967, S. 43ff. (mit Neuedition und kritischem Apparat).

11 E. Jammers' Versuch (1955, S. 50ff.), die Qualität der Klänge rhythmisch zu deuten, möchte ich in diesem Zusammenhang nicht beurteilen.

12 Vgl. auch das Distinktionszeichen an dieser Stelle im *Graduale Romanum* (Editio Vaticana, 1908), S. 14.

13 In der 2. Anrufung ist dieser Gliederungsstrich zu ergänzen.

14 P. Wagner, *Geschichte der Messe*, I. Teil: *Bis 1600* (= Kleine Handbücher der Musikgeschichte, hg. von H. Kretzschmar, Bd XI, 1), Leipzig 1913 (Nachdruck Hildesheim 1963), S. 30. – Die letzte Anrufung erfordert überdies eine von der 7. und 8. Anrufung abweichende Variante; hierzu P. Wagner, *Einführung in die gregorianischen Melodien* I, 3. Aufl. Leipzig 1911 (Nachdruck Hildesheim und Wiesbaden 1962), S. 280.

15 Da einige dieser Abschnitte nur aus Kurzgliedern bestehen, bevorzugen wir hier gegenüber der Bezeichnung »Klangzeile« den indifferenten Ausdruck »Klangabschnitt«.

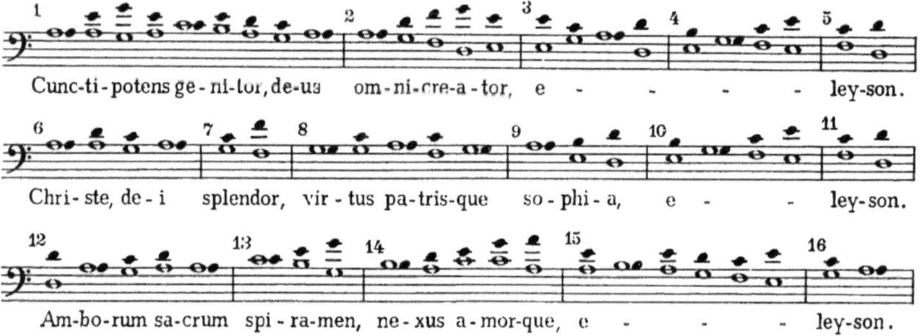
1 2 3 4 5
Cunc-ti-potens ge-ni-tor, de-us om-ni-cre-a-tor, e - - - - ley-son.
6 7 8 9 10 11
Chri-ste, de-i splendor, vir-tus pa-tris-que so-phi-a, e - - ley-son.
12 13 14 15 16
Am-bo-rum sa-crum spi-ra-men, ne-xus a-mor-que, e - - - ley-son.

Mit dem Regelsystem des Mailänder Traktats stimmt das *Cunctipotens*-Organum wie folgt überein:

1) Kongruenz zwischen Klangfolge und Text- (bzw. Melismen-)Gliederung.

2) Verfügbare Zusammenklänge sind Oktave, Einklang, Quinte, Quarte (zur Terz in 14 s. u.).

3) Die Abschnitte beginnen kon- oder disjunkt (1. und 2. Modus) und schließen mit Einklangscopula, die von der Quarte her, oder mit Oktavcopula, die mittels der Quinte erreicht wird, wodurch sich bei allen Schlüssen die Gegenbewegung einstellt. Alle Anrufungen beginnen mit dem 1. Modus; dabei ist die Wahl des Anfangsklanges abhängig von der Bewegungsrichtung des Cantus.

4) Die Abschnitte können – ohne Rücksicht auf weitere Kongruenz mit den Silben oder Wörtern – klanglich untergliedert werden (4. Modus).

Für den 1. Abschnitt ergibt sich demnach die Interpretation (zu den Abkürzungen s. Anm. 2):

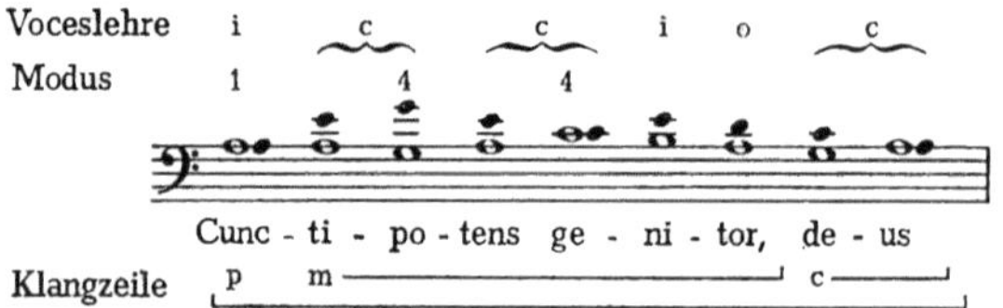
Voceslehre i c c i o c
Modus 1 4 4
Cunc - ti - po - tens ge - ni - tor, de - us
Klangzeile p m c

Ein Quint-Quart-Wechsel bei den mediae voces kommt nicht vor (wenn wir Abschnitt 14 zunächst beiseite lassen). Es ist jedoch schon darauf hingewiesen worden (s. S. 24f.), daß mit dem 3. Modus (so auch mit der Organum-Definition Satz 7 und mit Satz 14) und mit der Lehre von den Kurzgliedern (Satz 15–17 und 4. Modus) zwei verschiedene, sich einander ausschließende Arten der Abschnittsbildung angesprochen sind. Der Organizator unseres Kyrie-Tropus bevorzugt die Kurzglieder: stets trennt er vom *e*-Melisma die beiden Schlußsilben *-leyson* als 2töniges Kurzglied ab[16]; in 3 Fällen wählt er ein nur 2- oder 3silbiges Wort als Klangabschnitt (7, 9, 13); und nur in wenigen Abschnitten (1, 6, 12, 14?, 15) wechselt er nicht beständig zwischen kon- und disjunkten Binnenklängen.

Noch zwei weitere Gesichtspunkte, die der Lehre des Traktattextes ebenfalls keineswegs widersprechen, sondern sie nur in bestimmter Weise verwirklichen, scheinen hier für die Organalstimme maßgebend zu sein:

[16] Anders z. B. im *Benedicamus domino*, Klangzeile 7, Version b.

1) Sie wird – im Unterschied zu den anderen Exempla des Prosateils – konsequent oberhalb des Cantus geführt, wodurch die Möglichkeiten der Bildung von Klangfolgen eingeschränkt werden.
2) Die Copula wird dort gebildet, wo der Cantus seine Bewegungsrichtung ändert. Dies gilt wohl schon für die Wahl der nur 2- oder 3silbigen Wörter als Abschnitte (7, 9, 13) und ist konsequent der Fall innerhalb der größeren Abschnitte (1, 3, 4, 8, 10, 12, 15), sofern nicht eine Richtungsänderung des Cantus unmittelbar vor dem Schlußton des Abschnitts liegt (2, 6). So erklärt es sich, daß im Inneren der Abschnitte 1 und 15, wo der Cantus in *einer* Richtung fortschreitet, keine weitere Binnengliederung stattfindet.
Eine Besonderheit des *Cunctipotens*-Organum scheint darin zu bestehen, daß dort, wo mehrere disjunkte Klänge aufeinanderfolgen (1, 6, 12, 15), kein Quint-Quart-Wechsel stattfindet. Daraus ist als Grundsatz abgeleitet worden, daß hier bei stufenweise fortschreitendem Cantus als Reminiszenz ans Alte Organum eine Parallelbewegung der Stimmen bevorzugt worden sei[17]. Es ist jedoch auch geltend zu machen (wodurch zugleich der Widerspruch dieser Bildungen gegenüber dem geforderten Klangwechsel bei den mediae voces aufgehoben ist), daß hier in allen Fällen ein Quint-Quart-Wechsel nicht möglich ist, sofern man das Organum oberhalb des Cantus führt, Quinte und Quarte gegenüber Terz und Sexte den Vorrang gibt, Tonwiederholungen vermeidet und den Einklang durch die Quarte erreicht. (Eine Ausnahme bildet nur der 6. Abschnitt, wo der 2. Klang auch als Quinte gebildet werden kann.)
Es liegt nahe, die Terz im Abschnitt 14, die schon Riemann (1921, S. 90) mit Fragezeichen versah, als einen Lesefehler des Kopisten zu erklären, der in der Organalstimme hier versehentlich e statt c schrieb[18]. Auch die Aufzeichnung im Codex Calixtinus zeigt an dieser Stelle den Einklang (vorher jedoch 2 abweichende Gerüsttöne). Die Quinte e scheidet aus (Tonwiederholung); die Quarte f wäre möglich (allerdings Relation ♮-(d-)f). Bezüglich der Terz an dieser Stelle kann eine sichere Entscheidung nicht getroffen werden, zumal die vorangestellten Beispiele sonst wohl fehlerfrei geschrieben sind. Die Terz kommt in T*M* außerhalb der Schlußbildung auch in der letzten Klangzeile des *Iustus ut palma* vor (hier allerdings zur Vermeidung des Tritonus). Vielleicht spielt bei der Terz im *Cunctipotens* auch die Tonwiederholung im Cantus eine Rolle.
Die Frage, ob wir in der Mailänder Aufzeichnung des *Cunctipotens* nur einen Gerüstsatz für melismatische Ausführung dieses Organums vor uns haben, ist unterschiedlich beantwortet worden. R. v. Ficker bot 1924/25 (S. 201) eine »Durchsetzung der Organalstimme mit linearmelodischen Momenten« (je einen Durchgangston zwischen den Terz-, Quart- und Quintschritten). Georgiades versuchte 1954 (S. 27) im Anschluß an die Lehre des Vatikanischen Organumtraktats eine Aufzeichnung der »improvisatorischen Umspielungskunst« dieses »nur als Gerüst notierten Organums«[19]. Göllner (1961, S. 131, Anm. 18) läßt die Frage der Hinzufügung umfangreicherer Melismen ausdrücklich unentschieden. In den Neuausgaben dieses Organums (Anglès, Husmann, Davison-Apel, Schmidt-Görg; vgl. Anm. 21) wird die Frage

17 Georgiades, 1954, S. 27; Göllner, 1961, S. 121; Lütolf, 1967, S. 45f.
18 Für diese Emendation und Erklärung entschied sich Lütolf (1967; vgl. den kritischen Apparat seiner Edition dieses Organums).
19 Hierzu Zaminer, 1959, S. 128, Anm. 35.

der Kolorierung nicht gestellt und der zweistimmige Satz als Musik so dargeboten, wie ihn der Mailänder Codex aufzeichnet.

Schon mehrfach ist darauf hingewiesen worden, daß das *Cunctipotens* im Codex Calixtinus (f. 190) in einer organal-melismatischen Aufzeichnung der gleichen drei Anrufungen vorliegt[20]. So liegt es nahe, im Blick auf die Frage der melismatischen Ausführung beide Organa miteinander zu vergleichen.

Dabei begeben wir uns an dieser Stelle nun doch einmal auf den noch unsicheren Boden der Lesung und Übertragung der praktischen Denkmäler des 12. Jahrhunderts. In der Tat weichen die zahlreichen Übertragungen der *Cunctipotens*-Aufzeichnung im Calixtinus alle mehr oder weniger voneinander ab[21]. Die Unsicherheiten betreffen: das Erkennen und Deuten der kleinen Schrägstriche zwischen den senkrechten Gliederungsstrichen (vor allem in dieser Frage müßte das Original eingesehen werden); die Zuordnung der Cantustöne zu den Melismen der organalen Stimme (erschwert vor allem dort, wo der Cantus selbst in Tongruppen neumiert ist); die Entkolorierung, d. h. das Herauslösen des Gerüstsatzes (erschwert dadurch, daß nicht selten der eine oder der andere Ton oder auch mehrere Töne als Gerüsttöne beurteilt werden können[22]). In allen diesen Fragen fehlen die systematischen Vorarbeiten.

Der folgende Übertragungsversuch bietet zuerst die kolorierte Fassung des Codex Calixtinus (Fragezeichen bei mir noch zu wenig gesicherten Stellen könnten reichlich gesetzt werden), darunter den entkolorierten Satz dieser Fassung und darunter den Satz in T*M*[23]. Um den Vergleich durchführen zu können (besser: um zu zeigen, daß hier etwas im Grunde kaum Vergleichbares vorliegt), mußte ich mich – entgegen der in Anm. 22 ausgesprochenen Vermutung – jeweils nur für einen Gerüstton entscheiden, der durch Umrandung gekennzeichnet ist.

20 R. v. Ficker, 1932, S. 73f.; Göllner, 1961, S. 129f. – Anglès druckte im Übertragungsband seiner Edition des Codex *Hu* (Barcelona 1931, S. 1 ff.) fünf 2st. Fassungen dieses tropierten Kyrie untereinander ab: *Rex, virginum amator* aus *Hu*, f. 1; *Cunctipotens genitor* aus T*M* und aus dem Codex Calixtinus; *Rex, virginum amator* aus W_1, f. 193, und aus *MüT* (München, lat. 23286), f. 5'. Diese verschiedenen Organa beurteilte Göllner, 1961, S. 123 und 129f., im Blick auf seine Fragestellungen. Zu weiteren mehrstimmigen Fassungen des *Cunctipotens* vgl. oben S. 97 (betrifft *CB 17*) und Fr. Ludwig, *Repertorium* ..., S. 235 (betrifft *LoA*, f. 12'). – E. Jammers (*Musik in Byzanz, im päpstlichen Rom und im Frankenreich*, Abh. der Heidelberger Akademie der Wissenschaften, Phil.-hist. Klasse, Jg. 1962, Nr. 1, S. 98) spricht von der »Umwandlung« des *Cunctipotens genitor* »von der Mailänder Gestalt zu der im Codex Calixtinus«. G. Schmidt (1962, S. 15) behauptet, daß dieser Tropus in T*M* »nahezu noten- und klanggetreu den Gerüstsatz« für den Satz im Calixtinus »abgibt«.

21 Genannt seien: P. Wagner in seiner Ausgabe der Gesänge des Codex Calixtinus (1931), S. 123f.; H. Anglès in Bd. III seiner Edition des Codex *Hu* (1931), S. 1 ff.; H. Husmann, in: *Die mittelalterliche Mehrstimmigkeit*, = Das Musikwerk IX, 1955, S. 15 (zur Art dieser Übertragung vgl. von dems. den Artikel *Cantus firmus* in MGG II, 1952, Sp. 788); R. T. Davison und W. Apel, *Historical Anthology of Music*, Cambridge/Mass., 1947, S. 23 (nach Anglès); J. Schmidt-Görg, in: *Die Messe*, = Das Musikwerk XXX, 1967, S. 23f. (nach Anglès). – Den Anfang dieses *Cunctipotens* bieten R. v. Ficker, 1932, S. 73, und Göllner, 1961, S. 129. – Faksimilia in der Ausgabe des Calixtinus von W. H. Whitehill, G. Padro OSB und J. Carro Gracia, Santiago de Compostela 1944, Bd II, und in Anglès' Edition des Codex *Hu*, Bd I, S. 60.

22 So beurteilt Göllner (1961, S. 130) die Gerüstklänge der ersten 8 Cantustöne als: 5 1 8 1 | 1 5 8 | 1 + 5 1 |. Vermutlich sind aber z. B. gleich beim ersten Klang mehrere »Gerüsttöne« ins Auge zu fassen, nämlich Quinte und Quarte? = 5 (+ 4 ?), also bei den ersten 8 Cantustönen: 5 (+ 4 ?) 1 (+ 5 ?) (? 5 +) 8 1 | 1 (+ 5 ?) 4 (oder $\overset{\sharp}{5}$?) 8 | 1 (+ 5 ?) + 4 1 |.

23 Zum vermutlichen Vortrag der kolorierten Fassung im Calixtinus vgl. Göllner, 1961, S. 131f.

Codex Calixtinus
Cunc - - - - - - ti - - - po - -
Gerüstsatz (A)
TM (B)
- - - - - - tens ge - - ni - - - tor,
de - - - - - - - - us om - - ni -
cre - - a - - tor, e - - - - - -
- - - - - - - - - ley - - - - son.

Chri - - - - ste, de - - - - - - - - - - i
for - - - ma, vir - - - - - - - - - - tus
splen - - - dor
pa - - - - - tris - que so - phi - - - - a,
e - - - - - - - ley - - - - - - son.
Am - - - - bo - - - - rum sa - - - - -

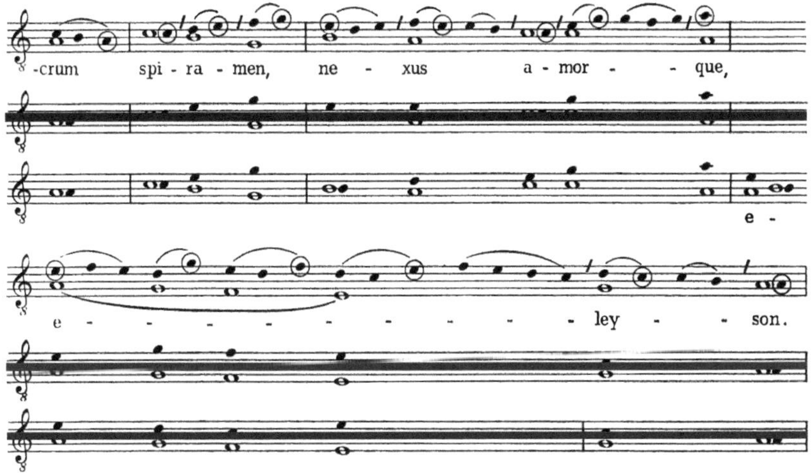
-crum spi - ra - men, ne - xus a - mor - - que,
e -
e - - - - - - - - - - ley - - son.

Vergleichen wir den Gerüstsatz des Calixtinus-Organums (A) mit dem *Cunctipotens* des Mailänder Traktats (B), so ergeben sich zunächst folgende Übereinstimmungen im Grundsätzlichen:

Als Klänge werden in A und B nur Oktave, Einklang, Quarte und Quinte verwendet (mit Ausnahme der fraglichen Terz in B).

Die Organalstimme unterschreitet nicht den Cantus. Die Klangfolge ist hier wie dort in Abschnitte gegliedert, deren Ende, durch Abteilungsstriche markiert, stets konjunkt ist und deren Anfang kon- oder disjunkt sein kann.

38 Klänge haben A und B gemeinsam (25 sind verschieden). Einige Abschnitte zeigen in A und B die gleiche Klangfolge (zweites *e*-Melisma; *spiramen*), andere eine sehr ähnliche Folge (z. B. das erste *eleyson*); ganz verschieden ist *virtus patrisque.*

Trotz dieser Übereinstimmungen zeigt der Gerüstsatz A gegenüber der Aufzeichnung B bemerkenswerte Abweichungen: Die Abschnitte in A sind zum Teil kürzer als in B (*Cunctipotens* | *genitor* | *deus* | ... | *virtus* | ... | *Amborum* | ...). In 3 Fällen gibt es Gliederungsstriche entgegen dem Kongruenz-Prinzip (*omni-* | ... *de-* | ... *patris-* |). Im Unterschied zur Lehre des T*M* weist der exzerpierte Gerüstsatz A Folgen von konjunkten Klängen auf, die nicht als Aufeinanderfolge von Copula und prima vox anzusprechen sind, z. B. bei (*Cunc-*)*tipotens*; *virtus*; *Amborum.* Die Organalstimme in A zeigt bei *nexus* eine Tonwiederholung und im Inneren der Abschnitte große Sprünge, u. a. 4mal die Septime, die in B nur 1mal, und zwar an einer Abschnittsgrenze (*splendor* | *virtus*), vorkommt. Und während die Lehre des T*M* mit dem 5. Modus wahrscheinlich nur die melismatische Auszierung der Paenultima eines größeren textlich-musikalischen Abschnitts meint (s. S. 80), folgt das *Cunctipotens* des Calixtinus einer Praxis, bei der jeder Gegenton zum Cantus melismatisch ausgeziert werden kann.

So nahe sich also die beiden organalen Aufzeichnungen ihrem Sinne nach zu stehen scheinen, ist doch evident, daß das *Cunctipotens* im Calixtinus durch die Lehre des Mailänder Traktats

nicht zu fassen ist, zumal – entgegen der oben durchgeführten Art der Kolorierung – bei zahlreichen Melismen der Aufzeichnungen im Calixtinus sehr wahrscheinlich mehrere, teils wohl über- und nebengeordnete Gerüsttöne Geltung haben und hier überhaupt zu fragen ist, inwieweit für ein in dieser Art aufgezeichnetes, »komponiertes« melismatisches Organum die Lehre von den Klangfolge-Abschnitten, die jeden Klang im Blick auf die Formbildung qualitativ wertet und einsetzt, noch relevant ist[24].
Im Blick auf die Art und Weise, wie in dem Kyrie-Tropus des Mailänder Traktats die Organalstimme von Klang zu Klang (und hier stets oberhalb des Cantus) geführt ist, kann vermutet werden, daß im Hintergrund gerade dieser Aufzeichnung eine Praxis stand, bei der dem durch die Lehre erfaßten Satz Töne oder Melismen zugefügt wurden, wie dies als wahlweise Möglichkeit ja für alle Organa unseres Traktats zu gelten hat. Wie aber eine solche Ausführung unseres Kyrie-Tropus zur damaligen Zeit realisiert wurde, kann wohl nur durch eine umfassende Untersuchung der zeitgenössischen Aufzeichnungen mehrstimmiger Musik ermittelt werden.

Unsere Interpretation hat gezeigt, daß die drei Organa, die dem Text des Mailänder Traktats voranstehen, in der Tat als Lehrbeispiele zu beurteilen sind, die den Traktat eröffnen im Sinne von »Wegweisern« zu den folgenden Lehrsätzen, die ihrerseits sich auf sie zurückbeziehen. Vielleicht war es die Intention des Verfassers, daß diese Aufzeichnungen die Exempla der Organumlehre des Guido von Arezzo (Micr., CSM IV, Cap. XIX) ersetzen sollen, die dann der Prologus (Satz 3) als Hauptargument für die Notwendigkeit einer neuen Lehre anführt.
Als erstes Organum wählte unser Anonymus offenbar ein aus der Praxis genommenes oder für sie bestimmtes vollständiges »Stück« über einen sehr verbreiteten Tropus, der – nach Ausweis der Quellen – für die organale Ausführung bevorzugt wurde. Es folgt ein Organum, dessen Cantus – einer anderen Gattung zugehörend – für die organale Praxis wohl ebenfalls repräsentativ war und das den Sinn hat, als ausgesprochenes Lehrbeispiel die Möglichkeiten und Grenzen der Bildung eines Organums zu veranschaulichen. Ein drittes Organum – nun mit einem frei erfundenen Cantus und ebenfalls in vielfacher Entsprechung zur Lehre gebildet – verbindet durch seinen Text diese drei Organa mit dem Titel und somit mit dem Inhalt der folgenden Lehrschrift.

[24] Aus der Tatsache, daß auch im Codex Calixtinus unmittelbar auf den Kyrie-Tropus eine organale Aufzeichnung des gleichen Benedicamus domino folgt wie in T*M* und daß im Calixtinus beide Organa mit dem gleichen Namen versehen sind (»Magister Gaudentius de Castello Reinardo«), können zur Zeit noch keine Rückschlüsse gezogen werden. Denn weder ist gesichert, was die den Organa des Calixtinus beigefügten Namen bedeuten, noch wissen wir in diesem Falle, was mit der Ortsangabe gemeint ist (vielleicht das Castrum Reinardi bei Paris?). Zur Frage der beigefügten Namen vgl. Fr. Ludwig, 1924, S. 150; H. Anglès in AfMw XVI, 1959, S. 10, und in der Festschrift für H. Besseler (Leipzig 1961), S. 91; Br. Stäblein in der Festschrift für Fr. Blume (Kassel 1963), S. 356.

MAILÄNDER TRAKTAT

VERSTEIL

Die Edition gibt den Text der Mailänder Handschrift wieder (Richtlinien S. 42 und 44)[1]. In den Versen 81, 106 und 115 ist die bessere Lesart von *BA* in den Haupttext übernommen; die wenigen Besonderheiten der Wortschreibung (V. 11: Quaproppter; V. 40: secuntur; V. 55: scurilitas; V. 64: nichil) wurden eliminiert; das Interpunktionszeichen ⩒ (je am Ende der Verse 6, 14, 40, 96) wurde durch einfachen Punkt ersetzt; die Zahlwörter sind einheitlich ausgeschrieben (z. B. quinta statt .V.ᵃ). Einige grammatische und sprachliche Besonderheiten erklären sich durch die Reimbildung (z. B. V. 1: organizamus; V. 106ff.: quintum ... octauum usw. statt quintam ... octauam usw.).
Die Verse sind in *M* und *Br* nicht, in *BA* ab V. 6 nach Zeilen abgesetzt. Die Einteilung in Abschnitte weist *BA* nur bei V. 26 und ab V. 98 auf. Die Buchstabenreihen der Exempla sind in *BA* – im Unterschied zu *M* – stets übereinander geschrieben (vox organalis oben) mit nur einmaliger Textschreibung.
Im Variantenapparat sind die Abweichungen innerhalb der Exempla (auch solche der Silbenverteilung) durch Kursivdruck kenntlich gemacht. Nicht aufgenommen wurden Abweichungen der Wortschreibung (z. B. subcincte; secuntur; licteram). Die meisten Varianten in *BA* beruhen auf Flüchtigkeit (z. B. V. 17: Terciam cum ducit, statt Tertia conducit; V. 53: aptatum statt altera tum; V. 60: Vtatio statt Ut a tuo; V. 137: tonum statt totum; die Verse 9, 82, 124 fehlen ganz) oder auf Unverständnis (z. B. V. 68: eleuatio statt depositio; V. 90: descendit statt ascendit); zur Beurteilung dieser Nebenüberlieferung vgl. auch die Erläuterungen des T*BA*, S. 151f.).
Die Lesarten und Konjekturen, die Steinhard (1921, S. 231) bietet, indem er die fünf Beispiele des Vt aus den Handschriften *M* und *B* einander gegenüberstellt, konnten unberücksichtigt bleiben. Denn Steinhard übernimmt auch hier alle Lesefehler Coussemakers (z. B. bei der Textzuordnung in Beispiel 1 und 2), liest selbst die Handschrift *B* mehrmals falsch und bietet »Berichtigungen«, die unmotiviert sind; so z. B. konjiziert er im 1. Exemplum beim 4. Klang ohne Begründung den Einklang auf dem Ton D und beseitigt beim 3. und 5. Exemplum die Stimmkreuzung.

[1] Die Benennung der Zeilen des Versteils als Verse schließt — nicht korrekt — die Exempla (nach V. 86) als je zwei „Verse" mit ein.

[C] um autem diapente et diatessaron organizamus. f. 58v
Succincte et egregie curramus.
Donec cum dulcedine ad copulam perueniamus.
Et eorum diligentiam confestim uideamus.
Prestolatim colloquendo amicas duas iungamus.
Nam tantae affinitatis sunt tantaeque amicitiae.
Prima conducit alteram causa beniuolentiae.
Dat ei diatessaron. et uicissim diapente.
Vnaque in diapason uel eadem sunt repente.

P rimus modus et secundus currit quarta uocula.
Quapropter sunt organales octaua et septima.
Quod si cantus eleuatur primi toni uocula.
Erit / copula deorsum prima uoce uel gamma. f. 59r
Inde prima sequens quartam affinis indicium.
Et secunda uocat quintam ipsum semitonium.
Quod super eas moratur illud breue spacium.
Tercia conducit sextam neque mutat calculum.
Sub illis duabus manet ipsum semitonium.
Causa septime a gamma fac unius medium.
Sumit quartam deponendo sic ostendit organum.
Nam a prima sic octaua locum tenet proprium.
Organalis erit quarta et quinta per circulum.
Inter primam et octauam resonant per organum.
Namque omnis cantilena que his non efficitur.
Tunc sine ductore nusquam ut cecus progreditur.

F lagito te prudens cantor has perfecte discere.
Omnis quia fere cantus ibi possit psallere.
Organum uocesque suas perfecte dinoscere.
Quarum labor cum sit grauis honos est dulcissimus.

1–144*BA* 1–7*Br*

BA: 1 organizemus (= *Br*) 7 conducit] concludit 9 Vnaque . . . repente] *fehlt* 10 modus] tonus curunt 12 toni .G. uel .a. uocula 14 quarta 17 Tercia conducit] Terciam cum ducit 24 qua his non afficitur 26 disces 27 Omnis quia] Omnisque 29 Quarum] Quibus honor

Br: 1 diatessaron et diapente organizemus (= *BA*) 3 ad copulam cum dulcedine 5 colloquendo] collocando amicas duas] *fehlt* 7 Prima] ut una causa beniuolentiae] curiosa beniuolentia sua etc.

V t proprietas sonorum dinoscatur clarius.
Quasdam lineas signamus uariis coloribus.
Vt quo loco quis sit sonus mox discernat oculus.
Ordine terciae uocis splendens crocus radiat.
Sexta .F. [affinis] eius rubea colluceat.
Et sic prima dat octauae organum per mediam.
Et secunda dat secundam terciaque terciam.
Quarta quartam quinta quintam queque suam alteram.
Grauium acutam signat per eandem litteram.
Vocis prime ad octauam tenent hanc concordiam.
Namque aliae septenae que sequuntur postea.
Non sunt aliae sed una replicantur regula.
Quia uocum ut dierum eque fit ebdomada.
Tunc ponuntur organales quarta / uero et quinta. f. 59v
Excepta secunda nona que uidetur altera.
Sub qua deest una tantum nisi mutetur prima.
Nam sunt quidam qui adiungunt iuxta nonam alteram.
Sed Gregorio patri non placet hec lasciuia.
Et moderni sapientes hanc neque commemorant.
Quamuis ergo apud quosdam ipsa fiat uocula.
Apud multos tamen iure dicitur superflua.
Altera uero secunda semper est autentica.
Organalis erit sua tantum quinta non sexta.
Sed cum erit altera tum sextum sonat organum.
Quapropter nullum illarum uidetur superfluum.

[O] deridenda inertium cantorum scurrilitas.
Cum de simphoniarum discretione nil sentias.
Organum et consonantias insimul destruas.
Coniungis quod deest ut castrimargiae seruias.
Quapropter obnixe flagito tuam bonitatem.
Vt a tuo corde repellas omnem dubietatem.
Plane tibi ostendam uoces et ueritatem.
Nam nil prodest scientia sine dei clementia.
Illa que sunt errantia uidentur titubantia.
Sunt sine amicitia unde nihil ualentia.

M: 34 affinis] *ergänzt nach* Rr 31,2 *(vgl. auch BA)*

BA: 32 quis] qui 34 Sexta .F. eius] Sextam preaffinis eius 35 dat] da 42 eque fit] equa sit 46 quidam] *fehlt* 47 Set gregorio non placet patri 50 iure] uere 53 altera tum] aptatum 54 illorum 60 Vt a tuo] Vtatio omnem] *fehlt*

Q uotienscumque sursum copulare desideras.
Quolibet modo dulciter uoces ueras ascendas.
Si autem hec eleuatio cantui fuerit.
Non habilis depositio organo deerit.

[E] st quedam consonantia de qua parum reliquimus.
De .A. ad .C. de .D. ad .F. hoc est semiditonus.
Causa cuius deprauatur organum superius.
Namque saliendo uadit ut ornetur melius.
Stric- / te sonat intermixta ascendendo organum. f. 60r
Quapropter non tenet legem nisi sit in circulum.

D e predictis rebus nostris ostendamus gratiam.
Vocem terciam et quartam quintam sextam {et} septimam.
Primam uero per octauam secundam per alteram.
Vnaqueque aliarum datque suam aliam.

Si cantus tenebit .D. organum erit in .a.
Si ascendat in .F. cantus ibi fiat copula.
Postea sonando .C. descendendo primam .A.
G. uero sequendo .C. a. coniungit sic una.
Cantus confestim ascendens in .D. fiat copula.
C. et .E. erunt spectantes quasi dulcis fistula.
Et .D. quarta reddat sonum dulci amicitia.
Quia prope debent esse illa que dant oscula.

D F CA C D a F Ga E D
Hoc est e xemplum Hoc est e xemplum

[N] am si cantus sonat sextam gradatim ad terciam.
Organum quasi per gradus ascendit ad decimam.
Quia si cantus descendit sursum confert copulam.
Saltu uero de .a. ad .c. non tenendo regulam.
Iterum cantus ascendit quartam uocem et sextam.
Organum .G. preoccupat sextae confert copulam.
Que est sequens solum unam organalis rotundam.
Tunc cantus sedet in .D. organum sonat in .a.
F. et .b. erunt spectantes rotundam non alteram.
Competenter ambae duae iunguntur cum septima.

M: 81 .A.] *Konj. für* .a. *(vgl. BA)*

BA: 68 habilis depositio] abilis eleuatio 73 intermixta] circamixta
76 sextam et septimam] VI.am VII.am 80 Si adscendit cantus ad .F. ibi fit copula
81 .A. *(statt* .a. *in M)* 82 G. uero . . . sic una] *fehlt* 87–88 Ga CA e | E C xemplum. D D |.
90 ascendit] descendit 93 .IIII. uoce. et VI. una 95 est] *fehlt*

F E DC D FDF G F G ac G Fab G
Dictae rei exem plum Dicte rei exem plum

E t si cantus quartam tenet organum undecimam. /
Ascenditque ad .F. cantus postea ad octauam. f. 60v
Organum tunc deponendo uertitur ad copulam.
Tunc uersatur cantus in .F. prima nona organum.
Cantus uenit in .D. quartam. organum in septimam.
Tunc cantus uenit in quintum. organum in octauum.
Cantus uero transit in .G. organum ad tercium.
Ad octauum statim tendit exspectando ad sextum.
Organum sonando .D. ad .F. reddit osculum.
Cantus sonans quintum. sextum. quartumque per ultimum.
Unde sonat octaua. decima per organum.
Rursum in .d. copulantur quia est undecimum.

D FaF DE GaF EF D dc ab Ga CDF acd
Exemplum rei dicte Exemplum rei dicte

I terum cantus in quintam preoccupans septimam.
Organum est in eadem deponens ad decimam.
Tunc cantus sonat octauam sextamque et septimam.
Organum undecimam octauam .a. et septimam.
Sic sunt ambae in eodem duplicando uoculam.
Rursus cantus sextam sonat septimamque et quintam.
Organum ens in decima resonat undecimam.
Super illam alteram copulantem ad quintam.
Cum cantus ascendit .G. organum erit in .c.
Copula tunc fit in .a. que uidetur altera.

E G aFG F GE Ga e c daG c de ca
Exemplum dictae rei Exemplum dictae rei

I terum cantus in .F. organum superius.
In eadem tenet locum quod uidetur melius.
Cantus uero ens octauam organum undecimam.

M: 106 octauum] octauum .a. (*vgl. BA*) 115 quintam] *Konj. für* primam (*vgl. BA*) 119 eodem] eode

BA: 99–100 a c / DC / r e i | GFa b / DFD F / e *xem* 105 quartum ... septimum 106 organum] *fehlt* octauum (*statt* octauum .a. *in M*) 110 sonat 111 sonat] resonat 112 Rursum] Sursum 113–114 dca bG *E* / DFa FD E / E *xemplum* 115 quintam (*statt* primam *in M*) 118 octauam .a.] decimam .c. 120 septimaque et quinta 122 copulante 123 Cum] Tunc 124 Copula ... altera] *fehlt* 125–126 ec dc G / EG aF G / *E xemplum*

Ambe preoccupant / locum uidelicet decimam. f. 61r
Tunc cantus ascendit .d. salit semiditonum.
a littera sonando .G. sextae reddit organum.
Tunc cantus uenit in .d. in .a. sonat organum.
Copulantur in .c. ambae scilicet per medium.

F a cdf d c f d cGFa c
Dicte rei exemplum Dicte rei exemplum

O rganum adquirit totum sursum et inferius.
Currit ualde delectando ut miles fortissimus.
Frangit uoces uelut princeps senior et dominus.
Qua de causa applicando sonat multum dulcius.
Cantus manet ut subiectus precedenti gratia.
Quia quod precedit tantum minus quam sequentia.
Vt Boetius predixit sic in dialectica.
Ergo organum excedit maiori potentia.

M: 132 a littera] a. littera

BA: 132 a littera] Alteram 137 totum] tonum 144 potentia. Explicit organi tractatus.

ÜBERSETZUNG

(Einleitung)

Wenn wir aber in der Quinte und Quarte organizieren,
laßt uns rasch[1] und auf vorzügliche Weise (durch Quinte und Quarte) laufen,
bis wir mit Süße[2] zur Copula (Oktave oder Einklang) gelangen.
Und die Aufmerksamkeit, die sie (Quinte und Quarte) erfordern, wollen wir alsbald betrachten.
Wir wollen zwei Freundinnen[3] miteinander verbinden, die zum Gespräch bereit sind.
Denn zwischen ihnen besteht Verwandtschaft (affinitas) und Freundschaft, die sich in folgender Weise ausprägt:
die erste[4] führt die andere aufgrund ihrer Zuneigung;
sie gibt ihr abwechselnd die Quarte und die Quinte,
und vereinigt sind sie plötzlich in der Oktave oder im Einklang.

(I. Teil)

(1)

Der erste Modus[5] und der zweite sind auf den vierten Ton (D)[6] gerichtet.
Daher[7] sind dessen Organumtöne der achte (a) und der siebente Ton (G).
Wenn der Cantus aufsteigt in eine Tonstufe des ersten Tonus[8],
geschieht die Copula unterhalb (des Cantus) im ersten Ton (A) oder im Gamma.
Infolgedessen begleitet der erste (A) den vierten Ton (D) im Zeichen verwandtschaftlicher Beziehung.
Und der zweite (B) verlangt den fünften Ton (E); der Halbton,
der über ihnen liegt, ist jenes bekannte kleine Intervall.

[1] Möglich auch: gerüstet, gut vorbereitet; vgl. aber in der Organum-Definition des Pt (Satz 7) den Ausdruck: sub celeritate.

[2] – mittels einer passenden Consonantia; vgl. die Organum-Definition des Pt (Satz 7): ... fit copula, aliqua decenti consonantia.

[3] Gemeint sind: zwei Stimmen.

[4] Gemeint ist offenbar der Cantus.

[5] Modus vocum bedeutet bei Guido die »Art der Töne«, das Tongefüge, das die qualitas eines Tones definiert und die Verwandtschaft (affinitas) je zweier Töne (im Quart- bzw. Quintabstand, wie z. B. A–D–a) erklärt (Micr. VII; Rr 28, 22ff.; hierzu Handschin, 1948, S. 323f.). Bei den acht modi vocum (per quos omnis cantilena discurrens octo dissimilibus qualitatibus variatur, Micr. XIII/3) läßt die qualitas der gemeinsamen Finalis je zwei Modi als zusammengehörig erkennen (Micr. XI und XII; Rr 29, 20ff.).

[6] Bei der Tonzählung wird, wie auch in den Rr, A als erster Ton (vox, vocula) gezählt.

[7] – weil bei der Quinte und bei der Quarte eine affinitas (similitudo) der sie bildenden Töne besteht aufgrund eines verwandten (ähnlichen) modus vocum (Micr. VIII) bzw. aufgrund ihres Charakters als symphoniae, die »voces utcumque similes reddunt« und »diaphoniae id est organi iura possident« (Micr. VI/12–14).

[8] Der Einschub in B*A* (... primi toni .G. vel .a. vocula) präzisiert den gemeinten Ton als G oder a.

Der dritte (C) verbindet sich mit dem sechsten Ton (F), ohne die Proportion zu ändern[9];
unter diesen beiden liegt der Halbton.
Den siebenten Ton (G) findest du von Gamma aus durch Saitenhalbierung;
er nimmt den tiefer liegenden vierten Ton (D) als Organumton.
In gleicher Weise (durch Halbierung der Saitenstrecke) erhält der achte Ton (a) vom ersten (A) seine Stelle;
sein Organumton ist der vierte (D) und fünfte Ton (E), aufgrund des Zirkels[10];
Zwischen dem ersten (A) und dem achten Ton (a) erklingen sie als Organum.
Jeder Gesang, der nicht mittels dieser (Töne bzw. Klänge) ausgeführt wird,
irrt ohne Führer, wie blind, umher.

(2)

Dringend ermahne ich dich, prudens cantor, dir diese (Töne) vollkommen einzuprägen,
weil fast jeder Cantus mit ihnen gesungen werden kann,
– und die Organalstimme und ihre Töne vollkommen anwenden zu lernen.
Wenn diese Arbeit auch schwierig ist, so lohnt sie sich doch sehr.

(3)

Damit die proprietas[11] der Töne deutlicher unterschieden werde,
zeichnen wir einige Linien mit verschiedenen Farben,
auf daß das Auge sofort unterscheide, an welcher Stelle welcher Ton steht.
An der Stelle des dritten Tons (C/c) strahlt der hell glänzende Safran (gelb);
der sechste Ton, F(/f), ihm (verwandt[12]), leuchte rot.
Und so[13] gibt der erste (A) dem achten (a) den Organalton durch den mittleren Ton (D oder E)[14].
Und der zweite (B) ergibt den zweiten (♮) und der dritte (C) den dritten (c),
der vierte (D) den vierten (d), der fünfte (E) den fünften (e): jeder ergibt seinen (eine Oktave höheren) anderen Ton.
Jeder der tieferen Töne verleiht dem höheren den gleichen Buchstaben.

9 Vgl. die in den Erläuterungen zitierte Parallelstelle in den Rr, die von der Erstellung der Töne durch Saitenteilung des Monochords handelt.

10 Mit circulum (vgl. auch V. 74) sind wahrscheinlich die Halbzirkel bei graphischen Darstellungen der Tonverwandtschaft in mittelalterlichen Handschriften gemeint:

Γ A B C D E F G a

11 Proprietas (vgl. Micr. XIII/28, auch *Epistola de ignoto cantu*, GS II, 45b) bezeichnet (wie qualitas, vgl. oben Anm. 5) den Toncharakter: die Lage des Tons im Gefüge der Ganz- und Halbtöne.

12 Daß dieser Vers unvollständig ist, zeigt schon der Rhythmus. Wahrscheinlich fehlt vor oder nach eius das Wort affinis. Der entsprechende Vers in den Rr (31, 2) lautet: Sexta eius sed affinis flavo rubet minio, »der sechste Ton aber, ihm (dem dritten) verwandt, ist rot durch helles Zinnober«. Vgl. auch B*A* an dieser Stelle.

13 Vgl. die Erläuterungen, S. 129.

14 Zur »Mitte« (medium) der Oktave vgl. Micr. VIII/2ff.: die »Mitte« z. B. der Oktave A–a bilden die Töne D oder E.

An dieser Übereinstimmung (concordia[15]) zwischen dem ersten und achten Ton halten alle Töne fest.
Denn die anderen sieben Töne, die anschließend folgen (a ♮ c d e f g),
sind keine anderen, sondern werden in der gleichen Weise angeordnet,
da ja die Siebenzahl für die Töne ebenso gilt wie für die Tage[16].
Als Organumtöne werden jeweils der vierte oder der fünfte Ton gebraucht.
Ausgenommen ist der Ton ♮, der die Oktave von B bildet[17].
Unterhalb dieses Tons fehlt ein Organumton (F), wenn ♮ nicht mit b vertauscht wird.
Denn manche fügen dicht unter den neunten Ton (♮) einen anderen neunten Ton (b) hinzu.
Aber dem Papst Gregor gefällt diese Mutwilligkeit nicht,
deren sich die heutigen Gelehrten jedoch nicht mehr bewußt sind.
Obwohl also bei einigen Autoren dieser Ton (b) vorkommt,
wird er doch von vielen mit Recht als überflüssig bezeichnet.
Der Ton ♮ aber ist immer authentisch.
Sein Organalton ist nur der fünfte (E), nicht der sechste Ton (F).
Aber wenn der Ton b vorkommt, dann erklingt der sechste (F) als Organalton.
Deswegen gilt keiner jener beiden Töne (♮ und b) als überflüssig.

(4)

O lächerliche Possen kunstloser Cantoren!
Wenn man von den symphoniae nichts versteht,
das Organum und mit ihm die consonantiae zunichte macht,
verbindet man, was es (unter den symphoniae bzw. consonantiae) nicht gibt, so daß man der Völlerei frönt.
Daher flehe ich inständig deine Tugend an,
daß du alle Ungewißheit aus deinem Herzen vertreibst.
Deutlich zeigen werde ich dir die wahren Töne[18];
denn nichts nützt das Wissen ohne die Gnade Gottes.
Jenes Umherirren (beim Organizieren) erscheint als Wankelmütigkeit;
es bleibt ohne Freundschaft, daher ganz wirkungslos.

[15] Zum Ausdruck concordia vgl. Rr 26, 26; 28, 11; Micr. V/9; *Epistola*, GS II, 47a.

[16] – indem das, was sich wiederholt, den gleichen Namen erhält (vgl. Micr. V/7ff., 17ff.; Handschin, 1948, S. 314, 323).

[17] Die Töne B, ♮ und b werden im Vt wie folgt bezeichnet:

B	♮	b
		(b) rotunda (V. 95, 97)
	nona (V. 46)	altera (nona) (V. 46, 53)
	secunda nona (V. 44)	prima (nona) (V. 45, 104)
secunda (V. 15, 36, 77)	altera (secunda) (V. 44, 51, 77, 97)	

Vgl. hierzu Micr. II/6f. und VIII/10f.; zu Odos Bezeichnungen dieser Töne, die denen des Vt entsprechen, vgl. Oesch, 1954, S. 81.

[18] Hendiadyoin: voces et veritatem.

(5)

Sooft man aufwärts die Copula bilden will,
muß man auf eine wohlklingende Weise mittels richtiger Töne[19] aufsteigen.
Wenn aber der Cantus selbst emporsteigt,
muß die Organalstimme passend absteigen.

(6)

Es gibt noch eine Consonantia, über die noch etwas zu sagen ist:
von A zu C, von D zu F, dies ist die kleine Terz.
Durch sie wird die vorher beschriebene Organalstimme[20] entstellt.
Denn springend schreitet sie (jene Stimme) fort, damit sie besser[21] gestaltet sei.
»Flüchtig« klingt beim Aufsteigen das Organum, wenn sie (jene Consonantia) eingemischt ist;
denn das Gesetz hält es nur ein, wenn es »im Zirkel« (d. h. als Quinte oder Quarte)[22] erklingt.

(7)

Vom Gesagten wollen wir (durch Exempla) die praktische Anwendung veranschaulichen[23]
anhand des dritten, vierten, fünften, sechsten und siebenten Tones (C, D, E, F, G)
sowie des ersten (A), zu dem der achte (a), und des zweiten (B), zu dem der andere (♮) gehört.
Und jeder der einen (A bis G) ergibt seinen (mit gleichem Buchstaben bezeichneten) anderen (a bis g)[24].

[19] voces veras vielleicht eine Anspielung auf V. 61: voces et veritatem.

[20] Organum superius könnte auch als »oberhalb (des Cantus) gelegene Organalstimme« verstanden werden, wie es bei der kleinen Terz zu Beginn des 2. Beispiels (Z. 99–100) wirklich der Fall ist. Doch über die Lage der Organalstimme wird im Text des Vt sonst nichts Grundsätzliches ausgesagt, und die Plazierung dieses Abschnitts über die kleine Terz und deren Charakterisierung als Ausnahme legen den Bezug zum »oben beschriebenen Organum« nahe. – In *TBA* (Satz 30) ist mit organum superius das »obige Organum« gemeint (vgl. S. 152), während im Vt, V. 127 mit organum superius der »oberhalb« des Cantustons (eine Oktave höher) erklingende Ton angesprochen ist.

[21] – nämlich im Sinne der voces verae (V. 66), d. h. der symphoniae.

[22] Vgl. V. 22.

[23] Eigentlich: . . . wollen wir den Lohn zeigen (vgl. V. 29); vielleicht auch mit Bezug auf V. 61–62: . . . wollen wir die Gnade (Gottes) veranschaulichen.

[24] Vgl. V. 37–39.

(II. Teil)

(Beispiel 1)

Wenn der Cantus D innehat, ist das Organum in a.
Wenn der Cantus zum F aufsteigt, soll dort die Copula gebildet werden.
Danach, indem (im Cantus) C erklingt, absteigend zum ersten a (= A),
G aber C begleitet, verbindet dann a der gleiche (Buchstabe: A).
Indem der Cantus nun aufsteigt, soll die Copula in D gebildet werden.
C und E, wie eine süße Flöte (klingend), sind die (der Copula) zustrebenden (Töne)[25],
Und D, der vierte, soll den Ton in süßer Freundschaft erwidern,
da ja dicht beieinander sein muß, was sich küßt.

(Beispiel 2)

Wenn nun der Cantus den sechsten Ton (F) stufenweise (absteigend) zum dritten (C) erklingen läßt,
steigt die Organalstimme fast stufenweise zum zehnten Ton (c) hinauf,
weil sie, wenn der Cantus absteigt, die Copula aufwärts bildet,
ohne allerdings beim Sprung von **a** nach c die gerade Linie (des stufenweisen Fortschreitens) einzuhalten.
Steigt der Cantus wiederum hinauf zum vierten Ton und zum sechsten (D und F),
nimmt die Organalstimme G ein, bevor sie die Copula dem sechsten Ton (F) verleiht,
welcher als Organalton einzig den Ton b (nicht ♮) begleitet.
Dann läßt sich der Cantus auf D nieder, das Organum erklingt in a.
F und b sind die (der Copula) zustrebenden Töne, – b rotunda, nicht ♮.
Passend werden beide (Stimmen) mit dem siebenten Ton (G) verbunden.

Dic - tae re - i ex - em - - plum

(Beispiel 3)

Und wenn der Cantus den vierten Ton (D) innehat, so das Organum den elften (d);
und steigt der Cantus hinauf zum F, hernach zum achten Ton (a),
dann bewegt sich das Organum absteigend zur Copula.
Darauf befindet sich der Cantus in F, (und es erklingt) der erste neunte Ton (b) als Organum.
Der Cantus gelangt nach D, dem vierten Ton, das Organum zum siebenten (G).
Dann gelangt der Cantus zum fünften Ton (E), das Organum zum achten (a).
Der Cantus aber geht hinüber zu G, das Organum zum dritten Ton (C).

[25] Im Bild: die (den Kuß) erwartenden.

Anschließend bewegt er sich zum achten Ton (a) und – (das Organum) erwartend – zum sechsten (F);
die Organalstimme, von D zu F erklingend, erwidert den Kuß.
Der Cantus läßt den fünften, sechsten und als letzten den vierten Ton erklingen (E, F, D),
woraufhin der achte und zehnte (a, c) als Organum ertönen;
abermals in d werden sie (beide Stimmen) verbunden, da es der elfte Ton (die Oktave des vierten) ist.

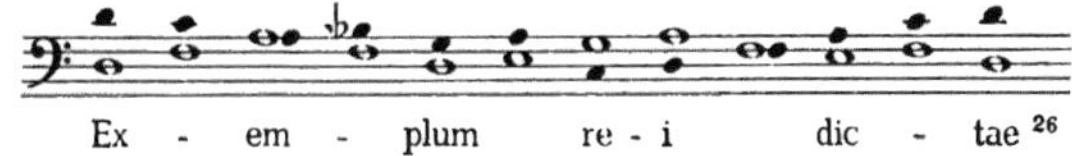
Ex - em - plum re - i dic - tae [26]

(Beispiel 4)

(Gelangt) der Cantus dagegen in den fünften Ton (E), bevor er den siebenten (G) einnimmt,
befindet sich das Organum in demselben Ton (e)[27] und steigt zum zehnten (c) hinab.
Dann läßt der Cantus den achten, sechsten und siebenten Ton erklingen (a, F, G),
das Organum den elften, achten und siebenten (d, a, G);
so sind beide (Stimmen) im Einklang, den Ton verdoppelnd.
Weiterhin erklingt als Cantus der sechste, siebente und fünfte Ton (F, G, E),
das Organum ist im zehnten Ton (c) und läßt den elften ertönen (d)
und dann jenen anderen (e)[28], der mit dem fünften (E) eine Copula bildet.
Indem der Cantus zu G aufsteigt, ist das Organum in c;
dann geschieht die Copula in a, welches (gegenüber A) als das andere gilt.

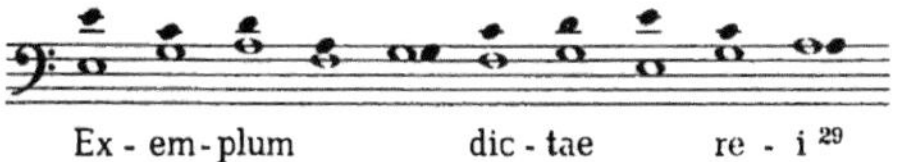
Ex - em - plum dic - tae re - i [29]

(Beispiel 5)

Nun (erklingt) der Cantus in F und das Organum darüber:
im (qualitativ) gleichen Ton (f) erhält es seinen Platz, was besser erscheint[30].
Indem aber der Cantus den achten Ton (a) erreicht und das Organum den elften (d),
erstreben beide (Töne) den (gleichen) Platz, nämlich den zehnten Ton (c).

26 Die Version in B*A* (als 6. Klang Einklangs-Copula auf E mit Silbe *-plum*) vermeidet zwar den anschließenden Sextsprung (a–C) in der Organalstimme und bietet eine Copula am Ende des Wortes *Exemplum*, ergibt jedoch in der Organalstimme die verminderte Quinte b–(g–)e und weicht von der Beschreibung ab, die in B*A* mit dem Exemplum in *M* übereinstimmt.

27 Voces im Oktavabstand sind eaedem; vgl. Micr. VII/2 u. ö. und hier V. 41, 82, 128.

28 Vgl. V. 37.

29 B*A* hat in Text und Beispiel statt der Terz die Quinte $\substack{c\\F}$. Dies widerspricht jedoch sowohl der Feststellung, daß die Einklangs-Copula durch ein möglichst kleines Intervall erreicht werden soll (vgl. S. 123), als auch der auf S. 137 unter 3b genannten Beobachtung.

30 – besser als der Einklang, weil der Cantus aufsteigt (vgl. V. 67–68).

Dann steigt der Cantus hinauf zu d und springt eine kleine Terz (nach f);
vom Buchstaben G her erklingend verbindet sich das Organum mit dem (um eine Oktave höher gelegenen) sechsten Ton.
Dann gelangt der Cantus nach d, in a erklingt das Organum;
von beiden Tönen her wird die Copula in c gebildet, nämlich in der Mitte (zwischen a und d).

Dic-tae re - i ex - em-plum

(Schluß)

Die Organalstimme ergreift Besitz vom ganzen (Raum des Cantus bzw. Oktavraum), ober- und unterhalb (des Cantus, bzw. auf- und abwärts innerhalb eines Oktavraums)[31].
Sie läuft, großes Vergnügen bereitend, wie ein sehr tapferer Krieger.
Sie verfügt über die Töne[32] gleich wie ein Fürst, Führer und Herr;
deswegen klingt es viel süßer, wenn sie (dem Cantus) hinzugefügt wird[33].
Der Cantus verhält sich wie das Subjekt (im sprachlichen Satz), da er vorangeht;
Denn, was (im Satz) vorangeht, ist weniger umfassend als das, was folgt,
wie es Boethius in seiner Dialektik gezeigt hat.
Also übertrifft das Organum den Cantus zufolge umfassenderer Bedeutung.

[31] Erläuterung auf S. 132f.

[32] oder: sie »bricht« die Töne (im Sinne von Melismen).

[33] oder: deshalb klingt das Organum beim Anwenden (von Melismen) viel süßer.

ERLÄUTERUNGEN

Die *Einleitung* (V. 1–9) nennt zunächst (V. 1–3) das Grundprinzip der neuen Art des Organizierens: Gebrauch von Quinte und Quarte bis zum Erreichen der Copula. Sie umschreibt dann (V. 5–6) durch das Bild zweier Freundinnen den Begriff der affinitas und veranschaulicht mit Hilfe jenes Bildes nun nochmals (V. 7–9), jetzt jedoch konkreter, das Organizieren: Abhängigkeit der Organalstimme vom Cantus, Wechsel von Quarte und Quinte, Vereinigung beider Stimmen in Oktave oder Einklang.

V. 1–3 kann mit der Organum-Definition des Pt (Satz 7)[1] verglichen werden: organizare gilt, wie im Pt organum, für Quinte und Quarte, wobei kein Vorrang einer der beiden Klänge gemeint ist (V. 8 nennt zuerst die Quarte, ebenso in V. 1 die Fassung *Br*)[2]. Der Ausdruck succincte korrespondiert wahrscheinlich dem im Pt durch sub celeritate angesprochenen Vorgang: der Organizator soll rasch zwischen Quinte und Quarte wechseln (vgl. die Erläuterung des Pt S. 59f.)[3]. Der Terminus copula begegnet hier wie dort im gleichen Sinn, wobei auch im Vt die Copula außerhalb des durch organizare bezeichneten Geschehens steht (vgl. auch V. 9: Unaque . . . sunt repente: der durch Quinte und Quarte entstehende diaphone, disjunkte, organale Charakter des Klanggeschehens, die »Zweistimmigkeit«, ist in der Copula »plötzlich« aufgehoben). In der Kennzeichnung cum dulcedine ist wahrscheinlich die Angabe aliqua decenti consonantia des Pt/7 enthalten: die Copula wird erreicht »mit Süße« bzw. »mittels irgendeiner passenden Consonantia« (die weder Einklang oder Oktave ist, noch Quinte oder Quarte zu sein braucht, sondern die passend zur Copula hinleitet). Auch die Abhängigkeit der Organalstimme vom Cantus, die in der Organum-Definition des Pt durch die Wörter vox sequens praecedentem ausgedrückt ist, scheint im Vt angedeutet zu sein, nämlich in den Versen 7 und 8 durch Prima (vox bzw. amica) conducit alteram und Dat ei . . .[4] Dabei ist das zu ergänzende Wort vox im Sinne von »Stimme« aufzufassen[5].

1 Im folgenden wird der Satz durch die nach einem Schrägstrich beigefügte Satzzahl angegeben, z. B. Pt/7 = Prosateil, Satz 7; Micr. VII/10 = Guido von Arezzo, *Micrologus* (CSM IV), cap. VII, Satz 10.

2 Organizare heißt primär nicht, eine Organalstimme hervorbringen, sondern – in Abhängigkeit vom Cantus – organale Klänge (organa, voces organales: Quinte und Quarte) bilden, deren Aufeinanderfolge, unterstützt durch weitere Regeln, sekundär eine Stimme (organum, vox organalis) entstehen lassen.

3 Indessen ist wohl weder der Ausdruck sub celeritate noch das Wort succincte eindeutig zu interpretieren. Es könnte durch sie auch – in Abgrenzung gegenüber dem »alten« Organum der *Musica Enchiriadis* und Guidos – das eigentlich Neue des »neuen« Organums angesprochen sein: der »rasche« (unmittelbar aufeinanderfolgende) Wechsel von Quinte und Quarte, den auch die Ausdrücke discurrere (Pt/9 u. 14) und currere (Vt, V. 2) anzusprechen scheinen (vgl. S. 161, Anm. 5 der Übersetzung des Berliner Traktats B).

4 In T*Br* heißt es allerdings Ut una statt Prima, so daß kein Rangunterschied der voces angesprochen ist.

5 Zum Begriffswort vox in der Organum-Definition des Pt vgl. S. 58.

Die Verse 5–6 erinnern durch das Bild der zwei Freundinnen und durch die Ausdrücke iungere (Pt: disiunctio), affinitas und amicitia (Pt: societas) an das Guido-Zitat im Pt/8–11 (vgl. die Gegenüberstellung der beiden Texte S. 61 f.).

Guido selbst charakterisiert an dieser Stelle, dem Beginn seiner Organumlehre (Micr. XVIII/2–9), die Diaphonia (»vocum disiunctio sonat ... et concorditer dissonant et dissonanter concordant«) und beschreibt das parallele und oktavverdoppelte Unterquart-Organum, um an ihm die für das Organum verfügbaren »tres species«: Quarte, Quinte, Oktave, zu demonstrieren. Er gebraucht in diesem Zusammenhang die Ausdrücke societas und suavitas, verweist auf die an anderer Stelle[6] erörterte similitudo vocum und nennt jene drei Klänge »symphoniae, id est aptae vocum copulationes«.

Der Verfasser des Pt übernimmt diese Partie[7]; er verändert (modernisiert) sie im Blick auf das Neue Organum und erweitert sie durch den Begriff affinitas. Dies ist im *Micrologus* (z. B. VII/10) der Hauptbegriff für das Verhältnis der Töne im Quint- und Quartabstand; melodisch wird deren »Verwandtschaft« definiert als Ähnlichkeit der qualitas, d. h. der Tonumgebung (VII/1 ff.)[8], und im Blick auf den Zusammenklang wird sie definiert durch die Oktavteilung (»... cum diapason in se diatessaron et diapente habeat ...«, VIII/3). Töne im Oktavabstand sind nicht »verwandt«, sondern haben die »gleiche qualitas« (V/6). Alle drei species verbindet der Begriff der similitudo, die bei der Oktave »vollkommen« (IX/10) bzw. am »vollkommensten« (V/6) ist. – Indem der Verfasser des Pt durch den Begriff affinitas die organales voces (Quinte und Quarte) charakterisiert, verwendet er ihn im Sinne Guidos; daß er jedoch anschließend (Satz 12) die tres species (also auch die Oktave) unter jenen Begriff subsumiert, widerspricht Guido.

In den Merkversen nun scheint affinitas nicht nur als Vokabel und bildlich gemeint zu sein, sondern zugleich als Terminus, der den Schüler an den für die Organumlehre zentralen Sachverhalt der affinitas vocum erinnert[9]. In den folgenden Abschnitten des Vt wird dann – im Unterschied zum Pt – gerade der durch affinitas angesprochene Sachverhalt im Anschluß an Guido ausführlich erörtert, während der Vt insgesamt das »freundschaftliche« Verhältnis der beiden voces mehrfach umschreibt[10].

In den verglichenen Partien des Pt (Organum-Definition und Guido-Zitat) und des Vt (Einleitung) entsprechen sich de facto freilich nur die Wörter diapente/diatessaron/diapason, organizare (Pt: organizatores), copula und affinitas, neben (dis)currere und (dis)iungere. So läßt

6 Der Verweis bezieht sich speziell wahrscheinlich auf Micr. VI/12–14: Has tres species symphonias, id est suaves vocum copulationes memineris esse vocatas, quia in diapason diversae voces unum sonant. Diapente vero et diatessaron diaphoniae id est organi iura possident, et voces utcumque similes reddunt. (Vgl. auch schon Micr. V/2ff.)

7 Das Parallel-Organum hat also Pate gestanden nicht nur beim »beweglichen« Quart-Organum der *Musica Enchiriadis* und bei Guidos Organumlehre, sondern auch beim neuen Organum des Mailänder Traktats.

8 Vgl. J. Handschin, 1948, S. 323.

9 In V. 4, der möglicherweise auf V. 10ff. vorausweist, ist das Wort eorum nicht völlig eindeutig zu interpretieren: im strengen (Guidonischen) Sinn darf es nur auf Quinte und Quarte bezogen werden; im Sinne der Aussage des Pt: »Et quia hae tres species affinitatem habentes ...« könnte auch die Copula, also der Oktavklang (und der Einklang), mitgemeint sein.

10 Hierzu S. 138.

sich vom Sprachlichen her nicht mit Sicherheit sagen, ob die Einleitung als Versifizierung der genannten Partie des Pt entstanden ist; doch im Blick auf den Inhalt kann dies vermutet werden.

*

Eine Hypothese über das Verhältnis von Pt und Vt überhaupt sei in diesem Zusammenhang zur Sprache gebracht.

Die Versfassung der Organumlehre ist nur in Verbindung mit der Prosafassung überliefert; erstere folgt in den Handschriften *M* und *B* der Prosafassung nach. So liegt die Annahme nahe, daß sie eine Versifizierung der Lehre der Prosafassung darstellt. Demnach wären drei Stufen des Lehrprozesses zu unterscheiden: 1) der mündliche Vortrag der Lehre, von dem anzunehmen ist, daß er den Lehrstoff ausführlich erklärt und somit der musikalischen Wirklichkeit am nächsten steht; 2) die Niederschrift der Lehre in der höchst komprimierten Prosaversion; 3) die Lehre in Form der auswendig zu lernenden Merkverse, die nicht nur aufgrund ihrer oft blumigen und bildlichen Ausdrucksweise und zahlreicher bloß versfüllender und reimbedingter Wörter, sondern vor allem aufgrund der Tatsache, daß die Merkverse auf jeden Fall den mündlichen Vortrag der Lehre (das zu Merkende) voraussetzen, von der musikalischen Wirklichkeit am weitesten entfernt und daher für uns heute am schwersten verständlich ist. Die Merkverse hatten wohl lediglich die Aufgabe, den Schüler an bestimmte Sachverhalte der Lehre zu »erinnern«.

Indessen ist in unserem Falle – jedenfalls nach der Einleitung des Vt (ab V. 10) – diese geradlinige Stufenfolge:

Neues Organum
↓
mündliche Lehre
↓
Prosaversion
↓
Merkverse

nicht gegeben, da das Kernstück der Prosafassung, die Lehre von den Modi organizandi, in der Versfassung nicht vorkommt, die sich auch in ihrer ganzen Anlage und in zahlreichen Einzelheiten von der Prosafassung unterscheidet. Zwar ist hier wie dort das Neue Organum in seinen Grunderscheinungen der Lehrgegenstand, jedoch in so verschiedener Auffassung und Lehrmethode, daß man nicht von zwei Versionen, sondern nur von zwei Teilen eines Traktats sprechen kann, im Grunde sogar zwei verschiedene Traktate über den gleichen Gegenstand vor sich hat, wobei lediglich die Einleitung des Vt mit dem Pt direkt vergleichbar erscheint. Eine Reihe grundsätzlicher Unterschiede zwischen den beiden Teilen des Mailänder Traktats läßt sich jedoch wie folgt erklären.

Die mündliche Lehre des Neuen Organums erfolgte, je nach ihrer Bestimmung, offenbar in verschiedener Weise. Wo sie in Merkverse mündete, also für Schüler bestimmt war, ist sie – wie es der Vt zeigt – in der Auffassung des Gegenstandes und in der Lehrmethode einfacher: sie holt weiter aus, trägt im Blick auf den Lehrgegenstand eine Reihe elementarer Sachverhalte vor (Tonverhältnisse, Tonschrift) und sucht insgesamt eine schlichtere und handfestere Art der Darstellung und Begründung – die Lehre von den Modi organizandi wäre für Schüler zu kompliziert gewesen (eine etwas andere Auffassung vertritt Zaminer, S. 54). Dagegen komprimiert die Prosafassung eine Art der Lehre, die für den theoretisch und praktisch gebildeten Cantor bestimmt war und als Traktat in der Tradition der bedeutenden Lehrschriften steht. So behandeln beide Lehren den Gegenstand in unterschiedlicher Zwecksetzung, so daß sie ihn verschieden auffassen und darstellen und dennoch als Repräsentanten zweier Gattungen von Lehrschriften zusammengehören:

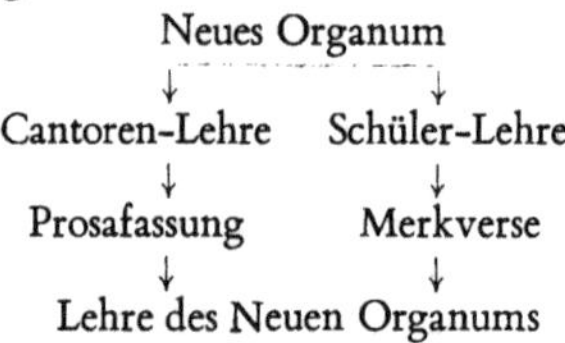

Das Verbindungsglied beider Lehrweisen des Mailänder Traktats stellt nun offenbar die Einleitung dar. Auch die Prosafassung gliedert die Lehre (nach dem Prolog) in eine Art Einleitung (Organum-Definition und Guido-Zitat) und einen Hauptteil (Lehre von der natura vocum und den Modi organizandi). Die Einleitung ist traditioneller, allgemeiner, grundsätzlicher Art. Sie endet mit dem Schluß des modernisierten Guido-Zitats (Satz 11). Wie Guido selbst kurz nach der aus ihm zitierten Stelle *seine* Art des Organums zu lehren beginnt, so beginnt auch der Verfasser des Prosateils im Anschluß an das Guido-Zitat *seine* Lehre von der natura vocum.

Guido (Micr. XVIII/14):	Mailänder Traktat (Pt/12):
Cum itaque iam satis vocum patefacta sit duplicatio, gravem a canente succentum, more quo nos utimur, explicemus.	Cum autem affinitas vocum iam satis patefacta sit per diatessaron et per diapente et per diapason, natura eorum persequenda est.

Ebenso verhält es sich mit der Versfassung. Deren Einleitung, und nur diese, ist mit dem Prosatraktat direkt vergleichbar. Sie scheint, wie gesagt, eine Verbindung mit ihm herstellen zu wollen, indem auch sie jene grundsätzlichen Sachverhalte der Lehre anspricht, die die Prosafassung in ihrer Einleitung durch die Organum-Definition und das Guido-Zitat zur Sprache bringt. Dann aber beginnt der Verfasser der Merkverse mit der Rekapitulation *seiner*, für Schüler bestimmten Art des Lehrens.

Die Sonderstellung der Einleitung wird auch seitens der Versbildung deutlich: im Unterschied zu den folgenden Versen sind die Verse 1–9 nach Silbenzahl und Rhythmus unregelmäßig gestaltet (überdies wurden nur sie allein in die Brügger Scholien übernommen). Vielleicht sind sie zur Verbindung beider Lehren erst nachträglich hinzugefügt.

Daß jedoch trotz des gemeinsamen Lehrgegenstandes des Neuen Organums und trotz der durch die verschiedene Zweckbestimmung der beiden Traktate zu begründenden Unterschiede eine Reihe sachlicher Divergenzen zwischen Vt und Pt besteht, wird sich im weiteren Verlauf der Besprechung des Vt zeigen und späterhin zusammenfassend erörtert und beurteilt werden (s. S. 141ff.).

Teil I

Der *erste Abschnitt* (V. 10–25) lehrt, welche voces organales (Quarte und Quinte) für die Töne im Tonraum (Γ) A–a möglich sind. Er verbindet das Erstellen der Töne (Demonstration am Monochord) mit dem Aufzeigen der Klänge (»Indizium« der affinitas). Den Ausgangspunkt

bildet der Ton D, die Finalis des 1. Kirchentons, – wahrscheinlich deswegen, weil sie im Tonraum (Γ) A–a den tonalen Bezugspunkt darstellt[11].
Im Hintergrund dieses Abschnitts stehen die *Regulae rhythmicae* (Rr) von Guido. Die Verse 14–15, 17, 19 und 21 sind in Anlehnung an Rr 26, 16–20 (= GS II, S. 26, Z. 16–20) gebildet, die von der Erstellung des Tonsystems durch das Monochord handeln: die Töne D, E und F werden durch Vierteilung der Saite von A, B und C aus gewonnen, G und a durch Halbierung der Saite von Γ und A aus:

Inde prima dabit quartae, quaternis indicium,
Et secunda servit quintae per eumdem numerum.
Tertia conducit sextam, neque mutat calculum,
Causa septimae a Gamma fac totius medium,
Tunc a prima sic octava locum sumit proprium.

Wie Guido im Kapitel VI des *Micrologus* die symphoniae (von denen Quinte und Quarte »organi iura possident«) im Anschluß an die divisio monochordi genannt hatte, so wird auch hier das Aufzeigen der für das Organum maßgebenden Klänge mit der Erstellung des Tonsystems in Zusammenhang gebracht, und zwar mit der Vierteilung (Quartproportion) und Halbierung der Saite (Oktavproportion).
In V. 10–13 wird von D aus ein Muster der organalen Klangmöglichkeiten aufgestellt:
V. 10/11 nennt die Klänge (o = vox cantus; • = vox organalis):

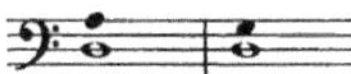

V. 12/13 ist folgendermaßen aufzufassen (auch dem Einschub in *BA* entsprechend, der jedoch umgekehrt: a vel G, zu verstehen ist[12]):

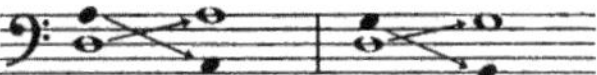

V. 14 (»Infolgedessen begleitet der Ton A den Ton D im Zeichen verwandtschaftlicher Beziehung«) ist wie folgt zu verstehen. D ist »mittlerer Ton« (vgl. Anm. 14 der Übersetzung des Vt) von zwei Oktaven: A–D–a und Γ–D–G. Beide Klänge werden in je zwei Klänge auseinandergefaltet: zum disjunkten Klang $\substack{a \\ D}$ gehört die Oktave (= Copula) $\substack{a \\ A}$ und auch die Quarte $\substack{D \\ A}$; und zur Quarte $\substack{G \\ D}$ gehört die Oktave $\substack{G \\ \Gamma}$ und die Quinte $\substack{D \\ \Gamma}$. Die Beschreibung ist nicht im Sinne von Gegenbewegung, Stimmkreuzung und Lage des Cantus gemeint, sondern meint die von D aus zu erschließenden Klänge als solche (⦿):

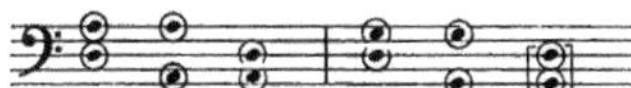

V. 15–18: So wie A und D verwandt sind, so auch B und E, die beide den Halbton über sich haben, weshalb über B der Quintklang nicht möglich ist. Ebenso ist es mit C und F, die ver-

11 Vgl. hierzu die 5 Exempla in Teil II des Vt. Das erste Exemplum prägt als Organum den Raum der Oktave A–a aus (mit D als Anfangs- und Schlußton des Cantus), und die folgenden Exempla scheinen den benutzten Klangraum systematisch nach oben zu verschieben: C–c, D–d, E–e, F–f (vgl. hierzu die Besprechung der Exempla, S. 134).

12 Der Widerspruch in der Reihenfolge der Nennung kann durch die Reimbildung erklärt werden: ... G. vel .a. vocula/ ... vel gamma.

wandt sind und den Halbton unter sich haben, weshalb unter F der Quintklang nicht möglich ist:

V. 19/20 nennt den Organalton zur Oktave Γ–G:

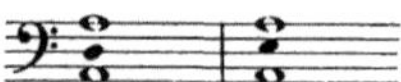

Die Erwähnung des Klanges Γ–C–G, dessen Spezies in den Beispielen dann mehrfach vorkommen, fehlt hier (vielleicht aus »Systemzwang«: weil G einen Ganzton, C aber einen Halbton unter sich hat).
V. 21–23 nennt die Organaltöne der Oktave A–a:

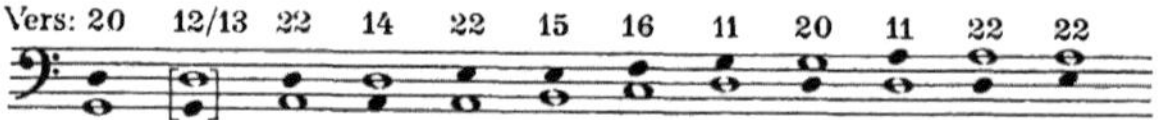

Insgesamt also werden folgende Klänge genannt:

Damit sind im Oktavraum (Γ) A–a, zentriert um den Ton D, alle Töne und zugleich die meisten der organalen Klänge genannt. Die nicht ausdrücklich erwähnten Klänge können nach dem in V. 21–23 beschriebenen Muster »per circulum« ergänzt werden.

Der Schluß des ersten Abschnitts (V. 24–25) muß im Zusammenhang mit dem *zweiten Abschnitt* (V. 26–29) besprochen werden.
Die Verse 24 und 26 sind gebildet in Anlehnung an Rr 27, 35 und 36; hier heißt es ab V. 34:

Nisi motibus his senis nulla vox movebitur.
Omnis ergo cantilena quia his efficitur,
Moneo te, prudens cantor, hos perfecte discere:
Nam qui hos plene cognoscit, nil in cantu dubiat.

V. 25 des Vt ist gebildet nach Rr 25, 11; die Stelle lautet ab V. 10:

Notis ergo illis spretis, quibus vulgus utitur,
Quod sine ductore nusquam, ut caecus, progreditur,
Septem istas disce notas septem characteribus.

Die zuerst genannte Stelle der Rr (ab V. 34) bezieht sich auf die motus seni, die sechs melodischen Intervalle (Ganz- und Halbton, kleine und große Terz, Quarte, Quinte), die Guido im *Micrologus* (IV/12) sex vocum consonantias nennt und die das Intervall-Repertoire aller Cantus darstellen. – Die andere Stelle der Rr (ab V. 10) besagt, daß neben den sieben notae der Oktave des Tonsystems alle jene Zeichen beiseite zu setzen seien, deren sich die große Menge (vulgus) bedient, die ohne Führer, wie blind, umherirrt.
Im Versteil des Mailänder Traktats sind jedoch die Pronomina demonstrativa »his« (V. 24) und »has« (V. 26) nicht eindeutig zu beziehen. Da im 1. Abschnitt des Vt die Erstellung der Töne des Oktavraumes und das Aufzeigen der organalen Klänge zugleich gelehrt werden, bezieht sich das Pronomen in V. 24 wahrscheinlich sowohl auf die sieben Töne der Oktave als auch auf die bei diesen Tönen zu gebrauchenden organalen Klänge. Dagegen scheint sich im 2. Ab-

schnitt des Vt, in dem Cantus und Organum einander gegenübergestellt werden, das Pronomen in V. 26 auf die Töne zu beziehen, die dann in V. 28 als Töne der Organalstimme, also als Bestandteile von Klängen, angesprochen sind[13].

Der *dritte Abschnitt* (V. 30–54) behandelt die organalen Klänge nicht nur innerhalb des Tonraums (Γ)A–a (wie im 2. Abschnitt), sondern innerhalb des ganzen Tonsystems. Zur Veranschaulichung der Tonverhältnisse (Verwandtschaft: Quinte und Quarte; Gleichheit: Oktave) dienen nun Tonschrift und Tonbezeichnungen.
Folgende Verse sind mehr oder weniger wörtlich den Rr entnommen:

V. 30–34 (Färbung der Linien)	Rr 30, 34–31, 2
	(hierzu Handschin, *Toncharakter*, 326; Oesch, 6f.)
V. 36–39 (Töne im Oktavabstand haben gleiche Tonbuchstaben)	Rr 26, 22–25
	(Micr. V/5ff.)
V. 40–42 (Vergleich mit den Wochentagen)	Rr 25, 14–16
	(Micr. V/7 und 17f.; Epistola, GS II, 46a)
V. 46–51 (über ♮ und b)	Rr 27, 12–17
	(Micr. VIII/10ff.)

Guidos Tonschrift, die für die Praxis brauchbare eindeutige Fixierung der Töne, ist grundlegende Voraussetzung für das Neue Organum: Die Niederschrift der Choralmelodie »nimmt dem Organizator [bei der Stegreif-Ausführung der zweiten Stimme] die Tätigkeit des Erinnerns an den Cantus fast vollständig ab, so daß er sich der Gegenstimme zuwenden kann« (Zaminer, 1959, S. 144). Daneben ermöglicht diese Tonschrift die Komposition mehrstimmiger Musik, da nun auch die Klänge als »gewußte Sprachwerte« niedergeschrieben werden können. Doch wohl weniger die praktische Bedeutung dieser Tonschrift ist der Grund, weshalb sie hier erwähnt wird, als vielmehr die Möglichkeit, durch sie die Theorie, die »ratio« der organalen Klänge zu veranschaulichen. Denn die Guidonische Tonschrift ist so erfunden, daß sie bei idealer praktischer Zweckmäßigkeit die Ton-Theorie mit eingefangen hat, indem sie der proprietas sonorum (V. 30) Rechnung trägt: Die Färbung der Linien markiert die Stellung der Halbtonschritte, so daß von daher die proprietas auch der übrigen Töne leicht zu erkennen ist. (In den Rr 31, 3 heißt es ausdrücklich, daß die »Verwandtschaft der Farben« als Hinweis auf den Charakter der übrigen Töne gilt: Est affinitas colorum reliquis indicio.) Die Ähnlichkeit der Farben (gelb/rot) weist auf die Verwandtschaft der Töne C und F bzw. F und c hin, somit auf die Verwandtschaft der Töne im Quart- und im Quintabstand generell, während durch die gleichlautenden Tonbuchstaben (z. B. C–c) die qualitative Gleichheit der Töne im Oktavabstand bekundet wird. So wie durch Tonschrift und Tonbenennungen zum Ausdruck kommt, daß es sich bei den Tönen C–F–c (Oktave, bestehend aus Quarte und Quinte) und F–c–f (Oktave, bestehend aus Quinte und Quarte) um gleiche und verwandte Töne handelt, »so« (Et sic . . ., V. 35) sind auch A–D–a bzw. A–E–a gleiche und verwandte Töne und damit für das Organum maßgebend.

13 Zum Begriff des prudens cantor (V. 26), der sich als cantor von dem musicus und als cantor per artem von dem cantor per usum oder iners cantor (vgl. V. 55) unterscheidet, vgl. W. Gurlitt, *Zur Bedeutungsgeschichte von ›musicus‹ und ›cantor‹ bei Isidor von Sevilla*, Abh. der Akademie der Wissenschaften und der Literatur (Sitz Mainz), Geistes- und Sozialwissenschaftl. Klasse, Jg. 1950, Nr. 7, und E. L. Waeltner, *Die »Musica disciplina« des Aurelianus Reomensis*, Kongr.-Ber. Köln 1958.

Folgende Klänge werden genannt:

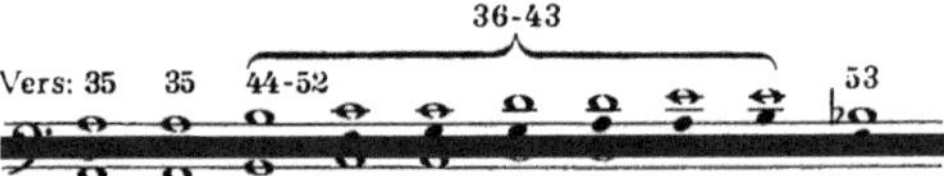

Außer diesen Klängen sind jedoch auch alle anderen möglichen Klänge angesprochen. Denn V. 39 formuliert die Gleichheit der Töne im Oktavabstand prinzipiell, und V. 43 besagt als Grundsatz, daß es in jeder Oktave zwei organale Töne gibt, mit Ausnahme (V. 44–54) der Oktave auf B. Dabei kommt es auch in diesem Abschnitt nicht auf eine Unterscheidung von Cantus und Organalton, sondern auf die Klänge als solche an, in denen das Repertoire aller organalen Klänge enthalten ist.
Mit dem dritten Abschnitt enden die Entlehnungen aus den *Regulae rhythmicae.*

Der *vierte Abschnitt* (V. 55–64) beschließt die theoretischen Erörterungen. Er unterstreicht nochmals die schon im ersten (V. 24–25) und im zweiten Abschnitt (V. 26–29) ausgesprochene Mahnung, daß der Organizator die symphoniae und die »wahren Töne« kennen muß, um sie und keine anderen dem Organum zugrunde zu legen. Die Argumente sind moralischer, religiöser und ethischer Art.
1) Moralisches Argument: Völlerei (castrimargia, von griech. γαστριμαργία) gehört zu den acht Hauptlastern, die die im Mittelalter sehr verbreitete Schrift *De institutis monachorum et de octo principalium vitiorum remediis* von Johannes Cassianus als »gulae concupiscentia« erklärt[14].
Die Verse 55–58 sind im Anschluß an Odos *Dialogus de musica* gebildet:

Odo, GS I, 263a:	Vt, V. 55–58:
Sed deridenda inertium cantorum scurrilitas, quae de tonorum discretione nil sentit: id solum sequitur, quod aliquo modo aures delinire videtur: sicut qui gastrimargiae inserviunt, per falsam dulcedinem veram sobrietatis regulam fallunt.	O deridenda inertium cantorum scurrilitas / Cum de simphoniarum discretione nil sentias / Organum et consonantias insimul destruas / Coniungis quod deest ut castrimargiae servias.

Der Vergleich mit der castrimargia bezieht sich bei Odo auf die Angleichung des achten Tonus an den zweiten durch Gebrauch von b statt ♮, womit bloß den Ohren geschmeichelt und gegen die Vorschrift der Enthaltsamkeit verstoßen wird[15]. Im Vt des *TM* ist gemeint, daß die Maßlosigkeit beim Verbinden von Tönen, die es als symphoniae nicht gibt, dem Laster der Völlerei gleichkommt.
2) Religiöses Argument: wer alle Ungewißheit (dubietas) vertreibt und die wahre Beschaffenheit der Töne (voces et veritatem) kennt, dem ist in solchem Wissen die Gnade Gottes (clementia dei) beschieden. Denn – so darf ergänzt werden – die veritas der Töne und symphoniae ist die veritas Gottes.

14 Migne, IL, 201ff.; hierzu Schanz-Hosius-Krüger, *Geschichte der römischen Literatur* IV 2, S. 513ff.

15 Die Textstelle übernahm Jacobus Leodiensis, *Speculum musicae* VI, cap. XLIX, CS II, 263a; in ähnlichem Zusammenhang begegnet der Vergleich mit der castrimargia in den Kommentaren zu Hugo von Reutlingens *Flores musicae omnis cantus Gregoriani* (1332), in der Ausgabe von C. Beck, Stuttgart 1868, S. 142.

3) Ethisches Argument: Wankelmütigkeit (gegenüber den voces und symphoniae) ist nicht mit Freundschaft zu vereinbaren und bleibt daher ohne Einfluß oder Wirkung. – Ob hier zugleich auf das Bild der »zwei Freundinnen« und somit auf den Begriff der affinitas der Einleitung des Vt (V. 5–9) angespielt ist, kann nicht entschieden werden.

Der *fünfte* und *sechste Abschnitt* (V. 65–68 und 69–74) ergänzen die abstrakte Ton- und Klanglehre im Blick auf die Praxis durch zwei Regeln für die Bewegungsrichtung der Organalstimme und durch eine Erörterung über den Gebrauch der kleinen Terz.

Für die Bewegungsrichtung der Organalstimme ist die Copula maßgebend. Die Formulierung der ersten Regel (V. 65–66) läßt aber nicht erkennen, ob nur dann die Copula aufwärts (sursum) gebildet wird, wenn der Cantus absteigt; in den Exempla ist dies jedoch ausnahmslos der Fall (vgl. auch V. 91). Die zweite Regel (V. 67–69) formuliert die Gegenbewegung deutlich: bei aufsteigendem Cantus muß das Organum absteigen. Beide Regeln besagen indessen nichts über die Lage der Organalstimme ober- oder unterhalb des Cantus: z. B. beim Aufsteigen des Cantus kann das Organum von oben her dem Cantus entgegenkommen (Copula im Einklang; vgl. 3. Exemplum) oder in Gegenbewegung unterhalb des Cantus absteigen (Copula in der Unteroktave; vgl. 5. Exemplum)[16]. – Es ist nicht ausgeschlossen, daß der Verfasser des Vt seine Regeln für die Bewegungsrichtung der Organalstimme in Kenntnis der Stimmführungsregeln im Organum-Kapitel des Johannes Affligemensis[17] aufgestellt hat; doch sind die Regeln des Johannes um vieles genauer.

Der sechste Abschnitt (V. 69–74) handelt vom Gebrauch der kleinen Terz. Die Frage, warum in diesem Zusammenhang nicht beide Terz-Arten genannt werden, ist nicht eindeutig zu beantworten. Möglicherweise wird nur die kleine Terz genannt, weil sie unter den für das Organum zu brauchenden Klängen den niedrigsten Rang einnimmt (vgl. Micr. XVIII/17). Der Klang der großen Terz wird in V. 84 mit einer dulcis fistula verglichen. Das bezieht sich jedoch an dieser Stelle auf die große Terz vor dem Einklang, also auf das Erreichen des Schlußklangs, und darf nicht verallgemeinert werden. In den Exempla des Vt begegnet die große Terz (Beispiel 1 und 4) nur als Klang vor der Copula. – Die kleine Terz »entstellt« das bisher beschriebene Organum, das nur mittels der »wahren Töne« (voces verae, V. 66), d. h. der durch affinitas ausgezeichneten symphoniae Quinte und Quarte, fortschreitet, wie es der Verfasser des Versteils immer wieder betont hatte (V. 1–9; 24–25; 28; 61). Regular (»besser gestaltet«) verläuft die Organalstimme demzufolge mit Sprüngen[18]. Denn dem Gesetz entspricht sie nur dann, wenn ihre Klänge dem »Zirkel« gemäß (vgl. V. 22) als Quinte und Quarte gebildet sind[19].

16 Hierzu die Besprechung der Exempla, S. 138f.

17 *De musica*, ed. J. Smits van Waesberghe, CSM I, XXIII/24–28.

18 – z. B. wenn im 2. Exemplum anstelle der Terz die Quarte und anschließend die Oktave gebildet würden – was in diesem Falle allerdings Schwierigkeiten bei der Bildung des nächsten Klanges zur Folge hätte, da der Cantus noch weiterhin absteigt (von D nach C).

19 Man könnte bei V. 72 (... saliendo vadit ut ornetur melius) auch an melismatische Ausschmückung denken: Wenn die Organalstimme in Sprüngen fortschreitet, können in die Tonabstände die Melismen besser eingefügt werden. Indessen entspricht die obige Interpretation wohl mehr dem Sinne dieses ganzen Abschnitts (vgl. auch S. 133).

Die Untermischung der kleinen Terz ermöglicht ein »fast stufenweises« (V. 90), nicht »springendes« Fortschreiten der Organalstimme »beim Aufsteigen«[20]. Gemeint ist also nicht die Terz *vor* der Copula, denn hier ist sie nur bei folgendem Einklang, also bei absteigender Organalstimme möglich. Dabei sind allerdings die gleichen Tonverhältnisse gegeben wie umgekehrt bei der Aufeinanderfolge von Einklang und Terz; doch die Bildung der consonantia vor der Copula steht außerhalb der voces verae (vgl. V. 3). Angesprochen wird hier die Terz *nach* dem Einklang, also zu Beginn eines Abschnitts, wie es das 2. Exemplum (Z. 99–100) zeigt. Und tatsächlich kommt dabei in stufenweiser Gegenbewegung hauptsächlich die kleine Terz in Frage, nämlich vom Einklang auf C, E, F (»theoretisch« auch ♭/♮) aus, während die große Terz nur von G und a aus möglich ist, nicht aber von D aus wegen des dann folgenden Klanges $^{F}_{B}$. – Wenn die kleine Terz eingemischt ist, klingt das Organum stricte, und das heißt wohl »knapp« im Sinne von »nicht genau«, »flüchtig«. Dies entspricht der Feststellung, daß das Organum durch die kleine Terz »entstellt« wird (depravatur), die durch den Ausdruck intermixta (»eingemischt«) als »Durchgangs-Klang« charakterisiert ist.

Nach der Mailänder Handschrift bilden die Verse 75–78 und die Beschreibung des ersten Beispiels (V. 79ff.) zusammen einen Abschnitt[21]. Doch wir sehen in V. 75–78 den *siebenten Abschnitt*, der den I. Teil beschließt und zum II. Teil überleitet. Diesen Trennungsstrich macht auch der Berliner Traktat B (Satz 27), indem er auf den Beginn der Beispiele des Versteils verweist (Si cantus tenebit .D. organum erit in .a. etc.).
Abschließende und überleitende Bedeutung haben die Verse 75–78, indem sie nochmals die für die Praxis des Neuen Organums grundlegende theoretische Voraussetzung nennen: Für das Organum gibt es 7 verschiedene Töne (A bis G) und sieben Oktavklänge (deren Quint-Quart-Struktur die organalen Töne und Klänge ergibt). Doch möglicherweise hat die Nennung der sieben Oktaven hier auch noch folgenden konkreteren Sinn: Sie verbindet das Prinzip der Lehre des I. Teils (organale Struktur der Oktavklänge) mit dem aus den Exempla abzulesenden Prinzip einer bestimmten organalen Praxis, die der Verfasser des Versteils im Auge zu haben scheint: das Organum, jedes der Beispiele, konstituiert sich im organal strukturierten Klangraum *einer* Oktave (weiteres hierzu S. 134f.).

Die Interpretation des *Schlußabschnitts* (V. 137–144) soll der Besprechung der fünf Exempla vorangehen, die dann die Erläuterung des Versteils beschließen wird. Der Schlußabschnitt charakterisiert das Verhältnis von Organum und Cantus und rechtfertigt die übergeordnete Bedeutung der Organalstimme mit Hilfe der Dialektik.
Dem Organum steht der ganze Tonraum zur Verfügung, bis zur Ober- und Unteroktave eines Cantustones. Praktisch ergibt sich dabei – wie die Exempla zeigen –, daß zufolge des Ortes der Einklangs- und Oktavcopulae, der Gegenbewegung und des Quint-Quart-Wechsels das Organum sich im wesentlichen im Raume des Cantus bewegt, genauer (im Blick auf die fünf Exempla): im Raume einer Oktave, deren unterer Grenzton durch den tiefsten Ton des Cantus bestimmt ist. Mit dem »Ganzen« (totum), das der Organalstimme zur Verfügung steht,

20 – vielleicht auch *weniger* springende Fortschreitungen, z. B. bei Tonwiederholungen im Cantus (vgl. das 1. *Descendit*-Exemplum in *TBB*, S. 167).

21 *TBA* hat keine Abschnittsgliederung.

ist also nicht der ganze Tonraum (A bis $\overset{a}{a}$) gemeint und wohl auch nicht der ganze Raum, den der Cantus im Einzelfall konkret ausprägt, sondern der ganze Ambitus eines Kirchentons: das Ganze eines bestimmten, durch den tiefsten Cantuston definierten und organal strukturierten Oktavraumes (weiteres hierzu S. 134f.).

Beherzt, »wie ein tapferer Soldat«, durcheilt das Organum die Quinte und Quarte (auch die Terz) in Richtung der Copula.

Für die Verse 139–140:

Frangit voces velut princeps, senior et dominus,
Qua de causa applicando sonat multum dulcius.

gibt es zwei Möglichkeiten des Verständnisses.

a) Die Organalstimme »bricht die Töne«, so wie ein Fürst jedes Hemmnis zermalmt, weswegen sie »beim Anwenden« (des »frangere voces«) viel süßer klingt.

Wenn diese Stelle somit im Sinne melismatischer Ausführung des Organums aufzufassen ist, wie es von Riemann vermutet (1921, S. 91f.), von Handschin mit Fragezeichen versehen (1930, S. 52) und von R. v. Ficker behauptet wird (1932, S. 73f.), entspräche sie dem 5. Modus des Pt (der die melismatische Ausführung allerdings auf die ultimae voces zu beschränken scheint; hierzu S. 80) und dem Schluß der Organumlehre des Johannes Affligemensis (CSM I, XXIII/32, wo jene Beschränkung nicht ausgesprochen ist). Alle drei Hinweise hätten gemeinsam, daß sie es freistellen, ob die Töne koloriert werden oder nicht, wobei der Vt hinzufügen würde, daß das Organum durch Kolorierung »viel süßer« klingt.

b) Die Organalstimme »verfügt über die Töne« (bändigt sie) wie ein Fürst über seine Untertanen, weswegen es viel süßer klingt, wenn sie »angewandt« (dem Cantus hinzugefügt) wird.

Diese Interpretation hat den Vorzug, daß das Wort applicando weniger strapaziert wird. Und sie entspricht besser dem Kontext; denn nicht vom Verhältnis zwischen nicht-melismatischer und melismatischer Ausführung des Organums, sondern vom Verhältnis zwischen Organum und Cantus ist hier die Rede.

Unabhängig von dieser Frage kann das Organum wohl auch so ausgeführt werden, wie es bei den fünf Exempla beschrieben und aufgezeichnet ist. Die Organalstimme hat hier den Charakter eines zweiten Cantus, der sich auch ohne Melismenschmuck behauptet in seiner Tonführung und in der Mannigfaltigkeit und Geordnetheit des durch ihn entstehenden Klanggeschehens.

Der Hinweis auf die Dialectica des Boethius bezieht sich vermutlich auf dessen Schrift *De differentiis topicis*[22], die im Mittelalter dem Studium der Dialektik und Rhetorik diente[23]. Boethius führt hier aus (ed. Migne, 1175f.), daß in einem Satz (einer simplex propositio oder propositio praedicativa), wie z. B. »coelum est volubilis«, der subiectus terminus »coelum« minor (geringer) ist als der praedicatus terminus »volubilis«, der maior (umfassender) ist, weil nicht nur der Himmel drehbar genannt werden kann (Neque enim coelum solum volubile dici potest). Analoges gilt, wenn jenem Satz eine propositio conditionalis eingefügt wird: »coelum, si rotundum est, volubile est«. Hier ist die conditio »si rotundum est« die pars antecedens des Satzes (que prius dicitur) und »volubilis est« die pars consequens (rotundum esse antecedit, volubile esse consequitur). Wie nun das Praedicativum umfassender ist als das Sub-

22 Migne, LXIV.

23 M. Manitius, *Geschichte der lateinischen Literatur des Mittelalters*, Bd. I, München 1911, S. 31.

iectum, so auch stellt die pars consequens gegenüber der pars antecedens die übergeordnete Aussage dar.

Der Verfasser des Vt vergleicht den Cantus mit dem subiectum bzw. der pars antecedens und das Organum mit der pars consequens, wobei er statt antecedere das Wort praecedere verwendet, das in der Organumlehre geläufiger war. So wie der Prosateil mit einer dialektischen Rechtfertigung der Klänge des Neuen Organums schließt, so der Versteil mit einer dialektischen Verankerung der Begriffe vox praecedens (Cantus) und vox subsequens (Organum): Der Cantus ist als das Vorausgehende die Bedingung des Organums, das an den Cantus gebunden ist (wie das Prädikat ans Subjekt und wie die Folge an eine Bedingung), ihm jedoch an Bedeutung übergeordnet ist (wie das Prädikat dem Subjekt und die Folge der Bedingung).

Teil II

Der *zweite, praktische Teil* (V. 79–144) beschreibt fünf Organum-Beispiele mit je verschiedenem Cantus; er schließt mit jener Erörterung des Verhältnisses von Organum und Cantus, die bereits S. 132ff. besprochen wurde.

Die *Cantus* der Beispiele (s. S. 135f.) sind ad hoc erfunden. Sie dienen offenkundig nicht zur Demonstration des melodischen Gefüges der Kirchentöne (denen sie freilich nicht widersprechen), sondern scheinen so angelegt zu sein, daß die verschiedenen Regeln und Möglichkeiten des Organizierens veranschaulicht werden können: disjunkter und konjunkter Beginn, Gegen- und Parallelbewegung, Klangwechsel, Gebrauch der Terz, Begleitung des Tones F, wechselnde Lage der Organalstimme (Stimmkreuzung), Bildung der Copula. Dabei scheint für die Erfindung der fünf Cantus primär maßgebend gewesen zu sein, daß jedes Beispiel als Organum einen anderen Klangraum bzw. eine andere organale Klangstruktur vorführt, und zwar systematisch aufsteigend die Klangräume bzw. -strukturen der Oktave über A, C, D, E und F.

Exemplum	Cantus	ausgeprägte Cantustöne	Klangraum und Klangstruktur
1	hypodorisch	D A D	a D A
2	hypolydisch	F C G	c FG C
3	dorisch	D a D	d a D
4	hypophrygisch	E a E	e a E
5	lydisch	F c f	f c F

Somit demonstrieren die Beispiele die in Teil I des Versteils (im 1. und 2. Abschnitt) erörterte Klanglehre: ausgehend von der Klangstruktur $\overset{a}{\underset{A}{D}}$ entfaltet sich jedes Beispiel als Organum nach Maßgabe einer anderen Klangstruktur. Der Ausgangspunkt ist die tiefste oder erste Oktave: $\overset{a}{A}$, die dem Ambitus des 2. Kirchentons (hypodorisch) entspricht und deren Organumton D zugleich die Finalis des 1. und 2. Kirchentons bildet (vgl. V. 10–13 und deren Besprechung, S. 126f.). Die Cantus sind so erfunden, daß je durch ihren Anfangs- und Schlußton und durch ihren unteren (in Beispiel 5 auch oberen) Grenzton eine bestimmte organale Klangstruktur entweder provoziert wird (Exempla 1–4) oder bereits ausgeprägt ist (Exemplum 5). In diesen Oktavstrukturen, in denen sich der Cantus, die Organalstimme und die Zusammenklangsfolge entfalten, sind in *einem* Grundphänomen vereinigt: Oktav-Quint-Quart-Struktur des organalen Klanges sowie Finalis, Repercussa und Ambitus des Kirchentons. Die Tatsache, daß die Cantus frei erfunden sind, und zwar offenbar in Rücksicht auf das Demonstrieren der organal strukturierten Klangräume, erweist, daß das Phänomen des Klanges hier als primär gilt.

Die *Texte* der Beispiele (*Hoc est exemplum*, usw.) bestätigen, daß es sich um reine Demonstrations-Beispiele handelt. Sie scheinen überdies erst nachträglich zum zweistimmigen Satz hinzugefügt zu sein (hierzu unten S. 141).

Jedes Beispiel bildet als Ganzes eine textlich-klangliche Einheit, eine Klangzeile. Die innerhalb der Beispiele durch Copulae entstehenden Partikel bezeichnen wir als Klangglieder (Klangzeilen-Glieder) und verweisen auf sie durch hochgestellte Zahlen (z. B. 2^1 = zweites Exempel, erstes Klangglied).

Die versifizierte *Beschreibung* erfolgte jeweils in der Weise, daß die Niederschrift des Exempels gleichsam »abgelesen« wurde; dies wird besonders deutlich beim Ansprechen der Stimmkreuzung des 3. Beispiels in V. 107: der Cantus (!) »geht hinüber« (transit) über die Organalstimme und umgekehrt. Stets wird zuerst der Cantus, dann das Organum genannt. Bei 5 der insgesamt 15 Klangglieder erfolgt die Beschreibung von Klang zu Klang, während 10 Glieder jeweils in einem Zuge bis zur Copula hin beschrieben werden (hierzu S. 139).

Im Blick sowohl auf die Faktur der Exempla als auch auf die Art ihrer Beschreibung durch den Text des Vt und auf die im Vt gebotenen Regeln läßt sich eine Reihe weiterer Feststellungen treffen, die im folgenden systematisch aufgegliedert sind. Die fünf Exempla stellen für diese Feststellungen freilich nur eine schmale Basis dar; andererseits jedoch bieten sie innerhalb unserer Traktatgruppe den einmaligen Fall so vieler ausgesprochener Lehrbeispiele mit je eigenem Cantus und einer ausführlichen Beschreibung durch den Text des Traktats.

Zur besseren Übersicht seien die fünf Beispiele nochmals angeführt:

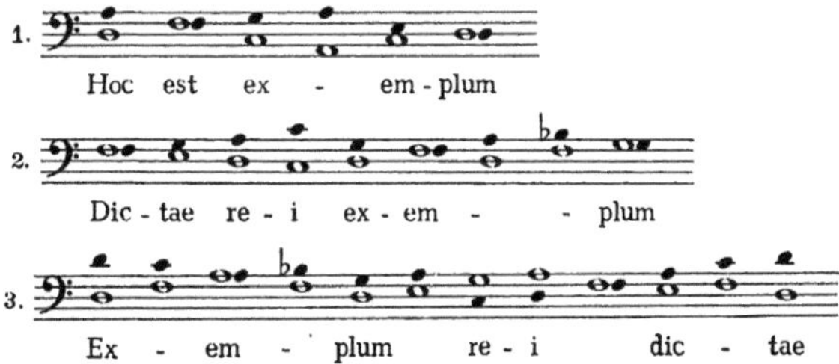

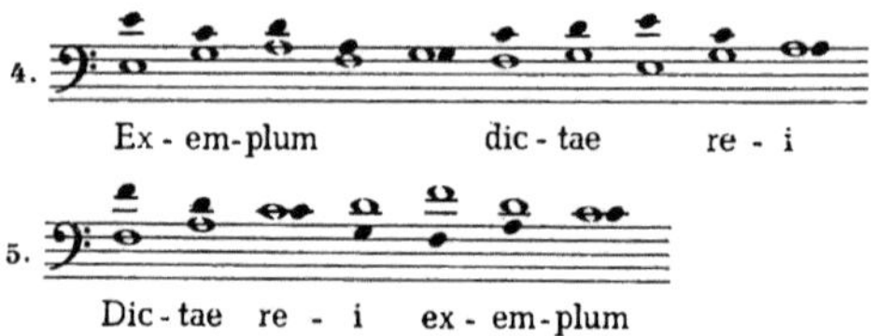
4.
Ex - em-plum dic - tae re - i
5.
Dic - tae re - i ex - em-plum

1) a) *Disjunkte Klänge* sind Quinte und Quarte, offenbar gleichberechtigt (vgl. die Einleitung des Vt): unter den insgesamt 22 disjunkten Klängen gibt es 11 Quinten und 11 Quarten. Als disjunkter Anfangsklang einer Klangzeile scheint jedoch die Quinte bevorzugt zu sein (vgl. 1[1] mit 2[2]).

Die Termini coniunctus (coniunctio) und disiunctus (disiunctio) kommen im Vt nicht vor. Der Verfasser gebraucht lediglich die Verben iungere und coniungere, und zwar im Sinne des Verbindens der Stimmen allgemein (V. 5 und 58) sowie speziell in der Oktave (V. 82) und im Einklang (V. 98). Einklangs- und Oktavbildung werden außerdem angesprochen als copula (konsequent in dieser Bedeutung, auch copulare) und umschrieben durch »una« esse (V. 9) oder »in eodem« esse (V. 119). Quint- und Quart-Bildung werden angesprochen als organum (z. B. V. 35, doch heißt organum hier zumeist Organalstimme, z. B. V. 90) und als organalis vox (konsequent in dieser Bedeutung, z. B. in V. 11, 43, 95).

b) Als Zusammenklänge werden ferner verwendet die kleine *Terz* (Beisp. 2[1]) als Durchgangsklang bei stufenweise in Gegenbewegung aufsteigender Organalstimme zu Beginn eines Klanggliedes und die große Terz als vorletzter Klang (Beisp. 1[3] und 4[1]).
Doch der Gebrauch von kleiner und großer Terz kann nicht grundsätzlich in dieser Weise unterschieden werden. Denn zu Beginn eines Klanggliedes kann nach dem Einklang auf G und a auch die große Terz vorkommen, und bei der Schlußbildung kann die kleine Terz vor dem Einklang auf C, E, F und ♮ gebraucht werden – so 3mal in den *Alleluia*-Beispielen des Pt. (Über den Gebrauch der Terz vgl. den 6. Abschnitt des Vt, V. 69–74, und dessen Besprechung S. 131 f.).
2) Alle Beispiele bilden Klangzeilen, deren *Schluß*, stets in Gegenbewegung erreicht, konjunkt ist (Einklang oder Oktave, je nach Bewegungsrichtung des Cantus und Lage des Organums) und deren *Anfang* konjunkt (Einklang oder Oktave nach den gleichen Bedingungen) oder disjunkt sein kann. (Die Regel für den konjunkten Schluß bieten die Verse 3 und 9.)

Man kann ausprobieren (– was im folgenden mehrmals durchgeführt werden soll –), daß der Bildung der Organalstimme bei Befolgung des geltenden Systems der Grundsätze relativ enge Grenzen gesetzt sind. Der disjunkte Beginn von Beispiel 1 wird durch folgende Rücksichten nahegelegt: Beginn im Einklang hätte zur Folge, daß die Organalstimme in Gegenbewegung unterhalb des Cantus gelangt, der jedoch alsbald selbst eine tiefe Lage einnimmt. Und bei Beginn in der Oktave würden im weiteren Verlauf folgende Schwierigkeiten auftreten (1-5 und 8-9 jeweils alternativ):

zu 1: Tonwiederholung (vgl. Feststellung 5a)
zu 2: Parallelführung bei Quartsprung des Cantus ergibt ungewöhnlichen Klangsprung
zu 3: ungewöhnlicher Klangsprung
zu 4: Tonabstand zu groß (Feststellung 4c), zumal der Cantus dann weiter absteigt
zu 5: a) Sprung in der Organalstimme zu groß (Feststellung 4c)
b) die Terz kann hier nicht Paenultima-Klang einer folgenden Einklangs-Copula sein (Feststellung 1b)
zu 6: Fortschreitung zum 4. Klang?
zu 7: möglich, doch Klangsprung auch hier ungewöhnlich
zu 8: wie 5 b)
zu 9: wie 5 a), außerdem Einklang nach Oktave

3) Der *Klang nach der Copula*, also der Beginn der Klangglieder (außer dem Anfangsklang der Zeilen), ist in den fünf Beispielen
a) stets disjunkt,
b) stets verschieden gegenüber dem letzten disjunkten Klang des vorhergehenden Gliedes.

Eine Ausnahme bildet nur 1^2, wo die Wiederkehr der Quinte die Folge davon ist, daß dieses Beispiel disjunkt beginnen muß (vgl. Feststellung 2) und daß vor der Oktave in der Regel die Quinte steht.
Ob es Prinzip ist, daß innerhalb der Beispiele sonst alle Glieder mit einem disjunkten Klang beginnen, der verschieden ist gegenüber dem letzten disjunkten Klang des vorangegangenen Gliedes, ist nicht zu entscheiden. Man kann ausprobieren, daß hierbei jedenfalls auch andere Rücksichten eine Rolle spielen, z. B. die Bevorzugung der Klangfolge Quinte–Oktave- und Quarte- (oder Terz-)Einklang: vgl. 1^2 / 1^3; 2^1 / 2^2; 4^2 / 4^3; 5^1 / 5^2 / 5^3; ferner der Wechsel von Quinte und Quarte (2^3; 3^3) und die Vermeidung des Tones ♮ (3^3, wegen des sonst entstehenden Tritonus f–♮ in der Organalstimme) bzw. b (4^2, zufolge des auf E stehenden Ton- und Klangraumes).

Grundsätzlich ist festzustellen, daß die Beispiele nach einem System von Regeln und Gestaltungsmöglichkeiten gebildet sind, das einerseits, wie gesagt, dem Organizator bei der Wahl der Töne recht enge Grenzen setzt und das doch andererseits ein bereits hohes Maß an Mannigfaltigkeit der Klänge und Klangglieder zur Folge hat.
Ein gutes Muster bietet das 2. Beispiel, bei dem alle drei Glieder klanglich verschieden sind zufolge der Gegenbewegung (1. Glied, mit Terz als Durchgangs-Klang), der Copula-Bildung durch Quinte–Oktave- und Quarte–Einklang (1. und 2. Glied) und des Quart-Quint-Wechsels (3. Glied).
4) Für die *Gestaltung der Organalstimme* in melodischer Hinsicht gilt:
a) Tonwiederholungen sind streng gemieden.
b) Die Tonschritte überschreiten nicht das Intervall der Quarte (mit einer Ausnahme).
Die insgesamt 39 Tonschritte der Organalstimme teilen sich auf in 18 Sekunden (darunter 2 kleine Sekunden beim Tonschritt a–b), 15 Terzen (9 kleine Terzen), 5 Quarten und 1 große Sexte (Beisp. 3^2 bei der Stimmkreuzung.) – Der Cantus zeigt 17 Sekunden (darunter 3 kleine), 21 Terzen (16 kleine), 1 Quarte.
So unterscheidet sich die Organalstimme in ihren Tonschritten nicht wesentlich gegenüber der Melodik des Cantus.
c) Der Abstand zwischen Cantus und Organum überschreitet nicht die Oktave. Dies wird dadurch begünstigt, daß die Oktavcopula stets in Gegenbewegung und nur dort gebildet wird, wo der Cantus anschließend seine Bewegungsrichtung ändert, so daß ihm die Organalstimme

in Gegenbewegung wieder entgegenstrebt (hierzu Feststellung 8). Dies wiederum hat zur Folge, daß Oktav- und Einklangscopula ziemlich regelmäßig abwechseln (ganz regelmäßig in Beispiel 1, 4 und 5) und daß bei unseren Beispielen beide Stimmen sich im Rahmen der gleichen Oktave bewegen.

5) Über die *Lage der Organalstimme* ober- oder unterhalb des Cantus wird im Text des Vt (wie übrigens in der ganzen hier behandelten Traktat-Gruppe) nichts ausgesagt, abgesehen von V. 137, der wohl so aufzufassen ist, daß dem Organum der Oktav-Raum ober- und unterhalb des Cantus zur Verfügung steht (vgl. die Besprechung S. 132f.). In den Beispielen des Vt liegt die Organalstimme meist oberhalb des Cantus. Dies scheint hier jedoch noch kein als Regel formulierbares eigenständiges Prinzip zu sein. Abgesehen davon, daß für jedes der Exempel offenbar vorher ein bestimmter Oktav-Raum abgesteckt ist, kann man beobachten (bzw. ausprobieren), daß das Organum bei Verfolgung der durch die Copula geforderten Gegenbewegung oft in eine zu tiefe Lage gedrängt würde, wenn es nicht oberhalb des Cantus (von oben her oder nach oben hin) die Copula bildet, z. B. bei 1^1 und 2^1, wo andernfalls auf der Silbe *est* bzw. *Dic-* das Gamma unterschritten würde.

Daß die Lage des Organums von übergeordneten Gesichtspunkten abhängt, bestätigen die beiden Stimmkreuzungen. Wenn in 3^2 vor dem Wort *dictae* die Copula gebildet werden soll, so kann dies nur im Einklang geschehen; denn die Oktavcopula über F hätte anschließend im Organum den Sprung f–a zur Folge (da zur Begleitung von E alle anderen Töne ausfallen). Das Organum muß in diesem Beispiel den Cantus kreuzen, da dieser aufsteigend begonnen hatte und da jenes die Copula auf F von unten her erreichen muß. – Ebenso ist in $5^{1/2}$, wo der Cantus von F zu f aufsteigt, die Stimmkreuzung die beste Lösung.

Die Lage der Organalstimme ist also nicht als Regel oder Gebot zu formulieren (so etwa, daß das Unterschreiten des Cantus als Ausnahme zu gelten hätte), sondern sie ist hier noch zu verstehen als bloße Konsequenz der neuen Art des Organizierens, dessen Grundsätze sich mit einem Klangraum bzw. mit dem Tonraum und den Bewegungsrichtungen des Cantus auseinandersetzen.

6) *Copula* bedeutet – wie im Pt – das »Verbundensein« des Organums mit dem Cantus im Einklang oder in der Oktave (V. 3, 13, 80, 91 usw.), genauer: das »Band« (Einklang oder Oktave), das das Organum mit dem Cantus derart verknüpft, daß das eigentlich »organale« Geschehen in diesem Augenblick unterbrochen, zu einem Ende oder Schluß gelangt ist. Auch die Verben copulare (V. 65, 112, 122, 134), coniungere (V. 82) und iungere (V. 98) werden in diesem Sinne gebraucht. Die bildliche Umschreibung der Copula entspricht dem in den einleitenden Versen (V. 5ff.) gebotenen Vergleich der beiden Stimmen mit zwei Freundinnen: das Organum »reddat sonum dulci amicitia« (V. 85), »reddit osculum« (V. 109), Cantus und Organum »dant oscula« (V. 86). Das Nomen actionis »copulatio« bzw. »coniunctio« (Pt Satz 15 und 17) kommt im Vt nicht vor. Das Erreichen der Copula wird hier jedoch ganz im Sinne des Pt (Satz 7 und 15) angesprochen: der Organizator gelangt zur Copula »cum dulcedine« (V. 3), und den Bezug des vorletzten Tons oder Klanges zur Copula bringen die Verben spectare (V. 84, 97), exspectare (V. 108) und praeoccupare (V. 94, 115, 130) zum Ausdruck.

Die fünf Exempla zeigen, daß die Copula stets in Gegenbewegung erreicht wird, wofür es die folgenden vier Möglichkeiten gibt:

Die Gegenbewegung bei der Copula-Bildung ist aber – obwohl der Vt sie zu einem Grundsatz erhebt (V. 12–13) – ebensowenig ein primäres, eigenständiges Prinzip wie die Lage des Cantus. Den Copulae der Beispiele geht in der Organalstimme in der Regel der Ton voraus, der dem Ton der Copula melodisch am nächsten liegt (unter Vermeidung von Tonwiederholungen und gegebenenfalls des Tones ♮ oder b). Dieses melodisch passende Erreichen der Copula scheint im Blick auf die Gegenbewegung das primäre Prinzip zu sein. Es hat musikalisch zur Folge, daß das Organum als Stimme an Geltung gewinnt, da es – so wie der Cantus – den abschließenden Ton stets durch einen kleinen Melodieschritt erreicht (Sekunde oder Terz), und zwar in einer – gegenüber dem Cantus – eigenen (anderen) Bewegungsrichtung. Damit wohl hängt es zusammen, daß die Copula »durch irgendeine passende Consonantia« (Pt, Satz 7) erreicht werden darf, wodurch überdies der Klang vor dem Schluß als »freier« (nicht an Quinte oder Quarte gebundener) Klang zugunsten der Schlußbildung an Intensität gewinnen kann. Da also die Lage der Organalstimme durch einen Klangraum bzw. durch Tonraum und Bewegungsrichtung des Cantus vorherbestimmt und die Bildung der Copula durch das Prinzip des kleinsten Melodieschritts prädeterminiert ist, gibt es für den Organizator zumeist – wie die 16 Copulae unserer 5 Beispiele bestätigen – eine Freiheit der Wahl weder für den Copula-Klang (Einklang oder Oktave) noch für den Ton, der ihm vorausgeht und ihn erreichen soll.

7) Die *Gegenbewegung* bei einem mehr als zweitönigen Glied ist eine Folge davon, daß die Copula-Bildung und mit ihr die Gegenbewegung zurückwirken bis hin zur Wahl des Anfangsklanges. Dieses Vorausschauen des Organizators auf den durch die Copula gebotenen Zielton hat Johannes Affligemensis beschrieben[24], der auch die Gegenbewegung zur Regel erhob: es sei die Verschiedenheit der Stimmbewegung (motuum varietas) sorgfältig zu beachten, »ut ubi in recta modulatione est elevatio, ibi in organica fiat depositio et e converso«. Daß auch der Verfasser des Versteils die Klangglieder je als Ganzes vor Augen hat, zeigt die Art seiner Beschreibung der Beispiele: in den meisten Fällen nennt er die Tonfolge des Cantus, dann die des Organums jeweils bis hin zu dem Ton, bei dem die Copula gebildet wird.

Während aber bei Johannes Affligemensis der Zielton gegeben ist durch die am Ende eines Wortes oder einer Wortgruppe gelegene mora oder pausatio des Cantus, kongruiert in unseren Beispielen der Ort der Copula oft nicht mit den Wörtern des Textes (Feststellung 9). Und in einigen Klanggliedern bewegt sich die Organalstimme vor der Copula-Bildung nicht in Gegenbewegung, sondern in gleicher Richtung, meist im Wechsel von Quinte und Quarte. Für die Bildung der Klangglieder außerhalb der Copula gibt es zwei Prinzipien.

a) Die *gleichgerichtete Bewegung* der Stimmen (möglichst im Wechsel von Quinte und Quarte oder umgekehrt,) wie sie Beispiel 3[2] am deutlichsten ausprägt, entspricht der Organum-Definition des Pt (Satz 7) und des Vt (V. 1 und 8) sowie dem 3. Modus des Pt. Sie ist in unseren Beispielen stets dort angewandt, wo die Bewegung des Cantus unentschieden ist: in 3[2] bewegt er sich um den Ton F, in 4[1] um den Ton G; auch in 3[3] und 4[2] ist eine Bewegungsrichtung nicht eindeutig ausgeprägt.

Hinzu kommen andere Rücksichten, die die Gegenbewegung verhindern. Das Klangglied 2[3] beginnt disjunkt, wie alle Glieder innerhalb einer Klangzeile; dem Beginn mit der Oktave würde in der Organalstimme, die in allen Beispielen (außer bei der Stimmkreuzung in 3[2]) keine größeren Tonschritte als die Quarte aufweist, der Sextsprung F–d vorangehen.

[24] *De musica*, XXIII/25 f.; hierzu Zaminer, 1959, S. 108 ff.

Beispiel 4^{1} zeigt im Cantus zunächst die eindeutige Bewegungsrichtung E–G–a. Wenn hier jedoch in Gegenbewegung die Copula auf a gebildet würde, käme der Organizator bei der Begleitung des folgenden Tones F (und im Blick auf die Einklangscopula G) in Schwierigkeiten: der Ton a wäre eine Tonwiederholung, ♮ kommt nicht in Frage, b widerspricht dem hypophrygischen Modus des Cantus und c würde bedeuten, daß die Copula im Quartsprung erreicht würde (was in den Beispielen nicht vorkommt).

Auch im Blick auf den Wechsel von Quinte und Quarte (oder umgekehrt), der bei gleichgerichteter Bewegung der Stimmen gefordert ist, kann festgestellt werden, daß der Wechsel erstrebt wird, aber nicht immer erreicht werden kann, solange man die Copulae nicht an andere Stellen versetzt.

In 4^{2} kann kein Klangwechsel stattfinden, weil die Oktave stets von der Quinte aus erreicht wird und dem Ton F hier wegen des hypophrygischen Modus der Organalton b verwehrt ist.
In 4^{1} hätte die Quinte über dem ersten G eine Tonwiederholung und die Quinte über dem folgenden a einen Quintsprung zur Folge.
In 3^{2} würde der Beginn mit der Quarte (c statt b) den vorausgegangenen organalen Klang wiederholen (was bei allen Anfangsklängen vermieden ist); a im nächsten Klang (über D) würde eine Tonwiederholung zur Folge haben; ♮ beim 3. Klang des Gliedes (statt a) würde mit dem Ton b des Anfangsklanges in Widerspruch stehen. Bei der in diesem Klangglied notwendigen Stimmkreuzung (vgl. S. 138) findet der Klangwechsel statt (obwohl auch hier zunächst die Quarte hätte beibehalten werden können); im vorletzten Klang des Gliedes könnte auch E (statt D) stehen, doch würde sich die Quarte dann im nächsten disjunkten Klang wiederholen (so daß nun rückwärts gesehen unter dem Ton G nur der Ton C in Frage kommt, wenn die Tonwiederholung D–D vermieden werden soll).

So zeigt sich, daß die gleichgerichtete Bewegung der Stimmen durch die Bewegungsart des Cantus und durch andere übergeordnete Gesichtspunkte der Klang- und Stimmenbildung gefordert wird und daß dabei der Wahl und dem Wechsel der Klänge enge Grenzen gesetzt sind.
b) Die *Gegenbewegung* tritt in den Beispielen dort in reiner Form auf, wo der Cantus eine Bewegungsrichtung deutlich ausprägt (z. B. in 2^{1} und 3^{1}). Im Blick auf diese Fälle ist im Vt die Gegenbewegungs-Regel genannt (V. 65–68; vgl. auch V. 91 und 102–103). Ein nach dem Prinzip der Gegenbewegung gebildetes Klangglied kann aber nur dann mehr als zwei Klänge haben, wenn der Anfangston konjunkt ist (2^{1}, 3^{1}, 5^{1}) oder wenn eine Terz eingeschoben ist. Der Wechsel von Quinte und Quarte ist bei konsequenter Gegenbewegung nicht möglich.
So wird deutlich, daß die gleichgerichtete Bewegung im Wechsel von Quinte und Quarte und die Gegenbewegung zwei Prinzipien darstellen, wobei die Gegenbewegungs-Regel nicht zu vereinbaren ist mit der Definition des Neuen Organums, die auch in der Einleitung des Vt (bes. V. 8) den Quint-Quart-Wechsel betont.
Der Verfasser des Vt bevorzugt jedoch bei der Erfindung seiner Beispiele die Gegenbewegung. Er erreicht dies vor allem durch Bildung nur zweitöniger Klangglieder. So besteht Beispiel 1 – nach der Terminologie des Pt – ausschließlich aus Copulationes und Beispiel 5 aus einer Inceptio und drei Copulationes. Dies bedeutet, daß in derartigen Klangzeilen überhaupt keine »organalen« Klänge der mediae voces vorkommen und daß hier die Klangzeilen-Lehre des Organums zurücktritt zugunsten der Gegenbewegungs- und der »Klangschritt«-Lehre des Discantus.
8) Für den *Ort der Copula* innerhalb der Beispiele und somit auch für die soeben genannte Häufigkeit der nur zweitönigen Klangglieder scheint ebenfalls die Bewegung des Cantus

primär maßgebend zu sein. Eine Copula wird meist dort gebildet, wo der Cantus vor Änderung seiner Bewegungsrichtung einen Spitzenton ausprägt (1^{1-2}, 2^{1-2}, 3^{1}, 4^{2}, 5^{2}). Dadurch wird die Gegenbewegung garantiert und außerdem wird erreicht, daß die Stimmen sich nicht zu weit voneinander entfernen bzw. in einem und demselben Oktavraum sich bewegen. Die Folge ist jedoch die Kürze der Glieder: unter den 15 Klanggliedern der 5 Beispiele gibt es 7 bloße Copulationes.

9) Der *Text* ist für jedes Beispiel offensichtlich erst nachträglich formuliert, und zwar so, daß bei seiner Unterlegung unter den zweistimmigen Satz noch immer die Forderung der Kongruenz zwischen dem Ende eines Textgliedes (Wort oder Wortgruppe) und dem Ende eines Klanggliedes beachtet wurde:

Beispiel 1: *Hoc est* | *exemplum*
Beispiel 2: *Dictae rei* | *exemplum*
Beispiel 3: *Exemplum rei* | *dictae*
Beispiel 4: *Exemplum* | *dictae* | *rei*

Doch in ebenso vielen Fällen steht die Copula mitten im Wort, wobei im Beispiel 5 die Kongruenz zwischen Text- und Klangglied gar nicht beachtet ist. – Das Primat rein musikalischer Gesichtspunkte bei der Binnengliederung des zweistimmigen Satzes wird somit auch seitens des »Textierungs«-Prozesses dieser Lehrbeispiele bestätigt.

Das Verhältnis zwischen Versteil und Prosateil

Im folgenden sollen die wichtigsten Merkmale der beiden Lehrschriften einander gegenübergestellt werden, um die Gemeinsamkeiten und die Unterschiede aufzuzeigen und zu einer Beurteilung des Abhängigkeitsverhältnisses beider Organumlehren zu gelangen.

Im Grundsätzlichen sind die beiden Traktate durch *Gemeinsamkeiten* miteinander verbunden, die erweisen, daß zwischen ihnen ein Verhältnis enger Nachbarschaft besteht.

Beide Traktate knüpfen an Guido an. Dessen Begriff der affinitas vocum bildet hier wie dort die theoretische Begründung der für das Organum maßgebenden Klänge: Quinte und Quarte, die zugleich als Grundbestandteile der Oktave erklärt werden.

Hier wie dort weist das Organizieren die folgenden Merkmale auf, die teils als Regeln gefaßt, teils aus den Beispielen zu erschließen sind:

Quinte und Quarte sind die grundlegenden, gleichberechtigten und miteinander abwechselnden Klänge;

gelegentliche Verwendung der Terz (im Pt auch der Sexte);

Einklang und Oktave als Copula;

Gliederung des Klangverlaufs durch die Copula in »Klangzeilen« (die einem Text- bzw. Cantusabschnitt entsprechen und kon- oder disjunkt beginnen können), Untergliederung in »Klangglieder« (die nur im Vt stets disjunkt beginnen);

Bildung der Klangzeilen und -glieder im Blick auf den Cantus und im Vorausschauen auf die Copula;

Erreichen der Copula durch einen »passenden« Klang, in der Regel in Gegenbewegung;

Ausdehnung der Gegenbewegung mitunter aufs ganze Klangglied;

Lage des Organums meist oberhalb des Cantus;

gelegentliche Stimmkreuzung;

sekundärer Rang der Kolorierung (die durch den 5. Modus des Pt als eine Möglichkeit beim Organizieren gelehrt wird und die im Vt ebenfalls ins Belieben des Organizators gestellt, vielleicht jedoch gar nicht angesprochen ist); demnach:
musikalisch-reale Geltung auch des (durch die Lehre hauptsächlich oder allein erfaßten) Ton-gegen-Ton-Satzes;
bei (möglicherweise) kolorierter Ausführung grundsätzliche Scheidung zwischen Gerüst-Klangfolge und Auszierung (noch keine Trennung der Satzarten im Sinne von organum und discantus).
Insgesamt handelt es sich bei diesen Erscheinungen, die sowohl dem Prosateil als auch dem Versteil zugrunde liegen und sie als zusammengehörend kennzeichnen, um jenes System von Merkmalen, das das Neue Organum abgrenzt einerseits gegenüber dem Organum, wie es Guido gelehrt hatte, andererseits gegenüber dem dann abermals neuen Organum, dessen Lehre die Bildung der Klangzeilen und -glieder aufgibt zugunsten der Klangschritt-Lehre und einer Praxis entspricht, die die Klänge abermals neu zu werten beginnt und die Scheidung von Gerüst-Klangfolge und Kolorierung zum Unterschied zweier Satzarten vertieft.
Es ist schon (S. 125f.) darauf hingewiesen worden, daß es sich bei dem Prosa- und dem Versteil des Mailänder Traktats um *verschiedene Gattungen von Lehrschriften* handelt. Offenbar ist die Prosafassung in ihrer Knappheit vornehmlich für den Cantor bestimmt, während die Versfassung als solche zum Auswendiglernen für Schüler geschrieben wurde und sich dabei nicht nur sachlich und sprachlich, sondern auch in ihrer Lehrmethode ganz in die Tradition der *Regulae rhythmicae* Guidos von Arezzo stellt.
So kann (oder könnte) es erklärt werden, daß die versifizierte Lehre des Neuen Organums im Unterschied zur Prosafassung die Polemik (vor allem gegen Guido) vermeidet, den dialektischen Beweis der Gleichberechtigung von Quinte und Quarte beiseite läßt und auf die komplizierte Lehre von der »natura vocum« verzichtet, speziell auf die Modi organizandi und somit auf die Unterscheidung von prima vox, mediae voces und copulatio und auf die Lehre von den nur zwei- bis viertönigen Klanggliedern. Statt dessen ist dem Verfasser des Versteils anscheinend daran gelegen, die für das Organum zu gebrauchenden Töne und Klänge weitläufig zu demonstrieren an Hand der Monochordteilung und der Notenschrift und handfeste Regeln zu geben. Und er schreitet zur Praxis des Organizierens fort, nicht indem er sie auf Prinzipien reduziert, sondern indem er Exempla mitteilt, anschauliche Muster, aus denen sich die Anwendung der Regeln ergibt.
Grundsätzliche Unterschiede der Lehrmethoden der beiden Traktate können in der Tat als Unterschiede zweier Lehrschrift-Gattungen verstanden werden. Doch für das Fehlen der Moduslehre gibt es auch andere Gründe, die die Vorstellung: Neues Organum = Cantoren-Lehre (Prosateil) + Schüler-Lehre (Versteil) zwar nicht aufheben, jedoch stark einschränken.

Vor dem Hintergrund der Gemeinsamkeiten bestehen *Divergenzen* der Lehre, die sich durch die unterschiedliche Zweckbestimmung der beiden Traktate nicht erklären lassen. Es zeigt sich, daß die beiden Traktate sich auch im Gegenstand der Lehre unterscheiden, mit anderen Worten: daß sie eine verschiedene Praxis des Organizierens vor Augen haben. Dabei handelt es sich um die folgenden Unterschiede:
1) Nach der Lehre des Pt hat ein durch die Copula beschlossener Abschnitt im Normalfall mehr als 4 Töne, also mehrere mediae voces, so daß es zwischen dem möglicherweise kon-

junkten Beginn und der Copulatio mehrere voces organales gibt und der Quint-Quart-Wechsel stattfinden kann. Dementsprechend zeigt auch der zur Veranschaulichung der Modi organizandi gewählte *Alleluia*-Cantus eine Binnengliederung in 5 Töne (*Alle-*) und 7 Töne (*-lu- -ia*). Dieser Gliederung entspricht vollkommen das Exemplum zum 1. Modus, das zugleich die Anwendung des 3. Modus bei den Binnengliedern veranschaulicht. Dem Normalfall entsprechen im Pt die Organum-Definition und der 3. Modus sowie überhaupt die Einteilung der Abschnitte in prima vox, mediae voces und ultimae voces. Die Lehre von den »nur« 4- bis 2tönigen Gliedern (Satz 16–17) erfaßt die besonderen Fälle und ist die Voraussetzung für die Untergliederung der Klangzeile bei Anwendung des 4. Modus. Die Gegenbewegung wird – entsprechend dem Normalfall des Organizierens – noch nicht als Regel formuliert; sie ist die Begleiterscheinung der Copulatio und kommt daher konsequent bei 2tönigen Gliedern vor, gegebenenfalls auch bei einem mehr als 2tönigen Glied (*Alleluia*-Beispiel 2 und 4), während sie bei einem mehr als 4tönigen Glied nicht konsequent durchgeführt werden kann.

Der Verfasser des Versteils lehrt dagegen ein Organum, das – nach Ausweis der Exempla – zumeist aus 2- bis 4tönigen Klanggliedern besteht. Diese scheinen hier den erstrebten Normalfall darzustellen. Somit kann die Gegenbewegung zu einem Prinzip des Organizierens erhoben werden. Sie wird dementsprechend als Regel (und zwar als eine Grundregel) formuliert, die bei den 2- bis 4tönigen Gliedern nur dort nicht erfüllt wird, wo andere Gesichtspunkte übergeordnet sind. Auch die mehr als 4tönigen und daher in gleicher Bewegungsrichtung der Stimmen gebildeten Glieder sind als Ausnahmen zu interpretieren, die durch die unentschiedene Bewegungsrichtung des Cantus veranlaßt werden. Organum-Definition und Gegenbewegungsregel widersprechen sich im Vt; sie beziehen sich auf zwei verschiedene Möglichkeiten des Organizierens. Da aber der Vt die 2- bis 4tönigen Glieder, d. h. zugleich die konsequente Gegenbewegung bevorzugt, verliert hier die Lehre von den mediae voces (und damit die Voceslehre überhaupt) ebenso ihre zentrale Bedeutung wie die auf dieser Lehre aufbauenden Modi organizandi. Somit ist das Fehlen der Moduslehre im Vt wohl weniger als ein Unterschied der Lehrmethoden zu verstehen, sondern vielmehr als die Konsequenz einer Verschiedenartigkeit des Gegenstandes der Lehre.

2) Beide Traktate gehen von der klanglichen Struktur der Oktave aus, und zwar beide von der Oktavstruktur A–D(E)–a. Doch der Prosatraktat benutzt dieses Ton- und Klangverhältnis nur zur Demonstration der affinitas vocum schlechthin und zielt im übrigen darauf ab, durch die Modi organizandi den textlich-musikalischen Bewegungsverlauf eines vorgegebenen liturgischen (oder auch außerliturgischen) Cantus im Blick auf Mehrstimmigkeit zu erfassen.

Dagegen scheint der Verstraktat, wie gezeigt wurde (bes. S. 134f.), das klangliche Prinzip konsequent durchzuführen, indem er eine Art des Organizierens lehrt, bei dem zwei Stimmen sich in ein und demselben Oktav-Klangraum entfalten (bzw. indem er das Organum so lehrt, als ob es in dieser Weise zustande käme): Der Organizator stellt sich zum Beispiel die Klangstruktur $\begin{smallmatrix} c \\ FG \\ C \end{smallmatrix}$ vor (vgl. das 2. Exemplum) und bildet nach Maßgabe dieses Klanges zuerst (möglicherweise Glied nach Glied) den Cantus, dann die Organalstimme (bzw. Lehrer und Schüler betrachten das Organum schematisch nach dem Kriterium organaler Oktavstrukturen). Dem entspricht es, daß die Cantus nicht vorgegeben, sondern frei erfunden sind.

Es ist nicht unmöglich, daß der Versteil überhaupt das Organum lehrt als einen von der Erfindung eines Cantus ausgehenden (somit: komponierten) zweistimmigen Satz. Um dies jedoch zu entscheiden, reichen die Kriterien nicht aus. Wahrscheinlicher ist, daß der Verfasser des Vt die »natura vocum« nur in einer anderen Weise gelten läßt und auffaßt: durch seine Art der Lehre und seine frei erfundenen Exempla sucht er das Verhältnis von choralem Melos und organalem Klang schematisch zu erfassen im Blick auf die Oktavstrukturen, in denen sich die Gegebenheiten des Cantus (Finalis, Ambitus, Repercussionston) und des Organums (Quint-Quart-Struktur der Oktave) begegnen, und gelangt dabei zu andersartigen Regeln und Grundsätzen. Aber es ist wiederum nicht ausgeschlossen, daß diese abstrakte Zusammenschau der Gegebenheiten in einer Praxis frei erfundener Zweistimmigkeit Entsprechungen findet.

3) In der Organumlehre des Prosateils spielt die textlich-musikalische Untergliederung des Cantus eine maßgebende Rolle; der Cantus hat den Rang einer vox praecedens auch als Träger des Textes. Im Normalfall sind es die Wortgruppen, Wörter oder Silben, die den Ort der Copula bestimmen. Am deutlichsten zeigt auch dies wiederum das Beispiel zum 1. Modus. Der 4. Modus betrifft auch in dieser Hinsicht die Ausnahmen.

In den Exempla des Vt dagegen ist für die klangliche Binnengliederung der Abschnitte konsequent nur noch die Bewegungsrichtung des Cantus maßgebend, das rein Melodische und insofern rein Musikalische an ihm, das nach dem ihm innewohnenden klanglichen Kriterien beurteilt wird (– der Text ist offenbar überhaupt erst nachträglich zugefügt). Dem entspricht es, daß der Vt im Schlußabschnitt den übergeordneten Rang der gleichwohl vom Cantus abhängigen Organalstimme zu erweisen sucht.

4) Der Prosateil lehrt die Kolorierung nach Ausweis des Satzes 4 und des Beispiels zum 5. Modus für die ultimae voces eines Abschnitts, während der Versteil die Kolorierung, falls sie in den Versen 139/140 überhaupt angesprochen ist, auf keinen Ort innerhalb der Abschnitte einschränkt.

Diese Divergenzen zwischen dem Prosa- und dem Versteil des Mailänder Traktats führen zu dem Urteil, daß es sich hier um zwei Traktate handelt, die höchstwahrscheinlich nicht von dem gleichen Verfasser geschrieben sind.

Beide Traktate gehören der gleichen Epoche der Mehrstimmigkeit an. Doch im Rahmen einer Gleichartigkeit und Verwandtschaft im Grundsätzlichen lehren sie eine in wesentlichen Punkten verschiedene Art des Organizierens, wobei der Versteil in seiner Lockerung der Übereinstimmung von Text- und Klanggliederung, in seiner Begünstigung rein klanglicher und rein melodischer (und insofern rein musikalischer) Rücksichten möglicherweise einem späteren Stadium jener Epoche zugehört, vielleicht sogar innerhalb dieser Epoche das Organum lehrt als frei erfundene, komponierte Zweistimmigkeit.

Dennoch ergänzen sich die Traktate, nicht nur aufgrund ihrer Nachbarschaft in sachlicher und terminologischer Hinsicht und in ihrer Eigenart als Vertreter zweier sich ergänzender Gattungen von Lehrschriften, sondern auch inhaltlich im Blick auf die ausführlichere theoretische Erörterung von Grundlagen des Neuen Organums im Versteil (Monochord, Tonschrift, systematisches Aufzeigen aller im Tonsystem möglichen organalen Klänge) und im Blick auf die musikalisch wertvolle, wenn auch für den Verfasser des Versteils in dieser Form nicht mehr aktuelle Lehre von der natura vocum im Prosateil. Und auch wo sie sich in dem aufgezeigten Rahmen des Gemeinsamen und Vergleichbaren widersprechen und zwei verschiedene Arten des Organizierens lehren (möglicherweise einerseits das Organizieren mit einem präexistenten liturgischen oder außerliturgischen Cantus, andererseits eine Art der frei erfundenen Zweistimmigkeit), ergänzen sie sich. Denn auch in der Zeit des Neuen Organums haben nach Ausweis der Theoretiker und der Quellen gleichzeitig verschiedene Auffassungen und Praktiken des Organizierens Geltung gehabt.

Aus all diesen Gründen läßt sich erklären, warum die beiden Traktate in der Überlieferung zusammengeordnet und als zusammengehörig betrachtet wurden.

Andererseits kann es als eine Folge ihrer Divergenzen angesehen werden, daß der Schreiber der Randscholien zum Brügger Garlandia-Text nur noch den Anfang des Versteils für erwähnenswert hält und daß der Verfasser des Berliner Traktats B lediglich auf die Exempla des Versteils verweist und zu seiner Umarbeitung des Prosateils vermutlich auch durch die andersartige Lehre des Versteils inspiriert worden ist.

BERLINER TRAKTAT A

Die Edition des T*BA* ist weder von den Zufälligkeiten der Handschrift gereinigt, noch ein diplomatischer Abdruck derselben. Sie hat den Sinn, die gegenüber *M* abweichenden Lesarten, obwohl sie bereits im Variantenapparat der Edition des T*M* aufgenommen sind, noch einmal im Textzusammenhang wiederzugeben, um auch diese Überlieferung des Mailänder Traktats als Ganzes vor Augen zu stellen. Aufgenommen wurde auch die originale Interpunktion. Bei der Wiedergabe der Exempla ist in Zweifelsfällen die Zuordnung von Text und Tonbuchstaben klargestellt (vgl. die Faksimilia im Anhang). – In Klammern sind die Satzzahlen der Edition des T*M* beigefügt. Abweichungen gegenüber *M* sind kursiv gesetzt, bei orthographischen Abweichungen auch die einzelnen Buchstaben. Im Variantenapparat werden die entsprechenden Stellen von *M* angeführt, jedoch die gegenüber *M* fehlenden Stellen nicht wiederholt.

EDITION

f. 48r

(11)*V*ocum copulationes dicuntur. *omni* symphonia et de omni cantu dicatur. (12)Cum autem affinitas uocum iam satis patefacta sit *et* per diatessaron. *et* diapente *et* diapason natura *earum* persequenda est. (13)Prima uox organi aut manebit coniuncta cum precedenti per diapason uel in eadem. aut disiuncta *per* diapente. uel diatessaron. (14)Medie uero uoces diapente. *uel* diatessaron discurrunt. (15)Cum autem cantus prestolatur organum. copulatio fit quol*l*ibet modo. (16)*et* ita cum .IIII. uoces tantum subsequentes sint una organalis dicitur. Nam prima quandoque iungitur. secunda semper disiungitur. Tertia intuens *prestolationem*. ut habilem copulam tribuat Quarte uoci cum qual*l*ibet consonantia. (17)Cum tres uero uoces perspiciuntur ibi est tantum inceptio et c*u*pulatio. Duabus autem sola coniunctio. (18)Nam differentia prime et medie et ultime uocis ideo preponitur. ut cum ad *tractum* organi perueniremus ad dandas consonantias *illarum uocum ne nos turbet* ignorantia earum. (19)Sed ut cuncta facilius *q*[u]*escant* paulo altius ordiendum est videlicet a primo modo et a secundo et a ceteris. (20)Primus modus organizandi est. quando *prima* copulatur cum precedenti. (21)Secundus fit per disiunctionem ipsius uocis. Nam differentia est coniunctio respectu disiunctionis. (22)Tertius modus sum*m*itur a mediis uocibus que mutantur per diatessaron. si sunt in diapente uel e conuerso. (23)Quartus fit a diuerso principio. uel a diuerso medio non tantum ab uno sed etiam ab utroque. (24)Quintus per *multiplicitatem* oppositarum uocum. augendo uel auferendo *id est ultimam copulam destruendo.* (25)*q*uod autem dictum est uerbis ostendamus exemplis.

27)Quando prima uox copulatur cum precedenti
c a b G F | e c d c a b G.
C D F D F | E F G. F E F G. *G a. G. F.*
Alle- -lu- -ia.

Γ. a c G F.| a F C D[E]*C*Γ
Alle- -lu- -ia.

(28)Per disiunctionem ipsius *uocis.*

F d c G b | a c d c a b|G.
Alle- -lu- -ia.

(29)Mediis uocibus que *mutantur* diatessaron si sunt in diapente *uidelicet*

M: 1 omni] cum 2 ... et per ... et ... et] ... per ... et per ... et per earum] eorum 4 per] *fehlt* uel] et 7 prestolationem] prestolantem 10 tractum] tractatum 11 illarum uocum ne nos turbet] earum. non conturbet nos qescant] colliquescant 13 prima] prima uox 17 multiplicitatem] multiplicationem id est ... destruendo] *fehlt* 21 G a. G. F.] *fehlt* 23 [E] C Γ] E C C 25 uocis.] uocis vt 28 mutantur] mutantur per uidelicet] *fehlt*

c GFGD | ECDFab | G
Alle- -lu- -ia.

(30)*Qualiter* ab utroque principio et medio *ut istud organum superius* /

f. 48v

c a c d b | a c d c G | F DCDF
[A]lle- -lu- -ia.

(31) [ ]

(32)a c d a c d f c G a c c G E C | D E *c a* | c a G | a c G E G F a c [d]
a G G E F G F G D D C C D E F {G} | G E G a | F E D | D C D E D C D E D
Ius- -tus ut pal- -ma flo- -re- -bit

a c G a c a | b a c d e ♮ c a G D E G a F a c ♮ a c d. d e c d a c G E. G a c a c d.
D E D E C E | G a c G a E F E D F E G E F E C E D F D G E F G E F D E. C D E F E D.
et sicut ce- -drus

[Fortsetzung (Satz 33–39 und Vt Vers 1–144) s. Edition T*M* Pt, S. 49, und Vt, S. 111ff. Am Schluß:]

Explicit organi tractatus.

BA: 5 *zur Plazierung der Silbe* -ia *(möglich auch unter F) vgl.* S. 153 6 *fehlt die Formulierung des 5. Modus*

M: 3 Qualiter] Quartus ut istud organum superius] *fehlt* 7 c a] C A 7–11 *zur abweichenden Setzung der senkrechten Striche vgl. die Edition des Pt,* S. 49 8-11 *Cantus-Töne fehlen*

ERLÄUTERUNGEN

Der Berliner Traktat A (T*BA*) bietet den Text des Mailänder Traktats unvollständig (erst ab Satz 11) und mit zahlreichen Varianten gegenüber der Mailänder Fassung (T*M*).

Seltsam ist der Beginn dieser Nebenüberlieferung mitten im Satz, am Ende der in T*M* aus Guidos *Micrologus* übernommenen Partie (Vocum copulationes dicuntur ..., mit Absatzzeichen vor Vocum; s. das Faksimile im Anhang)[1]. An dieser Stelle beginnt in *B* eine recto-Seite, jedoch innerhalb einer Lage und ohne daß hier ein Blatt fehlt oder die Schreiberhand wechselt. Womöglich ist der korrupte Zustand des Textes bereits aus der Vorlage übernommen oder durch sie mitbedingt. Jedenfalls weist schon der Anfang der Berliner Version A darauf hin, daß der Schreiber (bzw. der Diktierende) mit dem Gegenstand dieses Musiktraktats offenbar wenig vertraut war[2].

Dies wird durch eine Reihe von sinnentstellenden Varianten gegenüber T*M* (auch gegenüber T*Br* und gegebenenfalls T*BB*) bestätigt, die als Lesefehler anzusehen sind, z. B. omnis statt cum (Satz 11), prestolationem/prestolantem (16), tractum/tractatum (18), quescant/colliquescant (19), Qualiter/Quartus (30). Auch im Hinblick auf Satz 18 (ut ... ne statt ut ... non), die Zusatztöne beim *Alleluia*-Cantus (Z. 21; hierzu s. u.), das Fehlen der Formulierung des 5. Modus (S. 150, Z. 6.), die flüchtige Niederschrift des *Iustus ut palma* und die Setzung der Gliederungsstriche in den Exempla (meist schematisch als Silbenstriche, ohne Rücksicht auf die Copula) ist T*BA* als schwächere Fassung anzusehen (vgl. auch die Vorbemerkung zur Edition des Vt, S. 110).

Die Varianten gegenüber dem Mailänder Text, die der Berliner Traktat A und der Brügger Traktat gemeinsam haben, werden in der Erläuterung der Brügger Version (S. 177f.) aufgeführt und beurteilt. Daraus ergibt sich, daß die Textfassungen in *BA* und *Br* auf eine gemeinsame jüngere Überlieferung zurückgehen, die den ursprünglichen Text teils nachträglich verdeutlicht oder glossiert, teils abkürzt, abschwächt oder mißversteht.

Auch jene Varianten, die nur im Berliner Traktat A greifbar sind (die entsprechenden Sätze in T*Br* sind ausgelassen), haben – vielleicht außer in Satz 12 – als jüngere Versionen zu gelten:

M	*BA*
[12]natura eorum persequenda est	natura earum persequenda est
eorum bezieht sich auf diatessaron, diapente und diapason.	earum bezieht sich auf (affinitas) vocum und erscheint in diesem weiter gefaßten Bezug sachlich zutreffender (vgl. T*M*, Satz 3, und T*BB*, Satz 2); ob es sich um die ursprüngliche Version handelt, ist wohl nicht zu entscheiden.

[1] Lütolf (1967, S. 18f.) sucht den unvermittelten Beginn der Berliner Überlieferung »durch den Verlust eines Teils des gegenwärtigen Codex« zu erklären.

[2] Steinhard (1921) gelangte zu einer Überschätzung des T*BA*, da er die Hs. *M* nicht heranzog; in nahezu 10 Fällen berichtigte er durch die Hs. *B* lediglich Coussemakers Lesefehler der Hs. *M*. Überdies las er in rund 20 Fällen die Niederschrift des T*BA* falsch. Seine »Rekonstruktionen« sind alle indiskutabel.

[18]ad dandas consonantias earum	ad dandas consonantias illarum uocum
earum bezieht sich auf (differentia) primae et mediae et ultimae uocis.	illarum vocum verdeutlicht (wohl nachträglich) diese Beziehung.
[28]uocis	uocis vt
[29]que mutantur per diatessaron si sunt in diapente	que mutantur diatessaron si sunt in diapente videlicet
Die Form mit per ist sprachlich klarer.	videlicet ist (wie ut in Satz 28) verdeutlichender Zusatz (allerdings bezogen auf das vorausgehende Beispiel).
[30]Quartus ab utroque principio et medio	Qualiter ab utroque principio et medio ut istud organum superius

Qualiter ist Lesefehler statt Quartus. – Der Zusatz ist formelhafte Wendung: »wie diese oben (aufgezeichnete) Organalstimme« (so auch in V. 71 des Versteils; hierzu S. 119, Anm. 20). In der Hs. *B* ist das Beispiel links neben dem erklärenden Text aufgezeichnet (s. das Faksimile im Anhang), – vielleicht aus einer Vorlage, in der die *Alleluia*-Beispiele (außer beim 1. Modus?) in der Tat oberhalb der Modus-Formulierungen plaziert waren. – Steinhard (1921, S. 224, Anm. 2) zieht in Erwägung: »wie dieses Organum oberhalb (des Cantus)«; doch gerade in diesem Beispiel ist die Zusatzstimme nicht durchgehend oberhalb des Cantus geführt. – Im Versteil ist organum superius (V. 127) im Sinne von »der Organalton über dem Cantus (im Oktavabstand)« belegt.

In der Wiedergabe der Beispiele bietet der Berliner Traktat A eine Ergänzung der Mailänder Fassung, indem er beim *Iustus ut palma* außer der Organalstimme auch die dort fehlenden Tonbuchstaben des Cantus verzeichnet.

Die gegenüber T*M* abweichende Version am Schluß des Beispiels zum 2. Modus (C Γ statt C C in *M*) ist als die authentische Fassung zu beurteilen (hierzu auch S. 76). Bei aufsteigendem Cantus gibt es – nach der Lehre unserer Traktatgruppe – von der Unterquarte her keine andere Schlußmöglichkeit als die Unteroktave. Wahrscheinlich hat der Schreiber von *M* das Γ versehentlich als [gelesen. (Zur Schreibung des Γ an dieser Stelle von f. 48 vgl. im Faksimile-Anhang die vom gleichen Schreiber eindeutig als Γ gemeinte Schriftform dieses Zeichens auf f. 51 v, 2. Zeile.)

Ein besonderes Problem bietet im Berliner Traktat A das Beispiel zum 1. Modus, wo zusätzlich noch 4 Töne der Fortsetzung des *Alleluia*-Cantus verzeichnet sind, genauer: ein in den Beispielen sonst fehlendes G am Schluß der Eröffnungsphrase und die drei ersten Töne des Jubilus. Steinhard meint (1921, S. 224 und 229f.), daß hier die für das 5. *Alleluia*-Beispiel »fehlenden Tonbuchstaben des Cantus ... voraus notiert« seien und rekonstruiert (»mit Elision des einen G, das zum Verständnis der Anknüpfung doppelt gesetzt wurde«):

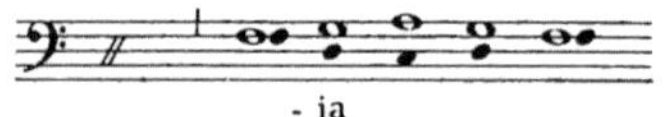

- ia

Wenn es zutreffen sollte, daß der Schreiber dieses Traktats bzw. sein Gewährsmann das Beispiel zum 5. Modus in dieser Weise verstand, so würde er damit erneut fachliche Unkenntnis bekunden. Denn es ist doch wohl ausgeschlossen, daß das Organum mit einigen Tönen (Klängen) in den Beginn des Jubilus hineinragt, noch dazu unter Nichtbeachtung der Zäsur zwischen Alleluia-Intonation und Beginn des Jubilus (zur Choralmelodie in der hier überlieferten Variante s. S. 91). Daß es sich bei der Fortsetzung des Cantus um den Anfang des Jubilus

handelt, hatte Steinhard nicht beachtet[3]. Und eine Erklärung, wie jenes Verständnis des 5. Beispiels mit dem Wortlaut des 5. Modus (T*BA*, Satz 24) in Einklang zu bringen sei, bleibt er dem Leser schuldig. – Eine sachgerechte Begründung der zusätzlichen Cantustöne bei der Aufzeichnung des Beispiels zum 1. Modus vermag ich nicht zu geben.
Auffallend ist, daß die Niederschrift der Organalstimme zum Beispiel des 5. Modus genau der in der Mailänder Handschrift entspricht (mit Ausnahme der senkrechten Striche in T*BA*, die übrigens wohl auch hier – wie überall in den Beispielen des T*BA* – als Silbenstriche gemeint sind, wonach die Silbe *-ia* unter den Ton F zu plazieren wäre, vgl. S. 91). Demnach gelten die gleichen Berichtigungen der Niederschrift, die zum Verständnis des Beispiels zum 5. Modus in der Hs. *M* notwendig waren (vgl. S. 80), auch in bezug auf die Hs. *B*.

Exkurs: Zur Deutung des 4. Modus

Die drei Formulierungen des 4. Modus weisen für unser heutiges Verständnis einen so hohen Grad von Unklarheit auf, daß eine eindeutige Interpretation überhaupt nicht möglich erscheint[4].
Zaminer konstatiert (S. 77ff.), daß der 4. Modus eindeutig sich auf die Bildung von Kurzgliedern bezieht und daß er sehr wahrscheinlich mit der Lehre der nur 4- bis 2tönigen Klangglieder (Satz 16–17) zusammenhängt, so wie die Moduslehre ja überhaupt nur eine leichter verständliche Darstellung der Grundlehre, der Lehre von der natura vocum, sein wolle. Dementsprechend versucht er den 4. Modus als einfachere Formulierung der Sätze 16–17 aufzufassen. Dabei deutet er das Wort »diversum« in dem Sinne, daß vom Verfasser der Moduslehre die Bezeichnungen »principium« und »medium« ausdrücklich als »verschieden« gegenüber den Bezeichnungen »prima vox« und »mediae voces« gebraucht werden: durch den Wechsel der Bezeichnungen habe er auf die neue Auffassung des gleichen Sachverhalts hinweisen wollen. Diese Deutung des Wortes »diversum« greife ich auf, gebe ihr aber einen anderen Sachbezug. Denn Zaminers Interpretation hat zwei kritische Punkte:
1) Nach seiner Darstellung würde sich im Wechsel der Bezeichnungen (principium statt prima vox; medium statt mediae voces oder media vox) gegenüber der durch die Sätze 16–17 bezeugten Lehrweise zusammen mit einer Vereinfachung der Beschreibung zugleich ein Wechsel des Auffassens bekunden, derart, daß z. B. ein 4töniges Glied statt einer prima vox, einer media vox und einer (die beiden Schlußtöne umfassenden) copulatio nun ein principium (Anfangston) und ein medium (zwei folgende Töne) enthält, dazu einen nicht eigens benannten Schlußton, während ein 3töniges Glied nun nicht »tantum inceptio et copulatio« (Satz 17), sondern principium und medium (und nicht benannten Schlußton) umfaßt (vgl. die schematische Übersicht S. 79).
2) Die 2tönigen Kurzglieder bleiben unberücksichtigt, wie auch Zaminer zugibt. Sie können

[3] Dies vermerkte schon Handschin 1925/26, S. 338, Anm. 1. – Lütolf (1967, S. 32f.) erkennt die Herkunft der Zusatztöne jedoch wiederum nicht; er weist Steinhards Rekonstruktionsversuch hauptsächlich mit der Begründung zurück, daß – unter Beibehaltung des von Steinhard eliminierten G im Cantus und Zufügung eines Schluß-G in der Organalstimme – »das Beispiel mit zwei Sekund-Zusammenklängen enden« würde.

[4] Ich habe den Eindruck, daß sie auch an sich mangelhaft sind und schon für den damaligen Leser wohl kaum verständlich waren. – In T*BB*, der Bearbeitung des T*M*, sind diese Formulierungen (nicht aber das, was sie besagen) weggelassen (vgl. S. 168f.).

bei dieser Interpretation des Wortes »medium« nicht mit erfaßt werden, da sie kein »medium« in diesem Sinne haben.

Ich versuche die folgende Deutung des 4. Modus (vgl. zum folgenden die Interpretationen auf S. 155). Sie setzt voraus, daß als selbstverständliche, daher im Text des Traktats nicht eigens angesprochene Norm des Organizierens das Kongruenz-Prinzip galt, d. h. die Übereinstimmung von textlicher Gliederung des Cantus und Klangfolgeabschnitt (hierzu Einleitung S. 16f. und 18). Der 4. Modus betrifft also nach meiner Deutung nicht die Kurzglieder schlechthin, sondern die Abweichung von der Norm des Kongruenz-Prinzips, besonders durch Kurzglieder[5]. Er erfaßt damit zugleich die Ausnahmen gegenüber dem durch die Organum-Definition geforderten Quint-Quart-Wechsel der mediae voces, da Kurzglieder grundsätzlich von der durch diese Definition angesprochenen Norm abweichen, die ihrerseits wesentlich an der ausgedehnteren Wort- und Wortgruppen-Kongruenz der Klangzeilen orientiert zu sein scheint. Andererseits ist aber auch dort der 4. Modus gültig, wo der Quint-Quart-Wechsel zwar stattfindet, aber ohne Rücksicht auf die Wortgrenzen oder Silbengruppen (vgl. das Beispiel zum 5. Modus).

Die Norm erfüllt am deutlichsten das *Alleluia*-Beispiel zum 3. Modus (vor allem dann, wenn – wie ich vermute – der 2. Ton der hinzugefügten Stimme in a zu berichtigen ist, statt d, entsprechend dem Beispiel zum 2. Modus): *Alleluia*-Cantus und Klangabschnitt kongruieren. Im Beispiel zum 1. Modus (siehe die folgende schematische Darstellung) kongruieren die beiden Klangabschnitte mit den beiden *Alleluia*-Gliedern *Alle-* (als Silbengruppe aufgefaßt) und *-luia*. Im Beispiel zum 2. Modus ist es ebenso, jedoch wird das 2. *Alleluia*-Glied hier bereits in drei Kurzglieder unterteilt im Sinne des 4. Modus, derart also, daß die Gliederung der Klangfolge sich gegenüber der Textgliederung verselbständigt.

Wir haben demnach im Blick auf das Kongruenz-Prinzip drei Fälle zu unterscheiden, die sich überlagern können:

1) die Kongruenz bei einem größeren Textabschnitt (sie ist weitgehend unantastbar), z. B. *Benedicamus* |; *Hoc sit vobis* |; *Alleluia* |; *Dictae rei exemplum* |; *Descendit* |;

2) die Kongruenz bei Textgliedern eines solchen Abschnitts (sie *kann* zum 1. Fall hinzutreten), z. B. *Bene-* | *dicamus* |; *Hoc sit* | *vobis* |; *Alle-* | *luia* |; *Dictae rei* | *exemplum*;

3) die häufige »freie« klangliche Untergliederung der Textabschnitte und -glieder, entgegen dem Kongruenz-Prinzip und meist zugunsten von Kurzgliedern, z. B. *Cuncti po-* | *tens ge-* | *nitor deus* |; *Be-* | *ne-* | (Version a, wo aber noch die beiden Silben berücksichtigt werden); *ut pal* | - *ma-* | - | .

Größere melismatische Partien können frei von Textrücksichten untergliedert werden. Gleichwohl findet auch hier der 4. Modus Anwendung. In unseren Beispielen gibt es auch bei den Melismen übergeordnete Abschnitte (Klangzeilen), die durch Gliederungsstriche markiert sind (z. B. im *ce*-Melisma des *Iustus ut palma*) und die selbst untergliedert werden können im Sinne des 4. Modus, und das heißt hier, entgegen der Kongruenz zwischen den vorbestimmten musikalischen Abschnitten und der Klangfolge. Das *do*-Melisma im *Benedicamus domino* des Pt zeigt, daß auch die Klangzeilen-Gliederung des Melismas »feststeht«; sie ist in allen Versionen die gleiche und richtet sich offenbar nach bestimmten Gegebenheiten des Cantus: Finalis, Con-

[5] Gegenüber dieser Deutung besagt Zaminers Darstellung, daß der 4. Modus auf dem – innerhalb der Lehre von der natura vocum erörterten – Passus über die Bildung von Kurzgliedern als solchen beruht (Satz 16–17), ohne Bezugnahme auf das Kongruenz-Prinzip.

finalis, Wendepunkte der Bewegungsrichtung werden als »Zieltöne« der Abschnittsbildung festgelegt und können untergliedert werden (Besprechung des *Benedicamus* S. 97ff.).

Das Beispiel zum 4. Modus weicht im Rahmen des Textabschnitts *Alleluia* vom Kongruenz-Prinzip ab in der Weise des unter 3) genannten Falles: die beiden *Alleluia*-Glieder werden klanglich in sich untergliedert, und die Silbe *-lu-* steht als Neubeginn eines Textgliedes am Schluß eines Klanggliedes.

Diesem Ausnahmefall will der 4. Modus in der sprachlichen Formulierung Rechnung tragen: der 4. Modus betrifft

1) das »principium« (Anfangsklang), das kon- oder disjunkt sein kann (1. oder 2. Modus), dessen Ort aber nicht dem Kongruenz-Prinzip entspricht und das daher a) zur sprachlichen Unterscheidung nicht als »prima vox« bezeichnet und b) als »diversum« angesprochen werden kann, und

2) das »medium«, d. h. die mittleren Töne[6] des durch Klangwechsel (3. Modus) und Kongruenz-Prinzip ausgezeichneten Normalfalls, das hier durch Copulae untergliedert wird und daher a) zur sprachlichen Unterscheidung nicht als »mediae voces« bezeichnet und b) als »diversum« angesprochen werden kann.

Im folgenden seien die Beispiele zum 1. Modus (Kongruenz-Prinzip) und zum 4. Modus gemäß der hier vorgetragenen Auffassung interpretiert:

Beispiel zum 1. Modus

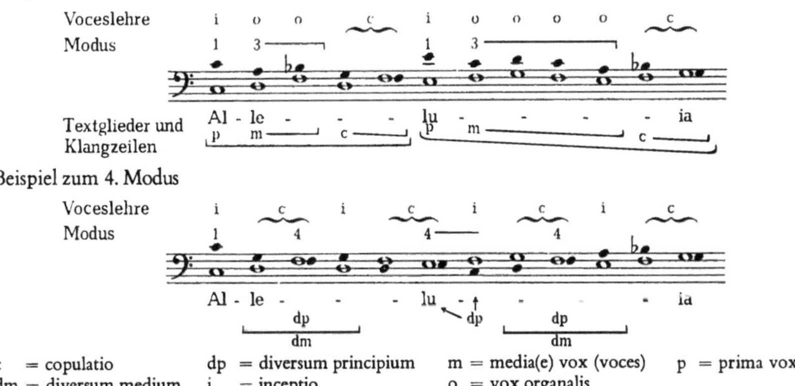

In diesem Sinne scheint auch der Bearbeiter des Mailänder Traktats in der Berliner Handschrift *B* den 4. Modus (nun als 3. Modus bezeichnet) verstanden und im 3. *Descendit*-Exemplum veranschaulicht zu haben (vgl. S. 168): »die mittleren Töne werden verändert«, nicht durch Klangwechsel (das ist ja die nicht eigens als Modus zu fassende Norm), sondern durch Copulationes, die außerhalb der durch Quint-Quart-Wechsel und Kongruenz-Prinzip gekennzeichneten eigentlichen Mitte, also außerhalb der Norm stehen[7].

[6] Die Formulierung Satz 4 »vel a media« scheint aus Gründen der Satzkonstruktion im Singular gebildet zu sein (vgl. auch oben S. 78).

[7] Kritischer Punkt der vorgeschlagenen Interpretation des 4. Modus ist für Zaminer die seines Erachtens nicht hinreichend fundierte Unterscheidung von drei Fällen des Kongruenz-Prinzips.

BERLINER TRAKTAT B

Die Edition des T*BB* hat den Sinn, durch Abdruck des ganzen Textes (dessen Abweichungen gegenüber *M* schon in den Variantenapparat der Edition des T*M* aufgenommen sind) die Eigenart dieser wichtigen Bearbeitung des Mailänder Traktats zu veranschaulichen. Die Wiedergabe des Textes entspricht den in der Vorbemerkung zur Edition des T*BA* genannten Grundsätzen (ç wird als z wiedergegeben). Die sparsam zugefügte Interpunktion steht in spitzen Klammern. Die Exempla werden ohne Konjekturen wiedergegeben; zur Richtigstellung vgl. die Erläuterungen S. 166f. Die Sätze dieser Bearbeitung sind selbständig gezählt; die Zahlen der Sätze in der Edition des T*M*, mit denen sie konkordieren, sind in Klammern beigefügt.

EDITION

[1]*Item de organo* f. 50v

[2]*C um multi ueterum ac modernorum de diaphonia satis indiscrete tractassent ego ipsarum naturam uocum et usualium organizatorum modos intuens tribus solum modis cum alii plures organizandi modos uelint. quecumque organizantibus necessaria uiderentur compendiose explicaui*‹.› [3]*in hiis enim tribus modis quicquid in pluribus aliis continetur. si subtiliter ingenii acumen aliquis aplicauerit aut inuenire cessabit.* [4]*Quare quid sit organum prius dicendum est.* /

[5(7)]O rganum est uox sequens precedentem sub celeritate diapente uel diatassaron *uel dittoni uel* f. 51r *semidittoni.* quarum *id est* precedentis *uel* subsequentis fit copula aliqua decenti consonantia.

[6(8)]D iaphonia uocum disiunctio *dicitur.* quam nos organum uocamus. *Disiuncte enim uoces ab inuicem* concorditer dissonant *uel* dissonanter concordant‹.› [7(9)]qua organizatores ita utuntur. quatinus *per* diapente uel diatessaron *uel dittonum uel semidittonum* discurrant. [8(12)]*Facta igitur hac diffinitione* natura *uocum perspicienda* est. [9(13)]Prima uox organi aut manebit coniuncta cum precedenti per diapason uel in eadem. aut *manebit* disiuncta *pars aliquarum supradictarum .IIII.*[or] *consonantiarum.* [10(14)]Medie uero uoces *per easdem supradictas* discurrunt. [11(15)]Copulatio *uero* fit quollibet modo. [12(16)]*Itaque* cum IIII[or] *sint uoces.* una organalis dicitur. Nam prima quandoque iungitur secunda semper disiungitur. tertia *est* intuens prestolantem ut abilem copulam tribuat quarte uoci cum qualibet consonantia. [13(17)] *Vbi uero tres* uoces perspiciuntur *tantum est* inceptio et copulatio‹.› duabus *uero* sola coniunctio. [14(19–20)]*Hiis itaque dictis tres modos consideremus quorum primus est* quando prima uox copulatur cum precedenti. [15(21)]Secundus fit per disiunctionem ipsius uocis. [16(22)]*Tertius* summitur a mediis uocibus que *mutantur*‹.› [17(25)]quod autem dictum est uerbis ostendamus exemplis.

M: 7–8 uel dittoni uel semidittoni] *fehlt* 8 id est] uidelicet uel] et 9 dicitur] sonat 9–10 Disiuncte … ab inuicem] cum disiuncte ab inuicem uoces 10 uel] et 11 per] *fehlt* uel dittonum uel semidittonum] *fehlt* 11–12 Facta … diffinitione] Cum autem affinitas … patefacta sit 12 uocum perspicienda] eorum persequenda 13 manebit] *fehlt* 13–14 pars … consonantiarum] diapente uel diatessaron pars aliquarum *vielleicht irrtümlich statt* per aliquam 14 per … supradictas] diapente et diatessaron Copulatio uero fit] Cum autem cantus prestolatur organum. copulatio fit 15 Itaque] Et ita sint uoces] uoces tantum subsequentes sint 16 est] *fehlt* 17 Vbi uero tres] Cum tres uero tantum est] ibi est tantum 18 uero] autem 18–19 Hiis … primus est] Sed ut cuncta facilius colliquescant. paulo altius ordiendum est. uidelicet a primo modo et a secundo et a caeteris. Primus modus organizandi est 20 Tertius] Tercius modus mutantur] mutantur per diatessaron … uel e conuerso

18(27)Quando prima uox copulatur cum precedenti.

D F a c G c a.
D D D F D C D.
Descendit

19(28)Per disiunctionem ipsius *uocis*

a F a c G a c
Descendit

20(29)*Que mutantur mediis uocibus.*

G F D C A
Descendit Γ.

21*E xplicatis breuiter tribus modis ad mediarum naturam uocum transeundum est.* 22*Per eas enim tota uis organizandi discurrit.* 23*Medie siquidem uoces per IIII.*^{or} *supradictas consonantias incedunt quarum diapente et diatessaron. principatum organi possidere dicuntur eo quod modulantius in eis organum resonet et constitutiue diapason considerentur. Vt in dispositione IIII. litterarum superius ostensum est‹.›* 24*Que id est medias aliquando in depositione cantus eleuamus aliquando utraque in circulum tenemus. quandoque utraque deponimus quandoque utraque eleuamus‹.›* 25*Que omnia melius usu organizatorum quam regulis declarantur.* 26(10)*Sciatur itaque quoniam* organales uoces affinitatem *debent* habere cum precedentibus *id est cum uocibus cantus‹.›* 27*ad supradicta enucleanda huius exempla ponimus. Illic ubi dicit.* (V.79) Si cantus tenebit .D. organum erit in a. *etc.*

28*A dtendendum uero est. quoniam nisi uertendo ad copulam medie diaphonales uoces plus tertia uoce ad cantum se numquam debent coniungere.* 29*Γ. et A faciunt tonum. A. et B. similiter tonum et he tres*
f. 51v *faciunt dittonum id est duos tonos. siue gradatim siue transiliendo.* | 30*B. autem et C. faciunt semitonium id est non plenum tonum. A. uero et B. et C. faciunt semidittonum id est tonum et semitonium.* 31*Γ. autem et A. et B. et C. faciunt diatessaron id est dittonum et semitonium. et diatessaron. interpretatur de IIII.*^{or} *quia de uocibus IIII*^{or} *constat.* 32*Diapente autem interpretatur de .V. quia fit de .V. uocibus continet tres tonos et semitonium.*

BB: 19 *nach* etc. *steht in der Hs. ein Absatz- oder Verweiszeichen* (s. das Faksimile im Anhang S. Nr. 45) 24 dittonum] dottonum *in der Hs.* 25 constat] istat *in der Hs.*

M: 2–4, 6–7, 9–10 *andere Exempla* 5 uocis] uocis vt 8 Que ... uocibus] Mediis uocibus que mutantur per diatessaron si sunt in diapente 17 Sciatur itaque quoniam] Sciendum est autem 18 debent] *fehlt* id est ... cantus] *fehlt*

ÜBERSETZUNG

[1]Ebenfalls über das Organum.

(Einleitung)

[2]Da viele alte und neuere Autoren über die Diaphonia ziemlich verworren gehandelt haben, habe ich, indem ich die natura der Töne selbst[1] und die Modi (organizandi) der gewöhnlichen Organizatoren vor Augen habe, durch nur drei Modi – während andere mehr Modi organizandi verordnen –, kurz erklärt, was für die Organizatoren notwendig erscheint. [3]In diesen drei Modi ist nämlich einbegriffen, was in mehreren anderen (Modi enthalten ist), sofern jemand genügend Scharfsinn aufbietet; andernfalls wird er unfähig sein, (das Organum) zuwege zu bringen. [4]Daher sei zuvor gesagt, was das Organum ist.

(Definition)

[5(7)]Organum ist die die vorgegebene Stimme (den Cantus)[2] unter Schnelligkeit[3] in der Quinte und Quarte und großen Terz und kleinen Terz begleitende[4] Stimme; aus diesen, das heißt aus der vorgegebenen und begleitenden Stimme, wird die Copula gebildet mittels irgendeiner passenden Consonantia.

[6(8)]Diaphonia heißt disiunctio (»Auseinander-Verbindung«) der Töne, die wir Organum nennen. Denn die disjunkten Töne klingen übereinstimmend auseinander bzw. stimmen auseinanderklingend überein. [7(9)]Von ihr machen die Organizatoren einen solchen Gebrauch, daß sie die Quinte und Quarte und große und kleine Terz durcheilen[5].

[1] Das Wesen der Töne im Blick auf das Organum, ihren Ort als organale (disjunkte) Töne in der Klangzeile bzw. im Klangglied (vgl. Satz 8 und 21).

[2] Vgl. Satz 26 (... cum precedentibus id est cum uocibus cantus), wo allerdings voces die »Töne« des Cantus sind. Doch in obiger Definition ist vox in bezug sowohl auf die vox praecedens als auch auf die vox subsequens wohl mehr im Sinne von »Stimme« gemeint. Denn aus einem »Ton«, der Bestandteil einer Quinte oder Quarte usw. ist, kann keine Copula gebildet werden; und das Bilden einer Copula mittels einer passenden Consonantia ist nicht der Prozeß eines Tones, sondern der einer Stimme. Dementsprechend ist hier auch organum als »Organalstimme« zu verstehen, wie es durch Satz 9 (Prima uox organi ...) bestätigt wird. (Zum Ausdruck vox vgl. S. 58.)

[3] Zum Ausdruck sub celeritate vgl. in der Besprechung des Pt, S. 59f., hierzu auch S. 123.

[4] »begleiten« im Sinne von »folgen«, »sich nach etwas richten«.

[5] discurrere (»hin- und hereilen« durch die organalen bzw. diaphonalen Klänge, vgl. auch Satz 10 und 22) entspricht vermutlich dem durch sub celeritate angesprochenen Sachverhalt (vgl. S. 59). Vielleicht soll durch *dis*currere auch angedeutet sein, daß es sich um ein Hin- und Hereilen in *dis*junkten Klängen handelt.

(Die natura der Töne)

[8(12)]Nachdem nun diese Definition gegeben ist, ist die natura der Töne zu betrachten. [9(13)]Der erste Ton der Organalstimme ist entweder konjunkt mit dem vorgegebenen Ton mittels Oktave oder im Einklang, oder er ist disjunkt als ein Bestandteil einer der oben (Satz 5 und 9) genannten vier Consonantiae[6]. [10(14)]Die mittleren Töne aber durcheilen die gleichen oben genannten Consonantiae. [11(15)]Die Copulatio[7] aber geschieht mittels einer beliebigen Consonantia[8].

(Vier- bis zweitönige Klangglieder)

[12(16)]Daher, wenn vier Töne sind[9], heißt einer organalis. Denn der erste (Ton) wird zuweilen konjunkt gebraucht, der zweite immer disjunkt, der dritte schaut hin auf den (die Organalstimme in Einklang oder Oktave) erwartenden (letzten Cantuston), um dem vierten Ton eine passende Copula zu verleihen mittels einer beliebigen Consonantia[10]. [13(17)]Wo aber drei Töne betrachtet werden, gibt es nur die Inceptio (Anfangsklang) und die Copulatio; bei zwei (Tönen) aber nur die Coniunctio (= Copulatio).

(Die drei Modi organizandi)

[14(19–20)]Nachdem nun dies gesagt ist, wollen wir die drei Modi (organizandi) betrachten. Deren erster liegt vor, wenn der erste Ton »verbunden« wird (konjunkt ist) mit dem vorgegebenen (ersten Cantuston). [15(21)]Der zweite (Modus) geschieht durch die Disiunctio desselben (ersten) Tons. [16(22)]Der dritte wird von den mittleren Tönen genommen, welche verändert werden. [17(25)]Was aber mit Worten gesagt ist, wollen wir durch Beispiele vor Augen führen[11].

[18(27)]Wenn der erste Ton (der Organalstimme) »verbunden« wird (konjunkt ist) mit dem vorgegebenen (ersten Cantuston):

[6] Naheliegend ist auch (vgl. in der Edition S. 159 die Bemerkung zu Z. 13–14): oder er ist disjunkt zufolge einer der oben genannten vier Consonantiae.

[7] Das Erreichen des Schlußklangs von der Paenultima her.

[8] Entsprechend Satz 5: aliqua decenti consonantia (vgl. auch Satz 12: cum qualibet consonantia). – Modus in bezug auf die (melodisch sukzessiven) Consonantiae schon bei Guido, Micr. IV/13 und XVI/3 und 9, terminologisch verfestigt (und auf 9 Modi erweitert, unter denen es 6 Consonantiae gibt) bei Johannes Affligemensis, CSM I, VIII/1–2. – Vgl. auch T*Mo*, Satz 10: His modis ... – Möglicherweise ist quolibet modo hier nur vokabular im Sinne der floskelhaften Bedeutung »auf beliebige Weise« gemeint (vgl. Vt, V. 66).

[9] Das heißt, wenn die Organalstimme eines Kanggliedes aus vier Tönen besteht.

[10] Das heißt, indem als Paenultima-Klang im Blick aufs Erreichen der Copula eine beliebige Consonantia gebildet wird.

[11] Die Beispiele werden hier dem Text der Hs. entsprechend wiedergegeben; die Berichtigung erfolgt auf S. 166f.

19(28)Durch Disiunctio desselben (ersten) Tones:

20(29)Welche verändert werden durch die mittleren Töne[12]:

(Die natura der mittleren Töne)

21Nachdem die drei Modi (organizandi) kurz erklärt sind, ist zur natura der mittleren Töne überzugehen. 22Denn in diesen manifestiert sich der ganze Begriff des Organizierens[13]. 23Die mittleren Töne nämlich schreiten einher durch die vier oben (Satz 5 und 9) genannten Consonantiae, von denen die Quinte und Quarte als diejenigen bezeichnet werden, die die führende Stellung im Organum innehaben, deswegen weil in ihnen das Organum abgemessener erklingt und sie zusammengeordnet als Oktave betrachtet werden, wie in der Anordnung der vier (Ton-)Buchstaben oben gezeigt worden ist. 24Diese mittleren Töne führen wir zuweilen beim Niedersteigen des Cantus nach oben, zuweilen bewegen wir beide (Stimmen) kreisförmig[14], zuweilen senken wir beide, zuweilen heben wir beide. 25Dies alles wird besser durch den Usus der Organizatoren als durch Regeln dargetan. – 26(10)Man soll also wissen, daß die organalen Töne Verwandtschaft (affinitas) haben müssen mit den vorgegebenen, das heißt mit den Tönen des Cantus. 27Um das oben Gesagte zu erklären, führen wir Beispiele an. Dort heißt es: »Wenn der Cantus D innehat, ist das Organum in a« usw.

28Es ist aber darauf zu achten, daß sich – außer beim Wenden zur Copula – die mittleren, diaphonalen Töne niemals näher als im dritten Ton (in der Terz) mit dem Cantus verbinden dürfen.

29Γ und A bilden einen Ganzton, A und B (= „H") ebenfalls einen Ganzton, und diese drei bilden eine große Terz, das ist zwei Ganztöne, sei es stufenweise (Γ-A-B), sei es im Hinüberspringen (Γ-B). 30B aber und C bilden einen Halbton, das ist keinen vollen Ganzton. A aber und B und C bilden eine kleine Terz, das ist einen Ganzton und einen Halbton. 31Γ aber und A und B und C bilden eine Quarte (diatessaron), das ist eine große Terz und einen Halbton. Und diatessaron heißt »aus vier«, da es aus vier Tönen besteht. 32Diapente aber heißt »aus fünf«, da es aus fünf Tönen gebildet ist; es umfaßt drei Ganztöne und einen Halbton.

12 Erläuterung s. S. 168f.

13 Im lateinischen Text (... tota uis organizandi discurrit) eine rhetorische Katachrese (discurrere), um auch hier nochmals auf den behandelten Sachverhalt anzuspielen (vgl. Anm. 5).

14 Besprechung S. 170.

ERLÄUTERUNGEN

Der Organum-Traktat B der Berliner Handschrift (T*BB*), die unmittelbar vorausgehend auch den Prosateil (unvollständig) und den Versteil des in der Mailänder Handschrift enthaltenen Organum-Traktats (T*M*) überliefert[1], stellt offensichtlich eine Bearbeitung des Prosateils dar. Dabei hat dem Bearbeiter auch der Versteil mit vorgelegen, wie es zunächst der Hinweis auf dessen Exempla (Satz 27) bekundet. Die wichtigsten Abweichungen gegenüber T*M* (im folgenden ist, wo nicht anders angegeben, von dessen Prosateil die Rede) sind – zunächst äußerlich gesehen –, die Nennung der großen und kleinen Terz als organale Klänge und die Reduzierung der fünf Modi organizandi auf drei.

Die *Einleitung*[2] des Berliner Traktats B erweist sich als eine Bearbeitung des *prologus* von T*M*, wie zunächst die Ähnlichkeit der Gedanken und der Ausdrucksweise zeigt:

T*M*	T*BB*
Cum obscuritas diaphonie ...	Cum ... de diaphonia satis indiscrete tractassent
... nos intuentes ipsam naturam ...	ego ipsarum naturam vocum ... intuens ...
... tardis in ingenio difficultatem prestet ...	... si subtiliter ingenii acumen aliquis applicauerit ...

Während T*M* im Blick auf die obscuritas diaphoniae auf Pythagoras, Boethius und Guido weist, schließt der Berliner Traktat im Begriff der moderni offenbar auch den Verfasser des T*M* mit ein. Auch dessen Lehre gilt ihm als »verworren« (indiscrete), und er will sie unter Berufung auf »die Modi der gewöhnlichen Organizatoren« bessern, indem er die plures organizandi modi, d. h. höchstwahrscheinlich die fünf Modi, auf drei reduziert, da in diesen die übrigen mit enthalten seien.

Die Einleitung macht die Tendenz der Bearbeitung klar: Berufung auf die usuales organizatores bzw. auf den usus organizatorum (Satz 25) und auf das, was ihnen zu wissen notwendig erscheint (Satz 2); Verworrenes soll klarer dargestellt werden (und in der Tat werden bereits in der Einleitung die schwierigen Sätze 4 und 5 des *prologus* eliminiert, die hier eine noch nicht erklärte Lehre im voraus zusammenfassen und begründen); die Darstellung soll kürzer sein (compendiose explicavi). So werden auch die den T*M* eröffnenden Organa und das Schluß-

1 Vgl. die Beschreibung der Hs. S. 32.

2 Die Überschrift *Item de organo* ist vermutlich vom Schreiber des T*BB* zugefügt, um den Beginn des neuen Traktats zu kennzeichnen.

Exemplum weggelassen. Auf die anspruchsvolle Bezeichnung prologus wird verzichtet, ebenso auf die abschließende dialektische Rechtfertigung des Gebrauchs von Quinte und Quarte. Insgesamt werden entbehrlich erscheinende Partien des Textes gestrichen. – Die Hinzufügung eines Abschnitts über die natura der mittleren Töne (ab Satz 21) dient der Klärung dessen, was für den Bearbeiter der Lehre als Hauptsache gilt und bietet handfeste Regeln.
Aus der Einleitung ergeben sich die wichtigsten Fragen an die Bearbeitung:
1) Welche drei Modi organizandi sind gemeint, und wie verhalten sie sich zu den fünf Modi des Mailänder Traktats?
2) Bezieht sich die Bearbeitung gegenüber dem Prosateil des Mailänder Traktats – so wie die Lehre des Versteils – auf eine andere Art des Organizierens?
3) Welches Verhältnis besteht zwischen dem Berliner Traktat B und dem Versteil des Mailänder Traktats?

Die *Definition* (Satz 5–7) sowie die Abschnitte über die *natura der Töne* (Satz 8–11) und über die *vier- bis zweitönigen Klangglieder* (Satz 12–13) sind in engstem Anschluß an die betreffenden Partien in T*M* geschrieben.
Die *Kürzungen* gegenüber T*M* können wie folgt erklärt werden:
Guidos in T*M*, Satz 9 (ab: »ut .A. ad .D.«) und Satz 11, zitierte Erklärung der affinitas (– diaffinitas vocum wird in T*BB*, Satz 26, lediglich als Grundsatz genannt –) wäre zufolge des Einbeziehens der Terz nicht mehr zutreffend gewesen und widerspräche überdies der weniger theoretischen Denkart des Bearbeiters. Für ihn ist nun ja auch nicht mehr Guido der Anknüpfungspunkt einer neuen Lehre, sondern die Lehre des Mailänder Traktats soll gebessert werden.
Die meisten anderen Auslassungen bedeuten Kürzungen ohne wesentlichen Substanzverlust; es handelt sich um die Aussage über die Notwendigkeit des Kennens der differentia vocum (T*M*, Satz 18), um die Überleitung zur Moduslehre (T*M*, Satz 19) und um die Feststellung, daß zwischen Coniunctio und Disiunctio zu unterscheiden sei (T*M*, in Satz 21). Dagegen bedeutet das Fehlen der Angabe »Cum autem cantus praestolatur organum« in T*BB*, Satz 15, daß die Bildung der Copula weniger anschaulich beschrieben ist; und das Fehlen des Wortes »tantum« in Satz 16 läßt den Ausnahmecharakter der 4- bis 2tönigen Klangglieder weniger deutlich werden.
Obwohl T*BB*, wie sich zeigen wird, die Norm des Organizierens, den Klangwechsel der mediae voces, nicht mehr als Modus organizandi erfaßt, bleibt es auch in T*BB* sinnvoll, daß die Lehre von den Kurzgliedern, bei denen es nur eine oder gar keine media (organalis) vox gibt, *vor* der Moduslehre plaziert ist. Denn diese kurzen Glieder bilden die Ausnahme gegenüber jener Norm (die T*M* als 3. Modus erfaßt und die T*BB* voraussetzt) und sind die Bedingung für die Untergliederung der Klangzeilen (4. Modus in T*M* = 3. Modus in T*BB*). Außerdem wird an Hand der 4- bis 2tönigen Glieder zugleich die differentia vocum (T*M*, Satz 18) veranschaulicht, die eine Voraussetzung für die Moduslehre ist.
Die *Zusätze* betreffen ausschließlich die Nennung der großen und kleinen Terz, die nun nicht mehr nur bei der Schlußbildung, sondern als disjunkte Klänge neben Quinte und Quarte auch bei der Inceptio und bei den mediae voces gebraucht werden kann.
Der Prosateil des T*M* erlaubt die Terz bei der Copulatio (... fit copula, aliqua decenti consonantia; so auch 5mal in den Exempla) und bietet sie in den Exempla als media vox nur

zwecks Vermeidung der Tonwiederholung, des Tritonus und des Tones ♭[3]. – Der Versteil behandelt außerhalb der Schlußbildung nur die kleine Terz (V. 69–74 = 6. Abschnitt), und zwar als Durchgangs-Klang bei aufsteigender Organalstimme, und er bietet in den Exempla dementsprechend die Terz innerhalb eines Klanggliedes nach dem Einklang bei stufenweiser Gegenbewegung beider Stimmen (2. Exemplum). – Unsere Bearbeitung des Mailänder Traktats legitimiert hingegen beide Terz-Arten, und zwar sowohl für den Anfangsklang als auch für die mittleren Töne, bei denen nach Ausweis des 2. *Descendit*-Beispiels die Terz nicht als Durchgangs-Klang und nicht zur Vermeidung von Tritonus und Tonwiederholung, sondern »frei« gebraucht ist[4].
So kann nicht gesagt werden, daß die Nennung der großen und kleinen Terz aus dem Versteil »herübergenommen ist« (Steinhard, 1921, S. 225). Möglicherweise ist sie durch den Versteil inspiriert, ebenso wie in Satz 23 der Hinweis auf den gegenüber der Terz führenden Rang von Quinte und Quarte bei den mediae voces (vgl. S. 169). De facto jedoch lehrt der Berliner Traktat B einen gegenüber dem Prosa- und dem Versteil des Mailänder Traktats anderen, womöglich fortgeschritteneren Gebrauch der Terz: sie ist als Inceptio zugelassen, und sie kann als media vox frei behandelt werden[5].

Zur Beantwortung der Frage nach den *drei Modi organizandi* ist es zunächst notwendig, die drei Exempla zu berichtigen.
Bei dem Cantus handelt es sich um den Beginn des bekannten Responsoriums *Descendit de caelis*, im römischen und im monastischen Offizium das letzte Responsorium der 1. Nokturn vor Weihnachten:

Des-cen-dit de cae - - lis

Übereinstimmend weisen die Quellen am Schluß des Melismas auf der Silbe *-dit* die Töne D-D-C auf[6]. Dies entspricht dem Modell des 1. Modus: Abstieg von der Finalis um einen Ganzton: D-C, Aufstieg durch die Quartspezies C-F, weiterer Anstieg durch drei Ganztöne zur Quinte über der Finalis: F-G-a[7].
Mit der Umstellung der beiden letzten Töne des Cantus (D-C statt C-D) ist Beispiel 2 berichtigt. In Beispiel 1 müssen – entsprechend den Regeln des Traktats – auch in der Organalstimme die beiden letzten Töne vertauscht werden (a-c statt c-a). Somit stimmt die Organalstimme in

3 Vgl. S. 198.

4 – daß der Cantus hier Tonwiederholungen zeigt, fällt im Blick auf die die Terz als media vox betreffenden Formulierungen des Traktat-Textes (Satz 5, 7, 10, 23, 28) nicht ins Gewicht.

5 Zur Frage der Terz als Inceptionsklang der verschiedenen Formteile vgl. S. 197f. – Über die Behandlung der Terz und Sexte in unserer Traktatgruppe unterrichtet zusammenfassend die Aufstellung S. 198 f.

6 Vgl. *Paléographie musicale* I/9, p. 32f. (Antiphonale monasticum, 12. Jh.), und I/12, p. 31 (Antiphonarium monasticum von Worcester), ferner Antiphonale Sarisburiense, ed. W. H. Frere, London 1901–24 (Nachdruck Farnborough 1966), p. 47b f.

7 Vgl. *Domni Guidonis in Caroli-loco abbatis Regulae de arte musica*, CS II, 184a und 170a; hierzu K.-W. Gümpel, *Zur Interpretation der Tonus-Definition des Tonale Sancti Bernardi*, Abh. der Akademie der Wiss. und der Lit. (Sitz Mainz), Geistes- und Sozialwissenschaftl. Klasse, Jg. 1959, Nr. 2, S. 42f. – Zur Überlieferung des Neuma authenti proti vgl. Guido von Arezzo, *Micrologus*, CSM IV, 151, und Johannes Affligemensis, *De musica cum tonario*, CSM I, 86.

Beispiel 1 mit der in der Handschrift richtig wiedergegebenen Organalstimme des Beispiels 2 überein, außer dem Anfangston, der den 1. Modus organizandi veranschaulichen soll.
In Beispiel 3 könnte das Zeichen Γ., das in der Handschrift unter dem letzten Tonbuchstaben und nach dem Text *Descendit* plaziert ist (vgl. das Faksimile im Anhang), als Schluß- oder Absatzzeichen des Traktat-Textes verstanden werden. Es ist jedoch identisch mit der Schreibung des Gamma in der vorletzten Zeile der gleichen Seite. Möglicherweise folgte der Schreiber hier einer Vorlage, in der für die beiden letzten Tonbuchstaben (Γ und ?) kein Platz vorhanden war, so daß (nachdem die vorhergehenden Tonbuchstaben auseinandergerückt waren zufolge des darüber stehenden großen *D* des *Descendit* von Beispiel 2) das Γ unter den Tonbuchstaben A der Organalstimme plaziert wurde und der letzte Tonbuchstabe ausfiel. Für die Ergänzung des Schlußtones der Organalstimme gibt es nach den Regeln des Traktats (Bildung der Copula) keine andere Möglichkeit als den Ton C.

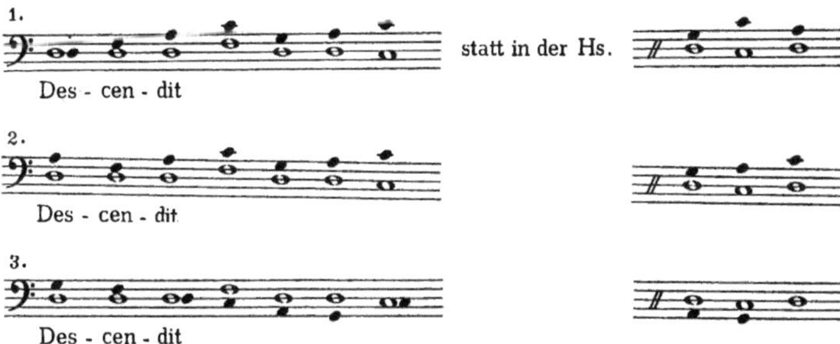

Zu beachten ist, daß der Cantus der drei Beispiele einen Abschnitt bildet, ein in sich geschlossenes Glied, sowohl textlich (nach *Descendit* beginnt die neue Wortgruppe *de caelis*) als auch musikalisch (nach dem Ton C beginnt der für den 1. Modus charakteristische Aufstieg zur Quinte über der Finalis: F-G-a), so daß bei diesen Beispielen vom Cantus her die Voraussetzungen gegeben sind für die Bildung einer Klangzeile, deren Copula dem Ende eines Cantus-Abschnitts entspricht.
Im Berliner Traktat B heißt es nun, daß in den drei Modi organizandi die »mehreren anderen« Modi enthalten seien, wobei wir annehmen müssen, daß die fünf Modi des Mailänder Traktats gemeint sind, da ja T*BB* sich deutlich als Bearbeitung des T*M* ausweist.
Was nun zunächst den 5. Modus betrifft, die Kolorierung der oppositae (ultimae) voces, so ist er in den drei Modi keineswegs enthalten und auch nicht durch eine entsprechende Bemerkung ersetzt. Möglicherweise hat der Bearbeiter den 5. Modus nicht mehr verstanden (Cum ... satis indiscrete tractassent); näher liegt jedoch die Annahme, daß die Kolorierung, die auch im Organum-Traktat von Montpellier nicht erwähnt wird, als Usus (im Sinne einer Möglichkeit der praktischen Verwirklichung des Organums) keiner Erwähnung bedurfte.
Eindeutig übernimmt der Bearbeiter den 1. und den 2. Modus: die Formulierung beider Modi bleibt an beiden Stellen (Satz 18 = 27, Satz 19 = 28) unverändert, und die Exempla zeigen zunächst eine konjunkte, dann eine disjunkte prima vox.
Die beiden ersten *Descendit*-Exempla veranschaulichen zugleich den 3. Modus des T*M*: den Klangwechsel bei den mediae voces, und zwar derart, daß Cantus-Abschnitt und Klangzeile kongruieren.

Dieses Kongruenz-Prinzip: die Entsprechung zwischen der textlich-musikalischen Einheit des Cantus (Wort, »Wortbild«, mitunter auch Silbe bzw. Vers oder Halbvers) und der Klangbildung (Ort der Copulatio), ist im Text der beiden Traktate nicht angesprochen. Hier handelt es sich offenbar um eine Selbstverständlichkeit, die im Anschluß an die Lehre des Alten Organums (*Musica Enchiriadis*, Guido) als eine Grundvorstellung des Organizierens fortbestand (vgl. bes. S. 16f. und 154). Während aber in der Mailänder Traktatfassung bei keinem der fünf *Alleluia*-Beispiele die Kongruenz zwischen dem Wort »Alleluia« und der Klangbildung rein ausgeprägt ist (das Beispiel zum 1. Modus gliedert das Wort nach Silbengruppen, und das Beispiel zum 3. Modus zeigt als 2. Klang eine Oktave[8]), demonstrieren die beiden ersten *Descendit*-Exempla des Berliner Traktats die Norm des Organizierens in reinster Form: Bildung von Klangzeilen, die gekennzeichnet sind durch das Vorhandensein von mediae voces und Klangwechsel und durch ihre Kongruenz mit dem Cantus-Abschnitt. – Möglicherweise ist die reine Ausprägung der Norm der Grund dafür gewesen, daß unser Bearbeiter des Mailänder Traktats den *Alleluia*-Cantus durch den kürzeren und daher für die Klangzeilen-Bildung geeigneteren *Descendit*-Cantus ersetzt hat.

Zunächst nun möchte man meinen, daß der Berliner Traktat auch den 3. Modus übernimmt (Tertius sumitur a mediis vocibus, quae mutantur, Satz 16). Doch mit dem 3. Modus ist hier der 4. Modus des Mailänder Traktats gemeint. Dies geht zunächst aus Beispiel 3 hervor, das – auch ohne Berücksichtigung des verderbten Schlusses – deutlich den 4. Modus des T*M* veranschaulicht: das Bilden der Copula innerhalb der durch Cantus und Klangfolge gegebenen Einheit, so daß die Klangzeile in Klangglieder unterteilt wird. (Zu dieser Auffassung des 4. Modus vgl. den Exkurs S. 153ff.).

Die Untergliederung der Klangzeile, die als übergeordnete Einheit dennoch fortbesteht, kann also unabhängig von den Gegebenheiten des Textes, aus »rein musikalischen« Rücksichten, geschehen, womit jedoch die Norm des Organizierens durchbrochen wird[9]. In diesem Sinne will unser Bearbeiter des Mailänder Traktats den 3. Modus verstanden wissen. Nach seiner Meinung geschieht dieser Modus, das »Verändern der mittleren Töne«, nicht durch Klangwechsel (der ja der Norm entspricht, also nichts verändert), sondern durch eine Copulatio, die außerhalb der Kongruenz von Cantus- und Klangabschnitt und somit außerhalb der Norm steht. Um dies auszudrücken, brauchte der Bearbeiter nur den Wortlaut der Beschreibung des 3. Modus zu kürzen:

T*M*	T*BB*
22Tercius modus sumitur a mediis uocibus. que mutantur per diatessaron. si sunt in diapente. uel e conuerso.	16Tertius sumitur a mediis uocibus que mutantur.
29Mediis uocibus que mutantur per diatessaron si sunt in diapente.	20Que mutantur mediis uocibus.

[8] Ich vermute allerdings, daß das 3. *Alleluia*-Beispiel fehlerhaft überliefert und dessen 2. Klang (so wie im 2. *Alleluia*-Beispiel) als Quinte zu verstehen ist (vgl. S. 154).

[9] Man könnte meinen, daß der Verfasser des Mailänder Traktats dies anzudeuten scheint, indem er (Satz 15) der Lehre von den »Ausnahmen« (den 4- bis 2tönigen Klanggliedern) die Aussage voranstellt: Cum autem cantus prestolatur organum, copulatio fit quolibet modo – »wenn aber der Cantus (etwa zufolge seiner Bewegungsrichtung) das Organum erwartet, geschieht die Copulatio auf beliebige Weise« (nämlich un-

Gemeint ist in *TBB*, Satz 16, daß durch die Copulatio innerhalb einer Klangzeile deren eigentlich geforderten mediae (organales) voces zugunsten einer klanglichen Binnengliederung der Zeile verändert werden. Und Satz 20 wäre demnach – entsprechend dem Wortlaut von Satz 29 in *TM* – zu verstehen als: Mediis uocibus que mutantur.

Der 4. Modus des Mailänder Traktats, dessen schwer verständliche Formulierung (und was sie an Besonderheiten besagt) in *TBB* preisgegeben ist, ist nun (als 3. Modus) in der Tat weniger »verworren« erklärt, und er ist in den »nur drei Modi einbegriffen«.

Der Klangwechsel bei den mediae voces wird nun aber nicht mehr als Modus organizandi gelehrt. Denn der den Klangwechsel betreffende 3. Modus im Prosateil des Mailänder Traktats besagt ja nichts anderes als das Grundprinzip des Neuen Organums, das im Berliner Traktat B in den übernommenen Partien bereits mehrmals genannt ist (in der Definition: Satz 5 und 7, und im Abschnitt über die natura vocum: Satz 10) und das in den Exempla des 1. und 2. Modus demonstriert wird. Während es für den Verfasser des Mailänder Traktats wohl noch die Frontstellung gegen Guido war, die ihn den Klangwechsel bei den mittleren Tönen als eigenen Modus erfassen ließ, lehrt der Berliner Traktat B nur die Alternative (1. und 2. Modus) und die Ausnahmen (3. Modus). Da aber die Ausnahmen die Norm des Organizierens zur Voraussetzung haben, ist – sofern man »genügend Scharfsinn aufbietet« – auch der 3. Modus des Mailänder Traktats in den »nur drei Modi einbegriffen«.

Der *natura der mittleren Töne*, da in ihnen »der ganze Begriff des Organizierens« (tota vis organizandi) beschlossen liegt, widmet der Bearbeiter des Mailänder Traktats einen eigenen Abschnitt (Satz 21 bis Schluß). Unter Hinweis auf den die Lehre ergänzenden Usus der Organizatoren formuliert er für die mediae voces folgende Regeln:

1) Quinte und Quarte besitzen gegenüber großer und kleiner Terz principatum organi.

Diese Formulierung erinnert an Guidos Wertung der von ihm für das Organum zugelassenen Zusammenklänge (concordiae), unter denen »diatessaron vero obtinet principatum« (Micr. XVIII/17). Die Begründung der führenden Stellung von Quinte und Quarte ist in *TBB* – wie schon im Prosateil (Satz 8–11) und im Versteil (V. 10–23) des Mailänder Traktats – die Verwandtschaft der Töne, die als Quarte und Quinte eine Oktave bilden (constitutive diapason considerentur). Der Hinweis auf die dispositio quattuor litterarum kann sich indessen nicht auf das Guido-Zitat in *TM* beziehen, da es sich dort (Satz 9) um eine Anordnung von nur drei Tonbuchstaben handelt (A-D-a); möglicherweise bezieht er sich auf den Versteil, wo die Nennung der Quart-Quint- und Quint-Quart-Klänge vier Buchstaben anordnet (V. 21–23: A-D/E-a; vgl. auch V. 43). Überhaupt könnte (– entscheiden läßt es sich nicht –) der Hinweis auf die Rangordnung der Consonantiae (in der Quinte und Quarte erklingt das Organum gegenüber großer und kleiner Terz modulantius, »abgemessener«) durch den Versteil (V. 69–74 = 6. Abschnitt) inspiriert sein, wo betont ist, daß durch die außerhalb der Schlußbildung gebrauchte kleine Terz das Organum »entstellt« wird (depravatur), das das Gesetz nur einhält, wenn es als Quinte und Quarte erklingt.

abhängig von der textlich-musikalischen Gliederung des Cantus). Gegen diese Interpretation spricht jedoch, daß Satz 15 im Aufbau der Lehre zu den beiden vorangehenden Sätzen über die prima vox und die mediae voces gehört und ebenso grundsätzlich (normativ) gemeint ist wie diese (vgl. Anm. 8 der Übersetzung des *TBB*). Und diese Auffassung wird bestätigt durch die Kürzung dieses Satzes in der Bearbeitung: Copulatio vero fit quolibet modo, was nicht im Sinne von Ausnahmen gemeint sein kann.

2) Möglichkeiten der Stimmbewegung (Satz 24):
a) medias aliquando in depositione cantus elevamus, also Gegenbewegung beim Niedersteigen des Cantus.
b) aliquando utraque in circulum tenemus, womit wohl gemeint ist, daß beide Stimmen »in einen Kreis gehalten werden«, und das heißt entweder, daß sie in gleichgerichteter Bewegung halbkreisförmig auf- und wieder absteigen (wie im 1. *Descendit*-Exemplum beim 3. bis 5. Klang) oder daß sie in Gegenbewegung auf- und absteigend gleichsam einen vollen Kreis beschreiben (wie im Vt in den Exempla 2 und 5, wenn man die paenultima vox mit einbezieht).
c) quandoque utraque deponimus, quandoque utraque elevamus, also Bewegung beider Stimmen in gleicher Richtung ab- oder aufsteigend.
Es fehlt die Nennung der Gegenbewegung bei steigendem Cantus. Nicht erwähnt ist auch die Führung der mediae voces bei Tonwiederholung des Cantus, wobei jedoch das Prinzip des Klangwechsels maßgebend ist, wie es die drei *Descendit*-Beispiele bestätigen. – Über die Lage der Organalstimme ober- oder unterhalb des Cantus ist auch in unserer Bearbeitung des Mailänder Traktats nichts ausgesagt (vgl. hierzu die Besprechung des Vt, S. 138).
Daß die Regeln der Stimmbewegung im Berliner Traktat B nur im Blick auf die mediae voces formuliert sind, ist insofern berechtigt, als die Copulatio durch die Regel »fit aliqua decenti consonantia« erfaßt ist, die beim Fortschreiten vom vorletzten zum letzten Ton die Gegenbewegung zur Folge hat (so auch in den *Descendit*-Beispielen). Dennoch ist die Beschränkung der Stimmführungsregeln auf die mittleren Töne einigermaßen willkürlich und wohl nur eine Folge der Absicht, die mediae voces eigens zu behandeln. In Wirklichkeit ist ja die Führung der mittleren Töne auch abhängig von der im Blick auf die Bewegungsrichtung des Cantus zu bildenden Copulatio, die bis zur Wahl der Inceptio zurückzuwirken vermag (vgl. S. 139).
Auch die Aufstellung der Regeln über die Stimmbewegung im Berliner Traktat B könnte durch den Versteil des Mailänder Traktats (V. 65–68 = 5. Abschnitt) veranlaßt sein. Doch die Unterschiede zwischen den Stimmführungsregeln hier und dort sind groß:
a) Im Vt des T*M* werden nur die Gegenbewegungs-Regeln geboten.
b) Die zweite dieser Regeln (Gegenbewegung bei steigendem Cantus) fehlt in *TBB*.
c) Im Vt ist die Gegenbewegung im Blick auf die Copula formuliert (Quotienscumque sursum copulare desideras), während in T*BB* die Erörterung der Stimmbewegung auf die mediae voces beschränkt ist.
d) Der Verfasser des Vt formuliert die Gegenbewegung als uneingeschränkten Grundsatz (dem seine Exempla entsprechen); der Bearbeiter des Prosateils hingegen schränkt jede seiner Stimmführungsregeln durch »aliquando« ein.
Vor allem die letzte Bemerkung wirft Licht auf das Verhältnis zwischen dem Versteil und unserer Bearbeitung des Prosateils des Mailänder Traktats. Der Versteil lehrt in Text und Exempla als Norm des Organizierens das Bilden kurzer (2- bis 4töniger), vom Text des Cantus weitgehend unabhängiger Klangglieder, die keine mediae voces haben und konsequent in Gegenbewegung geführt werden können; die Voces- und die Moduslehre ist hier nicht am Platz; die Organum-Definition (Quint-Quart-Wechsel) und die Gegenbewegung (als uneingeschränkte Regel und als Norm) stehen zueinander im Widerspruch. Dagegen hält der Bearbeiter des Prosateils an dem Kongruenz-Prinzip der Klangzeilenlehre fest und formuliert die Stimmführungsregeln so, daß sie der Organum-Definition, der Voces- und der Moduslehre nicht widersprechen.

3) Verbot kleinerer Intervalle als die Terz (Satz 28).
Zugleich ist indirekt angegeben, daß beim Bilden der Copula (vertendo ad copulam) auch die Sekunde erlaubt ist. Auffallend ist an der Formulierung dieser Regel die Kennzeichnung der mediae voces als »diaphonales« (dieses Adjektiv ist meines Wissens sonst nicht zu belegen) und der Gebrauch des Verbums coniungere für die sonst stets als disiunctae bezeichneten mediae voces.
Man hat den Eindruck, daß mit den Regeln für die Stimmbewegung und dem Hinweis auf den Usus der Organizatoren (Satz 25) der Traktat eigentlich zu Ende ist und daß nun der Bearbeiter in seiner Vorlage nur noch eine Art Nachlese hält und anschließend zwei mehr nebensächliche Punkte nachholt bzw. anhängt. Zuerst zitiert er aus dem Prosateil des Mailänder Traktats den in das Guido-Zitat eingefügten Satz über die affinitas vocum, wobei stillschweigend auch die Terz diesem Begriff subsumiert wird. Dann verweist er auf die Exempla im Versteil, die ihm offenbar als dessen wertvollster Teil erscheinen, obwohl sie, wie schon gesagt, der Lehre des Berliner Traktats B nur bedingt entsprechen[10]. – Vom Vorhergehenden durch einen Absatz getrennt, formuliert der Verfasser nun das an sich überflüssige Verbot kleinerer Intervalle als die Terz. Und daran anschließend erklärt er die mediae voces (Terz, Quarte, Quinte) hinsichtlich ihrer Zusammensetzung aus Ganz- und Halbtönen und ihrer Benennung.

Zur Beurteilung des *Verhältnisses zwischen dem Berliner Traktat B und dem Prosa- sowie dem Versteil* des Mailänder Traktats seien die Ergebnisse unserer Besprechung des Berliner Traktats wie folgt zusammengefaßt.
Neu gegenüber dem Prosateil des Mailänder Traktats sind in dessen Bearbeitung:
Einreihung der Terz unter die mediae voces;
freie Behandlung der Terz als media vox;
Rangordnung der Consonantiae (Quinte/Quarte - Terz) in bezug auf die mediae voces;
Regeln der Stimmführung;
Reduzierung der 5 Modi organizandi auf 3;
der 3. Modus des T*M*: Klangwechsel der mediae voces, wird – entsprechend der Definition des Organums – als Norm des Organizierens vorausgesetzt und nicht mehr als Modus erfaßt;
der 4. Modus des T*M*: Untergliederung der Klangzeile in Klangglieder, wird zum 3. Modus (bzw. der 3. Modus des T*M* wird im Sinne des 4. Modus verstanden);
die Kolorierung (5. Modus des T*M*) wird nicht erwähnt.
Einige dieser Neuerungen können *durch den Versteil veranlaßt* sein:
Behandlung der Terz als media vox im Text des Traktats;
Vorrang der Quinte und Quarte gegenüber der Terz bei den mediae voces;
Stimmführungsregeln;
die durch die Organum-Definition ausgesprochene Norm des Organizierens: der Klangwechsel bei den mediae voces, wird nicht als Modus gelehrt.
Ein Zusammenhang mit dem Versteil ist aber nachweisbar nur durch den Hinweis auf dessen Exempla, und er ist wahrscheinlich nur bei dem Hinweis auf die dispositio quattuor litterarum.
Andererseits *unterscheidet sich der Berliner Traktat B von der Lehre des Versteils* wie folgt:

[10] Vgl. die Besprechung der Exempla des Vt (S. 134 ff.) und den Abschnitt über das Verhältnis zwischen Versteil und Prosateil (bes. S. 142 ff.).

Behandlung beider Terzarten;
ihre Zulassung als Inceptio und ihre freie Behandlung als media vox;
die Stimmführungsregeln werden auf die mediae voces beschränkt; sie werden durch die Regeln für die »kreisförmige« und gleichgerichtete Bewegung erweitert und durch »aliquando« eingeschränkt;
Ausgangspunkt der Lehre und maßgebend fürs Organizieren bleibt ein präexistenter Cantus;
Festhalten an der Lehre von der differentia vocum und an der Moduslehre;
die Norm des Organizierens bleibt die Bildung von Klangzeilen mit mediae voces (Klangwechsel) und in Kongruenz mit den Cantus-Abschnitten;
die kurzen (4- bis 2tönigen) Glieder, die im Vt die Norm bilden, bewahren den Charakter der Ausnahmen (3. Modus).

Es ergibt sich somit, daß der Berliner Traktat B die Art des Organizierens, die der Versteil vor Augen hat, sowie dessen besondere, von den Oktavstrukturen ausgehende Lehrart nicht in sich aufgenommen hat. Doch muß hinzugefügt werden, daß eine Verschmelzung der auf den Cantus gerichteten Moduslehre des Mailänder Traktats und der primär klanglich orientierten Lehre des Versteils überhaupt schwer vorstellbar ist. Der Berliner Traktat B ist eine Bearbeitung des Prosateils des Mailänder Traktats. Er zeigt ein neues Durchdenken der Moduslehre und der Lehre von den mediae voces, auch einige Schwächen (Einschränkung der Stimmführungsregeln auf die mediae voces; affinitas-Begriff; unpassender Hinweis auf die Exempla des Versteils), aber auch eine Reihe moderner Züge: Kürze und leichtere Verständlichkeit, weniger ausgeprägte theoretische Haltung; Terz- und Stimmführungsregeln.

Über Zeit und Ort der Entstehung des Berliner Traktats B, der – nach Ausweis besonders der verderbten Exempla – lediglich in einer Abschrift, und zwar einzig in einer um 1300 in Oberitalien geschriebenen Handschrift, überliefert ist, kann nur gesagt werden, daß er *nach* der Abfassung des Prosa- und des Versteils des Mailänder Traktats entstanden ist. Nach Ausweis der Quellen war in Oberitalien in den ersten Jahrzehnten des 14. Jahrhunderts die heute sogenannte »retrospektive« Mehrstimmigkeit und somit wohl auch deren Lehre lebendig. Ich vermute jedoch, daß der Berliner Traktat B von einem prudens cantor, einem modernus, im 12. Jahrhundert in Frankreich geschrieben wurde, d. h. zu einer Zeit, in der die Organumlehre des Mailänder Traktats noch unmittelbar aktuell war und diskutiert wurde, und in einem Lande, das zu jener Zeit, zentriert in Chartres und St.-Martial, ein Repertoire zweistimmiger Musik aufweist, welches in vielen Fällen nicht nur der Lehre des Mailänder Traktats, sondern auch den in seiner Bearbeitung zur Sprache gebrachten Modifikationen nud Ergänzungen dieser Lehre korrespondiert.

BRÜGGER VERSION

Der auf den Mailänder Traktat zurückgehende Teil der Randscholien, der etwas mehr als ein Drittel aller Randscholien zum Brügger Garlandia-Text umfaßt, wird in der Reihenfolge der Handschrift abgedruckt, wobei die nicht zum Mailänder Traktat gehörigen Texte jeweils übersprungen sind (angezeigt durch Pünktchen). Die Einordnung in den Zusammenhang der Hs. ergibt sich aus dem Faksimile (Anhang Nr. 17) und der Übersicht S. 35f. Es handelt sich hauptsächlich um Textstücke aus dem Prosateil des Mailänder Traktats (Satzzählung ist aus der Edition des Pt übernommen, jedoch in runde Klammern gesetzt); aus dem Versteil haben lediglich die ersten 7 Verse Aufnahme in die Randscholien gefunden (hier S. 175, Z. 10; Verszählung in runden Klammern ist in den fortlaufend geschriebenen Text eingefügt). Scholien, die auf der linken Hälfte der Handschriftenseiten stehen, sind durch a (hinter Folioangabe) bezeichnet, solche auf der rechten Hälfte der Seite durch b. Kursivdruck zeigt die vom Wortlaut in *M* abweichenden Stellen an; der diesen Stellen entsprechende Text in *M* ist im Variantenapparat zusammengestellt. Die an zwei verschiedenen Stellen in abweichendem Wortlaut vorkommenden Sätze 10/11 sind als Version I und Version II gekennzeichnet.

EDITION

[Prosateil:] (33)Significatum organi aliud naturale aliud remotum a natura. (34)Naturale est illud cui uicissim duo immediata contingit eidem esse et non esse sub organo uidelicet diapente et f. 54v b diatessaron ueluti homini cui uicissim contingit eidem esse et non esse duo immediata sub animali uidelicet sanum et egrum. (35)Remotum a natura est cui nullum alterum contingit esse utpote instar ueri animalis et *mortui hominis* quibus non contingit esse *neque sanum et* egrum sub animali‹.› (36)quapropter tale organum non est organum. (37)oppositio autem est in adiecto. (38)Nam *quotiens cum* aliquid non subponitur alicui duorum immediatorum nec illi subponitur cui sunt immediata. (39)sed tale organum nulli subponitur. ergo non *est nisi* per simile quemadmodum instar ueri animalis *non* est homo. *uidelicet* pictura et cadauer.

[Versteil:] (1) cum autem *diatessaron et diapente organizemus* (2) succincte et egregie curramus (3) donec *ad copulam cum dulcedine* perueniamus. (4) et eorum diligentiam confestim uideamus (5) prestolatim *collocando* iungamus. (6) nam tante affinitas sunt tanteque amicitie (7) *ut una* conducit alteram *curiosa beniuolentia sua* etc. ...

[Prosateil:] /(8)*Item* dyaphonia uocum disiunctio sonat quam nos organum uocamus. cum disiuncte ab inuicem *et* concorditer dissonant et dissonanter concordant. (9)qua *quidam* organi- f. 55r a zatores ita utuntur *ut canenti semper quarta corda succedat.* ut .A. ad .D. vbi si *sic* organum per acutum .a. duplices resonabit .A. ad .D. diatessaron ad acutum .a. diapason. D. ad utrumque .A. et .a. diatessaron et *diapente.* (10)*Item sciendum quod* organales uoces affinitatem *habent* cum precedentibus. (11)et quia hee tres *uoces siue* species *affinitates* habentes tanta se ad organi societatem *permiscent* quemadmodum *uoces siue similitudines uocum* fecisse monstrate sunt. ...

(10)–(11) Version I

(13)Prima uox organi aut *manet* coniuncta cum *precedente* per diapason uel in *eodem.* aut disiuncta *per* diapente *et* diatessaron. (14)Medie uero uoces *dyapente uel* diatessaron discurrunt. (15)cum autem cantus prestolatur organum copulatio fit quolibet modo. (16)*et* ita cum quatuor uoces *sint tantum subsequentes* una organalis dicitur. nam prima quandoque *iungitur.* tercia intuens prestolantem ut habilem copulam tribuat quarte uoci cum qualibet consonantia. ...

M: 5 mortuus homo neque sanum et] sanum neque 7 quotiens cum] quotienscumque 8 est nisi] est organum nisi 9 non] *fehlt* uidelicet] *fehlt* 10 diapente et diatessaron organizamus 11 cum dulcedine ad copulam 12 collocando] colloquendo amicas duas ut una] Prima 13 curiosa] causa beniuolentia sua etc.] beniuolentie 14 Item] *fehlt* 15 et] uoces quidam] *fehlt* 16 ut ... succedat] quatinus diapente uel diatessaron discurrant sic] *fehlt* 18 diapente. Item sciendum quod] diapente. a. ad grauiores diapente et diapason. Sciendum est enim habere 19 uoces siue] *fehlt* affinitatem 20 permiscent] suauitate permiscent uoces siue similitudines uocum] superius uocum similitudines 22 manebit precedenti eadem 23 per] *fehlt* et] uel diapente et 25 tantum subsequentes sint iungitur.] iungitur. Secunda semper disiungitur.

(10)–(11) Version II

f. 55r b /(10)Sciendum *autem est quod* organales uoces affinitatem *habent* cum precedentibus. (11)et quia *diapason. diapente. diatessaron* affinitatem habentes tanta se ad organi societatem *suauitati* permiscent quemadmodum superius uocum *similitudinem* fecisse monstrate sunt. *recte* symphonie apte uocum *copulantes* dicuntur cum symphonia *de* omni cantu dicatur. . . .

f. 55v a *Item de organo.* (7)Organum est uox sequens precedentem sub *sceleritate . id est cursu .* diapente uel diatessaron. quarum uidelicet precedentis et subsequentis *uocis* fit copula aliqua decenti consonantia. *et continet quinque modos.* (4)*primi duo a* prima uoce. *tercius* a mediis. *quartus* non tantum a prima uel a media sed ab *utraque. quintus a* discretione ultimarum uocum *augendo* uel auferendo *etc.* . . .

f. 55v b /(20)Primus modus organizandi est quando *prima* copulatur cum precedenti. (21)Secundus *modus est per distinctionem* ipsius uocis. nam differentia est coniunctio respectu disiunctionis. (22)Tercius modus *est* a mediis uocibus que mutantur per diatessaron si sunt in diapente uel e conuerso. (23)Quartus *fit* a diuerso principio uel a diuerso medio non tantum ab uno sed etiam ab utroque. (24)Quintus fit per *multiplicitatem* oppositarum uocum augendo uel auferendo. *id est ultimam copulam destruendo.*

M: 1 autem est quod] est autem/enim habere 2 diapason. diapente. diatessaron] hae tres species suauitate 3 similitudines recte] *fehlt* copulationes de] et de 5 Item de organo] *fehlt* sceleritate. id est cursu.] celeritate 6 uocis] *fehlt* 7 et continet quinque modos. primi duo a] et ita duos statuimus in tercium 8 quartum utroque quintus a] quintum augendo] uidelicet augendo 9 etc.] *fehlt* 10 prima] prima uox 11 modus est per distinctionem] fit per disiunctionem 12 est] sumitur 13 fit] *fehlt* 14 multiplicationem 14–15 id est ultimam copulam destruendo] *fehlt*

ERLÄUTERUNGEN

Die Brügger Handschrift 528 (*Br*) überliefert den Text des Mailänder Traktats in Auszügen die, untermischt mit Texten anderer Herkunft, als Randscholien[1] zum Mensuraltraktat mit dem Incipit »Habito de ipsa plana musica que immensurabilis dicitur ...«[2] notiert sind. Der Text des Mailänder Traktats ist hier in einer Form überliefert, die die innere Zusammengehörigkeit der einzelnen Zitate nicht ohne weiteres erkennen läßt. Es erscheint daher zunächst fraglich, ob von einem einheitlichen Text, von einem Traktat, gesprochen werden kann. Eine Prüfung der in die Scholien aufgenommenen Sätze (4, 7–11, 13–16, 20–24 und 33–39 des Prosateils, dazu die Verse 1–7 des Versteils) ergibt jedoch, daß der Schreiber (oder dessen Gewährsmann) eine repräsentative Auswahl getroffen hat. Die wesentlichen Textstellen des Traktats blieben erhalten. Was weggelassen wurde, sind teils einleitende (Satz 1–3, 6), teils überleitende (Satz 12, 18–19, 25) und teils näher ausführende Partien (Satz 5, 17 sowie 26–32 mit den Exempla). Aus dem Versteil hingegen fand nur die sich an das dialektische Nachwort der Prosalehrschrift anschließende Einleitung Aufnahme. Es ist deshalb nicht ungerechtfertigt, wenn wir die Brügger Version des Mailänder Traktats auch als Brügger Traktat bezeichnen.

Dem Wortlaut des Textes nach steht die Brügger Version dem Berliner Traktat *A* am nächsten, mit dem sie neun Sondervarianten gemein hat (außerdem zwei orthographische: symphonia in Satz 11 und *et* in Satz 16);

M	*BA Br*
13disiuncta	disiuncta per
14diapente et diatessaron	diapente uel diatessaron
20prima uox copulatur	prima copulatur
24multiplicationem	multiplicitatem
24augendo uel auferendo	augendo uel auferendo, id est ultimam copulam destruendo

1 Aus der Art der Seiteneinteilung ab f. 54v (relativ kleiner Schriftspiegel für den Haupttext und breite Ränder) geht deutlich hervor, daß bei der Abschrift des Mensuraltraktats von vornherein mit Randbemerkungen gerechnet wurde.

2 Es handelt sich um den anonym überkommenen Mensuraltraktat des Johannes de Garlandia, den E. de Coussemaker nach einer in Umfang, Wortlaut und Notenbeispielen mit der Brügger Quelle nicht ganz übereinstimmenden Vatikanischen Handschrift ediert hat (CS I, 175ff.). Eine stärker abweichende Fassung dieses Traktats (mit dem Incipit »Habito de cognitione plane musice et omnium specierum soni ...«) ist durch den *Tractatus de musica* des Hieronymus de Moravia überliefert (CS I, 97ff.; ed. Cserba S. 194ff.). Auf die zuerst genannte Fassung bezieht sich auch Anonymus 4 zweimal, nennt aber den Autor nicht, sondern nur das Incipit (ed. Reckow S. 33, 8f. »... in quodam tractatu qui incipit *Habito de ipsa plana musica, quae immensurabilis* respective dicitur« und S. 45, 15f. »... in quodam libello vel tractatu ..., cuius inceptio est *Habito de ipsa plana musica* etc.«). – Eine Neuedition des Mensuraltraktes nach allen drei Quellen legte Erich Reimer vor in: *Johannes de Garlandia: De mensurabili musica. Kritische Edition mit Kommentar und Interpretation der Notationslehre*, Diss. Freiburg i. Br. 1969, maschr.

[34]contingit . . . (zweimal)	contingunt . . . (zweimal)
[39]homo. pictura	homo. uidelicet pictura
[1]organizamus	organizemus

Aus der Gegenüberstellung geht eindeutig hervor, daß die beiden Überlieferungen in *BA* und *Br* unmittelbar oder mittelbar auf eine gemeinsame Textvorlage zurückgehen, die einen gegenüber *M* relativ selbständigen Überlieferungszweig bildet (vgl. die Veranschaulichung des vermutlichen Verwandtschaftsverhältnisses unserer Traktate S. 15). Eine kritische Prüfung dieser gemeinsamen Varianten läßt keinen Zweifel darüber, daß sie im Vergleich mit dem durch *M* überkommenen Text einem jüngeren Zustand des Traktattextes angehören.

M	*BA Br*
[13]disiuncta diapente uel diatessaron	disiuncta per diapente uel diatessaron
Die Form ohne per braucht nicht fehlerhaft zu sein, da diapente und diatessaron indeklinabel sind und hier ablativisch verwendet sein können. (Allerdings heißt es unmittelbar vorher: Prima uox . . . manebit coniuncta . . . per diapason . . .)	Die Form mit per ist sprachlich klarer; sie läßt sich auch als nachträgliche Verdeutlichung erklären (vgl. T*BB*, Satz 9, wo per vielleicht irrtümlich durch pars ersetzt ist).
[14]Medie uero uoces diapente et diatessaron discurrunt	medie uero uoces diapente uel diatessaron discurrunt
Die Konjunktion et unterstreicht den Wechsel der Klangqualität.	Die Konjunktion uel (vgl. dazu z. B. die Organum-Definition in Satz 7 ». . . diapente uel diatessaron«) schwächt das Merkmal des Wechsels ab (reine Quart- oder Quintparallelen erscheinen mit dieser Formulierung durchaus vereinbar).
[20]Primus modus . . . est, quando prima uox copulatur	primus modus . . . est quando prima copulatur
Der vollständige Ausdruck heißt prima uox (so auch im Berliner Traktat B, Satz 14).	Der abgekürzte Ausdruck prima dürfte in diesem Fall später aufgekommen sein.
[24]per multiplicationem oppositarum uocum	per multiplicitatem oppositarum uocum
Mit dem Wort multiplicatio ist die Tätigkeit des Vervielfältigens ausgedrückt, was dem Sinn der Textstelle offenbar genau entspricht.	Das Wort multiplicitas ist selten belegt und vor allem von Boethius her bekannt (vgl. die Belegstellen im Index von Friedleins Ausgabe der »Arithmetica« und der »Musica«). Der Wortbedeutung nach (Vielfältigkeit) paßt es in den Textzusammenhang schlechter als multiplicatio und muß deshalb als spätere Version angesehen werden.
[24]augendo uel auferendo	augendo uel auferendo, id est ultimam copulam destruendo
	Die Erklärung des offenbar schon im hohen Mittelalter als dunkel empfundenen Ausdrucks »augendo uel auferendo« ist mit Sicherheit als spätere Glosse anzusprechen (s. S. 80f.).

[34]contingit eidem esse et non esse ... (kommt zweimal im Satz vor) Der ganze Ausdruck ist als feststehender Ausdruck durch Boethius bezeugt (s. S. 86).	contingunt eidem esse et non esse ... (kommt zweimal im Satz vor) Die Version mit contingunt dürfte auf einen Abschreiber des Mailänder Traktats zurückgehen, der den Boethianischen Ausdruck nicht gekannt oder nicht verstanden und deshalb mit duo immediata verbunden hat.
[1]organizamus	[(1)]organizemus Der Schreiber hat den regelmäßigen Reim auf -amus nicht beachtet (organizamus, curramus, perueniamus usw.).

Die über diesen Bestand an Textvarianten hinausgehenden Sonderlesarten, von denen die wichtigsten im folgenden genannt seien, sind zumeist als jüngere Varianten zu beurteilen.

M	*Br*
[3]quinque addimus modos organizandi. [4]Et ita duos statuimus in prima uoce.	[(7)]et continet quinque modos. [(4)]primi duo a prima uoce. Organum-Definition und Aufzählung der Modi sind hier zusammengezogen, wobei »et continet quinque modos« den Übergang bildet. Die Form »a« (prima uoce) statt »in« ist den folgenden Formulierungen angepaßt.
[4]Quintum discretione	[(4)]quintus a discretione Das eingefügte »a« erklärt sich als Angleichung an die vorausgehenden Formulierungen.
[7]celeritate	[(7)]sceleritate · id est cursu · Schon der Wortbedeutung wegen paßt sceleritas (das »Verbrecherische«) nicht in den Text. Die Abweichung erklärt sich wohl als Hörfehler; die nachträgliche Interlinearglosse »id est cursu« sollte den sinnstörenden Fehler offenbar berichtigen.
[8]disiuncte ab inuicem uoces ... et ...	[(8)]disiuncte ab inuicem et ... et ...
[9]Qua organizatores ita utuntur, quatinus diapente uel diatessaron discurrant	[(9)]qua quidam organizatores ita utuntur, ut canenti semper quarta corda succedat Bis auf das aus der Mailänder Fassung stammende Wort organizatores ist dieser Satz nach dem Wortlaut in Micr. XVIII/3 wiederhergestellt, von dem er ursprünglich abgeleitet war (s. S. 61).

10 enim / autem	(10) autem (= Version II) Daß autem die ursprüngliche Lesart war, wird durch *Br* bestätigt.
10 habere	(10) quod ... habent (= Version II) Anstelle des Infinitivsatzes tritt ein Nebensatz.
11 hae tres species affinitatem habentes Vgl. Micr. XVIII/7	(11) hee tres uoces siue species affinitates habentes (= Version I) Der nachträgliche Einschub »uoces siue« erklärt sich als Bezugnahme auf die im Vorausgehenden genannten Töne A, D und a. Die Pluralform affinitates ist nachträgliche Angleichung an den Plural des Subjekts (uoces siue species).
11 suauitate permiscent Vgl. Micr. XVIII/7	(11) permiscent (= Version I) Hier ist suauitate wohl versehentlich weggelassen worden (vgl. die Version II).
11 quemadmodum superius uocum similitudines Vgl. Micr. XVIII/8	(11) quemadmodum uoces siue similitudines (= Version I) Der Hinweis auf »oben« (superius) im Text paßt hier nicht, deshalb könnte der Text vorsätzlich geändert sein (vgl. jedoch Version II).
11 simphoniae Vgl. Micr. XVIII/9	(11) recte symphonie (= Version II) Die Ergänzung »recte« dient wohl zur Unterscheidung der beiden Wortbedeutungen von symphonia: recta symphonia meint dann den Zusammenklang, während symphonia allein auch den Cantus bezeichnet (s. S. 65).
11 copulationes Vgl. Micr. XVIII/9	(11) copulantes (= Version II) Die Abweichung scheint auf einen Lesefehler zurückzugehen.
13 manebit	(13) manet
16 Secunda semper disiungitur	(fehlt)
21 Secundus fit per disiunctionem	(21) Secundus modus est per distinctionem Analog zum vorausgehenden Satz (Primus modus organizandi est quando ...) heißt es auch hier »... modus est«. Wohl auf einem Mißverständnis beruht die Änderung von disiunctionem in distinctionem; dadurch verliert der Satz seine prägnante Bedeutung.

[22]Tercius modus sumitur	[(22)]Tercius modus est Hier liegt Angleichung an die beiden vorausgegangenen Sätze vor (Primus ... est ... Secundus ... est ...).
[35]instar ueri animalis et mortuus homo	[(35)]instar ueri animalis et mortui hominis Statt der Nebenordnung ist das zweite Glied hier dem Subjekt des ersten Gliedes untergeordnet; dadurch wird der ursprüngliche Gedanke entstellt (s. S. 87f.).
[35]non contingit esse sanum neque egrum	[(35)]non contingit esse neque sanum et egrum Im klassischen Sprachgebrauch ist neque – et (»einerseits nicht – andererseits«) keine doppelte Negation. Die Abweichung von *M* erscheint deshalb um so weniger plausibel.
[38]quotienscumque	[(38)]quotiens cum
[39]non est organum nisi	[(39)]non est nisi
[39]instar ueri animalis est homo. pictura et cadauer Der Sinn des Satzes ist wohl: Bild eines wirklichen Lebewesens ist der Mensch *als* Gemälde und *als* Leichnam	[(39)]instar ueri animalis non est homo. uidelicet pictura et cadauer. Die Negation verkehrt die Aussage des Satzes, sie läßt sich aber rechtfertigen, wenn die Apposition vom Prädikat getrennt wird: Bild eines wirklichen Lebewesens ist nicht der (wirkliche) Mensch, (sondern) vielmehr das Gemälde und der Leichnam.

Aus dem Versteil sind außer zwei Umstellungen in Vers (1) und (3) folgende Varianten zu nennen:

M	*Br*
[5]colloquendo amicas duas iungamus	[(5)]collocando iungamus
[7]Prima conducit	[(7)]ut una conducit Das konsekutive »ut« erklärt sich aus den vorausgehenden »tante – tanteque«.
[7]causa beneuolentie	[(7)]curiosa beniuolentia sua etc.

Die Zusammenstellung der hauptsächlichen Sekundärabweichungen läßt erkennen, daß die Qualität der Textüberlieferung in *Br* auffallend schlecht ist. Es gibt kaum einen Satz, in dem nicht eine oder mehrere Abweichungen gegenüber *M* (der dem Original am nächsten stehenden Quelle) zu verzeichnen wären. Für eine Rekonstruktion der verschollenen Originalfassung des Mailänder Traktats scheidet *Br* deshalb mit den Sekundärabweichungen (d. h. mit den nur in *Br* vorkommenden Abweichungen) ganz aus. Aber auch die *Br* und *BA* gemeinsamen Abweichungen wird man wohl in keinem Falle so hoch über die Lesarten von *M* stellen können, daß ihre Aufnahme in den Haupttext der Edition des Mailänder Traktats zwingend erscheint.

Wohl ist die Brügger Überlieferung in textkritischer Sicht ungünstig zu beurteilen, doch fragt sich, ob man ihr damit ganz gerecht wird: Immerhin sollte nicht übersehen werden, daß es sich um einen »ungeschützten« Text[3] handelt, der als Lehrschrift für eine eng umgrenzte musikalische Aufgabe bestimmt war. Es liegt auf der Hand, daß das Interesse an einer derartigen Schrift erlischt, sobald andere, den jeweiligen Aufgaben besser entsprechende Lehrschriften vorliegen. Im Falle des Mailänder Traktats mag die Tatsache überraschen, daß noch im 14. Jahrhundert auf ihn zurückgegriffen wurde. Verständlich erscheint dies Interesse, wenn man den Charakter und die Herkunft der Brügger Handschrift mit in Betracht zieht. Sowohl der in seinem musiktheoretischen Teil stark kompilatorische Grundzug (s. S. 33ff.) als auch die Herkunft aus der Abtei Ter Doest (s. S. 33) lassen vermuten, daß die Handschrift *Br* in einer musikhistorisch eher peripheren Gegend entstanden ist. Was in den musikalischen Zentren längst keine Geltung mehr besaß, konnte außerhalb dennoch die Aufmerksamkeit beanspruchen. In diesem Sinne mag der Text des Mailänder Traktats zwei Jahrhunderte nach seiner Entstehung noch gelesen und abgeschrieben worden sein.

Die Randscholien stehen teilweise in einem lockeren Verhältnis zum Text des Mensuraltraktats, so besonders die aus dem Mailänder Traktat stammenden Partien. Als Beispiel für die Art, wie unterschiedlich die Randscholien auf den Haupttext Bezug nehmen, sei folgender Fall angeführt. Nachdem f. 51v–53r von der Musica immensurabilis *(De plana musica que immensurabis dicitur et de eius speciebus)* gehandelt worden war, beginnt der dem Johannes de Garlandia zugeschriebene (CS I, 175a) Haupttext f. 54v nach der Überschrift *Dicto de musica immensurabili nunc tractandum est de ipsa mensurabili quae organum nuncupatur*:

»Habito de ipsa plana musica que immensurabilis dicitur, nunc est presens intentio de ipsa mensurabili que organum quantum ad nos appellatur prout organum generaliter dicitur ad omnem mensurabilem musicam. Unde organum est species totius mensurabilis musice et est genus diuersimode prout dictum est superius. Sciendum ergo quod organi generaliter accepti sunt tres species, scilicet Discantus, Copula et Organum, de quibus dicendum est per ordinem ...«

Die Randscholien auf der linken Hälfte (f. 54va) befassen sich mit dem Begriff Organum (»Organum est sonus armoniacus diuersis temporum consonantiis suaui concordia modisque prolatus, symphoniis variis metrorum coloribus adornatus«) und seiner Aufgliederung in Diaphonia, Copula und Prolatio sowie deren Bestimmungen.

Die Randscholien der rechten Hälfte (f. 54vb) beginnen mit der Einteilung in Musica mensurabilis und immensurabilis:

»Duplex est modus ipsius musice scilicet mensurabilis et immensurabilis. Modus mensurabilis musice est prolatio sonorum quantitatem et uariationem illorum debita dispositione figurarum demonstrans. Item alia diuisio de organo.«

3 Im Mittelalter war ein Text vor Eingriffen am ehesten »geschützt«, wenn er mit Verfassernamen überliefert wurde oder durch einen markanten Titel, ja schon durch ein einprägsames Incipit ausgezeichnet war. All dies trifft auf den Mailänder Traktat nicht zu.

Bei der nun folgenden, durch Kapitelzeichen abgehobenen Einteilung des Organums wird das dialektische Nachwort zitiert: »Significatum organi aliud naturale aliud remotum a natura ...« Ohne Unterbrechung geht es dann gleich weiter mit den ersten Versen des Versteils (als ob in der vom Schreiber der Scholien benutzten Vorlage zwischen dialektischem Nachwort und Versteil kein Absatz vorhanden gewesen wäre).

Auf f. 54v ist also der Zusammenhang zwischen dem Haupttext und den Randscholien bald enger und bald weiter. Wie die Organum-Bestimmung und die Organum-Einteilung der Scholien auf der linken Hälfte der Seite, so ist auch die Einteilung in Musica mensurabilis und immensurabilis auf der rechten Hälfte der Seite vom Haupttext her gerechtfertigt. Mit der Überleitung zum dialektischen Nachwort hingegen (»Item alia diuisio de organo«) beginnt strenggenommen eine Abschweifung vom Haupttext, die keinen unmittelbaren Bezug mehr zu ihm erkennen läßt. Deutlicher noch als auf der ersten Seite zeigt sich auf den nächsten Seiten, daß ein konkreter Zusammenhang zwischen den einzelnen Zitaten aus dem Mailänder Traktat und dem Haupttext nicht gegeben ist.

TRAKTAT VON MONTPELLIER

Der Text wurde von zahlreichen Eigenheiten der Niederschrift gereinigt (betrifft besonders die Interpunktion) und die Schreibung vereinheitlicht: alle Zahlen werden als Wörter, griechisches ν (diapasoν) als n und die Silbe ci (häufig) als ti wiedergegeben. Hierzu sowie zu den Entscheidungen bei der Wiedergabe der Exempla vgl. die Faksimiles im Anhang. – Abweichungen der Edition von Handschin (1930, S. 50f.; Sigel: H) wurden in den kritischen Apparat nur aufgenommen, wo es sich nicht eindeutig um Lesefehler handelt. Die Textwiedergabe von Blum (1959, S. 21f.) blieb unberücksichtigt, da sie die Versehen Handschins wiederholt und demnach offenbar nicht auf der Quelle basiert.

EDITION

[1]D iaphonia duplex cantus est. cuius talis est diffinitio. [2(7)]Organum est uox sequens prece- f. 122r
dentem sub celeritate *diatessaron uel diapente*. Quarum *scilicet* precedentis et *sequentis uocis* fit
copula aliqua decenti consonantia. [3]Si quis ergo organum componere desiderat. duas ultimas
uoces clausule prius eligat. et eas competenter cum cantu iungat. ut ex alia parte cum cantu
ueniant. [4]Postea primam uocem organi id est inceptionem ponat cum cantu uel inferius in
diapason uel superius. uel in eadem uel in quinta / uel in quarta. aliquando et in tertia uel sexta. f. 122v
[5]In secunda autem uel septima uoce a cantu nunquam erit organum, quia male sonat. [6]Medias
autem uoces. inter primam et ultimas duas preelectas. ponat in quinta uel quarta uel tertia uel
sexta. sed frequentius in quarta uel in quinta. quia pulcrius sonat. [7]Aliquando pro .D. E. F.
que sunt finales. accipimus .a. ♭. c. causa necessitatis. quia .D. ditonum non habet descendendo.
quem habet sua a[f]finis .a. [8]Finalis uox sic notet principium. quasi aliquis colorum esset ductus
a finali usque ad principium. [9]In quacumque uoce cantus incipiat. organizator sit in eadem
superius uel inferius. uel in quinta uel in quarta. aliquando in tertia uel sexta. [10]His modis organizator cantum sequatur. donec cum illo iungatur. [11]Sed quando uoluerit cum cantu copulare poterit. sed clausulam ultra octo uoces ire non licet. [12]In ultimis autem duabus uocibus
naturam non consideret. sed ut aptius poterit cum cantu copulet. [13]Si due tantum sint uoces
C D E D
in clausula. non nisi copulatio est ibi. vt AMEN. AMEN. [14]Si tres uoces. inceptio et copulatio. vt
DC D GF D DAC D
A MEN. A MEN. [15]Si quatuor. est ibi inceptio et una uox organalis et clausula. vt A MEN.
DFE D DED CD
A MEN. [16]Si quinque. est ibi inceptio et due uoces organales et clausula. vt A MEN.
a♭G FD DFED CD dcaG ED
A MEN. [17]Si sex. est ibi principium et tres organales et copula. vt A MEN. A MEN.

Mo: 1 *zwischen* est *und* uox *in der Hs. gestrichen* consonantia 3 desiderat *korrigiert aus* disiderat 5 inceptionem *korrigiert aus* inconceptionem 12 *zwischen* quacumque *und* uoce *in der Hs. gestrichen* uoce H *emendiert* in eadem uel in diapason superius 18 *und* 19 clausula] H *emendiert* copula

M: 2 diapente uel diatessaron Quarum scilicet] quarum uidelicet sequentis uocis] subsequentis

DGFED AΓ
[18]Si septem. est ibi principium et quatuor organales et due. que copulantur. vt A MEN.
dbaGa / FG
A MEN. [19]Si uero sint octo. est inceptio. que semper est cum cantu. uel in quarta uel in quinta. aliquando et sexta uel tertia. ut superius dictum est. et sunt quinque organales. que semper sunt in quinta uel quarta uel tertia uel sexta. et due ultime. quarum penultima respicit cantum. ut ultima conuenienter cum cantu iungatur. [20]Nam considerandum est.
f. 123r ne taliter organales uoces a cantu / sequestrentur. ut ad cantum copula reuerti nequeat. [21]Et sic debet ordine fieri. quod nec nimis spissim nec nimis raro copulationes faciamus.
DFEDCA / CD
Sed examussim ac temperate omnia coniungamus. [22]Vltimum exemplum. vt A MEN.
dcGaFE FD
A MEN.

Mo: 2 H *emendiert* cum cantu in eadem vel in diapason 8 examussim] *in der Hs.* examissim *korrigiert aus* examusim DCA *in der Hs.* DCa

ÜBERSETZUNG

(Definition)

[1]Diaphonia heißt »zweifacher Cantus«; ihre Sacherklärung ist folgende. [2(7)]Organum ist die die vorgegebene Stimme (den Cantus) unter Schnelligkeit in der Quarte und Quinte begleitende Stimme. Aus diesen, nämlich aus der vorgegebenen und begleitenden Stimmen, wird die Copula gebildet mittels irgendeiner passenden Consonantia[1].

(Copulatio, Inceptio und mediae voces)

[3]Wenn jemand also ein Organum ausführen (machen) will, soll er vorher die beiden letzten Töne der Clausula auswählen und sie passend mit dem Cantus »verbinden« (in Einklang oder Oktave), so daß sie von der anderen Seite her (in Gegenbewegung) mit dem Cantus zusammenkommen. [4]Hernach soll er den ersten Ton der Organalstimme, das ist die Inceptio, mit dem Cantus bilden, entweder unterhalb in der Oktave oder oberhalb oder im Einklang oder in der Quinte oder Quarte, bisweilen auch in der Terz oder Sexte[2]. [5]Aber im zweiten oder im siebenten Ton vom Cantus (entfernt) wird das Organum niemals sein, da es schlecht klingt. [6]Die mittleren Töne aber, zwischen dem ersten und den beiden vorher ausgewählten letzten, soll er in der Quinte und Quarte und Terz und Sexte bilden, jedoch häufiger in der Quarte und in der Quinte, da es schöner klingt.

(Transformations-Regel)

[7]D, E, F, welche die Finales sind, fassen wir bisweilen auf wie a, ♮, c, notwendigerweise, da ja D unter sich die große Terz nicht hat, die dessen Affinis a hat. [8]Die finalis vox soll derart das Principium (den Anfangston) anzeigen, als wäre eine farbige Linie gezogen von der Finalis bis hin zum Principium.

(Über die Copulatio)

[9]Mit welchem Ton auch immer der Cantus beginnt, der Organizator soll anfangen im (qualitativ) gleichen Ton, (als Oktave:) oberhalb oder unterhalb, oder in der Quinte oder Quarte,

[1] Zur Übersetzung der Sacherklärung vgl. S. 57ff. sowie Anm. 2 der Übersetzung des Berliner Traktats B (S. 161).

[2] Für den Anfangsklang kommen in diesem Traktat die folgenden Ausdrücke vor: in eadem (Satz 4: Einklang; Satz 9: Einklang oder Oktave), cum cantu esse (Satz 19: Einklang oder Oktave), während in Satz 4 der Ausdruck inceptionem ponat cum cantu offenbar in umfassenderem Sinne gemeint ist, analog zu a cantu ... erit organum (Satz 5, vgl. auch Satz 20). Bei den Ausdrücken für die Schlußbildung ist in T*Mo* nicht ausdrücklich gesagt, daß Oktave und Einklang gemeint sind: cum cantu iungere (Satz 3, 10 und 19), cum cantu venire (Satz 3), cum cantu copulare (Satz 11 und 12).

bisweilen in der Terz oder Sexte. [10]In diesen Consonantiae (modi)[3] begleitet der Organizator den Cantus, bis er sich mit ihm »verbindet« (in Einklang oder Oktave). [11]Er kann jedoch die Copula mit dem Cantus bilden wann er will. Es ist aber nicht erlaubt, daß die Clausula über acht Töne hinausgeht. [12]Bei den letzten beiden Tönen aber soll er die natura nicht beachten, sondern, so gut er kann, die Copula mit dem Cantus bilden.

(Zwei- bis achttönige Clausulae)

[13]Wenn es nur zwei Töne sind in der Clausula, gibt es nur die Copulatio, z. B.

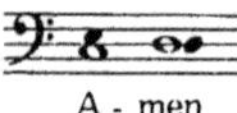

A - men

[14]Bei drei Tönen (gibt es) die Inceptio und die Copulatio, z. B.

A - men

[15]Bei vier gibt es die Inceptio und eine Vox organalis und die Clausula, z. B.

A - - men

[16]Bei fünf gibt es die Inceptio und zwei Voces organales und die Clausula, z. B.

A - - men

[17]Bei sechs gibt es das Principium und drei Voces organales und die Copula, z. B.

A - - men

[18]Bei sieben gibt es das Principium und vier Voces organales und zwei Töne, mit denen die Copula gebildet wird, z. B.

A - - - men

[19]Wenn es aber acht sind, gibt es die Inceptio, die immer »mit dem Cantus« ist (in Einklang oder Oktave) oder in der Quarte oder Quinte, bisweilen auch in der Sexte oder Terz, wie oben gesagt ist, und gibt es fünf voces organales, die immer in der Quinte oder Quarte oder Terz oder Sexte sind, und die beiden letzten Töne, von denen die Paenultima auf den Cantus achtet, damit der letzte Ton passend mit dem Cantus »verbunden« wird (in Einklang oder Oktave). [20]In dieser Hinsicht ist darauf zu achten, daß die voces organales sich nicht derart vom Cantus entfernen, daß (das Organum) durch die Copula nicht zum Cantus zurückkehren kann. [21]Und regulär hat es so zu geschehen, daß wir weder zu häufig noch zu selten die Copulatio bilden, sondern man soll genau und besonnen alles zusammenfügen. [22]Letztes Beispiel:

A - - - - men

[3] Vgl. Anm. 8 der Übersetzung des Berliner Traktats B (S. 162).

ERLÄUTERUNGEN

Nachdem J. Handschin den Organum-Traktat von Montpellier (T*Mo*) erstmals veröffentlicht und interpretiert hatte (1930, S. 50ff.), ist dieses wichtige Zeugnis der frühen mehrstimmigen Musik des öfteren behandelt worden[1]. Schon Handschin erkannte, daß dieser Traktat dem Mailänder sehr nahesteht. Der Anonymus von Montpellier – so urteilt Handschin – greife jedoch »der Zukunft beträchtlich voraus«, indem er Terz und Sexte ziemlich unterschiedslos neben Quarte und Quinte stellt. Dies besage aber nicht, daß der Montpellier-Traktat später entstanden sei, dessen »Terzenfreundlichkeit« in den erhaltenen Aufzeichnungen mehrstimmiger Musik seit der Zeit um 1100 eine Bestätigung finde. Gegenüber einer »allzu linienhaften Geschichtsauffassung« sei geltend zu machen, daß das Organum gewiß auch gleichzeitig in verschiedener Weise praktiziert worden ist.

In der neueren Literatur gilt es jedoch als erwiesen, daß der Traktat von Montpellier später als der von Mailand zu datieren sei und daß letzterer den Anknüpfungspunkt (Zaminer, 1959), den »prototype« (Blum), die Voraussetzung (Schmidt) für den Montpellier-Traktat darstelle; als Kriterien dafür gelten die Legitimierung der Terz und Sexte und die »Preisgabe« der Modi organizandi. In diese »linienhafte« Auffassung würden sich der Versteil (da er die Terz unter bestimmten Bedingungen auch außerhalb der Schlußbildung zuläßt) und die Berliner Bearbeitung des Mailänder Traktats (da sie die Terz bedingungslos zuläßt und die Zahl der Modi organizandi reduziert) als Zwischenglieder einfügen.

Ein Abhängigkeitsverhältnis des Montpellier- vom Mailänder Traktat wird jedoch seitens des Überlieferungsbefundes nicht bestätigt: Nach Bischoffs Datierung der Handschriften ist der Organum-Traktat von Montpellier womöglich früher (»wohl spätes 11. Jh.«) aufgezeichnet als der in dem Mailänder Codex (»um 1100«)[2]. Da es sich jedoch bei beiden Traktaten nach Ausweis der Schreibirrtümer um Abschriften handelt, bietet die Datierung der Quellen keinen Beweis für die Entstehungs-Reihenfolge der beiden Lehrschriften.

Wir werden die Frage der Abhängigkeit und Chronologie in den Mittelpunkt der folgenden Interpretation stellen. Vieles spricht dafür, daß der Verfasser des Traktats von Montpellier den in der Mailänder Handschrift überlieferten Traktat nicht gekannt hat und daß der Mailänder Traktat durchaus auch später als der Traktat von Montpellier verfaßt sein kann. Die Frage nach dem Abhängigkeitsverhältnis der beiden Traktate, die den Interpreten zu detaillierter Darstellung zwingt, wird uns an Handschins Mahnung erinnern (1930, S. 52), »beim Aufstellen von Entwicklungsreihen in der Geschichte der Mehrstimmigkeit behutsam vorzugehen«.

1 Zaminer, 1959, S. 128f.; Fr. Blum, 1959; G. Schmidt, 1962, bes. S. 22; C. Dahlhaus, 1964, S. 27ff.

2 Vgl. die Beschreibung der Handschriften S. 37 und 38.

Die Definition

(Organum – Diaphonia – Discantus)

Nicht nur im Gedanken an Terz und Sexte und an die Modi organizandi, sondern auch aus der Tatsache, daß der Traktat von Montpellier im Unterschied zu allen anderen Traktaten unserer Gruppe ohne jede Rechtfertigung der Lehre, ohne Prologus oder Einleitung, sogleich mit der Definition beginnt, daß er im übrigen auf eine Erklärung der affinitas vocum verzichtet, nur die Praxis (organum componere) vor Augen hat, dabei den Stoff einerseits in äußerster Kürze, andererseits nicht ohne didaktisch zu verstehende Wiederholungen vorträgt und wichtige Regeln rein »ästhetisch« seitens des schöneren und schlechteren Klingens beurteilt – schon daraus möchte man schließen, daß der Montpellier-Traktat später als die Mailänder Lehrschrift entstanden ist. Und so möchte man auch meinen, daß die Definition des Organums (Satz 2: Organum est vox sequens praecedentem ...), die das wörtliche Verbindungsglied zwischen den beiden Traktaten darstellt, aus dem Mailänder Traktat »übernommen« ist.
Es ist aber möglich, daß diese Definition, die gegenüber dem alten, guidonischen Organum die Grundtatsachen der neuen Art des Organizierens umschreibt, als Kernsatz der neuen Lehre sozusagen im Umlauf war und schon vom Verfasser des Mailänder Traktats aus einer anderen Quelle übernommen wurde. In der Tat kann der Prologus des T*M* dahingehend interpretiert werden, daß der Anonymus nicht eine neue Organumlehre schlechthin bieten will (die von ihm auch eine neue Definition des Organums erfordert hätte), sondern daß er – indem er (Satz 4) als bekannt voraussetzt, was die prima vox, die mediae und die ultimae voces sind – nur die 5 Modi organizandi als das Neue seiner Lehre bezeichnet (... nos intuentes ipsam naturam, quinque addimus modos organizandi)[3]. Zu beachten ist auch, daß er seiner Lehre *zwei* Definitionen voranstellt, deren zweite nachweislich »Zitat« ist, und daß zwischen den beiden Definitionen zunächst kein unmittelbarer Zusammenhang besteht.
Noch stärker allerdings wirkt die gleiche Definition im Traktat von Montpellier als »übernommen«: Terz und Sexte werden in der Definition nicht angesprochen[4]; die Kennzeichnung sub celeritate bleibt in der Lehre unberücksichtigt; die Bezeichnungen vox praecedens und vox sequens werden im folgenden nicht aufgegriffen, und die Vorschrift für die Bildung der Copula (fit ... aliqua decenti consonantia) wird im weiteren Verlauf des Textes stets mit anderen Worten umschrieben.
Ein Zeugnis für ein gegenüber dem Mailänder Traktat fortgeschrittenes Stadium scheint jedoch die dem Traktat von Montpellier eröffnende Erklärung des Wortes diaphonia zu sein (Diaphonia duplex cantus est) sowie die Sacherklärung des so verstandenen Wortes diaphonia durch die anschließende Organum-Definition.
Es ist zu beobachten, daß man in der Zeit unserer Traktatgruppe für die neue Art der Mehrstimmigkeit nach einem neuen Namen suchte und dabei an das Wort diaphonia anknüpfte[5]. In der

[3] Vgl. hierzu auch S. 14.

[4] – im Unterschied zum Berliner Traktat B (Satz 5). – Ein Widerspruch zwischen Organum-Definition und -Lehre entsteht in T*Mo* dadurch freilich insofern nicht, als Terz und Sext zu den »Sekundärerscheinungen« (s. S. 18) gezählt werden können, die die Definition nicht zu berücksichtigen braucht.

[5] Zum folgenden vgl. H. H. Eggebrecht, *»Diaphonia vulgariter organum«*, Bericht über den siebenten musikwissenschaftlichen Kongreß Köln 1958 (Kassel 1959), sowie den Artikel *Diaphonia* im Sachteil des *Riemann Musiklexikon* (1967).

Lehre des Alten Organums benannte der Ausdruck diaphonia im Sinne von »Auseinanderklang« speziell das *klangliche* Moment der Mehrstimmigkeit, ihren Charakter als »concentus concorditer dissonus« (*Musica Enchiriadis*, GS I, 165b) bzw. als »vocum disiunctio« (Guido, Micr. XVIII/2). Dabei bezog sich das Wort diaphonia, um mit Guidos Erklärung zu sprechen (ebenda, Satz 3), nur auf die »disiunctae ab invicem voces«, also nicht auf das Zusammenkommen der Stimmen im Einklang am Ende und zu Beginn eines Abschnitts. In seiner alten Bedeutung war der Ausdruck diaphonia für die neue Art der Mehrstimmigkeit nicht mehr zutreffend.

Wahrscheinlich aus der Gleichsetzung von Diaphonia und Organum erklärt es sich, daß in unserer Traktatgruppe auch das Wort organum (organalis) nicht selten terminologisch fixiert ist im Sinne der außerhalb der Copulatio zu bildenden disjunkten (diaphonen) Klänge, so z. B. in der Definition: Organum est vox sequens praecedentem sub celeritate diapente vel diatessaron ..., – das zwischen Organum und Copula vermittelnde Wort ist hier vox sequens; vgl. S. 58 f.). Auch die Vorschrift, daß das »organum« nie eine Sekunde oder Septime bilden darf (T*Mo*, Satz 5), betrifft höchstwahrscheinlich nur das Geschehen außerhalb der Copulatio. Die Bezeichnung vox organalis bezieht sich in unserer Traktatgruppe konsequent nur auf die voces disiunctae (in T*BB*, Satz 28: diaphonales voces). – Andererseits kann jedoch das Wort organum (da es als Vokabel das Moment einer Klangwertung nicht enthält) auch die vom Organizator zu bildende Zusatzstimme als Ganzes bezeichnen (z. B. im Versteil des T*M*, V. 90; vgl. die Besprechung S. 136), also einschließlich der konjunkten Klänge (T*M*, Satz 13: Prima vox organi aut manebit coniuncta ...; Vt, V. 116: Organum est in eadem ...). Auch diese Schwierigkeit der Terminologie: den Widerspruch zwischen jener speziellen und dieser umfassenden Bedeutung des Wortes organum, löste sich durch das Verständnis der Diaphonia als duplex cantus bzw. durch die Bildung des Terminus Discantus als Satz- und Stimmbezeichnung.

Der Prozeß der Umdeutung des Wortes diaphonia in Richtung der neuen, primär *stimmigen* Auffassung der Mehrstimmigkeit ist in den beiden Diaphonia-Definitionen des Johannes Affligemensis (CSM I, XXIII/2 und 4) bereits vollzogen, hier jedoch noch deutlich zu beobachten. In seiner ersten Worterklärung (Est ergo diaphonia congrua vocum dissonantia) gibt Johannes zunächst die lateinische Übersetzung des griechischen Ausdrucks, womit noch nichts gewonnen zu sein scheint[6]. Der anschließende Relativsatz (quae ad minus per duos cantantes agitur) ist entscheidend. Er gehört bereits zur Sacherklärung der Diaphonia: sie wird von »mindestens zwei Singenden« ausgeführt. Dies ist nicht nur ein Hinweis auf solistische Ausführung, sondern auch (und vor allem) ein Zeugnis für die neue Grundauffassung der Mehrstimmigkeit: sie besteht aus zwei »Stimmen«. Die weitere Sachbeschreibung verdeutlicht dies[7]: Gegenüberstellung von Cantus (recta modulatio) und Organalstimme (organica modulatio); letztere gebraucht gegenüber dem Cantus »andere (ungewöhnliche) Töne« (womöglich auch in bezug auf den Klangwechsel gemeint); wechselnde Lage der Zusatzstimme (Stimmkreuzungen); Schlüsse in Einklang oder Oktave.

Der Relativsatz (quae ad minus per duos cantantes agitur) ist aber nicht nur entscheidender Bestandteil der Sacherklärung, sondern zugleich auch Worterklärung: das Präfix dia- wird hier (bereits im Übersetzungs-Terminus dissonantia) nicht mehr im Sinne von »auseinander«

6 In Wirklichkeit gilt aber dis-sonantia hier bereits im Sinne von bis-sonantia (s. u.).

7 ... quae ad minus per duos cantantes agitur, ita scilicet ut altero rectam modulationem tenente, alter per alienos sonos apte circueat, et in singulis respirationibus ambo in eadem voce vel per diapason conveniant.

(griech. διά-, lat. dis-) verstanden, übersetzt und erklärt, sondern im Sinne von »zwei« bzw. »zweimal, doppelt« (griech. δύο bzw. δίς, lat. duo bzw. bis oder duplex oder dualis)[8]. Die Mehrstimmigkeit heißt diaphonia, lat. dissonantia, weil sie ad minus per duos cantantes agitur[9]. Aus der Art, in der Johannes Affligemensis diese Interpretation des Wortes diaphonia hier vorträgt, kann geschlossen werden, daß er sie als bekannt voraussetzt.

Anschließend charakterisiert er das Begriffswort organum als eine Benennung der Mehrstimmigkeit seitens der Wahrnehmung[10]: die Diaphonia assoziiert den Klang eines (jenes?) Instruments, das organum (Orgel?) heißt. Damit bleibt das Wort organum, obgleich es weiterhin als Ober- und Sammelbegriff der Mehrstimmigkeit dient, aus der theoretischen Diskussion ausgeschlossen (für die es als Vokabel eben nichts anbietet), und man versteht auch von hier aus, daß die Bezeichnung Organum späterhin in einem speziellen Sinne jene ausgesprochen melismatische Art der Mehrstimmigkeit benennen konnte, die theoretisch nur so weit erfaßt wurde, als die Diaphonia (im Sinne des Discantus) ihr Fundament ist.

In seiner zweiten Diaphonia-Definition (Interpretatur autem diaphonia dualis vox sive dissonantia) trägt Johannes Affligemensis der neuen Sacherklärung der Diaphonia noch deutlicher Rechnung: dem Begriffs-Wortpaar dualis vox, einer Zusammenfassung der Sacherklärung, wird als Übersetzung des Ausdrucks diaphonia der Vorzug eingeräumt gegenüber der Übersetzung durch das Wort dissonantia.

Daß die neue Erklärung des Wortes diaphonia (in dem Wortlaut: Diaphonia duplex cantus est) dem Traktat von Montpellier voransteht, beweist nicht, daß T*Mo* später als T*M* verfaßt ist: Auch diese Worterklärung, deren Niederschrift in T*Mo* womöglich älter ist als der Traktat des Johannes Affligemensis (der sie offenbar als bekannt voraussetzt), kann bereits vor oder zur Zeit der Entstehung des Mailänder Traktats aus einer uns unbekannten Quelle übernommen sein. Und sie ist nicht als »spät« zu beurteilen, sondern sie ist der uns bekannten neuen, nachguidonischen Art des Organizierens von vornherein adäquat.

Die Erklärung der Diaphonia als duplex cantus (also als dis- bzw. biscantus, wie es dann in den Lehrschriften jenseits unserer Traktatgruppe heißt) erfaßt vollkommen das Grundprinzip des Neuen Organums, dessen Sacherklärung (Organum est vox sequens praecedentem ...) in der Tat als »diffinitio« des neu verstandenen Wortes diaphonia Geltung hat: Das Organum besteht aus zwei »Stimmen«; die Schlußbildungen und die Schlüsse selbst (auch die konjunkten Anfangsklänge) stehen nicht mehr außerhalb des Wortsinns von diaphonia; ermöglicht durch Klangwechsel und Gegenbewegung gewinnt die vox sequens den Rang eines (in Abhängigkeit

8 Vgl. hierzu auch die (offensichtlich im Anschluß an Johannes Affligemensis formulierte) Diaphonia-Definition im Londoner Traktat (Edition Schneider, S. 117): Interpretatur autem diaphonia dualis vox vel disiunctio vel dissonantia ... Hanc ergo dissonantiam discantum sive organum appellamus; agitur enim ad minus inter duos scilicet discantorem et succentorem. – In der aus dem 14. Jh. stammenden Guido-Handschrift *Lo 4* heißt es in einem Einschub zu Micr. XVIII/4: Diaphonia interpretatur organum, organon grece, duplex modulatio latine.

9 Sachlich ist freilich im Moment des »Auseinander« auch das der »Zweiheit« vorhanden. Doch sprachlich lautet die Reihe offenbar: diaphonia (= dyaphonia, a dya quod est duo) → dissonantia (dis = δίς = bis) → dualis vox (duplex cantus) → discantus (biscantus). – Der Anonymus A. de Lafage betont im Blick auf das Wort discantus wiederum das Moment des »Auseinander«, doch nicht im Sinne der Klang-Qualität, sondern im Sinne des »Gegensatzes« und somit der Eigenständigkeit der Stimmen: Discantus cantui debet esse contrarius, non quia cum cantu debeat personare, sed in elevatione et depositione (Edition Seay XIV/2).

10 Qui canendi modus vulgariter organum dicitur, eo quod vox humana apte dissonans similitudinem exprimat instrumenti quod organum vocatur.

zur vox praecedens entstehenden) eigengültigen Cantus; die Kolorierung ist demnach etwas Akzidentelles[11]; Organum und Discantus sind noch ein und dasselbe.

Gemeinsamkeiten

So wie den beiden Traktaten, T*Mo* und T*M*, die gleiche Sacherklärung des Organums voransteht, so auch stimmen beide Lehren trotz ihrer Verschiedenheit in wesentlichen Zügen miteinander überein, sachlich und terminologisch. (Die folgende Aufstellung benutzt an lateinischen Wörtern nur solche, die beide Traktate gemeinsam haben.)

Das Organum besteht aus Klangabschnitten, d. h. aus einer Folge von *voces*, die durch eine *copula* bzw. *copulatio* beschlossen wird.

Die Klangabschnitte haben, wenn sie aus mehr als vier Tönen bestehen, *inceptio* (*principium*; *prima vox organi*), *mediae voces* (*voces organales*) und die *copulatio* der *ultimae voces*[12].

Sie können aber auch nur aus 2- bis 4tönigen Gliedern bestehen, wobei es dann nur die *copulatio* oder nur *inceptio* und *copulatio* oder nur *inceptio*, eine *vox organalis* und *copulatio* gibt.

Für die *inceptio* können auch die Zusammenklänge der *mediae voces* gebraucht werden.

Bei den *mediae voces* wechseln die Klänge.

Die *copula* wird im Akt der *copulatio* durch irgendeinen passenden Klang erreicht[13].

Demnach haben die beiden Verfasser in ihrer Lehre eine im Prinzip gleiche Art des Organizierens vor Augen. Daraus kann aber nicht auf ein unmittelbares gegenseitiges Abhängigkeitsverhältnis geschlossen werden. Sehr wahrscheinlich basieren die beiden Traktate auf einer gemeinsamen Grundlehre, die sie selbständig weiterentwickeln.

Der Traktat von Montpellier weist jedoch gegenüber der Lehre des Mailänder Traktats einige Unterschiede auf. Es handelt sich insbesondere definitorisch um die Erklärung des Wortes diaphonia als duplex cantus (s. vorigen Abschnitt), terminologisch um das Begriffswort clausula, sachlich um den Gebrauch von Terz und Sext und methodisch um ein anderes Verfahren als das der Moduslehre.

Clausula

Der Verfasser des Traktats von Montpellier gebraucht das Wort clausula zweimal für die Schlußbildung im Sinne von Copulatio (Satz 15 und 16) und dreimal für den durch Copulatio beschlossenen Abschnitt (Satz 3: ... duas ultimas voces clausulae prius eligat; Satz 11: ... sed clausulam ultra octo voces ire non licet; Satz 13: Si due tantum sint voces in clausula ...).

11 Dies spricht dann der Anonymus A. de Lafage deutlich aus (Edition Seay XIV/8: ... quamvis natura hoc non velit auferre ...; zum Verständnis dieser Stelle vgl. Zaminer, 1959, S. 136).

12 Es sei eigens darauf hingewiesen, daß es in unserer Traktatgruppe eine »inceptio« nur dort gibt, wo ein Abschnitt aus mehr als zwei Tönen bzw. Klängen, also nicht nur aus einer Copulatio besteht.

13 – wobei, wie es in T*Mo* (Satz 12) heißt, die »natura« nicht beachtet werden soll. Im Sinne des natura-Begriffs des T*M* würde dies heißen: bei der Wahl des zur Copula führenden Tones (Klanges) braucht das »Wesen« der Töne des Organums, d. h. die Verwendung bestimmter Consonantiae nach Maßgabe des musikalischen Zusammenhangs (Anfang, Mitte, Schluß), nicht berücksichtigt zu werden.

Handschin läßt nur die letztere Bedeutung gelten und ersetzt in Satz 15 und 16 clausula durch copula[14].

Die primäre Bedeutung des Wortes clausula ist »Schluß« (Schlußbildung, Schlußformel; vgl. jedoch Guido, Micr. IV/14 mit krit. App.), und eher könnte man fragen, ob nicht auch in den Sätzen 3, 11 und 13 diese Bedeutung gemeint ist. Dies ist jedoch ganz unwahrscheinlich. In Satz 11 hieße es dann: es sei nicht erlaubt, »daß die Schlußbildung jenseits von 8 Tönen stattfindet« (das Verbum ire läßt sich jedoch schwerlich so auffassen), und in Satz 3 und 13 wäre in sprachlich ungewöhnlicher Form ein Sachverhalt doppelt angesprochen: »... soll er vorher die beiden letzten Töne, nämlich die Clausula, auswählen«, bzw.: »Wenn es nur zwei Töne sind, also bei der Clausula, gibt es nur die Copulatio«.

Bekanntlich setzte sich in der späteren Musiklehre für das Wort clausula die Bedeutung »Abschnitt« durch, die in einem analogen Prozeß auch die Wörter distinctio, punctus und cadentia (neben ihrer Ausgangsbedeutung) angenommen haben; und alle vier Wörter sind wahrscheinlich aus der Grammatik und Rhetorik in die Musiklehre übernommen worden. Der Montpellier-Traktat bietet für die Verwendung des Wortes clausula in der Lehre der mehrstimmigen Musik die frühesten Belege und bekundet in der Auffassung dieses Wortes als »Schluß« und als »Abschnitt« dessen Übergang von einer Begrenzungs- zu einer Abschnittsbezeichnung[15].

Schon hier haben wir den Eindruck, daß der Organum-Traktat von Montpellier in seinen Abweichungen gegenüber T*M* gerade das sagt, was wir in T*M* vermissen. Das Fehlen einer Bezeichnung für den durch eine Copulatio beschlossenen Abschnitt, den T*Mo* Clausula nennt, führte uns zur Bildung des Begriffswortes Klangzeile bzw. Klangglied[16]. Man kann sich nicht vorstellen, daß der Verfasser des Mailänder Traktats den Ausdruck clausula nicht aufgegriffen hätte, wenn ihm der Montpellier-Traktat bekannt gewesen wäre[17].

Umgekehrt bietet jedoch auch der Mailänder Traktat für die Beschreibung des Neuen Organums einige Begriffswörter, die der Verfasser des Traktats von Montpellier sehr wahrscheinlich übernommen hätte, wenn ihm jene Lehrschrift bekannt gewesen wäre. Es handelt sich insbesondere um die Ausdrücke vox coniuncta (coniunctio) und vox disiuncta (disiunctio; disiungere)[18]. Zumindest beim Ansprechen der 2- bis 8tönigen Clausulae (Satz 13ff.), wo der Verfasser des T*Mo* beim 7maligen Nennen der Schlußbildung die Ausdrucksweise bewußt

[14] 1930, S. 51. – Dieser Auffassung schloß sich Dahlhaus an (1964, S. 27, Anm. 6). Doch wenn im 13. Jh. der Terminus clausula ausschließlich zur Bezeichnung von Abschnitten verwendet wurde, so besagt das nicht, daß dies Wort im späten 11. Jh. nicht auch noch in seiner primären Bedeutung gebraucht worden ist.

[15] Daß clausula hier auch die Bedeutung von »Abschnitt« (Silbenvertonung, Wortvertonung) annehmen konnte, begründet Zaminer (1959, S. 129) damit, daß ja von dem Organizator jeweils »der Zielton [des Abschnitts] schon von Anfang an ins Auge gefaßt wird«. – Auch noch in der Discantus- und Organumlehre des Anonymus A. de Lafage stehen nebeneinander die Verwendung des Wortes clausula im Sinne von Schluß (Edition Seay XV/12: ... pausationem quam nos clausam vel clausulam vocitamus ...) und im Sinne von Abschnitt (XIV/8: ... in fine clausulae ...). – In unserer Besprechung des T*Mo* gebrauchen wir Clausula stets in der Bedeutung von »Abschnitt«.

[16] Vgl. S. 17.

[17] Ähnlich ist es mit dem höchst »brauchbaren« Adjektiv paenultima (vox), für das T*Mo* (Satz 19) wohl den frühesten Beleg bietet.

[18] Die gleichen Ausdrücke kommen übrigens auch im Versteil des T*M* nicht vor (vgl. dessen Besprechung, S. 136).

variiert, wäre ihm das Wort coniunctio (vgl. T*M*, Satz 17) gut zustatten gekommen. Statt dessen nennt er die Schlußbildung in Satz 17 copula (statt copulatio oder clausula). Andererseits beschränkt er die Ausdrücke copulare, copula und copulatio konsequent auf die ultimae voces, während in T*M* das Verbum copulare auch im Blick auf die prima vox gebraucht ist (Satz 20 und 27)[19].

Terz und Sexte

Der Traktat von Montpellier lehrt, daß Terz und Sexte nicht nur bei der Bildung der Copula als decens consonantia gebraucht werden können, sondern auch bei der Inceptio und den mediae voces, während der Berliner Traktat B außerhalb der Copulatio nur die (kleine und große) Terz zuläßt. Sowohl T*BB* als auch T*Mo* schränken jedoch – beide im Zusammenhang mit Aussagen über die mediae voces – den Gebrauch der Terz bzw. der Terz und Sexte ein, T*BB* (Satz 23) durch den Hinweis darauf, daß Quinte und Quarte gegenüber der Terz »principatum organi« besitzen (was durch den Höreindruck und durch die Beschaffenheit der Klänge begründet wird: eo quod modulantius in eis organum resonet et constitutive diapason considerentur); in T*Mo* (Satz 6) heißt es, daß häufiger Quinte und Quarte gebraucht werden als Terz und Sexte (mit Begründung ausschließlich durch den Höreindruck: quia pulcrius sonat), und die Nennung von Terz und Sexte wird hier dementsprechend mehrmals mit der Einschränkung »aliquando« versehen. Beide Traktate bieten in diesem Zusammenhang Verbote anderer Intervalle: T*BB* (Satz 28) untersagt im Blick auf die mediae voces die Verwendung kleinerer Intervalle als die Terz (nisi vertendo ad copulam); T*Mo* (Satz 5) verbietet für das »organum«, höchstwahrscheinlich also nur für die Inceptio und die organales voces[20], die Sekunde und die Septime (quia male sonat) – was darauf schließen läßt, daß diese beiden Zusammenklänge bei der Copulatio vorkommen können.

Der Text des T*Mo* läßt die Frage unbeantwortet, ob im Blick auf den Gebrauch von Terz und Sexte als Anfangsklang eine Rangordnung der Formteile zu beachten ist. Die Tatsache, daß jene beiden Consonantiae in die Organum-Definition nicht aufgenommen wurden und daß ihre Verwendung durch den Zusatz »aliquando« sowie durch den Hinweis auf den Vorrang von Quinte und Quarte eingeschränkt ist, bezieht sich vermutlich auch darauf, daß Terz und Sexte nicht als Inceptio eines Stückes, seltener als prima vox eines Abschnitts (Klangzeile), häufiger jedoch zu Beginn von Binnengliedern eines Abschnitts (Klangglieder) gebraucht werden. (Die Verwendung der Terz oder Sexte bei einem nur zweitönigen Glied – vgl. das 1. *Amen*-Beispiel –, bei dem es keine Inceptio, sondern

19 Man darf die damalige Begriffssprache allerdings terminologisch keinesfalls so fixiert interpretieren, wie es die spätere Zeit oft verlangt. Daß, wie Dahlhaus meint (1964, S. 27), in T*Mo* copula »ein fester Terminus« sei, ist unzutreffend. Zu beobachten ist jedoch, daß die Ausdrücke copula, copulatio, copulare in unserer Traktatgruppe vorwiegend (im Versteil des T*M* und in T*Mo* ausschließlich) für den Schluß gebraucht werden, daß aber zu allermeist die Schlußbildung (als Prozeß) nicht mit dem bloßen Wort copula (wörtlich »Band«), sondern im Sinne einer Aktion beschrieben ist, sei es durch das Nomen actionis copulatio (»Verbindung, Verknüpfung«), sei es durch Ausdrücke wie: »copula fit« oder »duae (voces) quae copulantur«. In T*Mo* (Satz 17) war bei der Wahl des Wortes copula wahrscheinlich die Rücksicht auf die Varietas der Ausdrucksweise mit im Spiel.

20 Vgl. S. 193.

nur die Copulatio gibt, steht außerhalb dieser Fragestellung.) Dem würde es entsprechen, daß die *Amen*-Beispiele des Traktats den Gebrauch von Terz und Sexte als Inceptio nicht zeigen können, da sie die Binnengliederung von Abschnitten nicht vorführen[21].

Auch im Blick auf Terz und Sexte möchte man meinen, daß der Traktat von Montpellier, indem er beide Consonantiae außerhalb der Copulatio zuläßt und ihren untergeordneten Rang rein »ästhetisch« beurteilt, innerhalb unserer Traktatgruppe ein späteres Stadium in der Entwicklung der Organumlehre bezeichnet. Es ist aber ebensowohl möglich, daß hier die akzidentellen Elemente, die »Sekundärerscheinungen« des Neuen Organums (Melismenbildung, Länge der Clausulae, Stimmbewegungen, Intervallverbote, so auch Terz- und Sextgebrauch), etwa gleichzeitig in verschiedenen Graden und sachlich wie methodisch unter verschiedenen Gesichtspunkten einbezogen wurden, entsprechend einer unterschiedlichen Handhabung jener akzidentellen Momente in der Praxis. Schon die Exempla als Teil der Traktate gehen ja meist über das hinaus, was der Text des Traktats für erwähnenswert hält. Die folgende Zusammenstellung aller die Terz und Sexte betreffenden Stellen in den Texten und in den Exempla unserer Traktatgruppe zeigt, daß es sich hier um Nuancen handelt, die für die Konstatierung eines geschichtlich progressiven Prozesses nicht beweiskräftig sind. Wichtig ist dabei vor allem der Nachweis, daß in den Beispielen Terz oder Sexte als Anfangsklang nirgends vorkommen und daß ihr Gebrauch als mediae voces oftmals in gleicher Weise die Folge übergeordneter Gesichtspunkte ist (stufenweises Fortschreiten der Organalstimme; Vermeidung von Tonwiederholungen und unharmonischen Relationen; Vermeidung des Tones ♮)[22].

	prima vox	mediae voces	copulatio
T*M*, Pt			
Text:	—	—	7... fit copula, aliqua decenti consonantia (15; 16)
Exempla:	—	*Cunctipotens:* *(nexus) a-(morque)* (S. 103)	*Alleluia* II, IV und V: kl. Terz vor Einklang in E (2mal) und F
		Iustus ut palma: *et (sicut)* kl. Sext vermeidet Tonwiederholung bzw. ♮	*Iustus ut palma:* *(flo-)re-bit* kl. Sext vor Oktave auf D (vermeidet überdies ♮)
		ce-(drus) kl. Sext vermeidet Tonwiederholung bzw. ♮ gr. Terz vermeidet Tritonus ♮/F bzw. Tonwiederholung	*ce*-Melisma kl. Terz vor Einklang in a und E; kl. Sext vor Oktave auf D (vermeidet ♮)

21 Für den Gebrauch von Quinte oder Quarte als Inceptio (gegenüber Oktave oder Einklang) ist in unserer Traktatgruppe nach Ausweis der Exempla eine Rangordnung der Formteile wahrscheinlich nicht maßgebend: zwei der *Alleluia*-Versionen in T*M* beginnen mit der Quarte; die drei *Descendit*-Beispiele in T*BB* beginnen mit Einklang bzw. Quinte bzw. Quarte; die *Amen*-Beispiele des T*Mo* zeigen eine Quart- und eine Quint-Inceptio.

22 In der folgenden Tabelle ist den Textbelegen jeweils die Satz- bzw. Verszahl vorangestellt; in Klammern folgen die weiteren Belegstellen (Satz- bzw. Verszählung). Die mit S. (Seite) versehene Zahl weist auf die Besprechung der Stelle in vorliegendem Buch.

	prima vox	mediae voces	copulatio
T*M*, Vt Text:	—	[69–74]... semiditonus. Causa cuius depravatur organum ... ascendendo: (kl.) Terz als Durchgangsklang zwischen Einklang und Quinte bei stufenweise aufsteigender Organalstimme (S. 131 f.)	[3]Donec cum dulcedine ad copulam perveniamus (S. 123) Gr. Terz vor Einklang in D: [84]... quasi dulcis fistula
Exempla:	—	2. Exemplum: kl. Terz nach Einklang in F bei stufenweise absteigendem Cantus (S. 132)	1. Exemplum: gr. Terz vor Einklang in D 4. Exemplum: gr. Terz vor Einklang in G (vermeidet überdies Tritonus b/F)
T*BB* Text:	[5]Organum est vox sequens praecedentem ... vel dittoni vel semidittoni (7; 9–10; 23; 28)		[5]... fit copula aliqua decenti consonantia (11; 12)
		[23]... diapente et diatessaron principatum organi ... modulantius in eis organum resonet et constitutive diapason considerentur (S. 169)	[28]... nisi vertendo ad copulam: bei Bildung der Copula ist die Sekunde erlaubt (S. 171)
Exempla:	—	*Descendit* I: kl. Terz als Durchgangsklang (zwischen Einklang und Quinte) *Descendit* II: kl. Terz »frei« (zwischen 2 Quinten) gebraucht (S. 166)	*Descendit* III: kl. Terz vor Einklang auf D
T*Mo* Text:	[4]... aliquando et in tertia vel sexta (9; 19)	[6]... vel tertia vel sexta (10; 19) [6]... frequentius in quarta vel in quinta, quia pulcrius sonat	[2]... fit copula aliqua decenti consonantia (3; 12; 19) [5]In secunda autem vel septima ... nunquam erit organum: Sekunde und Septime sind nur für das »organum« nicht zugelassen (S. 197)
Exempla:	— (S.193:Rangordnung der Formteile)	*Amen* III: kl. Sext vermeidet Tonwiederholung *Amen* VI: Folge von 3 Terzen (2 davon »frei« gebraucht; S. 206) *Amen* VII: kl. Terz »frei« gebraucht (zwischen 2 Quinten; S. 206)	*Amen* I, III und V: gr. Terz vor Einklang auf D *Amen* VI: kl. Sext vor Oktave auf F

Modus- und Voceslehre

Am auffälligsten unterscheidet sich der Traktat von Montpellier vom Prosateil des Mailänder Traktats dadurch, daß er das Organum nicht sub specie der Modi organizandi lehrt. Und so möchte man vermuten, daß – so wie im Berliner Traktat B die fünf Modi auf drei reduziert wurden – hier nun die Modi organizandi ganz »preisgegeben« sind. Es ist aber durchaus auch möglich, daß gerade umgekehrt die Moduslehre ein späteres Stadium anzeigt.

Der Mailänder Traktat zeigt in Aufbau und Ausdrucksweise, daß die Voceslehre (die Lehre von der natura vocum, d. h. von den als prima vox, mediae und ultimae voces zu bildenden Consonantiae) die Voraussetzung für die Moduslehre ist[23]. Die Voceslehre, die auch in T*Mo* eine fundamentale Rolle spielt, könnte ebenso »Allgemeingut« gewesen sein, wie die beiden Traktaten gemeinsame Organum-Definition. Und der erste Satz des Prologus in T*M* könnte so gemeint sein, daß der Verfasser dieses Traktats, indem er die Voceslehre vor Augen hat (nos intuentes ipsam naturam), ihr die fünf Modi organizandi »hinzufügt« (quinque addimus modos organizandi) – damit (wie es später heißt, Satz 19) »alles leichter klar wird« (Sed ut cuncta facilius colliquescant ...). Lediglich die Moduslehrewäre demnach die eigene »Erfindung« des Verfassers. Mit anderen Worten: da der Montpellier-Traktat zwar die Voceslehre, aber nicht oder »noch nicht« die Moduslehre kennt, kann er auch »früher« als der Prosateil des Mailänder Traktats entstanden sein.

Die Moduslehre erscheint im Mailänder Traktat in der Tat als etwas »Hinzugefügtes«. Denn der 1. und der 2. Modus (kon- oder disjunkter Beginn) sind in T*M* bereits durch die Regel für die Inceptio erfaßt. – Der 3. Modus (Klangwechsel der mittleren Töne) ist geboten durch die Organum-Definition und durch die Regel für die mediae voces (Satz 14). Er stellt (in Verbindung mit dem Kongruenz-Prinzip) eine Norm des Organizierens dar. Dies gilt auch für den Montpellier-Traktat, der zunächst (Satz 3ff.) jene Clausulae vor Augen hat, bei denen es Copulatio und Inceptio und mediae voces gibt. – Der 4. Modus betrifft vermutlich die Ausnahmen, nämlich die Fälle, bei denen es keine Inceptio bzw. keine mediae voces oder nur eine media vox (also keinen Klangwechsel der mittleren Töne) gibt und die Kongruenz zwischen Cantus- und Klangabschnitt aufgehoben sein kann. Diese Kurzglieder werden durch die Lehre von den 2- bis 4tönigen Abschnitten erfaßt; dem Ausnahmecharakter dieser Glieder entsprechen die beiden Traktate durch das Wort »tantum« (T*M*, Satz 16: Et ita cum quattuor voces tantum subsequentes sint ...; T*Mo*, Satz 12: Si duae tantum sint voces in clausula ...). – Die Kolorierung, auf die sich der 5. Modus bezieht, gehört zu den »Sekundärerscheinungen«[24]. Der 5. Modus kann dementsprechend als entbehrlich angesehen werden (so im Berliner Traktat B), und die Kolorierung braucht überhaupt nicht als Modus, sondern kann ebenfalls als einfacher Lehrsatz erwähnt werden (so bei Johannes Affligemensis).

Im Mailänder Traktat und in dessen Bearbeitung (T*BB*) gilt als Norm das Kongruenz-Prinzip, d. h. die Bildung von Klangzeilen, die gekennzeichnet sind nicht nur durch das Vorhandensein von mediae voces und Klangwechsel, sondern auch durch die Entsprechung zwischen

[23] Vgl. hierzu auch die Ausdrucksweise, z. B.: ... duos modos statuimus in prima voce, tertium a mediis (Satz 4). – Zum folgenden vgl. auch die Einleitung, S. 14.

[24] Vgl. Johannes Affligemensis, CSM I, XXIII/32: ... organizandi ... si voluerit licet.

der textlich-musikalischen Einheit des Cantus und dem Ort der Copula[25]. Diese Norm gilt offenbar auch für den Verfasser des Traktats von Montpellier, insofern er das Organizieren zunächst zweimal als das Bilden von inceptio, mediae voces und copulatio beschreibt (Satz 3–6 und 9–10) und in seinen Exempla jede der Clausulae in ihrer klanglichen Ausdehnung einem *Amen*-Cantus entspricht. Im Widerspruch hierzu scheint der Montpellier-Traktat jedoch expressis verbis als Norm zu setzen, daß der Organizator die Copula bilden kann, »wann er will«, mit der Einschränkung, daß die Clausula nicht mehr als 8 Töne haben darf (Satz 11) und daß die Copulatio »weder zu häufig noch zu selten« gebildet werden soll – »sed examussim ac temperate omnia coniungamus« (Satz 21).

In diesen Anweisungen ist das Kongruenz-Prinzip außer acht gelassen und eine Norm maßgebend, die als »fortschrittlich« beurteilt werden kann. Womöglich ist aber hier nur dasselbe gemeint, was der Mailänder Traktat (vermutlich) als 4. Modus lehrt: nämlich die Ausnahmen gegenüber dem Klangwechsel- und Kongruenz-Prinzip. Satz 11 würde somit besagen: das Kongruenz-Prinzip gilt allgemein als Norm des Organizierens; aber praktisch (– und allgemein bei melismatischem Cantus –) kann der Organizator die Copula auch bilden, wann er will. Die auf jene Anweisungen folgende Exemplifizierung der Clausulae erfaßt dann in der Tat systematisch und somit in höchst praktischer Weise alle Möglichkeiten der Ausdehnung der Glieder und trägt somit der Maßgabe »quando voluerit« Rechnung; zugleich jedoch demonstrieren alle 7 Beispiele auch das Kongruenz-Prinzip (vgl. die Besprechung der Beispiele, S. 205f.).

Unterschied der Lehrart

Die Frage, welcher der beiden Traktate als »früher« anzusehen ist, tritt jedoch vollends in den Hintergrund angesichts der Verschiedenheit der beiden Lehrmethoden, die ihre Erklärung findet wohl weniger seitens der Datierung, als vielmehr durch die unterschiedliche Auffassung des gleichen Gegenstandes.

Die Lehre des Mailänder Traktats ist mehr am »Erscheinungsbild«, die des Montpellier-Traktats mehr am »Machen« des Organums orientiert. Der Verfasser des Mailänder Traktats hat in seiner mehr schulhaft-schematischen Einstellung das Organum als etwas Gegebenes, als fertiges Bild vor Augen, von dem er seine Moduslehre gleichsam abliest, in der Reihenfolge Anfang, Mitte und Schluß.

Der Verfasser des Traktats von Montpellier dagegen ist ganz Praktiker; er lehrt, wie das Organum in der Ausführung entsteht. Er bevorzugt die Verben des »Machens«: ponere (Satz 4 und 6), componere (Satz 3), facere (Satz 21). Dreimal hämmert er dem Organizator ein, welche Klänge er bei der Inceptio und bei den mediae voces gebrauchen darf (Sätze 4–6, 9–10, 19); dreimal beschreibt er die Prozedur der Copulatio (Satz 3, 12, 19). Und die Clausulae behandelt er an Hand je eines Beispiels – wie gesagt – »systematisch« unter dem Gesichtspunkt ihrer Ausdehnung, beginnend bei der »nur« zweitönigen und fortschreitend bis zum äußersten Grenzfall der achttönigen Clausula.

Die ganz auf die Praxis gerichtete Lehrart des Verfassers hat zur Folge, daß wir einige der Regeln, die wir in den anderen Traktaten unserer Gruppe vermißten und nur indirekt aus dem

[25] Vgl. die Besprechung des Berliner Traktats B, S. 168.

Text erschließen oder aus den Exempla ablesen konnten, hier nun formuliert finden. Die Organalstimme einer Clausula wird im Blick auf den Schluß gebildet (Satz 3)[26]: die Wahl der Inceptio ist abhängig von den »beiden vorher ausgewählten letzten Tönen« (Satz 6), die im Akt der Copulatio das Organum möglichst passend mit dem Cantus in Einklang oder Oktave verbinden sollen. Die Copulatio geschieht grundsätzlich in Gegenbewegung (Satz 3)[27]. Und nicht nur auf die Inceptio, sondern auch auf die mediae voces wirkt die Schlußbildung zurück: es wird verordnet, daß sich die voces organales mit Rücksicht auf die Copula nicht zu weit vom Cantus entfernen[28]. Auch wann die Copula gebildet werden soll, wird im Unterschied zu den anderen Traktaten deutlich gesagt, wenn auch ohne Berücksichtigung der textlich-musikalischen Gegebenheiten des Cantus und womöglich im Sinne der Ausnahmen.

Die Aussage über die Bildung der Inceptio in der Ober- oder in der Unteroktave (Satz 4 und 9) ist nach Ausweis der Exempla unserer Traktatgruppe so zu verstehen, daß die Oktave oberhalb des Cantus gewählt wird, wenn dieser sich aufsteigend (auch auf- und wieder absteigend) aus einer Anfangslage etwa um den Ton D zu einer ultima vox hin bewegt, mit der sich die Organalstimme in Gegenbewegung von oben her im Einklang (Pt: *Alleluia* I und IV; Vt: 3.–5. Exemplum) oder nach oben hin in der Oktave (Pt: *Alleluia* V; T*Mo*: 5.–7. Beispiel) verbindet, während in den selteneren Fällen der umgekehrten Verhältnisse (Cantus beginnt in hoher Lage und erwartet absteigend das Organum in Gegenbewegung im Einklang oder, wenn der Cantus wieder aufsteigt, in der unteren Oktave) die Oktave unterhalb des Cantus als Inceptio zu bilden ist (kein Beispiel dafür in unserer Traktatgruppe).

Nach Handschins Meinung (1930, S. 52) besagen die betreffenden Stellen in T*Mo*, das Organum könne Ober- oder Unterstimme sein in dem Sinne, daß der Montpellier-Traktat »den Kreuzungen [der Stimmen] abgeneigt« sei. Die Aussage über die Lage des Organums bezieht sich hier jedoch nur auf die jeweilige Inceptio (im Blick auf die Copulatio). Und in dem Organum, das unsere Traktatgruppe lehrt, ist die Lage der hinzugefügten Stimme (ebenso wie die »Stimmkreuzung« innerhalb eines Abschnitts oder beim Übergang von einem Abschnitt zum anderen) noch kein als Regel zu formulierendes, eigenständiges Prinzip, sondern die Folge jener übergeordneten Gesichtspunkte der Lage und Bewegungsrichtung des Cantus in Verbindung mit der Gegenbewegung bei der Copulatio[29].

Nach der (sehr knappen) Formulierung des T*Mo* bezieht sich die Anweisung für die Bildung der Inceptio »oberhalb« oder »unterhalb« des Cantus nur auf die Oktave. Es ist aber als selbstverständlich anzunehmen, daß diese wahlweise Möglichkeit auch für die anderen Inceptions-Klänge gilt (Inceptiones z. B. in der Unterquarte bieten in T*M* die Version a und b des *Benedicamus domino* sowie das *Alleluia* II und IV).

Transformations-Regel

Die beiden zwischen der ersten und zweiten Beschreibung der Organumtechnik stehenden Sätze 7 und 8 bieten in ihrer Knappheit dem Verständnis Schwierigkeit. Handschin, der übri-

26 Vgl. die Besprechung des Versteils, Feststellung 7 (S. 139).

27 Vgl. ebenda, Feststellung 6 (S. 138f.).

28 Vgl. ebenda, Feststellung 4c (S. 137f.). – Diese Anordnung bestätigt überdies, daß auch die in T*Mo* beschriebene Organalstimme nicht mit der Kolorierung rechnet.

29 Vgl. auch die Besprechung des Vt, S. 138.

gens in Satz 7 statt »a, ♮, c« irrtümlich »a, b, c« las (so auch Blum), ist auf diese Stelle nicht eingegangen, die Blum als »obscure passage« bezeichnet. Erstmals hat Dahlhaus (1964, S. 29–31) ihren Sinn zu verstehen versucht.

Satz 7
Aliquando pro .D. E. F., quae sunt finales, accipimus .a. ♮. c. causa necessitatis, quia .D. ditonum non habet descendendo, quem habet sua affinis .a.

Wenn wir die Kennzeichnung »quae sunt finales« zunächst nicht berücksichtigen, besagt dieser Satz, daß die Töne D, E, F bisweilen aufzufassen (bzw. transponierend zu realisieren) sind wie (bzw. als) a, ♮, c, weil es im diatonischen System unter dem Ton D die große Terz (das heutige B, im folgenden als »B« geschrieben) nicht gibt, die jedoch deren Affinis, der Ton a, aufweist (F)[30]. Werden also – entgegen dem regulären Tonvorrat des Systems – in der Praxis die Töne »B« und b im Zusammenhang

»B« C | D E F | G a b

gefordert, so sind sie aufzufassen wie die qualitativ gleichen Töne F und f im Tongefüge

F G | a ♮ c | d e f.

Dies entspricht Guidos Empfehlung der Transformation[31] gewisser Melodien (neumae) zwecks Vermeidung des b molle (Micr. VIII/17–22; hierzu Oesch, 1954, S. 97f.):

Quod si ipsam .b. mollem vis omnino non habere, neumas in quibus ipsa est, ita tempora, ut pro .F. G. a. et ipsa .b. habeas .G. a. ♮. c.; aut si talis est neuma, quae post .D. E. F. in elevatione vult duos tonos et semitonium, quod ipsa .b. facit, aut post .D. E. F. in depositione vult duos tonos, pro .D. E. F. assume .a. ♮. c. quae eiusdem sunt modi et praedictas depositiones et elevationes regulariter habent. Huismodi enim elevationes et depositiones inter .D. E. F. et .a. ♮. c. clare discernes confusionem maxime contrariam tollit.

Die Transformations-Regel in unserem Traktat unterscheidet sich jedoch von Guidos Gebot, indem sie die Töne D, E, F als Finales charakterisiert. Dies bedeutet, daß die Hinzugewinnung des Tones »B« oder b durch das Prinzip der Affinis-Transformation sich nicht nur auf den D-Modus, sondern auch auf den E- und F-Modus bezieht. In diesem Sinn hat (worauf Dahlhaus hinwies) Johannes Affligemensis das (reale) Transpositions-Verfahren gelehrt (CSM I, XIV/14ff.):

In cantu autem praedictorum modorum, scilicet proti, deuteri, triti, quotiens opus fuerit, vice finalium affines haud incongrue subrogantur ... Antiphona ista *Gaudendum est nobis*, cum sit proti, in loco suo cantari non potest, quia in quibusdam locis sub parhypate hypaton id est .C. gravi secundam quosdam tonum requirit, qui ibi non est, ceterum in mese id est .a. incepta absque errore ad eandem .a. in fine deducitur[32].

30 Die Frage, ob es sich hier um reale »Transposition« handelt, also um Versetzung auf eine andere Tonstufe unter Bewahrung der Intervallverhältnisse, oder um »Transformation« im Sinne der Veränderung einer Tonfolge durch »Alterierung« (Veränderung) eines Tones (z. B. b statt ♮), der bei anderer »Auffassung« der Tonfolge als gerechtfertigt gilt, kann hier nicht entschieden werden. Im Blick auf das Verbum accipere und auf den vermuteten Sinn dieser Stelle neige ich zu dem zuletzt genannten Verständnis.

31 Zum Wortgebrauch von transformatio bei Guido vgl. Micr. VIII/14, IX/8 und X/4.

32 Ebenso kann nach Johannes Affligemensis (ebenda, Satz 22) die Transposition notwendig sein zur Vermeidung des Ganztones (»Es«) unter dem Ton F.

Dahlhaus versteht den Satz 7 im Montpellier-Traktat in seiner Relation zur Organumlehre ausschließlich im Blick auf die Copulatio, und zwar wie folgt: Weist ein Cantus z. B. im D-Modus in untransponierter Form ein akzidentelles »B« auf, so fordert das Organum bei der Cantus-Kadenz E–D, daß die Quart- oder Quint-Paenultima der Copulatio gleichwohl mit »H« (Quarte vor Einklang) oder ♮ (Quinte vor Oktave) zu bilden ist. Und wird der gleiche Cantus zwecks Vermeidung des »B« auf die Affinis transponiert, so erzwingen die Progressionen Quarte-Einklang und Quinte-Oktave das illegitime »Fis«. In solchen Fällen muß, zwecks Vermeidung der Kollision von »B« und »H« (♮) bzw. F und »Fis«, bei der Copulatio statt der Quarte die Terz und statt der Quinte die Sexte gebraucht werden. – Gegen diese Interpretation ist geltend zu machen, daß zur Vermeidung derartiger Kollisionen im Blick auf die Schlußbildung die Regel ausreicht, die Copula habe »mittels irgendeiner passenden Consonantia« zu geschehen, wodurch alle Consonantiae als Paenultima-Klang zugelassen sind[33], so daß – wie die Exempla unserer Traktatgruppe bestätigen – jene Kollisionen jederzeit vermieden werden können. Hinzu kommt, daß nach Dahlhaus' Interpretation des Satzes 7 die Transformations-Regel im Anschluß an Guido und Johannes Affligemensis unmittelbar nur für den Cantus relevant wäre. Daß sie jedoch in diesem knappen Organum-Traktat Erwähnung findet, läßt vermuten, daß hier auch für die Bildung des Organums gelten soll, was für den Cantus zutrifft.

Demnach würde sich die Transformations-Regel in unserem Traktat auf die Legitimierung des Tones »B«/b in der Organalstimme beziehen. Wo immer der Cantus zwecks Vermeidung einer Dissonanz diesen Ton als vox organalis fordert, soll sich der Organizator den Cantus so vorstellen, als sei die Affinis die Finalis, so daß »B«/b wie F/f aufgefaßt ist, z. B.[34]:

Satz 8

Finalis vox sic notet principium, quasi aliquis colorum esset ductus a finali usque ad principium.

Diese Angabe besagt, daß für die Tonverhältnisse des Gesanges jederzeit die Finalis maßgebend ist, und sie ist in diesem Zusammenhang sinnvoll, weil bei der Transformation die Rolle der Finalis von der Affinis übernommen wird.

33 Zum Beispiel auch die Sekunde (*TBB*, Satz 28); *TMo* bezeugt vermutlich auch die Septime (vgl. S. 197).

34 Die folgenden Beispiele sind dem 3. und 2. Exemplum des Versteils des Mailänder Traktats entnommen. Der Versteil behandelt den Ton b in den Versen 44–54: Obwohl dieser Ton als nicht »authentisch« gilt, ist er in Relation zu F notwendig. – Am Schluß des hier an zweiter Stelle wiedergegebenen Beispiels ist als Paenultima die große Terz nicht möglich, da sie eine Tonwiederholung ergäbe, während als Antepaenultima die Quarte vermieden wird, um nicht die zur vorhergehenden Copula führende Quarte zu wiederholen (vgl. hierzu die Besprechung des Vt, Feststellung 3b, S. 137).

Die Formulierung erinnert ebenfalls an Guido (Micr. XI/4–5):

Cum auten quilibet cantus omnibus vocibus et modis fiat, vox tamen quae cantum terminat, obtinet principatum; ea enim diutius et morosius sonat. Et praemissae voces, quod tantum exercitatis patet, ita ad eam aptantur, ut mirum in modum quandam ab ea coloris faciem ducere videantur.

Das Wort color bedeutet hier und in T*Mo* wahrscheinlich, daß das Prinzip der Linienfärbung, die – als Richtschnur für die Bedeutung der notierten Töne – einer Linie beständig die C- oder F-Bedeutung verleiht, vorstellungsmäßig auf die Finalis übertragen ist, deren gleichsam beständige Präsenz das »Aussehen« des Gesanges bestimmt.
In seiner Stellung und Bedeutung im Zusammenhang mit der Transformations-Regel entspricht der Satz 8 unseres Traktats jedoch wiederum dem zitierten Abschnitt in der *Musica* des Johannes Affligemensis, an dessen Schluß es in bezug auf das Vermeiden akzidenteller Töne heißt (XIV/25): Haec omnia quisquis in affinibus finalium cantaverit, absque errore ad finem perveniet.

Die Exempla

Als Cantus der sieben *Amen*-Beispiele des Montpellier-Traktats ist aus melodisch-tonalen Gründen jeweils die untere Stimme anzusehen, die in der Handschrift auch stets als erste niedergeschrieben ist. Handschin (1930, S. 52) war der Ansicht, daß diese verschiedenen *Amen* »nicht liturgischer Herkunft zu sein brauchen«. Blum (1959, S. 17) meint, daß allen Beispielen das *Amen* der Sequenz *Victimae paschali laudes* zugrunde liege: in Beispiel 4 erscheine es rein, in Beispiel 1 und 2 auf die Schlußtöne reduziert, und in den anderen Beispielen sei die vollständige oder reduzierte Form erweitert worden. Solche Veränderungen eines liturgischen Cantus zwecks Demonstration einer Lehre sind aber in jener Zeit sonst nicht nachweisbar und überhaupt in höchstem Grade unwahrscheinlich. Es ist so gut wie sicher, daß die Cantus ad hoc gebildet sind, und zwar einerseits in Ausprägung charakteristischer Formeln des D-Modus, andererseits in Rücksicht darauf, daß jede vox praecedens zur Demonstration einer organalen Clausula geeignet, also in sich nicht gegliedert sein soll.
Die Cantus der Beispiele 1–3 zeigen typische Wendungen des 2. Modus. Zu Beispiel 1 sei auf das *Amen* der den 2. (antiphonischen) Psalmton demonstrierenden Doxologie in der *Commemoratio brevis* verwiesen, bei P. Wagner, *Einführung in die gregorianischen Melodien* III, Leipzig 1921, Nachdruck Hildesheim 1962, S. 89. Zu den Beispielen 2 und 3 vergleiche man die Formula des 2. Modus bei Johannes Affligemensis, *De Musica cum Tonario*, CSM I, XI/27, sowie die »Standard Phrases« der Responsorien des 2. Modus bei W. Apel, *Gregorian Chant*, Bloomington 1958, S. 333. Die Cantus der Beispiele 4 und 5 können als Erweiterungen von 2 und die

der Beispiele 6 und 7 als Kombinationen im Anschluß an 2 und 3 angesehen werden. Die Formelhaftigkeit dieser *Amen*-Cantus wird bestätigt z. B. durch das dem Prosateil des Mailänder Traktats vorangestellte *Benedicamus domino*, in dessen ebenfalls hypodorischem Cantus die Wendungen aller 7 *Amen*-Beispiele tonlich getreu (z. B. *Bene-* = Beispiel 3) oder dem Typus nach vorkommen.

Die Textunterlegung ist in der Handschrift besonders bei den Beispielen 3–5 nicht eindeutig (vgl. das Faksimile im Anhang). Normalerweise steht die Silbe *-men* auf dem vorletzten Ton (so z. B. bei dem *Amen* der Sequenz *Victimae paschali laudes*). Bei dem ersten, nur zweitönigen Beispiel muß jedoch die Silbe *-men* auf dem letzten Ton stehen; und der Verfasser des Traktats (oder der Schreiber der Handschrift) hat offenbar daran zunächst festgehalten, bevor er ab Beispiel 4 der gewöhnlichen Silben-Unterlegung folgte.

Die Beispiele zeigen, daß auch für den Verfasser des Montpellier-Traktats die Vorstellung der Einheit von Cantus- und Klangabschnitt (das Kongruenz-Prinzip) die Norm bildet und daß somit die Regel über die Beliebigkeit des Ortes der Copula-Bildung (quando voluerit, Satz 11) vermutlich im Sinne der Ausnahmen gemeint ist. Jeder Cantus der *Amen*-Beispiele stellt eine in sich geschlossene textlich-musikalische Einheit dar, die auf der Finalis beginnt (außer dem nur zweitönigen Beispiel 1) und auf der Finalis schließt (außer Beispiel 6 mit dem Schluß auf dem Ton unterhalb der Ambitus-Begrenzung A) und die im Gang durch die mittleren Töne in typischer Weise den 2. Modus ausprägt. So fordern die voces praecedentes von sich aus den Organizator dazu auf, sie auch klanglich nicht zu untergliedern, sondern die organalen Clausula in derjenigen Ausdehnung zu bilden, die jeweils demonstriert werden soll.

Unter der hier geltenden Voraussetzung, daß die Copula erst am Ende jedes *Amen*-Cantus gebildet werden soll, erklärt sich die Sexte in Beispiel 3 als Konsequenz übergeordneter Gesichtspunkte, die für die gesamte Traktatgruppe Geltung haben: die Oktave scheidet hier aus; die Quinte ergäbe die Tonwiederholung E–E, und die Quarte würde den Ton D wiederholen. – In Beispiel 7 jedoch hätte die Terz als media vox vermieden werden können: Zwar stände an ihrer Stelle die Quinte ♮ im Tritonus-Verhältnis zu dem in diesem Beispiel mehrmals vorkommenden Ton F (die Relation F–♮ entsteht freilich auch in Beispiel 4 und 6), doch die Tonwiederholung a–a, die sich durch Einsatz der Quarte (statt der Terz) ergäbe, hätte durch folgenden Quart- statt Quintklang umgangen werden können (vgl. Beispiel 5). – In Beispiel 6 wäre statt der Folge von drei Terzen nur eine Terz notwendig gewesen (zur Tonfolge ♮–G–F vgl. Beispiel 4):

So zeigt sich in der Tat, daß hier – dem Text des Traktats entsprechend – die Terz bei den mediae voces ziemlich gleichberechtigt neben Quinte und Quarte steht. Von den insgesamt 15 mediae voces der Beispiele bilden 6 die Quinte, 4 die Quarte und 5 die Terz bzw. Sexte. Dabei sind nur 2 der zuletzt genannten Klänge unvermeidbar, während in 3 Fällen die Terz »frei« (in freier Wahl) gebraucht ist. Ob es sich aber hierbei um ein gegenüber dem Mailänder Traktat späteres Stadium der Organumlehre handelt oder nur um eine andere Auffassung des Autors bzw. um eine gleichzeitig oder gar früher bestehende Modifikation der Praxis des Neuen Organums (die in den Organa des Fragments Chartres 109 eine Bestätigung findet), kann nicht entschieden werden.

REGISTER

INDEX VERBORUM

In den Index verborum sind aus allen hier veröffentlichten Traktaten die für das Verständnis ihres Inhalts maßgebenden Wörter aufgenommen, dazu die Eigennamen und die Textincipits der musikalischen Exempla. Der als Wortkonkordanz angelegte Index enthält die zu den Lemmata gehörigen Textstellen in der Reihenfolge ihres Vorkommens (ohne Rücksicht auf unterschiedliche Bedeutungen eines Wortes). Jedoch nur bei musikalisch relevanten Wörtern sind sämtliche Belegstellen angeführt. In der Orthographie richten sich die Lemmata und die Textstellen nach dem Gebrauch in den modernen Lexika.
Die Zahlen hinter den Siglen (zu diesen s. S. 9) beziehen sich auf die Satz- bzw. Verszählung der jeweiligen Edition. Bei gleichlautendem Text der Traktate werden die Wörter nur einmal, und zwar nach der Zählung in der Edition des Mailänder Traktats angeführt.

a
- tertium modum statuimus a mediis Pt 4
- quartum non tantum a prima vel a media, sed ab utraque Pt 4
- disiunctae ab invicem voces Pt 8
- ordiendum est a primo modo ... et a ceteris Pt 19
- tertius modus sumitur a mediis vocibus Pt 22
- quartus (modus) fit a diverso principio vel a diverso medio, non tantum ab uno sed etiam ab utroque Pt 23
- quartus ab utroque principio et medio Pt 30
- remotum a natura Pt 33, 35
- causa septimae a gamma Vt 19
- a prima sic octava locum tenet Vt 21
- a littera sonando .G. Vt 132
- in ... septima voce a cantu T*Mo* 5
- a finali usque ad principium T*Mo* 8
- ne organales voces a cantu sequestrentur T*Mo* 20

accipere
- pro .D.E.F. accipimus .a.♮.c. T*Mo* 7

acquirere
- organum acquirit totum Vt 137

acumen
- ingenii acumen applicaverit T*BB* 3

acutus
- si organum per acutum .a. duplices Pt 9
- .A. ad acutum .a. diapason Pt 9
- gravium acutam signat Vt 38

ad
- iter ad organum faciendum Pt 1
- resonabit .A. ad .D. diatessaron, ad acutum .a. ..., ad utrumque ..., ad graviores ... Pt 9
- tanta se ad organi societatem permiscent Pt 11
- ad tractatum organi perveniremus Pt 18
- ad dandas consonantias Pt 18
- donec ad copulam perveniamus Vt 3
- vocis primae ad octavam tenent Vt 39
- de .A. ad .C. de .D. ad .F. Vt 70
- sonat sextam gradatim ad tertiam Vt 89
- organum ascendit ad decimam Vt 90
- saltu de .a. ad .c. Vt 92

STELLEN

NAMEN

SACHEN

FAKSIMILES DER QUELLEN

1–6	Mailänder Traktat, Prosateil:	*M*,	f. 56r–58v
6–11	Versteil:	*M*,	f. 58v–61r
12–13	Berliner Traktat A:	*B*,	f. 48r/v
14–16	Berliner Traktat B:	*B*,	f. 50v–51v
17	Brügger Version:	*Br*,	f. 54v
18–20	Organum-Traktat von Montpellier:	*Mo*,	f. 122r–123r

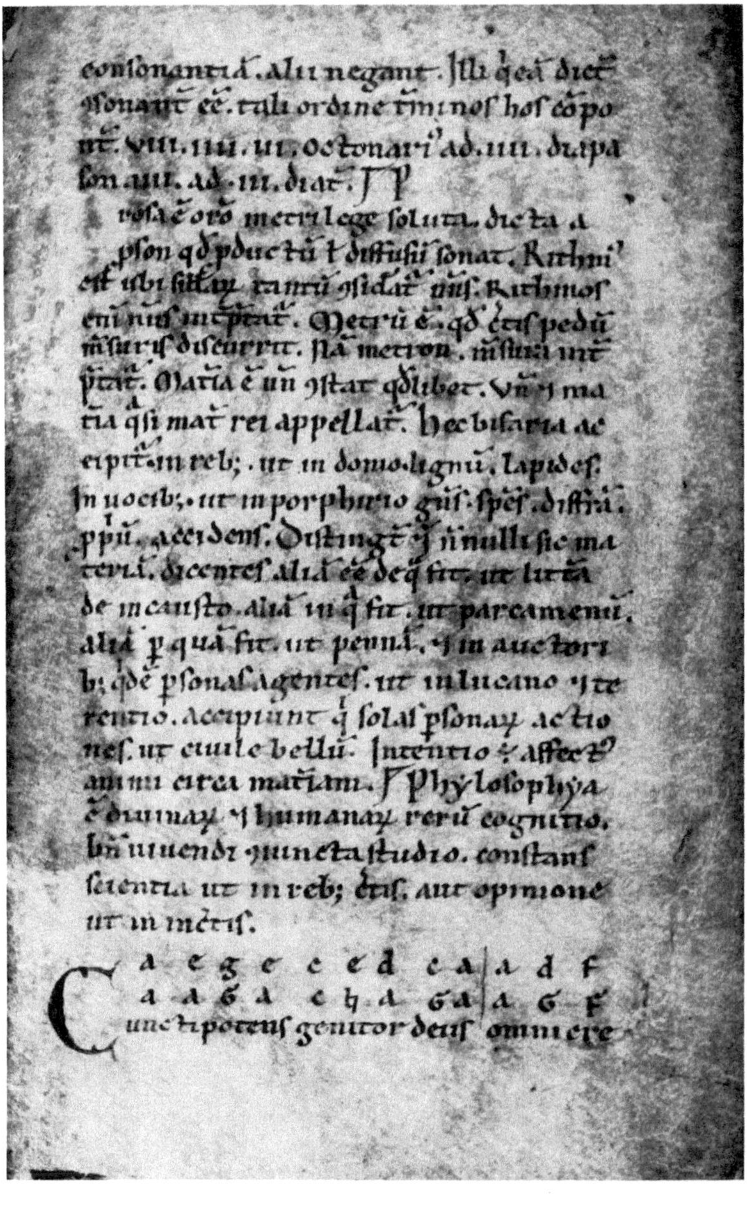

1 Mailand, Bibl. Ambros. M. 17. sup., f. 56r

consonantia. alii negant. illi qea dicit
sonant ee. tali ordine tm nos hos copo
nit. viii. iiii. ut octonari' ad. iiii. diapa
son aut. ad. iii. diat.

rosa e oro metri lege soluta. dicta a
pson qd pduct u t diffusii sonat. Rithm'
est ubi sillab tantu osidat quis. Rithmos
eni nus incipiat. Metru e. qd etiis pedu
mensuris discurrit. na metron. mensura int
pitat. Materia e un ostar qdlibet. Vn a ma
tia qsi mat rei appellat. Hec bifaria acci
pitur in reb; ut in domo. lignu. lapides.
In uocib; ut in porphirio quis spes. distria.
ppu. accidens. Distingt q si nulli sic ma
teria. dicentes alia ee de q fit. ut luria
de incausto. alia in q fit. ut parcameniu.
alia p qua fit. ut pennu. q in auctori
b; qd psonas agentes. ut in lucano q te
rentio. accipiunt q solas psonay actio
nes. ut ciuile bellu. Intentio q affectus
animi circa materiam. Phylosophya
e diuinay q humanay reru cognitio.
bn uiuendi q in eta studio. constans
scientia ut in reb; etiis. aut opinione
ut in metris.

a e g e c e d c a a d f
a a g a c h a g a a g f
Cunctipotens genitor deus omni cre

consonantia. alii negant. Isti qeã dicẽ
ssonant eē. tali ordine tminos hos copo
ñt. VIII. IIII. ut octonari ad. IIII. dupla
son aiir. ad. III. diat.

rosae oro metri lege soluta dicta a
pson qd pductũ t diffusii sonat. Rithni'
est ubi sillab tantũ gsidat ñus. Rithmos
eñi nus incipiat. Metrũ ē qd ctis pedũ
msurys discurrit. sta metron. msura ite
piat. Materia ē ũ istat qdlibet. Vñ y ma
tia qsi mat rei appellat. hec bifaria ac
eipit in reb; ut in domo lignũ lapides.
In uocib; ut in porphirio gus spes differu
ppriũ accidens. Distingt g ñ nulli sic ma
teria dicentes alia eē deq sit ut lirta
de incausto. alia in q sit ut parcamenũ.
alia p qua sit ut penna. y in auctorib;
qde psonas agentes ut in lucano y te
rentio. accipiunt q solas psonay actio
nes ut ciuile bellũ. Intentio y affectus
animii circa materiam. Phylosophya
ē diuinay y humanay rerũ cognitio.
bñ uiuendi qui nca studio. constans
scientia ut in reb; ctis aut opinione
ut in metris.

a e g e e ed ea a d f
a a ba e ha ga a e f
une tipotens genitor deus omni ere

1 Mailand, Bibl. Ambros. M. 17. sup., f. 56r

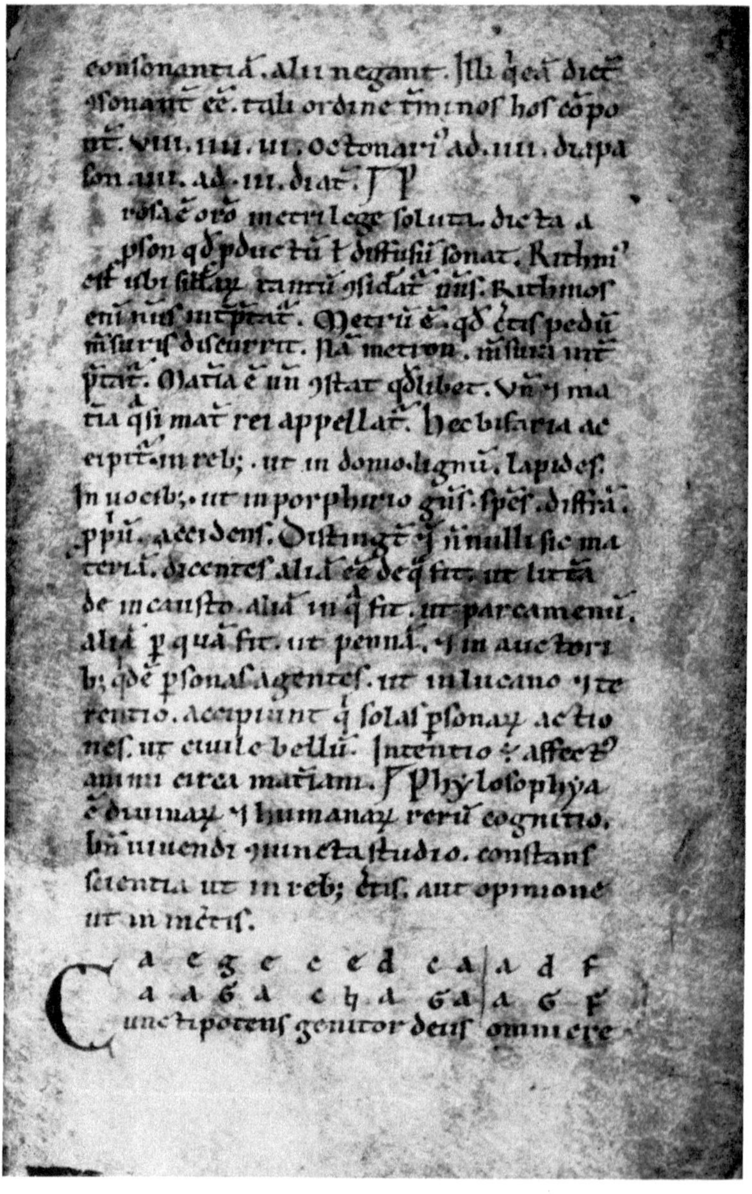

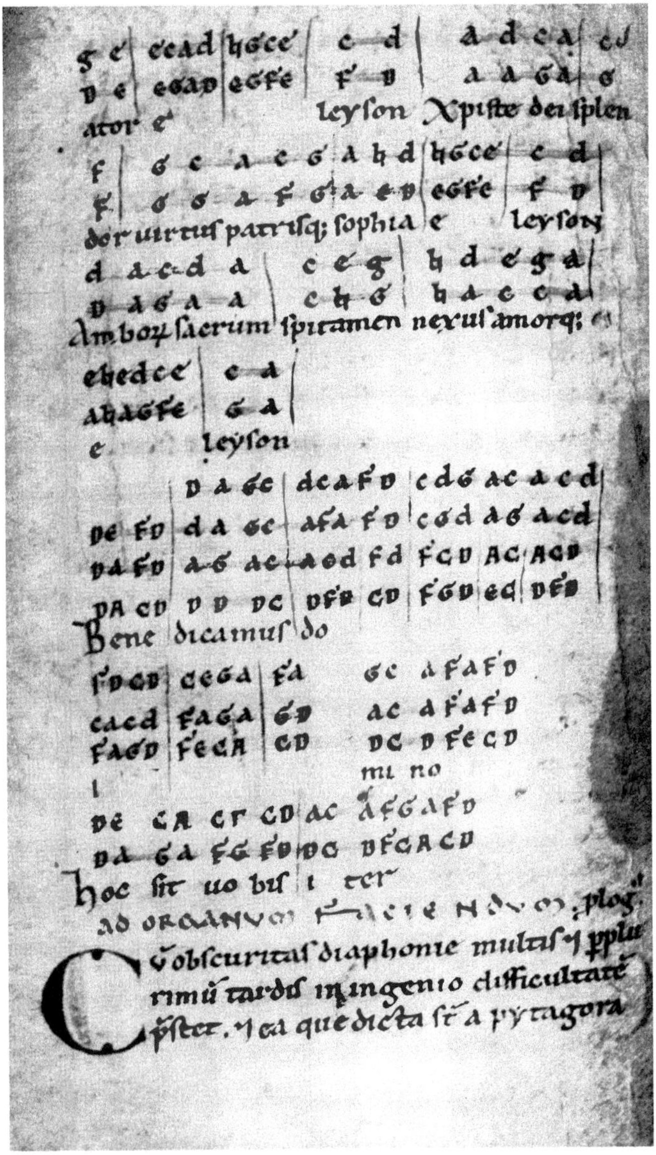

2 Mailand, Bibl. Ambros. M. 17. sup., f. 56v

g e e ead hgce e d a d e a ed
u e eead eefe f u a a ga o
ator e leyſon Xpiſte dei ſplen

f g e a e g A h d hgce e d
g g g a f ga eu eefe f u
dor uirtuſ patriſq; ſophia e leyſon

d a ed a e eg h d e ga
u aga a e h g h a e e a
Amboʒ ſaerum ſpiramen nexuſ amorq; e

ehedce e a
ahagfe ga
e leyſon

u a ge deafu edg ac aed
ue fu da ge afafu egd ag acd
uafu ag ae aed fd fgu ac agu
ua eu uu ue ufu ed fgu ed ufu
Bene dicamuſ do

fugu eega fa ge afafu
eaed faga gu ac afafu
fagu feaa ed ue u fe ed
mi no
ue ea er ed ae afgafu
ua ga fg fu ue ufgaed
hoe ſit uo biſ i ter
ad organvm facie nouos plog

Cobſcuritaſ diaphonie multaſ ypplus
rimu tardoſ iningenio difficultate
piſtet. ſea que dicta ſt a pytagora

7 subseq̄nte Boetio. maxime s̄t plicata. uñ pl⁹
inuisa. tū q̄r que dicta s̄t a Guidone exēplis
dimidicant̄ uilia. q̄ppt̄ paru s̄t diligenda.
7 ideo difficili⁹ memorie tradenda. nos intu
entes ipsā natām .v. addimi⁹ modos organi
zandi. Et ita duos statuim⁹ in p̄ma uoce. t̄
ciū a medus. Quartū n̄ tantū a p̄ma t a me
dia. s; ab utq;. Quintū discretioē ultimar
uocū. uidlt augendo t auferendo. Cū autē
plura sint organa in uno cantu q̄ sex ha
bebit uoces. n̄ q̄nq; s̄t supflua. Q̄d sit orga

Rganū ē uox nū. t q̄lit̄ debeat fieri.

sequens p̄cedente sub celeritate diapt̄
t diat̄. q̄x uidlt p̄cedentis 7 subseq̄ntis fit
copula. Aliq̄ decenti 9sonantia. Dyaphonia
uocū disiunctio sonat. quā nos organū
uocam⁹. cū disiuncte ab inuicē uoces 9cor
dit̄ dissonant. 7 dissonant̄ 9cordant. Qua
organizatores ita utunt̄. quatin⁹ diapt̄
t diat̄ discrant. ut. A. ad. D. Ubi si organū
p acutū. a. duplices: resonabit. A. ad. D.
diat̄. ad acutū. a. diapason. D. ad utrūq;
A. 7. a. diat̄ 7 diapt̄. a. ad g̃uiores diapt̄
7 diapason. Sciendū ē enī aut̄ organales uocē s
affinitatē habe cū p̄cedentib;. Et q̄r hę s̄s
spēs affinitatē hntes tanta se ad organi so
cietatē p̄miscent simulitate. queadmodū
sup⁹ uocū similitudines fecisse monstrat

3 Mailand, Bibl. Ambros. M. 17. sup., f. 57r

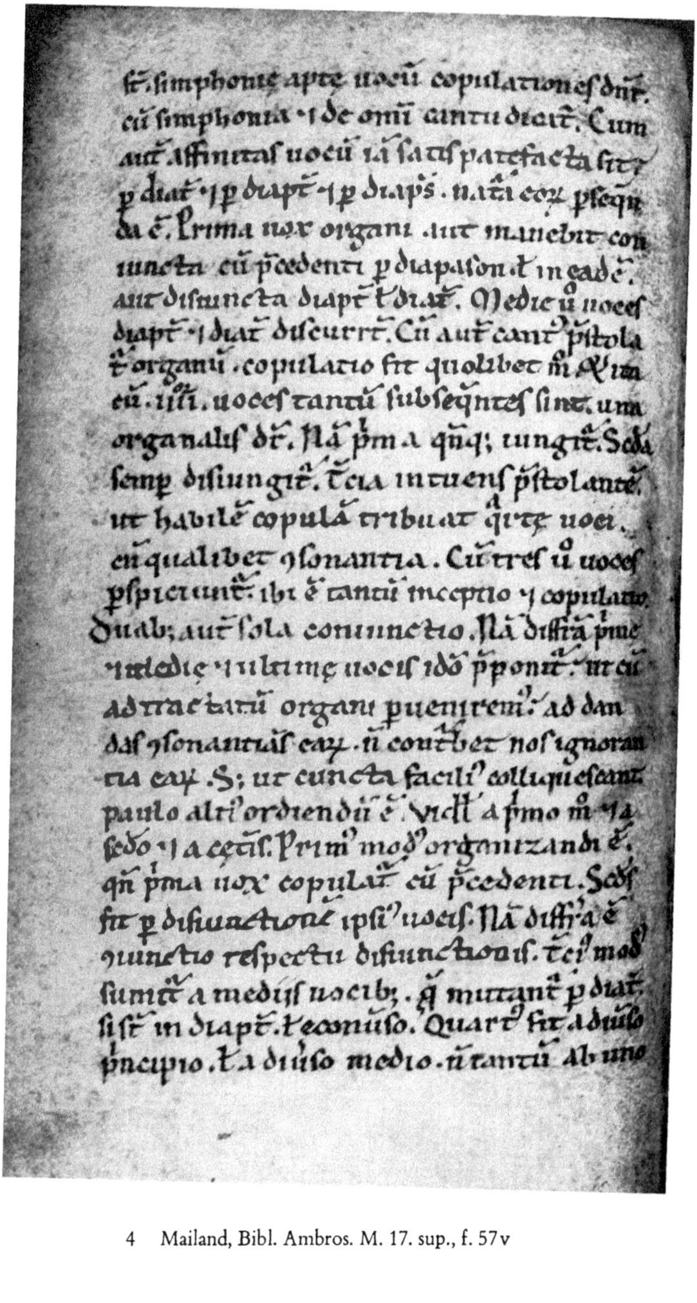

4 Mailand, Bibl. Ambros. M. 17. sup., f. 57v

ẛ. ſimphonie apte uocũ copulatıoneſ dñr.
cũ ſimphonia · ı de omı̃ cantu dıcıt. Cum
aut̃ Affinıtaſ uocũ ıã ſatıſ patefacta ſıt
p dıat̃ · ı p dıapt̃ · ı p dıapſ̃. natũ eoy̌ pſeqñ
da ē. Prima uox organı aut manebıt con
ıũcta cũ p̃cedentı p dıapaſon ı̃t ın eadẽ.
aut dıſıuncta dıapt̃ t̃ dıat̃. Medıe ũ uoceſ
dıapt̃ · ı dıat̃ dıſcurrt̃. Cũ aut̃ cant̃ pıſtola
t̃ organũ · copulacıo fıt quolıbet m̃ ꝗ ım
eũ · ıſtı. uoceſ tantũ ſubſeꝗnteſ ſınt. uma
organalıſ dr̃. flã pm̃ a qũꝗ; ıungıt̃. Scẁa
ſemp dıſıungıt̃. tcıa ın tueuſ pıſtolante
ut habıtũ copulã trıbuat ꝗtꝗ uocı.
cũ qualıbet ꝗſonantıa. Cũ treſ ũ uoceſ
pſpıcıunt̃. ıbı ē tantũ ınceptıo ı copulatıo
ꝺuab; aut ſola conıunctıo. flã dıſtñ pıne
ı medıe · ı ultıme uocıſ ıdo pponũt. ut cũ
adtractatũ organı pueuırem̃. ad dan
daſ ꝗſonantıaſ eay. n̄ coutbet noſ ıgnoran
tıa eay. S; ut cuncta facılı colluꝗeſcant
paulo altı ordıendũ ē. Vıdt̃ a ſmo m̃ ıa
ſedo · ı a eꝗſ. Prım̃ moꝺ organızandı ē.
qñ pma uox copulat̃ cũ p̃cedentı. Sdꝭ
fıt p dıſuactıone ıpſ̃ uocıſ. flã dıſtñ a ē
ꝗunctıo reſpectu dıſıunctıonıſ. tcı̃ moꝺ
ſumıt̃ a medııſ uocıbᵒ. ꝗ mutant̃ p dıat̃
ſıſt̃ ın dıapt̃. t̃ comũſo. Quart̃ fıt a dıuıſo
p̃ncıpıo. t̃ a dıuıſo medıo. ñ tantũ ab uno

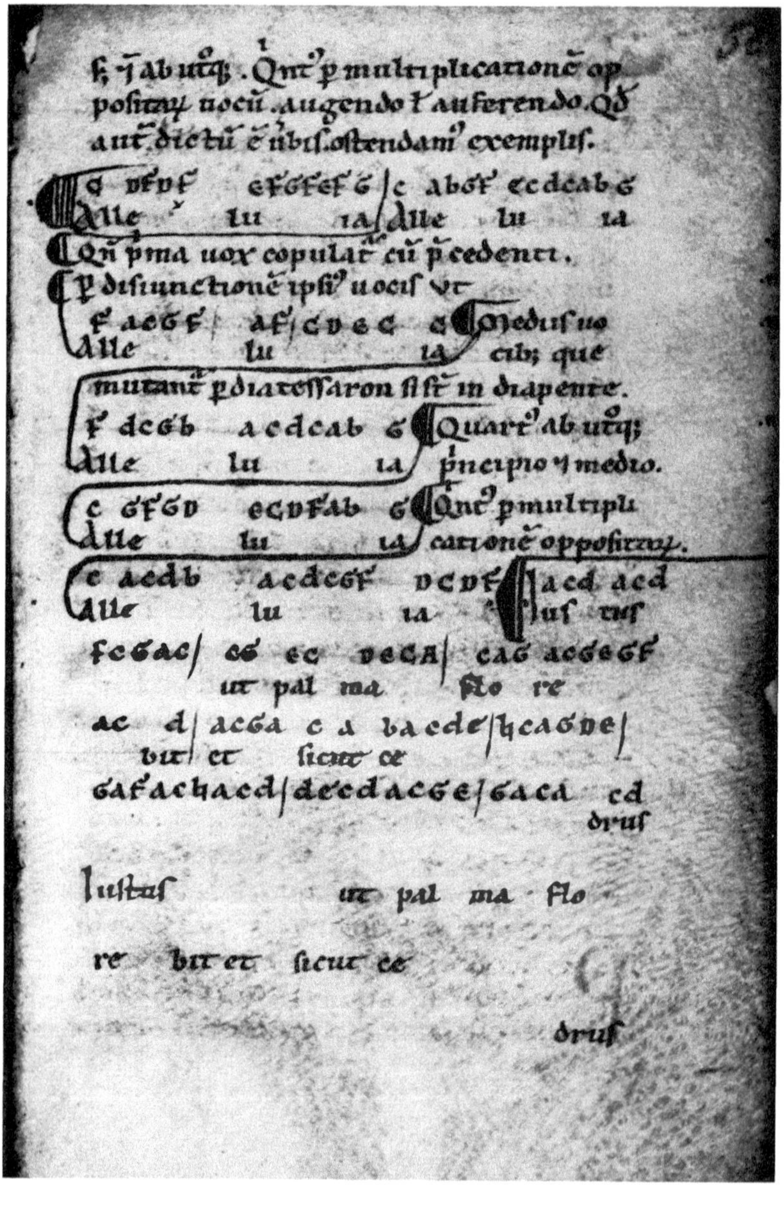

5 Mailand, Bibl. Ambros. M. 17. sup., f. 58r

ſ̃, ⁊ ab utꝗ̈ . Qñ ⁊ ꝓ multiplicatione op
poſitaꝝ uocũ augendo l̃ auferendo. Qꝺ
aut dictũ e ubiſ oſtendam exempliſ.

ꝗ̃ ofuf efofef ſ̃ |e abof ecdcab ſ̃
Alle lu ıa/dlle lu ıa
Qñ ꝑma uox copular cũ ꝑcedenti.
⁊ diſiunctione ipſi uociſ uꝉ

ſ̃ acſf af|cvec ſ̃ ꝯ medıuſ uo
Alle lu ıa cıꝰ que
mutant̃ ꝑ dıateſſaron ſi ſ̃ in dıapente.

ſ̃ dcſb acdcab ſ̃ Quare ab utꝗ̈
Alle lu ıa ꝑncıpıo ⁊ medıo.

c ofſov ecvfab ſ̃ Qñ ꝑmultıplı
Alle lu ıa catıone oppoſitaꝝ.

c acdb acdcef vcvf ſ̃ acd acd
Alle lu ıa ſuſ tuſ

fcſac| cſ ec veca| caſ acſeſf
 ut pal ma flo re

ac d|acſa c a vacde|ꜧcaſve|
 vır| et ſıcuc ce

ſafachacd|deedacſe|ſaca cd
 druſ

Iuſtuſ ut pal ma flo

re bır et ſıcuc ce

 druſ

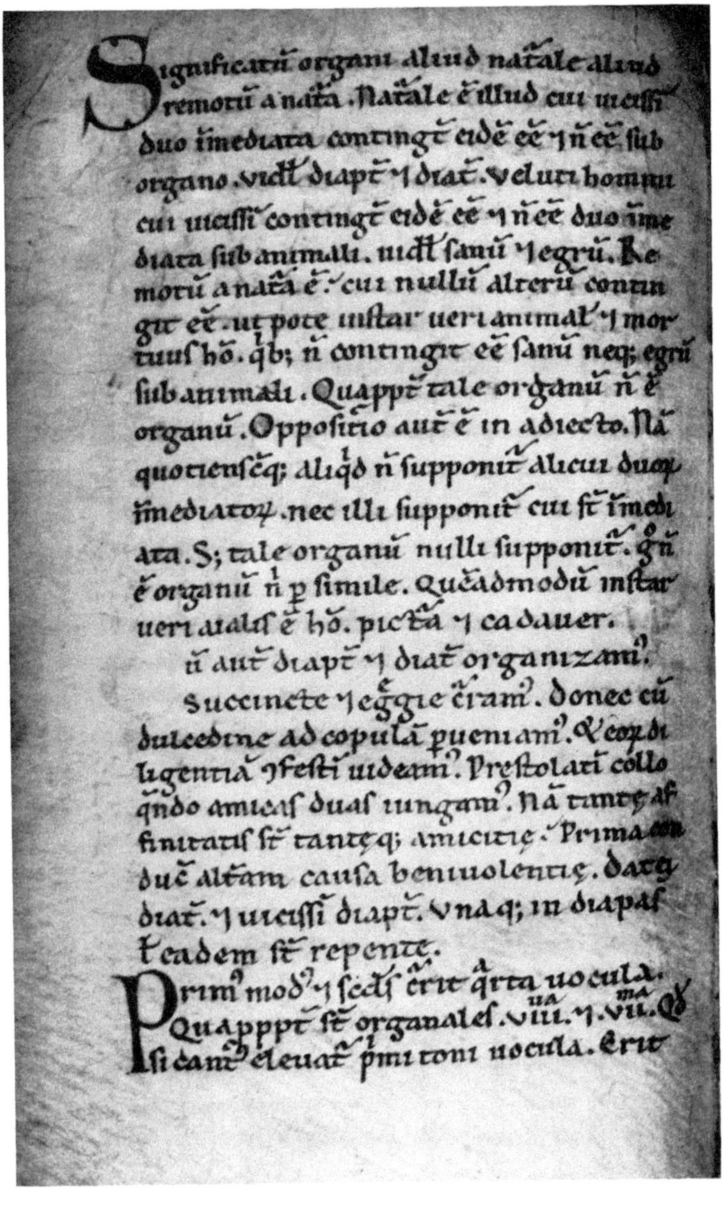
Significatiu organi aliud natale aliud
remotu a natā. Natale ē illud cui inuicē
duo īmediata contingt eidē eē ⁊ n̄ eē. sub
organo. uidl diapt ⁊ diat. Veluti hominu
cui inuicē contingt eidē eē ⁊ n̄ eē duo īme
diata sub animali. uidl sanū ⁊ egrū. Re
motū a natā ē. cui nullū alterū contin
git eē. ut pote instar ueri animal ⁊ mor
tuus hō. qb; n̄ contingit eē sanū neq; egrū
sub animali. Quappt tale organū n̄ ē
organū. Oppositio aut ē in adiecto. Nā
quotiensc̄q; aliqd n̄ supponit alicui duoꝝ
īmediatoꝝ. nec illi supponit cui st īmedi
ata. S; tale organū nulli supponit. g n̄
ē organū n̄ p simile. Quēadmodū instar
ueri aialis ē hō. picta ⁊ cadauer.
ū aut diapt ⁊ diat organizam'.
succinete ⁊ eggie cram'. donec cū
dulcedine ad copulā ueniam'. & coꝝ di
ligentiā ꝯfesti uideam'. Prestolati collo
qndo amicas duas iungam'. Nā tantę af
finitatis st tantęq; amicitię. Prima con
duc altam causa beniuolentię. dat q
diat. ⁊ uicissi diapt. Vnaq; in diapas
t eadem st repente.
Primus mod' ⁊ scds erit qrta uocula.
Quappt st organales. uiii. ⁊ uii. &
si cant' eleuat pmi toni uocula. Erit

6 Mailand, Bibl. Ambros. M. 17. sup., f. 58v

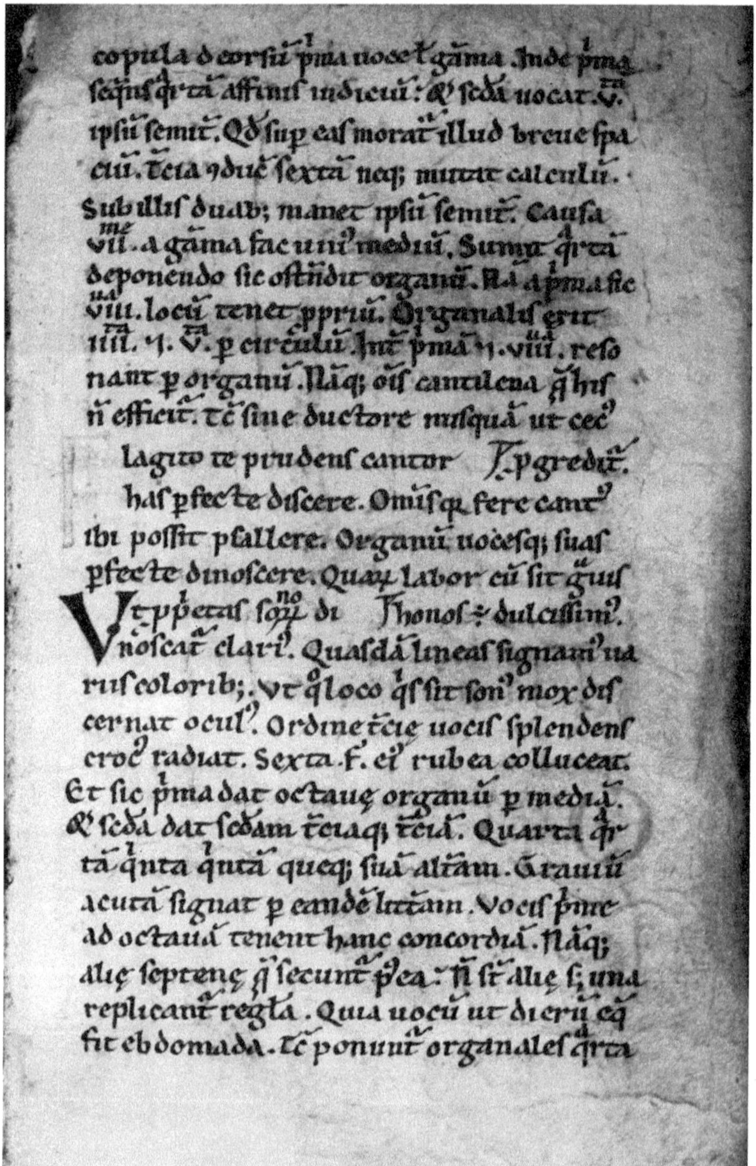

7 Mailand, Bibl. Ambros. M. 17. sup., f. 59r

copula deorsú pma uoce t gama. Jnde pma
scæis qr tá affinis indicui: Q̃ scđa uocat .Γ.
ipsú semit. Q̃ sup eas morat illud breue spa
ciú. tcia 9duc sextá neq; mittat calculi.
Sub illis duab; manet ipsú semit. Causa
.vii. a gama sac uni medui. Suma qr tá
deponendo sic ostndit organú. Rá apma sic
.viii. locú tenet ppriú. Organalis erit
.iiii. q. Ѵ. p circulú intr pmá q. viii. reso
nant p organú. Nâq; ois cantilena q̃ his
ñ efficit. tc sine ductore nisquá ut cec̃

lagito te prudens cantor. ↑.p gredit̃.
has pfecte discere. Omisq; fere cant̃
ibi possit psallere. Organiú uoces q; suas
pfecte dinoscere. Quaз labor eú sit q̃us
Vt ppetas son̄ di Thonos ÷ dulcissim̄.
noscat clari. Quasdá lineas signaui ua
ris coloribз; vt q̃ loco qs sit son̄ mox dis
cernat ocul̄. Ordine tcie uocis splendens
croc̃ radiat. Sexta .f. ei rubea colluceat.
Et sic pma dat octauᵉ organú p mediú.
Q̃ scđa dat scđam tciaq; tciá. Quarta qr
tá qnta qntá queq; suá altám. Grauiú
acutá signat p eandē lttám. Vocis fine
ad octauá tenent hanc concordiá. Nâq;
aliᵉ septenᵉ q̃ secunt plea: ñ st aliᵉ s; una
replicant reglá. Quia uocú ut dierú eᵍ
sit ebdomada. tc ponunt organales q̃rta

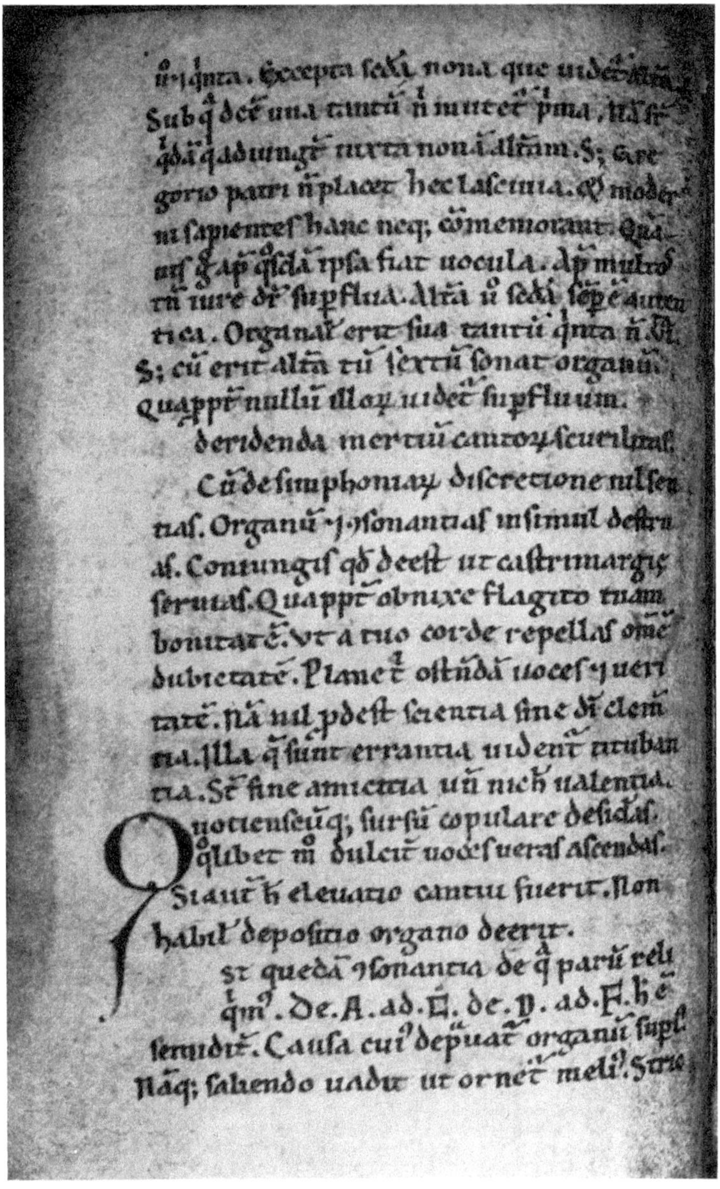

8 Mailand, Bibl. Ambros. M. 17. sup., f. 59v

ū·ī q̄nta. Excepta ſeX̄i. nona que uidēatr̄
Sub q̄ dēē una tantū n̄ inītēr pīta. ſed ſi
q̄dā q̄ adiungī nītā non ī alīām. §; Grē-
gorio patri n̄placet hec laſcinia. & modr̄-
ni ſapienteſ hanc neq; cōmemoraut. Qua
uſ q̄ ap q̄dā ipſa fiat uocula. Ap multo
rū iure dr̄ ſupflua. Alīā u ſeXi ſepē autm
tiea. Organaī erit ſua tantū q̄nta n̄ eſt.
§; cū erit alīa tū ſertū ſonat organū.
Quappr̄ nullū illoɽ uidet ſupfluū.
　　deridenda mertū cantoɽ ſeuerilaī.
　　Cū de ſimphoniaɽ diſcretione nilſer-
taſ. Organū ɉ ɔſonantiaſ inſimul deſtru-
aſ. Coniungiſ qd deeſt ut caſtri margiɽ
ſeruaſ. Quappr̄ obnixe flagito tuam
bonitarē. Vt a tuo corde repellaſ om̄e
dubietatē. Plane ē oſtūdā uoceſ ɉ ueri
tatē. N̄a nil pdeſt ſcientia ſine dr̄ clem̄
tia. Illa q̄ ſunt errantia uidēt atribū-
tia. Se ſine amicitia uū nich ualentia.
Quotienſeū q̄; ſurſū copulare deſidaſ.
q̄libet m̄ dulcit uoceſ ueraſ aſcendaſ.
Sic aut h elevatio cantū ſuerit. Non
habit depoſitio organo deerit.
　　st quedā ɔſonantia de q̄ parū reli
qm̄. De. A. ad. Ḡ. de. D. ad. F. h̄ē
ſemidiſ. Cauſa cui depuat organū ſupl
ſtaq; ſaliendo uadit ut ornet meli ſiue

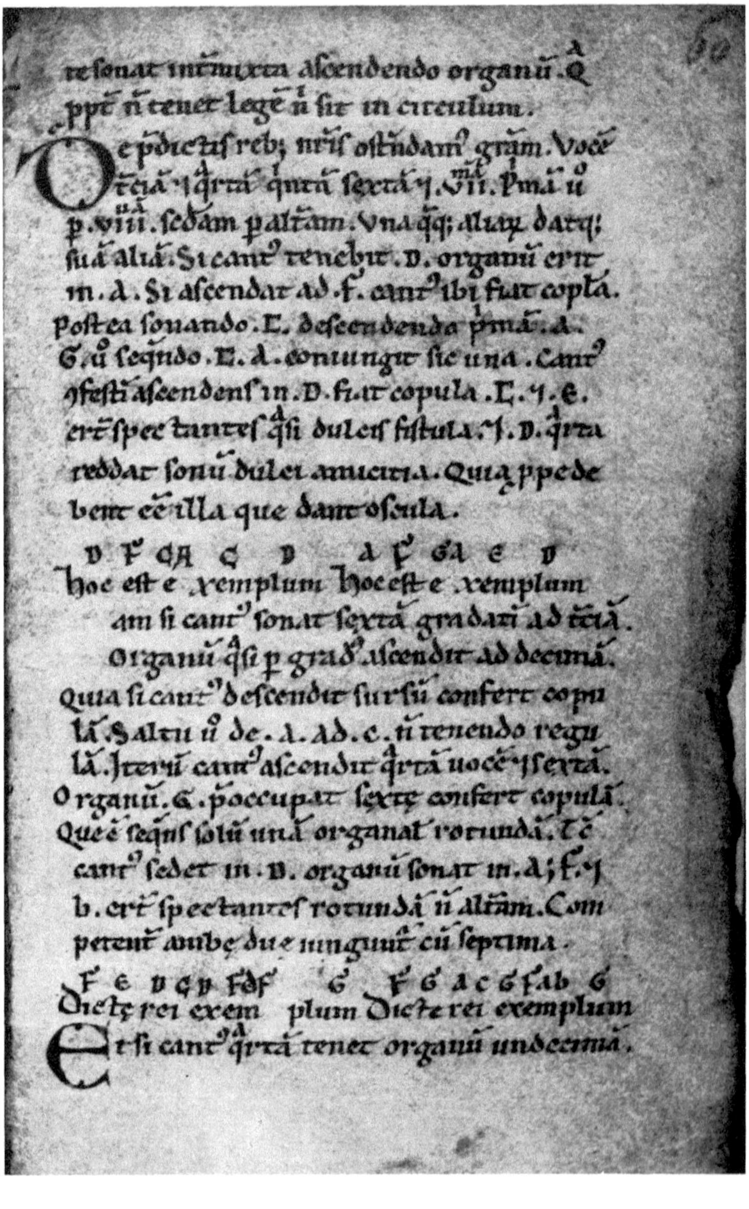

9 Mailand, Bibl. Ambros. M. 17. sup., f. 60r

resonat intmixta ascendendo organū. Q̄
ppt̄ n̄ tenet lege n̄ sit in circulum.
De pdictis reb; nr̄is ost̄ndam grām. Voce
tc̄iā ⁊ qrtā qutā sextā ⁊. vii. Pmā ū
p. viii. sedam paltām. Vna q̄q; aliax datq;
suā aliā. Si cant̄ tenebit. D. organū erit
in. A. Si ascendat ad. f. cant̄ ibi fiat coplā.
Postea sonando. E. descendenda pmā. A.
G. ū seq̄ndo. E. A. contungit sic una. Cant̄
ꝉfesti ascendens in. D. fiat copula. C. ⁊. e.
cr̄espectantes q̄si dulcis fistula. ⁊. D. qrta
reddat sonū dulci amicitia. Quia ppe de
bent c̄e illa que dant oscula.

 D F CA C D A C GA C D
hoc est e xemplum hoc est e xemplum
 am si cant̄ sonat sextā gradati ad tc̄iā.
 Organū q̄si p grad ascendit ad decimā.
Quia si cant̄ descendit sursū confert copu
lā. Saltu ū de. A. ad. c. ū tenendo regu
lā. Iteru cant̄ ascendit qrtā uoce ꝉsextā.
Organū. G. poccupat sexte confert copulā.
Que e seq̄ns solū una organat rotundā. Tc̄
cant̄ sedet in. D. organū sonat in. a; f. ⁊
b. cr̄ spectantes rotundā n̄ altām. Com
petent aube due ungunt cū septima.

 F E D G D FGF G F G A C G fab G
dietz rei exem plum dicte rei exemplum
Et si cant̄ qrtā tenet organū undecimā.

Ascenditq; ad .F. cant' p'ea ad octauā. Orga
nū te deponendo uenit ad copulā. Te uersa
t' cant' in .F. pma nona organū. Cant' ue
nit in .D. qrtā. organū in septimā. Te can
t' uenit in qntū. organū in octauū. a.
Cant' uo transit in .G. organū ad tciū. Ad oc
tauū stati tendit expectando ad sextū.
Organū sonando .D. ad .F. reddit osculum.
Cant' sonans qntū. sextū. qrtūq; p ultimū.
Vn' sonat octaua. decima p organū. Rur
sū in .d. copulant' q' est undecimū.

DF aF DE GaF eF D dc ab Ga GDF acd
Exemplum rei dicte Exemplum rei dicte
Terū cant' in pma poccupans septimā.
Organū e' in eadē deponens ad decimā.
Te cant' sonat octauā sextāq; ꝛ septimā.
Organū undecimā octauā .a. ꝛ septimā.
Sic st ambe in eode duplicando uoculā.
Rurs cant' sextā sonat septimāq; ꝛ qntā.
Organū ens in decima resonat undecimā.
Sup illā altam copulante ad qntā. Cū cau
t' ascendit .G. organū in .c. erit. Copula
te fit in .a. que uidet' altā.

e G aFG F GeGa ec daG c deca
Exemplum dicte rei Exemplum dicte rei
Iterū cant' in .F. organū sup'. In eadē te
net locū qd uidet' meli'. Cant' uo ens octa
uā organū undecimā. ambe poccupant

10 Mailand, Bibl. Ambros. M. 17. sup., f. 60v

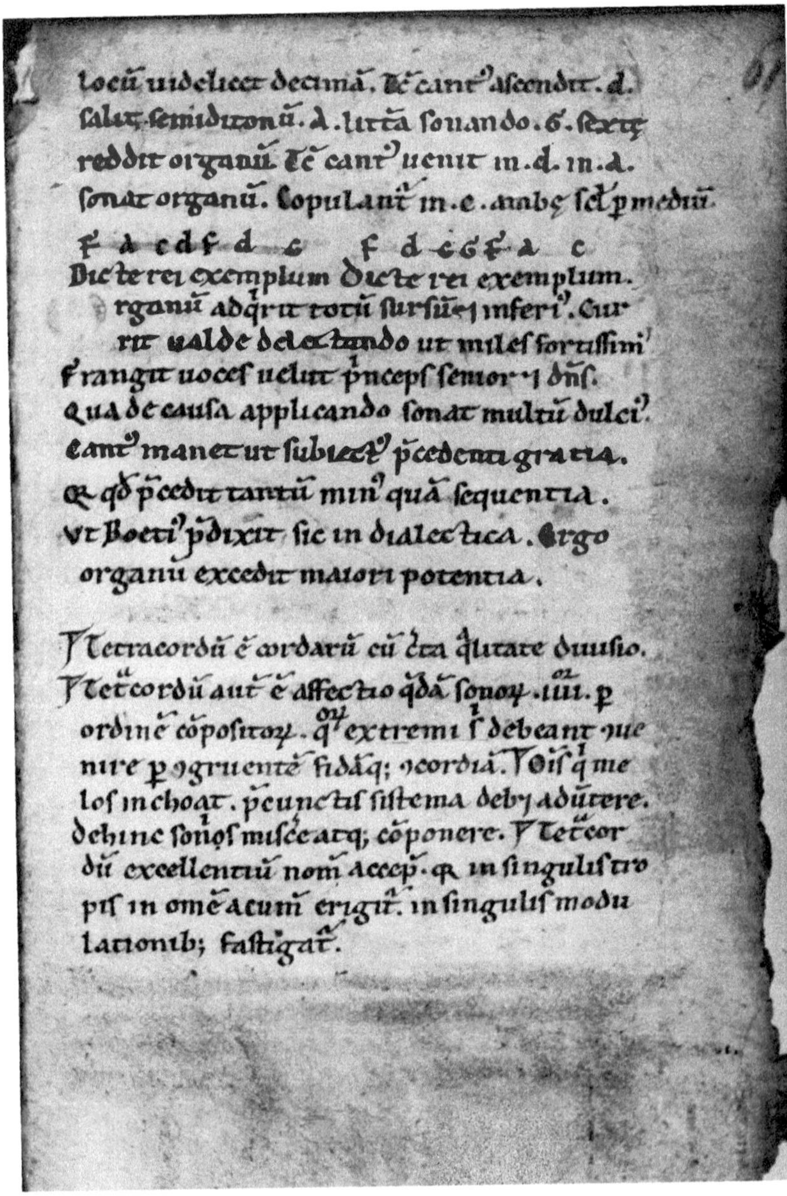
locu͂ uidelicet decimã. Hic cantꝰ ascendit. d.
saliet semiditonu͂. a. iterã sonando. G. sexte
reddit organu͂. Hic cantꝰ uenit in. d. in. a.
sonat organu͂. Copulant͂ in. c. auabę scł ꝑ mediu͂.
F a c d F d c F d c G F a c
Dicte rei exemplum Dicte rei exemplum.
Organu͂ adq̄rit totu͂ sursu͂ & inferiꝰ. Cur
rit ualde delectando ut miles fortissimi
Frangit uoces uelut pnceps senior & dns.
Qua de causa applicando sonat multu͂ dulciꝰ.
Cantꝰ manet ut subiectꝰ pcedenti gratia.
Et qd pcedit tantu͂ minꝰ quã sequentia.
Ut Boetiꝰ pdixit sic in dialectica. Ergo
organu͂ excedit maiori potentia.
Tetracordu͂ ẽ cordaru͂ cu͂ certa qlitate diuisio.
Tetcordu͂ aut͂ ẽ affectio qdã sonoꝝ .iiii. p
ordine cõpositoꝝ. qꝛ extremi ſ debeant conue
nire p congruentẽ fidãq; concordiã. Omis q me
los inchoat. ꝑcunctis sistema debꝫ aduertere.
dehinc sonos misceatq; cõponere. Tetcor
du͂ excellentiu͂ nom̃ accep̄. qꝛ in singulis tro
pis in omẽ acum̃ erigit͂. in singulis modu
lationib; fastigat͂.

11 Mailand, Bibl. Ambros. M. 17. sup., f. 61r

12 Berlin, Staatsbibl. Preuß. Kulturbes. theol. lat. quart. 261. f. 48r

13 Berlin, Staatsbibl. Preuß. Kulturbes. theol. lat. quart. 261, f. 48v

Sup illā altam copulante ad quintam.
Tūc cantus ascendit .b. organū erit in .c.
c c de b c de c a
e b af b f be b a
Ex em pli dic te re i.
Item cantus in .f. organū supius.
In eadē tenet locū q uidetur meli⁹.
Cantus uō ens octauā organū undecimā.
Ambe pocupant locum uel decimam.
Tūc cantus ascendit .d. salit semiditonū.
Altam sonando .b. sexte redit organū.
Tūc cantus uenit in d. in a. sonat organū.
Copulant in c. ambe. scl'. p medium.
f d c b f a c
f a c d f d c
Dic te re i e xē plū.
Organū adquirit tonū sursū et inferius.
Currit ualde delectando ut miles fortissim⁹.
Frangit uoces uelut pnceps senior et dn̄s.
Quadecausa aplicando sonat mltū dulcius.
Cantus manet ut subiectus precedenti grā.
Quia q̄ precedit tantū minus q̄ sequentia.
Ut boetius scribit sic in dialetica.
Ergo organū excedit maiori potentia.
Expliat organi tractatus.
Item de organo.
Cum multi ueterum ac modernorum de diaphonia satis uniuersaliter tractassent ego ipsarum naturā uocū et usualium organizatorum modos intuens tribus solum modis cū alii plures organizandi modos uelint. quecunque organizantibus necessaria uiderent compendiose explicaui in hiis enim tribus modis quicquid in pluribus aliis continet. si subtilis ingenii acumē aliquis aplicauerit aut inuenire cessabit. Primo quid sit organū plus dicendū est.

14 Berlin, Staatsbibl. Preuß. Kulturbes. theol. lat. quart. 261, f. 50 v

15 Berlin, Staatsbibl. Preuß. Kulturbes. theol. lat. quart. 261, f. 51r

Organū est uox sequēs �procedentē sub celeritate ꝟ ꝓpori͡
ul ꝟiatuꝰ ul ꝟictonū ul semiꝟittonū. cuia t ꝓcedentis ul
subsequentis fit copula aliqua ꝟecentis ꝯsonant͡ia.

Ðiaphonia uoc̄ū ꝟisiūctio ꝟ. qua̅ nos organū uocam͡. Ðisūc͡
te enī uoces abinuicē ꝓcedit ꝟissonāt ul ꝟissonant͡ conuī͡
ga organica tꝰs ita utunt. qt͡inus ꝓ ꝟiapente ul ꝟia te͡ssar
ul ꝟittonū ul semiꝟittonū ꝟiscurrat. fc̄a igᵭ hac ꝟissimitᵭ
natura uoc̄ū ꝓsꝑiente e͛st. ꝓima uox orgeani aut manebit
ꝰuicta cū ꝓcedenti ꝓ ꝟiapasōn ul in eade. aut manebit ꝟis͡
uicta ꝑs aliq̅ sup̅ꝟ̅ict̅o̅ꝛ. iiij. ꝯsona͡tiaꝛ. Medie uo uoces ꝑ
castᵭ sub ꝟictis ꝟiscurrut. Copulatio uo fit quolibet mō
ꝉtaꝗ̅ cū iiij̅ sit uoces. una organalis ꝟ. Nā ꝗ qīꝗ uingᵭ
sctā semꝓ ꝟisiūgᵭ. etia t intinens ꝓstolant͡ ut ꝏbilē co
pulā tribuat ꝗꝛe uoci cū ꝗ̅libet ꝯsonantia. Ybi uo tres uo
ces ꝓsꝑicium̅ tant͡ū t inceptio t copulatio ꝟuab; uo sola
ꝟuictio. Ðuꝰ itaꝗ̅ ꝟis tres mꝰos ꝯsidᵭenꝰ qūoꝛ ꝓmus t
qū ꝓima uox copulat cū ꝓcedenti. Secꝰ fit ꝓ ꝟisiūctio͡ē
ipsius uocis. Tertius sūmitur a medijs uocib; ꝗ mutantur
q̅ aut ꝟictū t uerbis ostendam͡ꝰ exēplis. Ðn ꝓma uox
copulat cū ꝓcedenti. D f a c G c a.

D D DFD C D.

Descendit a F a c G a c
Per ꝟisiūctione ipsius uocis Descendit
Que mutantur medijs uocib; G P DCA
 Descendit A
Explicatis breuit trib; modis ad mediaꝛ nꝗꝛ uociꝛ
t ū sermō̅ t. ꝓ eas enī tota mis orgeam͡ꝛ ꝟi ꝟiscūt.
Medie sigre uoces ꝑ iiij. sup̅ꝟas ꝯsonantias incedunt
quartā ꝟiapente t ꝟia te͡ss. principatū orgeani possr̅e ꝟial̅s
co q̅ modulanti in eis orgeanū resonet t ostitutiue ꝟiapa
son ꝯsitueret. ut in ꝟispositicē iiij. littaꝛ supius osten̅ t
Q̅ne i. medias aliqā intre positicē cantus eleuans aliqā utiꝗ
in circulū tenemi. cūꝗꝛ utꝗꝛ ꝟeponim͡ cīꝗꝛ utꝗꝛ eleuamus
Q̅ue oia melius usū orgeamꝛatoꝛ ꝗ reglis ꝟeclarat. Sciat
utꝗꝛ qīn orgeanales uoces affinitate ꝟebet hīe cū ꝓcedentib;
i. cū uocib; cantus ad sup̅ꝟ̅ictā enucleantū hui exēpla ponim͡
ꝉsic ubi ꝟicat. Si cantus tenebit. D. orgeanū erit in a. t͡e x.
Ðubtendeꝟū uo est qīn nisi ūtento ad copulā medie ꝟia
phonales uoces plus etia uoce ad cantū se nūꝗ ꝟebent
ꝰuingere. Ꝡ t A faciūt tonū. A. t B. sut tonū t ꝟe tres
faciūt ꝟittonū. i. ꝟuos tonos. sīū sꝓat͡ sīue ū s̅alienꝟo.

16 Berlin, Staatsbibl. Preuß. Kulturbes. theol. lat. quart. 261, f. 51v

B. aut ꝙ C. faciunt semitonium. i. ñ plenū tonū. A. uiō ꝙ
B. ꝩ C. faciunt semiditoniū. i. tonū ꝫ semitonū. ꝯ. at
ꝩ A. ꝯ B. ꝩ C. faciunt diatess. i. ꝩottoniū ꝫ semitoniū. ꝩ
diatess. inꝓretat̅ ꝩt uñ. quia ꝩe uocib; uñ. istat. Diaꝶte
aut inꝓretatur ꝩe. v. qꝛ fit ꝩe. v. uocib; ꝯ tin et tres tonos
ꝫ semitoniū.

S uis scire artꝫ musice oportet te scire ꝙ xv. sūt uoces
tominales. s. a primo. usꝗ ad ⸝sm q̃ in uen uin tū
a primo a. usꝗ ad ꝩuij. a. Sꝫ o musice qui musicē noian
aspetis tua inꝺsit notꝛe. vij. musice ꝯ claues ex quib;
ꝩue ñales appellantur. ꝩ v. inñales qb; oẽs ociuit̅ cātuleꝺ
ꝯ q̃ oẽs tonoꝛ ꝩidsint tres ex qb; oẽs cantilene ꝓ straꝫ ñam ꝺ no
tant̅ Et istū. fore nūos quoꝛ uñ cantat̅ ꝓ ñam aliꝓb̅ oū
alĩ. ꝓ lf̃ alĩ ꝓ actū. quoꝛ cū tores ꝯ uctores excellētissimi
int alios musice ꝫ scribunt̅ ꝯ talĩ mod ̄ ē prisū cuĩ cā tores
ertoneꝫ ett̅ꝯ plenī pstituit ꝯ undiꝗ uiluilat ꝗa trant
ad cantū sili tudinē ꝯ sĩ ꝩ oci ambulat palpitātꝩo i tu ĩ cantilena
palpitantꝩo ꝓcedūt̅ pat cuĩ notitia penitus caruent.

H ū tendūꝫ ē ꝙ sïgli tom antiplonarij noc̅fin tam
ant̅. q̃ ꝩꝛisdaiꝫ uniusalut̅ notan ꝩebēt̅ ꝓ primā clauē
naturaleꝫ ꝯ ꝩminab in eate. Si uiō toñ aliꝙb inueniret̅
clauē ꝩminari fa. et vifferētia se tẽ pūcipꝩ ñ bñt̅. pla
galis ꝙ ti aliꝙū in fa clauē mei repitur ꝯ tūc cantat̅
ꝓ ñam ꝙ falsiꝫ ē roē vuplici approbata. Primo qina
plagalis est ꝯ plagalis nō bt̅ potāteꝫ circuitꝯꝗꝛ notas
autentici cuius subest fo qa vebet cantari ꝓ b̅ ou. ant̅
q̃ti toni aliꝙū ꝩminatur in primo re. acūto ꝯ q̃tus
toñ vebet ꝩminari in iiij. a acūta ergo male. Solō ꝩ.
ꝙ ibi intelligit̅ b. rotundū. ꝩñ ait boetius. Oñes cā
tilene finuntur in quattuor litteris fꝫnib;. s. tetracoꝛdū
finūm ꝯ finabitꝫ. M cccc xxxv.

17 Brügge, Stadsbibl. 528, f. 54v

18 Montpellier, Bibl. de l'Univ. Fac. de Méd. H 384, f. 122r

+ Sex ultra pporcio e qñd maior numer' gñuoz ile minore
cotigit. l'minuendo. l'remittendo. hof seu ad uigt. tii. i. iiii par
diapon'. que de paro uerut. mñ' it alias ad numerat.
Cui ip ougene'. q eqles sit. studiosis p'er urate ilegñtib
repor. est divesis. i. certa uocu subducta. que qa mit
somant'. ñ cu qrta aut septema istra atq pma ponere.
uo ois omtian de ealog. Cup ta pauca clausul tota
armonia soimet. ut illimur alte eas memorie comdare.
donee icanendo plene seneant recognoscant ab exer
acio niq cessare. ut hif melico claus habitus canendi
possit periesa lagacia. uoq ficola possidere. Que ue e
pma osonancia. pma qde osonancia e. diapason. Cure
e. pm' qa deus inse osonacias cotinet. Jua obre ru
cupat diaps. Diapas dicit d oib uocib. Pason. greece.
Latine octo itprat. illa diapas. q cuctas tenet ise
diaps. Cuis t pporciones musice. Sex. que ne. semi
toniu. toni. ditoni. diapente. diapason. dureslvot Sex
qoctaua pporcio: qn maior numer totu minore gñuos
in se. ut. viii. paratu ad viii. ide toñ. Sex q treia
pporcio: qn maior numer' gñuos ile mñore rei teia
parte. ut iiii. paratu ad iii. Sex q teia iar'mmetica.
i musica diateslivos uocet. Sex qlta iaritmetica. in
musica e. diapente duplex cante e Cui tal
e dissimetio. Organu e. osonancia uox seqns pcedente
sub celeritate diais l'diapent'. Qru scili pcediu r
ieqntes uocis sit copula aliq decenti osonancia. Siqs q
organi opone dilidat. duas ultimas uoces clausule pus
eligat. reas pete mt cu cantu uigat. ut excalia parte
e cantu ueniat. Postea pma uoce organi. i. ixepuone
ponat cu cantu l'iferi. i diapason l'supi. l'mead ti. v.

19 Montpellier, Bibl. de l Univ. Fac. de Méd. H 384, f. 122v

ł cam. aliquado ri. iii. ł. ʼʼvi. ʒn sẻda aủ ł septima
uoce. a. cuxu. nuq ̃ erit organu ̃ qp male sonat. Ọ̃edi
aſ aủ uoceſ.int.i. ʼultimaſ.u. p electaſ ponat iſqua ̃
ł.iiii.ł.au.ł.ʼvi. s; frequ ̃ti.i.au.ł.i.v. q̃a puleri ̃
sonat. ſ aliqn ̃ ꝗ. ꝟ. e. f. q̃ ſ fataleſ. accipim ̃.a.h.
.c.ʼ cauſa neceſſitatiſ.q̃. ꝟ. ꝺuomũ ñ bo deſceodndo.
qñt ̃ ſua afinıſ. a. finał uoxe ho notve ꝑncıu ̃. iſi
aliſſ̃ coloz eꝯe duci ̃ afmalı uſq̃ ad ꝑncıpıu ̃. Ꝑn q̃ p ̃ıuᷤ
uoce uoce cuvı ̃ ıcıpıav organızatoi ſr ıea ̃ſupuᷤ
ł ſerı.t.i.ſ.ł.i.uu.aliqn.i.uı.ł.ʼvı.hıſ modı
organızatoi cantu ſeicỏ.donec cũ illo uigaᷤ ꝺ; qn
uoluerit cũ cantu copulare poter it.ſ; clauſula ̃
ulṫ.ʼvıı.uoceſ ıre ñ luce.Ꝑn ultımuſ aủ duaᷤ uocob
matcıqı ñ ꝺ̃fıdệ.ſ; ut apeı poiᷤ cũ cantu copulaᷤ.
Si due cantu ſıᷤ uoceſ ıcluſıula.ñ ñ copulacıo.ệ.
tħ.ʼvt ꝇ͛ᷔệꝯ. ꝇ͛ꝫẻꝺ. Si trẻ uoceſ.ıcepᷤıo.ıcopu
lauo.ʼvt.aꝺ̃ꝫẻꝺ. ꝇ͛uꝫᷔ. Si.iiii.ệ.ıcepᷤıo ꜰ una
uax organaᷤ ʼclauſula.ʼvt.aᷓ ꝏꝫ͛ẻꝫ.aᷔệꝫ.
Si.v. ệ ıbı ıcepᷤıo.ƿ.ii.uoceſ organaᷤ.ʼclauſıuᷤ.
ʼvt aᷣꝫ͛ẻꝺ. aaᷔẻꝫ. Si.ʼvı.ệ ıbı ꝑncıpıu ̃
ıtreſ organaᷤ ʼcopula.ʼvt aᷓꝏꝫ͛ẻꝫ aauſꝫ
Si.ʼvıı.ệ ıbı ꝑncıpıu ꜰ.ı.iiıı.organaᷤ.ı.ıı.que
copulanᷤ.ʼvt.aᷓ ꝏꝫ͛ẻꝫ ꜰ. aaıẻ ꝫ. Si.u ̃
ſıᷤ.ʼvıı.ệ ıcepᷤıo q̃ ſ͛ep ệ cũ cantu.ł.ıu.iiıı.ł
ın.ʼv. aliqn ʼı.ʼvı.ł.uı. uᷤ ſupi ̃ dıcᷤu ệ. ʼıſ
quq; organaᷤ.ſ ſẻp ſᷤ ın.ʼv.ł.iiıı.ł.uı.ł.ʼvı.
ʼdue ultıme ꝗ͛ıı penultıma reſpıcıᷤ cantu ̃ ıuᷤ
ultıma coᷤuenıenᷤ cũ cantu uıgaᷤ.ꝶ la ̃ con
ſıⷤ andıı ệ ne talıᷤ organaleſ uoceſ acıntu

20 Montpellier, Bibl. de l'Univ. Fac. de Méd. H 384, f. 123r

Incipit immunus...

...caespent aut ... cantu copula reuert neiat. Et sic debet ... me fieri. q̄ nec nimis ... neo nimis ... copulacionel faciam. S; ... ac re petire ... ō couigam. ... exempli. ...

DFEDE A ED ...ᵈ e GA ᵈ E ... D
... E ... A ... E ...

Octonis. ... q̄ uniuersaliter efficiunt. .iiii. ... scd auctoris plagarū q̄ n̄ ... d ... Et au ob ... q̄ acut cū ḡra cant n̄ ... ḡ ... cū acuto discordabat. ... acut dicat ... auten̄. ab acutitate ... abalcitudine ... dignitate aut maiori ... one dicit. Grauis ū plaga seu lateral seu subui gal. aut minor nūcupen̄. Cū au auten̄ p̄b. auten̄ deuter. auten̄. trit. auten̄ tetrard. dicatur. q̄ naturalit grece fuerā. .iiii. ... cū subiugalib suis. latine modi fieri sū ... Omis q̄ auteno afinalib suis ad decimā q̄uit corda ascendere. unaq; suppo suā b̄re. Cant q̄ eoꝝ alter q̄ diapt afinalib incipe nequit. excepto deut̄ q̄ duos sub se to nos. oz diapt ... tr sup se. Omis p̄b ... deutᵃ differencia ... uoce ... sup se. dusse au trit ac tetrard. ... incipiūt. Omis q̄ plage sub se ... diapt sup se licet ... corda. Plage ... ac triti ult̄ ... sup finale ... cipere neqt. Plage deuter ... ult̄ quintam n̄ licet. Omis ...